ちくま学芸文庫

増補 普通の人びと

ホロコーストと第101警察予備大隊

クリストファー・R・ブラウニング
谷 喬夫 訳

筑摩書房

ORDINARY MEN

Reserve Police Battalion 101 and the Final Solution in Poland

REVISED EDITION

by

Christopher R. Browning

Published by arrangement with HarperCollins Publishers
through Japan UNI Agency, Inc., Tokyo

目次

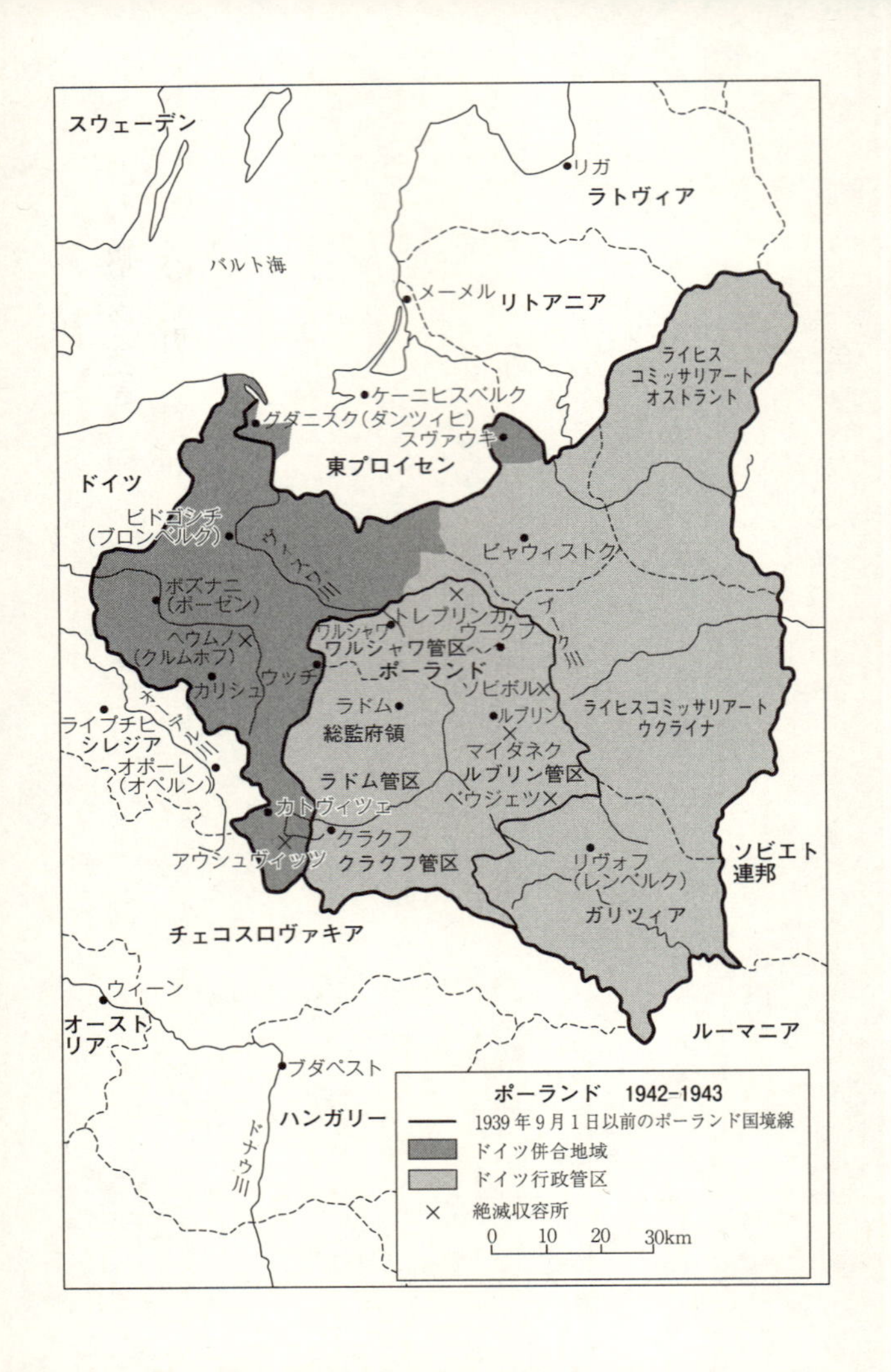
スウェーデン
リガ
ラトヴィア
バルト海
メーメル
リトアニア
ライヒス
コミッサリアート
オストラント
ケーニヒスベルク
グダニスク（ダンツィヒ）
スヴァウキ
東プロイセン
ドイツ
ビドゴシチ
（ブロンベルク）
ヴィスワ川
ビャウィストク
ポズナニ
（ポーゼン）
トレブリンカ
ワルシャワ
ヘウムノ
（クルムホフ）
ウークフ
ワルシャワ管区
ブーク川
ポーランド
ウッチ
カリシュ
ソビボル
ラドム
ルブリン
ライヒスコミッサリアート
ウクライナ
ライプチヒ
オーデル川
総監府領
シレジア
マイダネク
オポーレ
（オペルン）
ラドム管区
ルブリン管区
ベウジェツ
カトヴィツェ
クラクフ
リヴォフ
（レンベルク）
ソビエト
連邦
アウシュヴィッツ
クラクフ管区
ガリツィア
チェコスロヴァキア
ウィーン
オースト
リア
ルーマニア
ブダペスト
ハンガリー
ドナウ川
ポーランド　1942–1943
1939年9月1日以前のポーランド国境線
ドイツ併合地域
ドイツ行政管区
絶滅収容所
0
10
20
30km

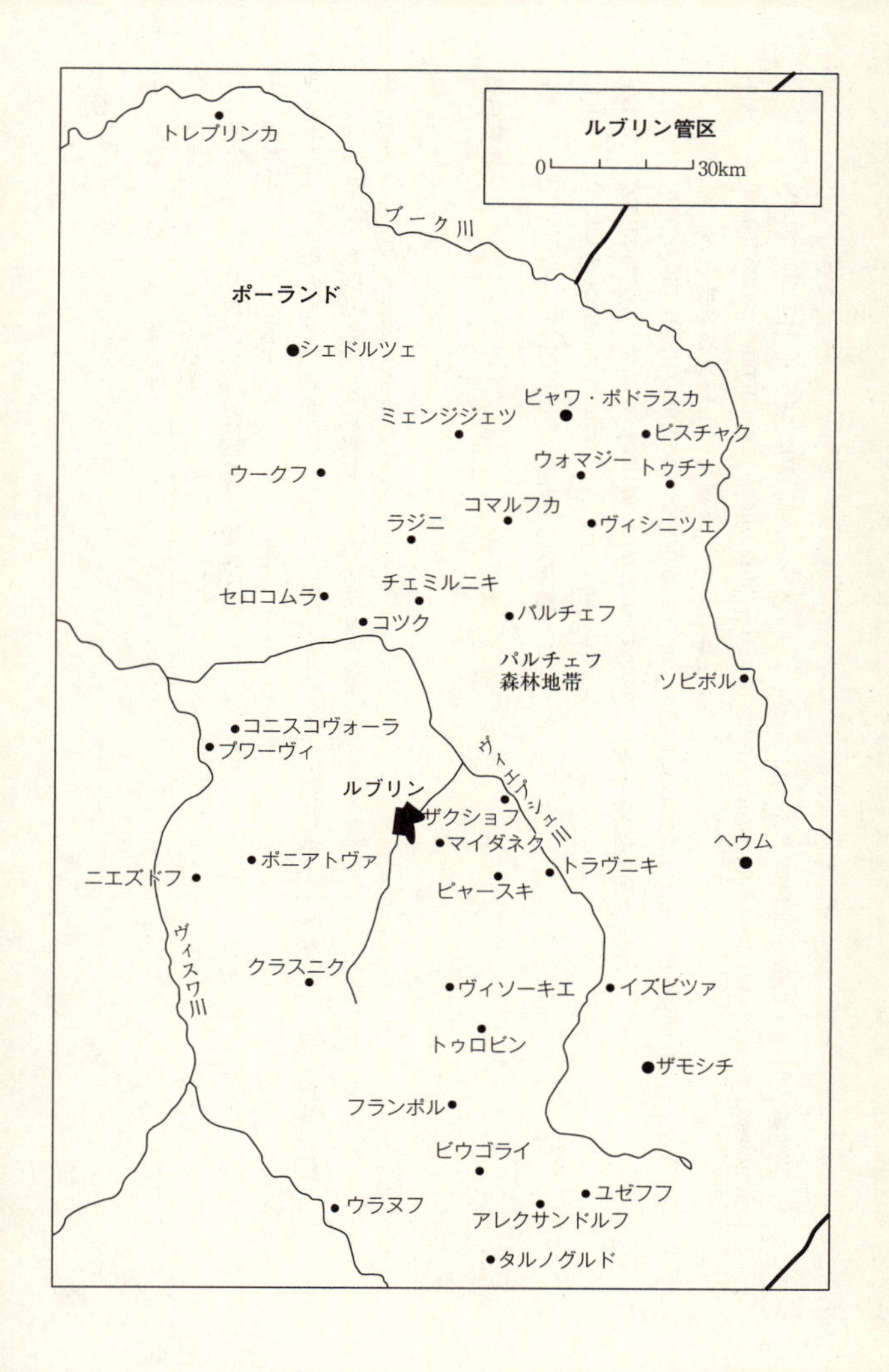
ルブリン管区
0
30km
トレブリンカ
ブーク川
ポーランド
シェドルツェ
ビャワ・ポドラスカ
ミェンジジェツ
ピスチャク
ウォマジー
トゥチナ
ウークフ
コマルフカ
ラジニ
ヴィシニツェ
チェミルニキ
セロコムラ
パルチェフ
コツク
パルチェフ
森林地帯
ソビボル
コニスコヴォーラ
プワーヴィ
ヴィエプシュ川
ルブリン
ザクショフ
マイダネク
トラヴニキ
ヘウム
ポニアトヴァ
ニエズドフ
ピャースキ
ヴィスワ川
クラスニク
ヴィソーキエ
イズビツァ
トゥロビン
ザモシチ
フランポル
ビウゴライ
ユゼフフ
ウラヌフ
アレクサンドルフ
タルノグルド

凡例

1 原書“ ”は「 」で示す。
2 原書‘ ’は「 」で示す。
3 原書本文イタリック体部分には傍点を付す。
4 訳者註は〔 〕で示す。
5 ポーランド語の地名の表記については、M・ギルバート、滝川義人訳『ホロコースト歴史地図 一九一八－一九四八年』（東洋書林、一九九五年）による。
6 人名に付した＊は仮名を表わす。

註の略号

BA　Bundesarchiv, Koblenz〔連邦公文書館、コブレンツ〕
BDC　Berlin Document Center〔ベルリン資料センター〕
BZIH　*Biuletyn Żydowskiego Instytutu Historycznego*〔ユダヤ史研究所年報〕
G　Investigation of G. and others, Office of the State Prosecutor, Hamburg, 141 Js 128/65〔Gや、その他の者の調書、検察庁、ハンブルク〕
HW　Investigation and trial of Hoffmann, Wohlauf, and others, Office of the State Prosecutor, Hamburg, 141 Js 1957/62〔ホフマン、ヴォーラウフ、その他の者の調書と裁判、検察庁、ハンブルク〕

IMT *Trials of the Major War Criminals before the International Military Tribunal*, 42 vols.〔国際軍事法廷での主要戦犯裁判〕

JNSV *Justiz und NS-Verbrechen. Sammlung Strafurteile wegen Nationalsozialistische Tötungsverbrechen 1945–1966*, 20 vols.〔司法とナチ犯罪、ナチによる虐殺犯罪に対する刑事判決集成、一九四五―一九六六〕

NO Nürnberg document relating to party organizations〔党組織に関するニュルンベルク資料〕

NOKW Nürnberg document relating to the military〔軍に関するニュルンベルク資料〕

YVA Yad Vashem Archives, Jerusalem〔ヤド・ヴァシェム文書館、イェルサレム〕

ZStL Zentrale Stelle der Landesjustizverwaltungen, Ludwigsburg〔司法庁本部、ルートヴィヒスブルク〕

増補　普通の人びと——ホロコーストと第101警察予備大隊

序文

一九四二年三月中旬の時点では、ホロコーストの全犠牲者のうち、まだ約七五―八〇パーセントの人びとが生存していた。それからたった一一か月後の一九四三年二月中旬までに、この比率はちょうど逆転し、なお生き延びていた者は、全犠牲者総数の二〇―二五パーセントにすぎなくなった。ホロコーストの中心には、大量殺戮の短期集中的な高波がある。この大量殺戮の中心はポーランドにおかれていた。一九四二年三月時点のポーランドでは、二年半に及ぶ恐ろしいほどの生活の困窮、権利の剝奪、迫害にもかかわらず、まだすべての主要なユダヤ人共同体は以前と変わらず存在しつづけていた。しかしその一一か月後には、殺戮を免れたポーランド・ユダヤ人は、わずかに残ったゲットーや、あるいは強制労働収容所のなかに見出されるだけであった。要するに、ポーランド・ユダヤ人に対するドイツの攻撃は、長期にわたるゆっくりとした、あるいは漸増的な計画に基づくものではなく、文字どおりの電撃戦、すなわち大量の襲撃部隊を動員した一大攻勢なのであった。さらにいえば、この大攻勢は、ソビエト連邦におけるドイツの戦争努力が実るかどうか危ういときに――クリミア半島やコーカサス地方へのドイツの再度の侵入で始まり、スターリングラードでの悲惨な敗北によって幕を閉じる時期に、まさに開始されたのである。

もし一九四二年夏のドイツの対ソ連軍事攻勢が決定的に失敗していれば、ユダヤ人に対する電撃戦は、とくにポーランドにおいてはありえなかった。われわれはかねてより、主要なゲットーで、とくにワルシャワやウッチで、ユダヤ人がいかにして殺害されたのかを知っている。しかし、ほとんどのポーランド・ユダヤ人は各地の小さな市や町に分かれて住んでいた。そうした多くの市や町では、ユダヤ人はその人口の三〇パーセント以上、所によっては、八〇―九〇パーセントを占めていた。いかにしてドイツ側は、このように広く分散したユダヤ系住民の壊滅を組織し、実行したのだろうか。そして、戦争の命運のかかったこの年を通じて、大量殺戮に必要な驚くべき兵站の達成のために、どこに人員が見出されたのであろうか。絶滅収容所の職員はごく少数存在した。しかし、比較的小さな幾つものゲットーを一掃する――大部分のポーランド・ユダヤ人を駆り集め、追放するか射殺する――ために必要な人員は存在していなかったのである。[1]

こうした疑問を追究してゆくなかで、わたしはシュトゥットガルト近郊にあるルートヴィヒスブルクの町を訪れた。そこには州司法本部、さらにナチ犯罪の追及を統合する連邦共和国の本部が置かれていた。わたしは、ポーランドのユダヤ人に対して犯されたナチ犯罪の、ほとんどすべてのドイツ国内裁判の起訴状や判決の膨大な収集を余すところなく読破していったが、そこで初めて、ドイツ通常警察の一部隊である、第一〇一警察予備大隊に関する起訴状に出会ったのである。

わたしはホロコーストに関する公文書や裁判記録をほぼ二〇年にわたって研究してきたが、この第一〇一警察予備大隊に関する起訴状ほど圧倒的な、心をかき乱される衝撃を受けたものはなかった。わたしが出会った問題とは、ホロコーストの遂行者たちが、わたしがこれまで見聞したことのないような仕方で、殺すか殺さないかの個人的決断に直面したということである。しかもその決断は、一連の出来事によって劇的な構成をとり、さらに少なくとも幾人かの遂行者によってきわめて率直に議論されていた。わたしはこれまで、身の毛もよだつホロコーストの遂行が、殺人者たちの人間的な相貌とかくも赤裸々に対比されているのを見たことがなかった。

この起訴状は、隊員に対する公判前尋問からの膨大な逐語的引用を含んでおり、読み進めると、裁判がきわめて豊富な証言に基づいていたことがただちに判明した。そのうえ、多くの証言は誠実で率直であるとの「感触」をあたえてくれた。そうした裁判記録でしばしば出会う、弁明的で、アリバイを求めて苦しむ、虚偽の証言は目立って少なかったのである。第一〇一警察予備大隊に対する取り調べと法的訴追は、ハンブルクの連邦検察庁によって指揮され、一〇年におよぶ(一九六二―一九七二)長い訴訟であった。連邦検察庁——それは疑いなく連邦共和国内で、ナチ犯罪に対する最も勤勉で権限を与えられた訴追機関の一つである――は、この事件に関する法廷記録をまだ保管しており、幸いなことに、それを閲覧する許可を得ることができた。

そのメンバーが誰であったかが部分的にしか復元できない多くのナチ殺人部隊とは異なり、第一〇一警察予備大隊の名簿は研究者に利用可能であった。隊員のほとんどはハンブルク出身であり、その多くは調査時点でまだ同地で生存していたから、わたしは、一九四二年六月にポーランドに送られた五〇〇人弱の部隊員のうち二一〇人の尋問調書について研究することができた。この尋問調書のコレクションは、年齢、ナチ党員および親衛隊隊員資格、そして社会的背景についての統計学的調査に、模範的サンプルを提供したのである。さらに、証言のうち約一二五人分は、この殺人部隊の内的ダイナミックスの分析と詳細な歴史的再構成を充分可能とする実質をもっていた。

結局のところ、ホロコーストがなぜ生じたかといえば、根底において、個々の人間が多数の他の個々人を長期にわたって殺害したからである。民衆からなる加害者は「職業的殺戮者」と化したわけである。歴史家は、そうした殺人部隊について書こうとすると、数々の困難に、とりわけ原資料の問題に直面する。ソビエト領内で作戦展開していた多くの殺人部隊と対照的に、第一〇一警察予備大隊の場合には、同時代の記録文書はごくわずかしか存在せず、殺戮活動を明示的に扱った記録文書はまったく存在しない[2]。一握りのユダヤ人生存者の報告が、第一〇一警察予備大隊の作戦展開したいくつかの小さな町でのこまごました行動の規模と日付を裏づけるだけである。しかし、ゲットーや収容所で継続的な接触があった人目につく加害者についての生存者証言と異なり、第一〇一警察予備大隊のような移動部隊については、生存者の証言はほとんど何もわれわれに伝えてくれない。見知らぬ人びとが到着し、殺人業務を執行し、去っていったのである。実際、生存者は、いかなる部隊が参加しているのかを識別させる通常警察特有の緑色の制服さえ、ほとんど記憶していないのである。

それゆえ、わたしは第一〇一警察予備大隊について執筆するにあたって、一九六〇年代に実施された約一二五名に対する司法尋問に大いに依存してきた。単一の部隊による同一の出来事についてであるとはいえ、それを一二五名のそれぞれ異なった人びとの、二〇年以上も後の記憶のフィルターを通して読むことは、確実性を求める歴史家を当惑させるものである。個々の隊員はそれぞれ異なった役割を演じていた。かれらは違ったものを見、違ったことをしたのである。次に、各人は大隊の経験のある側面を忘却したり心理的抑圧を加えたり、さらにその記憶をそれぞれ異なった仕方で作り替えてしまったりする。かくして、尋問調書が、見方と記憶の混乱した配列を呈したことは、やむをえないことであった。しかし逆説的に聞こえるかもしれないが、もしわたしが一二五人の記憶の代わりに一人の詳細な回想を読んでいれば、大隊に起こったことについて、わたしはより確実なことを理解できたという幻想をもってしまったかもしれないのである。

異なった見方や記憶を超えて、証言がなされた状況に起因する記憶の抑圧も見出される。きわめて単純なことだが、幾人かはわざと虚偽の証言をした。というのも、彼らは真実を思い出すにつけ、それを語ることによって下される判決を恐れたからである。記憶の抑圧や歪曲のみならず、意識的な嘘も証人答弁の一部となった。そのうえ、尋問者の質問は、特別な人びとによって犯された告発されるべき、特定の犯罪の証拠を集める作業に関わっており、警官たちの体験のより広範な、しばしばより印象的な、主観的な側面を系統立てて追及してはいなかった。そうした側面は、法律家にとってそうでなくとも、歴史家にとって重要なのである。

多種多様な資料を利用するにあたっては、多くの答弁や見解がふるいにかけられねばならなかったし、重さを量られねばならなかった。個々の証人が信頼するに足るかどうかが測定されねばならなかった。多くの証言は、対立する証言を採用した場合に、部分的にか全面的にか、退けられねばならなかった。そうした判定の多くは容易であり明白であったが、まったく困難な場合も存在した。さらにいえば、わたしが注意深くあろうと努めてきたのと同じくらい、わたしはそれと意識することなく、まったく直感的な判定をしばしば下してしまっているにちがいない。同じ資料をみても他の歴史家であれば、こうした事件を幾分か違った形で語ることになるであろう。

ここ二、三〇年間、歴史学は一般に、「底辺から」歴史を記述することに、これまで主流であった天下国家の政治や高級文化の歴史において無視されてきた大多数の民衆の経験を再構成することに、いっそう取り組むようになってきた。とくにドイツにおいては、こうした傾向は、日常生活史の実践によって頂点に達した。それは普通の人びとの共通体験を「濃密に記述する」ことによって達成されるのである。しかしながら、日常生活史のアプローチが第三帝国の時代に適用されてくると、それを責任回避であると批判する者が現われてきた。——そうしたやり方は、ナチ体制の絶滅政策の比類なき恐怖から、比較的無傷に営まれてきた世俗生活の側面へと、人びとの注意をそらすものだというのである。かくしてそうした批判者から見れば、ただ一つの大隊の事例研究ないしミクロの歴史を叙述しようとする本書の試みは、望ましくないということになるかもしれない。

しかし、方法論としては、「日常生活史」は価値中立的である。ナチ体制の下では、その犯罪的政策が日々の生活に逃れがたく浸透してきてしまうのであるが、その浸透の度合いを正視できない場合にのみ、日常生活史は責任回避に、すなわち第三帝国を「正常化する」試みになるのである。とくに東ヨーロッパの征服地に配置されたドイツ人入植者——文字通りあらゆる階層からなる数万の人びと——にとって、体制による大量殺戮政策は、日常生活の表面を波立たせることなどめったにない、逸脱的で例外的な事件などではなかった。第一〇一警察予備大隊の物語が証明するように、大量殺戮と日常生活は一体となっていた。正常な生活それ自体が、きわめて異常なものになっていたのである。

日常生活史研究に対するもう一つの反論は、加害者を理解しようとするとどうしても生じる、彼らへの感情移入の度合いに関わっている。明らかなことだが、そうした加害者を理解しようとする歴史叙述では、彼らを悪魔扱いすることを拒む必要がある。大虐殺や国外追放を実行した大隊の警察官たちは、それを拒否するか巧みに回避した少数の同僚と同様、あくまでも人間であった。わたしは、殺害者と殺害回避者の両者をできるだけよく理解し、説明しようとするとき、同じ状況下では、わたしも殺害者か殺害回避者のどちらか——ともに人間である——でしかありえなかったと認めざるをえない。そうした承認は、まさしく、感情移入の企てである。しかしながら、わたしが受け入れることのできないものは、説明することは弁明することであり、理解することは許すことであるとする古い決まり文句である。説明は弁明ではないし、理解は許しではない。加害者を人間味のある言葉で理解しようとしないのであるならば、本書の研究のみならず、ホロコースト加害者の歴史の研究が、平面的な戯画化を克服してゆくことも、不可能になってしまうだろう。ナチによって虐殺される直前、ユダヤ系フランス人歴史家マルク・ブロックは次のように述べた。「すべてのことが終わり、語られた後では、「理解」という唯一の言葉が、われわれの研究の探照灯なのである。[3]」わたしが本書を執筆したのは、まさしくこの精神によってである。

わたしは司法尋問調書にアクセスするさい、一つの条件を課せられたが、それを明示しておかねばならない。ドイツにおいて、プライバシーを保護するための規制や法律は、とくに過去一〇年間、ますます厳格になってきている。ハンブルク市とその法廷記録も、その傾向の例外ではありえない。そのため、第一〇一警察予備大隊の法廷記録の閲覧許可を得るにさいして、わたしは、隊員の本名をそのまま使用しないという約束をしなければならなかった。大隊長ヴィルヘルム・トラップ少佐、三人の中隊長、ヴォルフガング・ホフマン大尉、ユリウス・ヴォーラウフ大尉、ハルトヴィッヒ・グナーデ少尉、以上四人の名は、ドイツ国外にある他の幾つかの公文書に現われている。わたしは彼らの名前は実名のまま使った。この場合には、秘密漏洩にはあたらないと考えたからである。しかし、本書中に登場するそれ以外のすべての隊員に対して、わたしは偽名（初めて登場する場合*を付す）を用いた。証言した人びとに関わる、後の註においては、名前と名字の頭文字だけが使われる。思うに、秘密保持の約束と偽名の使用は歴史の絶対的正確さに対して、好ましからぬ制約ではあるけれども、だからといって、わたしは、こうした制約が本研究の完成度や根本的な有益性を傷つけることにはなっていないと信じている。

多くの人びとやもろもろの機関が、この研究の過程で、また本書を執筆する過程で援助してくれた。アルフレート・シュトライム検事正は、ルートヴィヒスブルクにあるドイツ司法資料の比類なきコレクションを、わたしが利用できるように取り計らってくれた。ヘルゲ・グラビッツ検事正は、ハンブルクの法廷記録に取り組むようわたしを励まし、その利用申請を助け、わたしが同地に滞在している間あらゆる点で寛大に援助を惜しまなかった。パシフィック・ルター大学は、この課題についてのわたしの研究の始まりとなり、また締め括りともなった、ドイツの公文書館への二度にわたる旅を、資金面で援助してくれた。同様に、アレクサンダー・フォン・フンボルト財団も、ドイツでの研究滞在を援助してくれた。この研究と執筆の大半は、パシフィック・ルター大学を研究休暇で離れて、フルブライト研究資金の援助によってイスラエルにいる間に完成された。合衆国‐イスラエル教育基金の事務局長であるダニエル・クラウスコップ氏には、特別に感謝申し上げたい。氏は、イスラエル、ドイツ両国におけるわたしの研究を手助けしてくれた。

ノースウエスタン大学のピーター・ヘイズ氏、カリフォルニア大学のサウル・フリートレンダー氏は、それぞれの機関で彼らによって組織された研究集会で、最初の研究成果を発表する機会を与えてくれた。多くの友人、同僚が、根気よくわたしの話を聴き、示唆を与え、進路に即した励ましを与えてくれた。とくに以下の方々の名をあげておきたい。フィリップ・ノードクヴィスト、デニス・マーティン、オードリー・ユーラー、ロバート・ホイアー、イアン・カーショウ、ロバート・ジェラトリー、ヨーダ・バウアー、ディナ・ポラート、マイケル・マラス、ベッティナ・バーン、ジョージ・モッセ、エリザベス・ドマンスキイ、ギッタ・セレニー、カルロ・ギンズブルグ、晩年のウベ・アダム。ラウル・ヒルバーグにはとくに多くを負っている。一九八二年にヒルバーグは、最終的解決において通常警察の役割が不可欠であったことに注意を喚起し、以後もずっと、ホロコースト研究の今後の論点を示してきた。[4] それゆえ彼は、本書の出版に個人的に関心を示してくれた。わたしの研究生活への昔も今もかわらぬ援助に対して、尊敬と謝意を表わすには不充分であるけれども、わたしは本書を彼に捧げたい。わたしは現在もう一つの書物を準備しているが、そうしたわたしを忍耐強く受け入れる家族のかわらぬ支援と理解にも、甚大な感謝を表わしたい。

タコマ、一九九一年一一月

1　ユゼフフのある朝

一九四二年七月一三日の夜明け前、ポーランドのビウゴライの町で、第一〇一警察予備大隊の隊員たちは、兵舎として使われていた大きな煉瓦造りの校舎のなかで眠りから覚まされた。彼らは、中年の所帯持ちで、ハンブルク市の労働者階級ないし下層中産階級出身であった。軍務につくには年を取りすぎていたので、代わりに通常警察に召集されたのである。彼らのほとんどは、ドイツ占領地帯でなんの経験もないまったくの新米であった。ポーランドに到着してまだ三週間とたっていなかった。

警察予備大隊の隊員たちが待機していたトラックに乗り込んだとき、まだ辺りは真暗だった。各々の隊員には通常装備をこえる弾薬が与えられ、さらに追加の弾薬箱もトラックに積み込まれた。[1] 彼らはこれから何が起こるか知らされていなかったけれど、実は最初の重要な戦闘行動に向かっていたのである。

隊員を乗せたトラック部隊は朝暗いうちにビウゴライを出発し、東に向かって、でこぼこした砂利道を車体を軋ませながら進んでいった。ゆっくりとしたペースで、わずか三〇キロメートル離れた目的地——ユゼフフの村——に到着するのに、一時間半から二時間かかった。ちょうど夜が明けはじめた頃、部隊はユゼフフの村の前に停車した。ユゼフフは、さほど大きくない藁屋根の白い家々からなる典型的なポーランドの村で、村民のなかには一八〇〇人ほどのユダヤ人がいた。

村は静まりかえっていた。[2] 第一〇一警察予備大隊の隊員はトラックから降り、彼らの指揮官であるヴィルヘルム・トラップ少佐のまわりに半円を描いて整列した。少佐は五三歳になる職業警官で、隊員から親愛の情をこめて「トラップ親父」と呼ばれていた人物である。トラップ少佐が隊員を前にして、この大隊に与えられた任務を伝えなければならないときがついにやってきた。

トラップ少佐の顔は青ざめ、落ち着きを失っていた。彼が息苦しそうな声で目に涙を浮かべて話しはじめたとき、自分自身をコントロールするために激しく戦っていることはだれの目にも明らかだった。彼は苦悶に顔を歪め、大隊は恐ろしく嫌な任務を果たさなければならないのだと話しはじめた。この任務は自分の好みに合わない、実際きわめて遺憾である、しかし命令は最も高いところから下されたのだ。任務が少しでも遂行しやすくなるのであれば、われわれは、ドイツにおいては女性や子供たちの頭上にも爆弾が降りそそいでいるのだという事実を思い出すべきだろう。

それからトラップ少佐は目前の問題に話を向けた。その場にいた警官の一人によれば、トラップ少佐は、ユダヤ人がドイツに打撃を与えたアメリカの不買運動を煽動してきたのだ、と述べたのを憶えている。他の二人の記憶によれば、トラップ少佐は、ユゼフフ村にはパルチザンに加わっているユダヤ人が住んでいると説明した。そして少佐によれば、現在大隊はこの村のユダヤ人を駆り集める命令を受けている。働くことのできる年代の男性ユダヤ人は分離され、強制労働の収容所に送られねばならず、残りのユダヤ人——女性、子供、老人——は、この場所で本隊によって射殺されねばならないのである。部下たちを待ち受けている任務について説明してから、ついでトラップ少佐は通常では考えられない提案をした。すなわち、隊員のうち年配の者で、与えられた任務に耐えられそうにないものは、任務から外れてもよい、というのである。[3]

2 通常警察

一九四二年の夏、ポーランドのユゼフフ村で、およそ一五〇〇人のユダヤ人を射殺せよという任務に直面して、中年の警察予備官からなる大隊は、いかにして自分の進むべき道を見出したのだろうか。それをみる前に、通常警察（Ordnungspolizei、略してOrpo）の制度そのものと、ヨーロッパ・ユダヤ人に対するナチの殺戮政策におけるその役割という二つの点に、いくらかの背景説明が必要である。

通常警察は、戦間期のドイツにおいて、軍事的に訓練され軍事的装備をもつ大警察部隊を作ろうとする企てから、しかも三度目の企てから生み出された。[1] 第一次世界大戦における敗北の直後、ドイツには革命が勃発した。軍隊が崩壊していたので、革命勢力によって一掃されることを恐れた将校や官僚たちは、義勇軍として知られることになる反革命の準軍事団体を組織した。一九一九年に国内の政治状況が一段落すると、義勇軍兵士の多くは正規の警察とともに、兵舎に駐屯する大部隊に合併され、将来起こるかもしれない革命の脅威との戦いに備えることになった。しかし、連合国側は一九二〇年にこの警察部隊の解散を要求した。なぜならこうした警察部隊の存在は、ドイツの常備軍を一〇万人に制限するヴェルサイユ条約の条項に違反する可能性があるとみなされたからである。

一九三三年にナチ体制が樹立されてから、五万六〇〇〇人の「警察軍」(Armee der Landespolizei) が創設された。警察軍諸部隊はそれぞれの兵舎に駐屯し、密かに進められていたドイツ再軍備の一翼を担うものとして充分な軍事訓練を施された。ヒトラーがヴェルサイユ条約の軍備制限規定に公然と反旗を翻し、一九三五年に徴兵制度を再び導入したとき、「警察軍」は、士官や下士官の幹部団を供給すべく、急速に増強されつつあった正規軍に吸収された。「警察軍」は未来の将校を訓練する場として、小さいとはいえない役割を果たしたのである。一九四二年時点のドイツ国防軍でいえば、九七人もの将軍が、かつて一九三三年から一九三五年までの間、「警察軍」勤務の経歴をもっていた。[2]

警察機構内部に軍事的大部隊を保持することができるようになるには、ハインリヒ・ヒムラーの登場を待たねばならなかった。すでに親衛隊(SS)帝国指導者であったヒムラーは、一九三六年にドイツ警察長官に任命され、第三帝国のすべての警察部隊の管轄権を手にした。ヒムラーは多種多様な警察組織を二つの部門に分け、それぞれの本部をベルリンに置いた。ラインハルト・ハイドリヒの指揮する保安警察(Sicherheitspolizei) は、体制の政治的敵対者と戦う秘密国家警察(Geheime Staatspolizei 略して Gestapo)と、非政治的犯罪と戦うことを基本とする刑事警察（Kriminalpolizei 略して Kripo）とからなる。第二の警察部門が、クルト・ダリューゲの指揮する通常警察である。ダリューゲは、都市や町の防衛警察（Schutzpolizei 略して Schupo）や、警備隊（Gendarmerie）に相当する地方警察、さらに小さな町や村の自治体警察（Gemeindepolizei）の管理も委ねられていた。

一九三八年までに、ダリューゲは六万二〇〇〇人以上の警官を管轄下においた。そのうちおよそ九〇〇〇人の警官が、それぞれ一〇八人からなる中隊に組織され、警察百人隊（Polizei-Hundertschaften）と呼ばれた。ドイツ国内の一〇の市ごとに、三個の警察百人隊がより大きな「警察訓練部隊」（Polizei-Ausbildungsabteilungen）に集められた。

一九三八、三九年には、戦争の脅威が増大したことによって、以後の人員補充に拍車がかかり、通常警察は急速に膨張した。通常警察に採用されれば、新規採用の若い警官は国防軍に徴集されることを免除されたのである。それだけでなく、警察大隊は――アメリカ合衆国の州兵のように――地域ごとに組織されていたから、隊員になることは、正規の軍務に代わる務めを、より安全にしかも生家のそばで終えるように保障されていると思われたのである。

一九三九年に戦争が勃発すると、通常警察は総勢一三万一〇〇〇人を数えるに至った。警察官からなる大軍事部隊にとって、当然のことながら、ドイツ国防軍への併合の動きが脅威となった。こうした脅威を避けるために、通常警察は妥協を余儀なくされ、高い代価を支払うことになった。まず、最良の警察部隊の多くが約一万六〇〇〇人の隊員からなる一つの警察師団へと編成され、国防軍の支配下に置かれた（その後この警察師団は一九四〇年にアルデンヌで戦い、一九四一年のレニングラード攻撃に参加したが、ヒムラーは一九四二年になって、第四親衛隊-警察擲弾兵師団としてこれを自らの手に取り戻した）。新たに国土となったダンツィヒにおいて編成された二個の警察連隊も、一九三九年一〇月に国防軍に編入された。最後に、通常警察は八〇〇〇人以上の警官を国防軍の警察、すなわち憲兵（Feld-gendarmerie）として提供することになった。その代わり、通常警察に在職するそれ以外の警官は、徴兵年齢に該当していても、引き続き軍務を免れたままでいることができた。

人員補充のために、通常警察は二万六〇〇〇人のドイツ人青年を募集することが認められた――その内訳は、一九一八年から一九二〇年の間に生まれた者のうちから九〇〇〇人の志願者を、一九〇九年から一九一二年の間に生まれた者のうちから一万七〇〇〇人の志願者を補充することである。さらに、一九三九年以前にドイツの領土外で生活していた、いわゆる「人種的ドイツ人」、すなわち民族ドイツ人（Volksdeutsche）のうちから六〇〇〇人の補充も認められた。それに加えて、通常警察は、一九〇一年から一九〇九年までに生まれた人びとのうちから――彼らはまだ徴兵の対象となっていなかった年齢層なのだが――、九万一五〇〇〇人の予備兵を召集する権限も手にした。通常警察は徴募対象者を、徐々に比較的高齢の人びとにまで拡大し、一九四〇年半ばまでに、ついにその規模は二四万四五〇〇人にまで増大した[3]。

通常警察は戦争開始前には戦時動員計画をほとんど考慮していなかったし、自分たちが戦時にいかなる役に立つのかも考えてはいなかった。しかしドイツが軍事的に成功し、急速に支配圏が膨張したことによって、前線の背後を守る占領軍の必要性が緊急の課題となった。戦争勃発とともに、ドイツ国内で、それぞれ約五〇〇人からなる二一個の警察大隊が、さまざまな地方の警察中隊や警察訓練部隊から編成された。そして、そのうち一三個の大隊が、ポーランド侵攻中の国防軍の所属となった。警察大隊はただちに、戦線の前進につれてとり残されたポーランド兵を捕虜にしたり、退却するポーランド軍の放棄した武器や装備を回収したり、前線の背後の安全を確保するその他もろもろの作業に取り組んだのである。

警察大隊の部隊数は、一九四〇年半ばまでに一〇一にまで増大した。二万六〇〇〇人の青年志願者とより高齢な召集予備兵が、警察大隊に編入されたのである。一三の大隊が、ドイツによって占領されたポーランド中央部すなわち総督府に駐屯した。七個大隊が、第三帝国に合体されたポーランド西部地域、すなわち「併合地域」に、一〇個大隊が、保護領とされたチェコスロヴァキアのボヘミア、モラヴィアの占領地に進駐した。さらに、六個大隊がノルウェーに、四個大隊がオランダに進駐した[4]。通常警察は急速に、ドイツ占領下のヨーロッパを支配するために欠くことのできない兵力の供給源となっていったのである。

新しい大隊は、二つの方法で形成された。まず第一に、必要な下士官幹部を供給するために、ポーランドに進駐した当初の大隊から、職業警察官と戦前からの志願兵が下士官に昇格されて、新たに編成された部隊に配属された。この場合、兵卒は比較的高齢の召集予備兵によって満たされた。こうして編成された大隊は、「警察予備大隊」と称された。第二に、特定の部隊（二五一から二五六、三〇一から三二五のナンバーを与えられた部隊）は、一九三九年の秋に通常警察の任務についていた二万六〇〇〇人の若い志願兵のなかから編成された。それらの部隊は、事実上、通常警察の新しいエリート師団となるはずであった。[5]

ポーランド総督府における通常警察の存在は、二つの筋道から調べられる。第一に、総督府の四つの分割された管区——クラクフ、ルブリン、ラドム、ワルシャワ（一九四一年にはガリツィアが付け加えられた）——のそれぞれに、通常警察指揮官（Kommandeur der Ordnungspolizei, KdO）とそのスタッフが置かれた。それぞれの管区の連隊は、三個の警察大隊からなり、それら大隊は軍務期間ごとにドイツ国内から絶えず交替勤務となっていた。第二に、総督府全体を通じて、大隊より小さな部隊の間の細いネットワークが存在した。すなわちポーランド主要都市それぞれに、都市防衛警察（Schutzpolizei）署が置かれた。その主な任務はポーランドの市警察を監督することであった。それに加えて、それぞれの管区内にある中規模の町には、区内で合わせて三〇か所から四〇か所の小さな巡査派出所も置かれていた。そして都市防衛警察も巡査部隊も、三人の警察大隊指揮官と同様、管区の通常警察指揮官（ＫｄＯ）の監督下にあったのである。一九四二年の終わりまでに、総督府内の通常警察の兵力は一万五一八六人に達した。通常警察の監督下に置かれたポーランド人警察官は、一万四二九七人であった[6]。

命令系統の一つを下から見ていくと、通常警察大隊から、また同様により小さな巡査隊から、通常警察指揮官（ＫｄＯ）を経由し、首都であるクラクフにある総督府の通常警察司令官（Befehlshaber der Ordnungspolizei, ＢｄＯ）へ、そして最終的に、ベルリンにあるダリューゲの本部へとつながっていた。これは通常の命令系統であって、もっぱら地方の通常警察部隊に関する事柄を対象としていた。しかし第二の命令系統があって、こちらは、通常警察と保安警察、また他の親衛隊部隊との共同行動にかかわるすべての方策や作戦を対象としていた。そのために、ハインリヒ・ヒムラーはフリードリヒ－ヴィルヘルム・クリューガーを、総督府の親衛隊＝警察高級指揮官（ＨＳＳＰＦ）に任命した。ヒムラーの親衛隊および警察帝国は地域によって不均衡に拡大していたので、親衛隊＝警察高級指揮官はヒムラー直属の職務代理として、各管区において、親衛隊や警察の複数の機関にかかわるすべての行動を調整する特別な権限と責任が与えられていたのである。そしてポーランド総督府内の各管区においては、親衛隊＝警察指揮官（ＳＳＰＦ）が置かれた。同官はクリューガーが総督府全体に対して行使したのと同じ責任と権力を、管区のレベルで持つことになった。一九四二年から一九四三年まで第一〇一警察予備大隊が駐屯していたルブリン管区において、親衛隊＝警察指揮官に任命されたのはヒムラーの旧友オディロ・グロボクニクであった。彼は残忍なやくざ者で、かつてオーストリアで汚職によって党幹部の地位を追われた男だった。かくして、ルブリン管区の警察部隊が命令を受け取る場合、ダリューゲやベルリンの本部からクラクフの通常警察司令官（BdO）、そして管区の通常警察指揮官（KdO）を通してか、あるいは、ヒムラーから親衛隊＝警察高級指揮官のクリューガー、そして管区の親衛隊＝警察指揮官、すなわちグロボクニクを通してであった。ポーランド・ユダヤ人の殺戮は親衛隊や警察のすべての部局にかかわる計画であったから、通常警察が最終的解決に参加する上で、決定的に重要だったのは後者の命令系統であった。

3 通常警察と最終的解決——ソ連一九四一年

通常警察が最終的解決——ナチによるヨーロッパ・ユダヤ人の大量殺戮——に最初に関与したのは、ポーランドではなくソ連の地で、時は一九四一年夏と秋のことであった。ヒトラーが企んでいたソビエト侵攻とそこでの「撲滅戦」を準備するために、特別行動隊(Einsatzgruppen)として知られる親衛隊の特殊機動部隊四個が編成され、一九四一年晩春に訓練を受けた。これら部隊の中心は、ハイドリヒ指揮下の保安警察(Gestapo と Kripo)と情報機関(親衛隊保安部、SD)から集められたが、武装親衛隊(ヒムラーの率いる親衛隊の軍事部門)の小部隊からも補充された。これに加えて、第九警察大隊の三個中隊も、四個の特別行動隊のうち三個に配属されたのである。[1] 警察隊員の数は、任務についた四個の特別行動隊員全三〇〇〇人のうちおよそ五〇〇人を占めた。

特別行動隊は、ソ連において政治的、人種的大量殺戮にかかわったもろもろのドイツ人部隊の細く鋭利な刃であったにすぎない。六月初旬、ポーランド総督府の保安警察隊員からなる五番目の特別行動隊が、急ごしらえでソ連に送られた。この特別行動隊のほとんどの隊員は、一九三九―四一年にかけてソ連に占領された旧ポーランド東部地域において、保安警察の恒常的な戦力となった。これに対して、最初の四個の特別行動隊は、ドイツ軍の前進の背後について、ソ連領土内に深く侵入した。

ソ連占領地のために、ヒムラーは北部、中部、南部それぞれに三人の親衛隊＝警察高級指揮官（HSSPF）を任命した。彼らは、占領区におけるすべての親衛隊の作戦を調整する任務をもっていた。対ソ戦当初の驚くべき軍事的成功の直後、究極の勝利が約束されているかに思えた一九四一年七月中旬の幸福な時期に、ヒトラーは、前進するドイツ軍前線の背後の鎮圧計画の強化を命令した。七月一六日に、ヒトラーは、ドイツは東部ヨーロッパで新たに獲得された領土から決して引き下がったりしないだろうと語った。自分は、必要なあらゆる手段をとることによって、その地に「エデンの園」を創造するつもりだというのである。スターリンがドイツ占領地でパルチザン闘争を命じたのは幸運なことだったとした後で、ヒトラーは続けてその理由を次のように述べている。なぜなら「スターリンのパルチザン命令は、ドイツに敵意を持つ者全員を皆殺しにする絶好の機会をわれわれに与えているのだ。当然のことだが、途方もなく広い領域が可能なかぎり早急に鎮圧されねばならない。その最上の方法は、パルチザンの抵抗がある以上、その地でわれわれを不信の目で見る者をすべて射殺することではないのかね。」[2]

ヒムラーは、彼の主人のこうした熱のこもった勧告に応えることにためらいはなかった。一週間も経たないうちに、ヒムラーは中部親衛隊＝警察高級指揮官エーリッヒ・フォン・デム・バッハ－ツェレウスキーと、南部親衛隊＝警察高級指揮官フリードリヒ・イェッケルンのそれぞれに親衛隊旅団を追加し、兵力の増強をはかった。かくして、一万一〇〇〇人以上の兵力が親衛隊の殺戮作戦に加わった[3]。それだけではない。少なくとも一一個の警察大隊——そのうち九個は三〇〇番台の番号を持ち、新しく若い志願兵によって編成されていた——もソ連内の三つの親衛隊＝警察高級指揮官下に配属され、さらに、すでに特別行動隊で任務についている五〇〇〇人の他に、なお五五〇〇人の通常警察官が追加された[4]。七月下旬から八月上旬にかけて、ヒムラーは東部戦線を視察し、ロシア・ユダヤ人の大量殺戮の意義を部下に熱心に説いてまわったのである。

しかし七月後半に特別行動隊が増強される以前に、通常警察はすでにソ連における殺戮の仕事に手を染めていた。その場所は、住民のおよそ半分がユダヤ人であるビャウィストク市であった。ドイツ軍のソ連侵攻——バルバロッサ作戦と名づけられた——の前夜、第三〇九警察大隊のヴァイス少佐は中隊長たちを召集した。ソ連へ侵攻する他のすべてのドイツ軍や警察部隊でなされたように、少佐は口頭でいくつかの命令を彼らに告げた。第一の命令は悪名高い「政治人民委員射殺命令（Kommissarbefehl）」である。それによれば、いわゆる政治人民委員——どのみちドイツに反抗する赤軍や文民官僚機構内の共産党政治委員——は戦争捕虜であることを否定され、処刑されねばならないのである。[5] 第二の命令は「バルバロッサ命令」である。それは、ソ連の文民に対するドイツ兵の行動を、軍法会議の管轄から解き放ち、ロシアの村落全体に対する集団的報復をはっきりと是認するものであった。[6] この命令は事実上、ロシア民衆に対する「射殺免許」に他ならなかった。ヴァイス少佐はさらに続けて述べた。今回の戦争は、ユダヤ人とボルシェヴィキに対する戦争である。こう述べることによって、少佐は、本大隊がユダヤ人を情け容赦なく処刑せねばならないのだと打ち明けたのだった。少佐の考えでは、総統の命令の意味するところは、ユダヤ人は年齢や性別にかかわりなく、すべて撲滅されねばならないということなのであった。[7]

ビャウィストク市に侵入後の六月二七日、ヴァイス少佐は大隊に、ユダヤ人居住区をくまなく捜査し男性ユダヤ人を捕らえるように命じたが、捕らえた彼らをどうするのかは具体的に何も述べなかった。ユダヤ人捕虜をどうするかは、見たところ中隊長たちの決断に委ねられていたが、中隊長たちは、すでにソ連侵攻前の会議で少佐の考え方に従う決心をしていたのである。大隊の行動はポグロム〔掠奪、殺人、破壊を意味するロシア語。ユダヤ人共同体、ゲットーに対する、主に自然発生的な攻撃を表わすのに使われる。〕として開始された。警官たちはユダヤ人を市場やシナゴーグへ駆り集め、思いのままに、鞭打ったり、恥辱を与えたり、あご鬚に火をつけたり、射殺したりした。幾人かのユダヤ人指導者がプフルークバイル将軍の指揮する第二二一保安師団の司令部に現われ、将軍の足元にひざまずいて軍の保護を求めたとき、第三〇九警察大隊のある隊員は、ズボンのチャックを下ろし彼らに小便を浴びせたのだが、将軍は背を向けてしまった。

ポグロムとして始められたことが、急速に、より組織された大量殺戮にエスカレートしていった。市場に集められたユダヤ人は公園に連行され、壁に向かって並ばされ、射殺された。殺害は暗くなるまで続いた。少なくとも七〇〇人のユダヤ人が集められたシナゴーグでは、ガソリンが入口にかけられ、手榴弾が投げ込まれ、炎上した。警官は逃げ出そうとする者を誰かれかまわず射殺した。火はユダヤ人たちが隠れていた近所の家にも燃えひろがり、彼らもまた焼き殺されたのである。翌日、荷馬車三〇台分の死体が集団墓地に運ばれた。およそ二〇〇〇人から二二〇〇人のユダヤ人が殺されたと思われる。プフルークバイル将軍が出火について調査するために伝令をヴァイス少佐に送ると、少佐は泥酔状態で発見された。彼は昨日何が起こっていたのかなにも知らないと主張した。ヴァイスと部下の将校たちはその後、プフルークバイルに虚偽の経過報告を提出したのである。(8)

六月二七日のビャウィストクでの通常警察による最初のユダヤ人大虐殺が、指揮官の意志を肌で感じとり、それを先取りした個々の中隊長たちの仕業であったとすれば、七月中旬の第二の大虐殺は、親衛隊最上層部――すなわち、エーリッヒ・フォン・デム・バッハ－ツェレウスキー、クルト・ダリューゲ、そしてハインリヒ・ヒムラー――の明瞭かつ系統的な教唆を含んでいた。第三〇九警察大隊が東部に移動すると、続いて第三一六、第三二二警察大隊がビャウィストクに入ってきた。消失を免れたごくわずかの通常警察文書はソビエトの公文書館から西側に届けられたが、第三二二警察大隊の公式日報、戦争日誌(Kriegstagebuch)、その他さまざまな記録や命令が、そのなかに見出される。それらの記録によって、われわれは、ビャウィストクで続いて何が起こったのかを追跡することができる。

ソビエト侵攻にあたって第三二二警察大隊が受けた説明は、見たところ第三〇九警察大隊のときほどひどいものではなかったが、やはりイデオロギー的説教から自由ではなかった。レッツラーフ少将は、六月一〇日ワルシャワで、大隊を前にして送別の演説をした。彼の訓示によれば、隊員は、「スラヴ民衆の前で主人として振る舞い、自分たちがドイツ人であることを分からせるように[9]」努めねばならないのである。さらにソ連へ出発する前の七月二日、警察大隊員は、すべての「政治人民委員は射殺されねばならず」、そのさい「不屈に、決然と、容赦なく[10]」行動しなければならない、と告げられたのである。

七月五日にビャウィストクに到着した第三二二警察大隊は、その二日後に、「町中をくまなく捜査し、……ボルシェヴィキ人民委員と共産主義者を見つける」命令を受けた。さらにドイツ軍到着の前にユダヤ人によって略奪がなされたとのデマが流され、「ユダヤ人居住区の捜査」が命じられたが、それが何を意味していたのかは、翌日の戦争日誌の記述が明らかにしてくれている。ドイツ警察は捜査と称して、逆にユダヤ人からの略奪品を荷馬車二〇台分も運び出したのであった。七月八日までに、大隊は二二人を射殺していた。「それは……ほとんどがユダヤ人であった。[11]」

捜査の行なわれた同じ七月八日の午後、驚いたことに、親衛隊帝国指導者兼警察長官ハインリヒ・ヒムラーと、通常警察本部長クルト・ダリューゲの二人が、第三二二警察大隊を訪問した。大隊長のナーゲル少佐は、中部親衛隊＝警察高級指揮官のバッハ＝ツェレウスキーがヒムラーのために催した夕食会に招待された。その席でのスピーチで、ダリューゲは次の点を強調した。通常警察は、「世界の敵であるボルシェヴィズムを打倒する戦いに参加できたことを誇りにしてよい。目下の戦闘ほど重要な意義を持つものはない。ドイツのために、ヨーロッパのために、いや全世界のために、今や、ボルシェヴィズムは最終的に壊滅されるであろう。[12]」

それから二日置いた七月一一日、（第三一六、第三二二警察大隊を含む）警察連隊本部のモントゥア大佐は次の命令を発した。

機密！

一、親衛隊＝警察高級指揮官の命令により……略奪者として逮捕された年齢一七―四五歳のユダヤ人男性は、戒厳令にしたがって射殺されねばならない。処刑は、市内や村内から、また街道から離れた場所で執行すること。
墓穴は、決して巡礼の地になどならないように平らに埋めておくこと。本官は、処刑の撮影や見物人の立ち入りを禁ずる。処刑執行と埋葬の場所は、人に知られてはならない。
二、大隊や中隊の指揮官は、当該行動に参加した隊員の精神面のケアにとくに気を配ること。隊員のその日の印象が、晩になにか社交行事などを催すことによって、少しでも和らげられるようにすること。
さらに、隊員にはこの処置の政治的必要性について、常に教示を与えること[13]。

戦争日誌は、奇妙なことに、モントゥア大佐の命令にしたがって、ビャウィストクで何が起こったかを記述していない。しかし、後のドイツにおける訴訟手続きは事の成り行きを明かしている[14]。戒厳令によって射殺されるべきであるとされたいわゆる略奪者に対して、もちろん、調査も、公判も、有罪判決も存在しなかった。七月一二日、外見上一七歳から四五歳くらいまでに見えるユダヤ人男性が、有無をいわさず逮捕され、ビャウィストクの競技場に連行された。競技場がユダヤ人でほぼ満たされたとき、バッハ－ツェレウスキーが現場を訪れ、ユダヤ人の所持していた貴重品が収奪された。たいへん暑い日であったが、その間ユダヤ人たちには、水も与えられなかったし、トイレに行くことも許されなかった。

同日か翌朝のどちらかは不明だが、第三一六、第三二二警察大隊の駐車場から来たトラックが、競技場と市外の森林地帯に掘られた対戦車壕との間を、ユダヤ人を乗せて往復しはじめた。第三一六大隊のほとんどの隊員と第三二二大隊の一個中隊が処刑場を警護し、射撃班が編成された。バッハ＝ツェレウスキーが再びその場に現われ、隊員に向かって、こうした行動を正当化する訓示をたれた。処刑は日が暮れるまで続けられ、その後、警官たちはトラックのヘッドライトを使ってでも処刑を執行しようとした。それがうまくいかないことが分かると、処刑は中断され、翌日になってようやく終了した。ナチ犯罪を裁くドイツの法廷の結論によれば、少なくとも三〇〇〇人のユダヤ人が射殺されたことになる（といっても、われわれが心に留めておかねばならないのは、裁判の都合上、つまり数字の問題を裁判上の争点としないために、こうした数字はいつも、疑う余地のない、ミニマムの推定犠牲者数を示しているのであって、最も可能性の高い数字を示してはいないという点である）。

ロシア・ユダヤ人に対する殺戮作戦は、一九四一年晩夏から秋にかけてエスカレートした。第三二二警察大隊の戦争日誌は、大隊がそれに関与し続けたことを示している。警察大隊は公式には後方の国防軍に従属していたが、七月二三日にはそれが解除された。「大隊の抱える切迫した任務のために、大隊は直接親衛隊＝警察高級指揮官のフォン・デム・バッハ親衛隊中将の指揮の下におかれる。」[15]第三二二警察大隊の三つの中隊が、八月いっぱいかけてビャウォヴィエジヤからミンスクへと移動したとき、リーベル少尉の率いる第三中隊は、その過程でユダヤ人を数多く処刑し続けた。ビャウォヴィエジヤを取り巻く森林地帯で、八月二日、第三中隊がユダヤ人狩りを行なった結果について、戦争日誌は、「出発前に、第三中隊はユダヤ人の始末をつけなければならなかった」[16]、と記している。その後、リーベル少尉の報告はこうである。「八月一〇日早朝、ビャウォヴィエジヤの囚人キャンプに宿泊していたユダヤ人の始末は、第三中隊によってつけられた。一六歳から四五歳までの七七人のユダヤ男が射殺された。処刑は無事執行された。一件の抵抗もなかった[17]。」これは特別のケースではない。五日後に、リーベル少尉はまた報告している。「ナレフカ-マラでの対ユダヤ人作戦は、一九四一年八月一五日、第三中隊によって遂行された。二五九人の女と一六二人の子供は、コブリンに移動させられた。一六歳から六五歳までのすべてのユダヤ男は射殺された。一九四一年八月一五日、合計すると、一人のポーランド人強盗と二三二人のユダヤ人が射殺された[18]。」

八月下旬まで、第三二二警察大隊はミンスクに駐留し、そこでバッハ-ツェレウスキーはダリューゲと打ち合わせをした[19]。以前ビャウィストクでそうであったように、二人の相談は、通常警察が次のユダヤ人大量射殺に関与するための序曲であった。八月三〇日、大隊長ナーゲル少佐は、八月三一日と九月一日に予定された、「根本的な対ユダヤ戦」について検討するために召喚された。その結果、大隊は二つの中隊を提供することになったのである[20]。

八月三一日、第三二二警察大隊の第一、第三中隊（それらは、新たに、警察連隊本部の第七、第九中隊とされた）はミンスクのゲットーに移動し、そこで、七四人の女性を含む約七〇〇人のユダヤ人を捕らえた。翌日、リーベル少尉の指揮する第九中隊は、前日に捕らえた者を含めて九〇〇人以上のユダヤ人の処刑に参加した。大勢の女性を初めて射殺することになったために、戦争日誌の書き手はそれを正当化する必要性を感じたようだ。彼の説明によれば、ユダヤ人女性たちが射殺されたのは、「ゲットー捜査中、彼女らがユダヤの星印を付けていなかったことが判明したからである……ミンスクにおいても、とくにユダヤ女たちはユダヤの星印を衣類から取り外していた。」[21] 射殺した死体の数で中隊の名誉を高めようといつも願って、リーベル少尉は忠実に報告している。「九月一日の対ユダヤ人戦で、八月三一日に捕らえられたユダヤ人はすべて射殺された。第九中隊によって射殺された数は、男が二九〇人、女が四〇人であった。処刑はスムーズに進められた。誰一人として抵抗しなかった。」[22]

一〇月初旬、モギリョフでのその後の行動においては、ユダヤ人女性を射殺するための言い訳はもはや必要と感じられていない。一〇月二日、戦争日誌は次のように記録している。「第九中隊。午後三時三〇分から、中隊全員。ロシア中部親衛隊＝警察高級指揮官のスタッフと、ウクライナ人の補助警察〔ウクライナやリトアニアなどから集められた志願兵部隊。親衛隊の指揮下で、多くの汚れ仕事、つまりユダヤ人虐殺のために利用された。〕とともに対ユダヤ人行動。二二〇八人の男女ユダヤ人を拘束。逃亡しようとした六五人をその場で射殺。」翌日、「ロシア中部親衛隊＝警察高級指揮官のスタッフとともに、第七、第九中隊は——モギリョフの外、森の収容施設からそう遠くないところで、男女二二〇八人のユダヤ人を処刑（第七中隊が三七八人、第九中隊が五四五人を射殺）。」[23]

警察大隊がユダヤ人虐殺に関与したのは、ソ連での占領地中部だけのことではなかった。わずかに残存している記録は、南部においても北部においても、同様な関与があったことを示している。ソ連での占領地南部の親衛隊＝警察高級指揮官フリードリヒ・イェッケルンは、暗号を用いて記された日々の報告で、慎重を期しながら犠牲者数を報告していた。彼は全部で五個の大隊（第四五、第三〇三、第三一四大隊に加えて第三〇四、第三二〇大隊——それらは一個大隊を除いてはすべて、新しく若い志願者の大隊で構成されている）を指揮していたのである。その報告の収集は不完全ではあるが、それでも次のことが明らかになる。[24]

八月一九日　第三一四大隊は二五人のユダヤ人を射殺。第四五大隊はスラヴタで五二二人のユダヤ人を射殺。

八月二二日　第四五大隊は二回の出動でそれぞれ、六六人と四一七人のユダヤ人を射殺。

八月二三日　第三一四大隊は、「浄化作戦」で三六七人のユダヤ人を射殺。

八月二四日　第三一四大隊は二九四人のユダヤ人を射殺。第四五大隊は六一人のユダヤ人を射殺。「警察騎兵隊」は一一三人のユダヤ人を射殺。

八月二五日　南部警察連隊は一三二四人のユダヤ人を射殺。

八月二七日　二つの報告のうち第一のものによれば、南部警察連隊は五四九人のユダヤ人を射殺、第三一四大隊は六九人のユダヤ人を射殺。第二の報告によれば、南部警察連隊は九一四人のユダヤ人を射殺。

八月二八日　南部警察連隊は三六九人のユダヤ人を射殺。

八月二九日　第三二〇大隊が「非常線」を張り、親衛隊＝警察高級指揮官の将校団は、カメネツ－ポドルスキで、一万五〇〇〇人のユダヤ人を八月二六―二七日に射殺。八月二八日には、別の七〇人射殺。

八月三一日　第三二〇大隊は、ミンコフツィで二二〇〇人のユダヤ人を射殺。

九月　一日　南部警察連隊は八八人のユダヤ人を射殺、第三二〇大隊は三八〇人のユダヤ人を射殺。

九月　二日　南部警察連隊は四五人のユダヤ人を射殺。

九月　四日　南部警察連隊は四一四四人のユダヤ人を射殺。

九月　六日　南部警察連隊は一四四人のユダヤ人を射殺。

九月一一日　南部警察連隊は一五四八人のユダヤ人を射殺。

九月一二日　南部警察連隊は一二五五人のユダヤ人を射殺。
一〇月　五日　第三〇四警察大隊は三〇五人のユダヤ人を射殺。

戦後、連邦共和国において、このわずかに残された記録を頼りに司法尋問が行なわれた。それによって、一九四一年秋、ソビエト連邦領内に展開した第四五、第三一四警察大隊の殺戮の足跡について、より多くの情報がもたらされた。第四五警察大隊は、七月二四日、ウクライナの町、セペトフカに到着した。そこで大隊長のベッサー少佐は、南部警察連隊長フランツ大佐に呼び出された。大佐はベッサー少佐に、ヒムラーの命令によりロシアのユダヤ人は殲滅されねばならないこと、第四五警察大隊はその任務に参加せねばならないことを告げた。数日中に、大隊はセペトフカで、女性や子供を含む数百人のユダヤ人を殺戮した。八月には、ウクライナのさまざまな町で、三桁の数のユダヤ人が殺害された。九月には、ベルジーチェフとヴィニツァで数千人のユダヤ人を処刑するために、第四五警察大隊は非常線要員、護衛、射撃手を提供した。大隊の残忍な活動は、九月二九、三〇日にキエフで最高潮に達した。警察隊員は、バビ・ヤールの渓谷で三万三〇〇〇人のユダヤ人を処刑するために、再び非常線要員や護衛、射撃手となったのである。大隊はさらに、より小規模の処刑（コロル、クレメンチュク、ポルタヴァにおける）を年末まで執行し続けた。[25]第三一四警察大隊も、七月二二日から、第四五大隊より少ないとはいえやはり三桁の数に上るユダヤ人を殺害した。一九四一年九月、ヴィニツァにおいて、第三一四警察大隊は第四五警察大隊と合流し、数千人のユダヤ人を処刑し、一〇月一〇日から一四日にかけて、ドネプロペトロウスクにおいては、七〇〇〇人から八〇〇〇人のユダヤ人を射殺した。第三一四警察大隊による最後の射殺は、戦後の司法尋問が明らかにしたように、一九四二年一月下旬、ハリコフでのことであった。[26]

ソ連南部の占領地の記録は、通常警察部隊が、広範囲にわたって継続的にユダヤ人の大量射殺に関与していたことを概観的に伝えてくれるが、詳細を欠いている。北部占領地区の記録はまさにその正反対である。全体を概観させる記録はないけれども、第一一警察大隊による作戦について、とりわけ鮮明な一つの記述が残されているのである。同大隊は一九四一年七月初旬よりコヴノ地区に駐留しており、その第三中隊はコヴノのゲットーを監視する任務についていた。[27]一〇月中旬、第一一警察大隊の大隊長は二つの中隊と二つのリトアニア補助警察中隊を率いてミンスクに派遣された。第七〇七保安師団の作戦将校が、警官たちに最初の任務を与えた（警察隊員たちは後に、自分たちは二度だけユダヤ人虐殺行動をとったが、これはその最初のものであったと主張した）。その命令は、住民がパルチザンを支援したりすることに警告しそれを抑止するために、ミンスクの東にあるスモレヴィチの村のすべてのユダヤ人を処刑することであった。第一一警察大隊の大隊長が後に主張したことによれば、彼はこの命令に抗議したのだが、それに対して作戦将校や保安部の指揮官から、ドイツ警察が非常警戒員を務め、射殺はリトアニア人に任せることができると言い渡されたのであった。かくしてスモレヴィチのユダヤ人大虐殺は、命令として実行されたのであった。

一〇月下旬、通常警察の二個の中隊とリトアニア補助警察の二個の隊は、ミンスクの南にあるスルツクのすべてのユダヤ人を抹殺するように、国防軍によって命令された。スルツクには約一万二〇〇〇人の住民がおり、その三分の一がユダヤ人であった。こうした処置は、ドイツ軍部隊を守るためのものとして再び正当化された。一〇月二七日にスルツクで何が起こったのかを知らせるために、同地のドイツ文民行政官の長はミンスクにいる彼の上司、ヴィルヘルム・クーベに宛てて、以下の報告を行なった。

スルツク、一九四一年一〇月三〇日

スルツク地区行政官より
ミンスク行政長官へ
対ユダヤ人作戦について

一九四一年一〇月二七日の本官の電話連絡に関して、貴官に書面をもって以下のことを報告いたします。一〇月二七日朝八時、(リトアニアの)コヴノから来た第一一警察大隊の中尉が来訪しました。彼は、保安警察大隊の副官である、と名乗りました。中尉によれば、第一一警察大隊は、二日以内にスルックのすべてのユダヤ人を一掃する命令を受けたとのことでした。大隊長は四個中隊——そのうち二個中隊はリトアニアの補助警察ですが——を率いてこちらに向かっているところで、到着と同時に行動に移るというのです。この件について本官は中尉に、ともかくその行動について大隊長と話し合わねばならないと答えました。約一時間半後に警察大隊がスルックに到着しました。本官の要請によって、ただちに大隊長との話し合いがもたれました。本官はまず最初に、事前の準備なしに命令を実施することはほとんど不可能である、なぜならユダヤ人全員が労働に就いており、恐るべき混乱が生じることになるからだ、と説明しました。最小限に見積もっても一日の猶予期間を与えるべきであると考えましたので、本官は彼に行動に移るのを一日延期してほしいと頼みました。にもかかわらず大隊長はこれを拒絶しました。彼は、このあたり一帯の幾つもの町で対ユダヤ人作戦を実施しなければならず、スルックには二日間しか割けないのだというのです。二日後には、スルックは完全にユダヤ人のいない町になっていなければならないというのです。本官はこれに対して、ただちに強く抗議し、ユダヤ人の一掃は恣意的に実施されてはならないとされている点を強調しました。この町にまだ残っているユダヤ人の多くは、職人とその家族である。ユダヤ人であれなんであれ、町は職人なしにはやってゆけない。職人は町の経済の維持にとって欠くことのできない存在なのだから。本官はさらに、白ロシア人職人はまったく使いものにならないから、もしすべてのユダヤ人が一掃されてしまったら、この町で稼働中の企業は、一陣の風が吹いただけで、すべて機能が麻痺してしまうだろうという事実を申し立てました。議論の結論として本官が述べたのは、職人や専門家は、彼らが欠くことのできない存在であるかぎり、身分証明を手にすべきであること、したがって、すべてのユダヤ人が作業場から連れ去られてはならない、ということです。さらに、本官が一掃されては困ると思うすべてのユダヤ人職人とその家族は、区別されるためにまずゲットーへ集められなければならないということも合意されました。大隊長は本官の二人の部下に、その区別する権限が与えられました。大隊長は本官の見解に決して反対しませんでしたので、本官は、対ユダヤ人行動が要請に従ってなされるだろうと、完全に信用しました。

大隊の行動が始まってから数時間もしないうちに、大変な事態が生じていることが判明してきました。本官は、指揮官が我々との合意にいささかも従っていないことを発見しました。合意とは反対に、すべてのユダヤ人は例外なく工場や作業場から連れ出され、どこかへ送り出されていました。本官はゲットーに多くのユダヤ人を集め、選抜しておきましたが、一部はそのゲットーから連れ出されました。しかし多くは直接トラックに乗せられ、そのまま町の外で抹殺されました。正午を過ぎると、町のあらゆる方面から苦情が来はじめました。ユダヤ人職人がみな連れていかれたために、作業場が機能しなくなってしまったというものです。大隊長がバラノヴィチに行ってしまっていたために、本官はあちこち探し回って、ようやく大隊長代理の大尉と連絡を取りました。本官は彼に、大隊の行動はただちに停止されねばならないと要請し、それが本官の指示に従っていないこと、すでに生じた経済的打撃は取り返しのつかないものになってしまっているかもしれないことを説明しました。大尉は本官の説明に大変驚きました。彼は大隊長から、他の町でしたのと同様、この町から例外なくユダヤ人を一掃するようにとの指示を受けたそうです。大尉が言うには、民族の浄化は政治的理由によって為されねばならないのであって、これまでのところどこでも、経済的要因など考慮されてこなかったそうです。本官が執拗に干渉したことによって、彼は仕方なく、夕刻近くになって大隊行動を停止しました。

本官は最後に、大隊の対ユダヤ人作戦について、それがサディズムに酷似していると、大変残念ながら強調せざるをえません。大隊の行動が為されている間、町は恐ろしい光景を呈しました。ドイツ警官や、また特にリトアニアの警官によって、言語に絶する野蛮さで、ユダヤ人や白ロシア人が宿舎から連れ出され、追い立てられてゆきました。町中至る所で射殺が行なわれ、どの通りにも、射殺されたユダヤ人の遺体が山のように積まれていました。白ロシア人たちが、こうした人狩りから抜け出すことはまったく困難でした。職人たちを含むユダヤ人が、白ロシア人たちの目の前で恐ろしく野蛮な仕方で残忍に扱われたことは別としても、白ロシア人も同様に鞭や棍棒で暴行を受けました。これはとても対ユダヤ人行動だとは言えず、革命のように見えました。本官と部下全員は、なお救える者を救おうと、昼中、絶え間なく働きました。繰り返し言いますが、本官は文字通り拳銃を片手に、ドイツやリトアニアの警官を作業場から追いださねばなりませんでした。本官直属の警備隊員も同じ任務を与えられましたが、警官たちの無茶な射撃から身を守るために、しばしば通りから離れねばなりませんでした。町中の光景は、まったく血も凍り身の毛もよだつものでした。午後になって、御者のいない荷馬車がたくさん通りに放置されていたので、本官は町の行政当局がただちにそれらを片づけることを認めました。後に判明したことですが、それはユダヤ人の荷馬車で、軍によって弾薬を運ぶことが認められていたものでした。ユダヤ人たちは荷馬車から降ろされ、引っ立てられていきました。だれも荷馬車のことを気にかけなかったという訳なのです。

本官は町の外でなされた射殺には立ち合っていません。したがってそこでの残忍さについては何も言えません。しかし、射殺されたユダヤ人たちが墓穴に放りこまれてかなり時が経ってから、幾人かは地上に這い出してきたということを強調すれば充分理解できるでしょう。経済的打撃について報告すれば、なめし革工場が最もひどい被害をこうむりました。二六人の専門職人がそこで働いていました。最初の急襲で、彼らのうち一五人が射殺されました。四人は連行中荷馬車から飛び降り逃走し、他の七人は逃亡して逮捕を免れました。車輪製造所では五人が働いていましたが、四人が射殺され、工場は現在たった一人の車輪製造職人によって操業されねばならなくなっています。なお、家具職人や鍛冶屋など、その他の職人たちも行方不明です。そんなわけで、正確な概況を得ることは不可能です。本官が最初に述べましたように、職人の家族も命を助けられることになっていました。しかしながら本日、ほとんどすべての家族で行方不明者のあることが判明しました。至るところから報告が来ますが、それによれば、幾つかの家族では職人自身が、他の家族では妻や子供たちが行方不明であります。かくてほとんどすべての家族が別れ別れになっています。こうした状況下では、残った職人たちがこれまで通り熱心に働き生産するかどうか疑わしいといわざるをえません。目下多くのユダヤ人職人たちは、残忍な仕打ちを受けたことにより、鞭打たれて血まみれな顔で歩き回っている有様です。これまで信頼関係を結んできた白ロシア人たちは肝をつぶしてしまいました。白ロシア人は威圧され、自由に意見を述べることなどなかったのですが、それでも、今日という日はドイツにとっては決して栄光の一頁を意味するのでなく、決して忘れられない日になるだろうという声がきかれました。本官の意見を言えば、この対ユダヤ人行動によって、我々がここ数か月の間に築いてきたことの多くは破壊されてしまったし、我々が再び住民の信頼をとり戻すには長い時間がかかるだろうということです。

結論として本官は以下の点を指摘せざるをえません。すなわち、対ユダヤ人作戦の間中、警察大隊は極悪非道なやり方で、実際、ユダヤ人の家からのみならず白ロシア人の家からも同じくらい、掠奪を続けたのです。警察大隊員たちは、長靴や革製品、衣類、金、その他の貴重品など、役に立ちそうなものは何でも取り上げました。国防軍兵士の報告によれば、表通りの公衆の面前で、ユダヤ人の腕から時計が抜き取られ、指輪もきわめて乱暴に指からもぎ取られました。ある年長の会計係の報告によれば、あるユダヤ人の少女は、警官から、すぐに五〇〇〇ルーブル持ってくればおまえの父親を釈放してやるといわれて、その金を求めて町中を走り回ったそうです。またゲットーのなかでも、ユダヤ人の財産を収め、行政当局によって釘づけされた仮小屋が、警官によって侵入され掠奪されました。部隊が駐留していた宿舎でさえ、窓枠やドアは焚火のために剝がされました。こうした掠奪について、本官は副指揮官と火曜日の朝に話し合い、副指揮官は今後警官を町のなかに入れないと約束したのですが、それから数時間後、本官は再び二人の完全武装したリトアニア人警官を逮捕せざるをえませんでした。彼らは盗みを働いているところを捕まったからです。火曜の夜から水曜にかけて、大隊は町を離れバラノヴィチに向かいました。それが町中に知れると、住民は小躍りして喜びました。

報告はここまでにしておきましょう。本官は近日中に、この問題をもう一度直接話し合うために、ミンスクへ行くつもりです。現在のところ、本官は対ユダヤ人作戦を継続することはできません。まず第一に平和が取り戻されねばなりません。本官は、できるだけ速やかに平和を回復し、さまざまな困難を克服して経済を立て直すことができればと思っております。いま本官は一つの要望がかなえられることだけを願っています。「将来、この警察大隊から必ず私を守ってください。」

カール[28]

警察大隊がロシア・ユダヤ人の大量殺戮に関与したこの記録は、たしかに詳細を究めてはいない。しかしこれは、合理的に想定しうるが疑惑にすぎないという言い方を超えて、戦後主張された通常警察の主要なアリバイを間違いであると否定するには充分なものである。これまで言われてきたアリバイによれば、ダリューゲはヒムラーとの合意を取りつけ、それによって、通常警察は保安警察をガードしたり、射殺にまで到らないその他の任務を果たすが、それ自体が射殺執行者になることは禁じられていたとされていたのであった。武装親衛隊は戦後、自分たちは国防軍と同様兵士であり、他の親衛隊のイデオロギー的な計画には関与していなかったと主張したが、通常警察もこれと同様に、保安警察の計画には関与していなかったとアリバイを主張したのである。そうしたアリバイは、第一一警察大隊を対象とした、ドイツの裁判では、かつて首尾よく認められたのであった。弁護人は法廷を説得するために、たった二回ユダヤ人が射殺されただけで――しかもミンスク地区の軍の命令による――、犯人をコヴノへ召喚することを保障するダリューゲの決定がなされたのだ、と主張したのである。[29]

記録が示すように、通常警察は一九四一年夏から秋にかけて、ロシア・ユダヤ人の大量殺戮に直接関与したわけだが、それは広い範囲にわたっていた。北部、中部、南部の親衛隊＝警察高級指揮官の支配圏内においても、ビャウィストク地方においても関与が為されたのである。さらに言えば、ビャウィストクで七月中旬に為された殺戮は、ダリューゲとヒムラーがバッハ－ツェレウスキーと同地で会った直後に起こったのであり、ミンスクでの九月一日の殺戮は、ダリューゲがミンスクにいたバッハ－ツェレウスキーを訪問してすぐに起こったのである。明らかに、ダリューゲは通常警察が大量殺戮に関与することを、禁じているというより、鼓舞していたのである。

通常警察が一九四一年秋以降のロシアにおける大量射殺にいかに関わっていたのかは、証拠資料によって立証できないし、ましてしばしば関わっていたとは考えにくい。大いなる例外は、一九四二年秋の、ピンスク地域で起こったユダヤ人射殺に対する、通常警察の広範な関与である。[30] 一九四一―四二年冬のドイツの軍事的危機にあって、多くの警察大隊は前線任務につくことを余儀なくされた。残された警察大隊は、ますます勢いを増したパルチザンの抵抗と戦わねばならなかった。さらに、現地住民から通常警察指揮下の補助部隊への補充人員数は、一九四二年にほぼ一〇倍に達した。すなわち、三万三〇〇〇人から三〇万人へと増大したのである[31]。実際の射殺任務がこうした補助部隊に割り当てられていったが、それは、射殺にともなう心理的負担をドイツ警察からその協力者へ移すためであった。射殺者の心理的苦痛は実に深刻で、バッハ－ツェレウスキー自身にまで及んだ。ヒムラーが派遣した親衛隊の医師は、一九四二年春にバッハ－ツェレウスキーの無気力症について親衛隊長官に報告している。それには、この親衛隊指導者が、「特に彼自身の指揮したユダヤ人射殺に関連した幻影によって、そして東部における他の辛い経験によって[32]」苦しんでいると記されている。

4　通常警察と最終的解決——強制移送

ロシア・ユダヤ人の大虐殺において通常警察の果たした役割が、一九四一年秋、段階的に終息しつつあったまさにそのときに、ダリューゲはユダヤ人問題の最終的解決に貢献する、新しい決定的な任務を引き受けた。すなわち、「東部へ」のユダヤ人強制移送列車の警護である。一九四一年九月下旬、ヒトラーは、第三帝国からユダヤ人を強制移送することを是認した。その計画はラインハルト・ハイドリヒの指揮のもとに、ベルリンでの彼の部下であるユダヤ人問題専門家、アドルフ・アイヒマンと、ドイツ中に置かれた地域の保安警察支部を通して組織されることになっていた。[1] 地方レベルでの唯一の例外はウィーンとプラハであった。そこでは、強制移送はユダヤ人移民中央局によって担当された。ユダヤ人移民中央局はアイヒマンによって戦争開始前につくられ、彼が選抜したスタッフによって構成されていた。ハイドリヒはダリューゲと、強制移送の分業関係について、ほぼ即座に合意に達した。ダリューゲの通常警察は、ハイドリヒの保安警察が組織した強制移送を警護することになったのである。強制移送のたびごとに、地方の通常警察は、合意された移送警護に対する保安警察の要望に応えるように指示された。普段は、通常警察は一回の移送ごとに、一人の将校と一五人の警官を提供した。[2]

移送作戦の規模はどのようなものであったろうか。一九四一年秋から一九四五年春までの間に、二六〇本以上の移送列車が、ドイツ、オーストリア、チェコのユダヤ人を直接「東部」（ポーランドやソ連における占領地）のゲットーや絶滅収容所へ、あるいはプラハ北部のテレージエンシュタットのゲットーを経由した上で、彼らをそこから「東部へ」と運んだ。[3] さらに、少なくとも一四七本がハンガリーから、八七本がオランダから、七六本がフランスから、六三本がスロヴァキアから、二七本がベルギーから、二三本がギリシアから、一一本がイタリアから、七本がブルガリアから、六本がクロアチアから——すなわち、四五〇本近い西ヨーロッパ、南ヨーロッパからの移送列車が——それぞれの旅の幾つかの地点で、ドイツ警察の護衛つきで運行された。[4] ポーランドの諸都市から近くの絶滅収容所へと運行された、ユダヤ人強制移送列車の本数の概算はこれまで出されていないが、数百を下らないことははっきりしている。事実上、それらすべての列車は通常警察によって警護されていたといってよい。

通常警察の体験という角度からみると、こうした移送の実施は何を意味したのだろうか。パウル・ザリッター少尉は、一九四一年一一月一一日に行なわれた、デュッセルドルフからリガへの移送列車の警護について生々しい報告を残しており、それはすでに英語とドイツ語で出版されている。[5] 現存する他の二つの報告——ウィーンからソビボルへの、ガリツィアのコロムイヤからベウジェツへの移送列車についてのもの——は、実に注目に値する。それらは、多くの通常警察部隊が戦時に一〇〇〇回以上にわたって何を行なってきたのかをわれわれに理解させてくれるのである。まず最初に、ウィーンからの移送報告について見てみよう。

ウィーン、一九四二年六月二〇日

第一五二警察管区

経過報告

用件：ユダヤ人移送部隊

ウィーン-アスパンク駅からソビボルへ、一九四二年六月一四日

移送部隊は、第一警察予備中隊東部隊から派遣され、指揮官であるフィッシュマン予備少尉と二人の軍曹、一三人の警察予備隊兵士で構成されていた。移送部隊の任務は一九四二年六月一四日の午前一一時に開始されたが、これは、ブルンナー親衛隊大尉の電話での要請によるものであった。

一、ユダヤ人の列車搭乗

ユダヤ人移住中央局のブルンナー親衛隊大尉とギルツィック親衛隊上級曹長の指示と監督の下で、アスパンク駅に待つ特別列車へユダヤ人を乗せる作業は正午から開始され、順調に進んだ。移送部隊の警護任務はこのときから開始された。総計一〇〇〇人のユダヤ人が追放された。ユダヤ人の名簿引き渡しは午後四時に行なわれた。車両が不足していたので、移送部隊は二等車の代わりに三等車を利用することで我慢しなければならなかった。

二、ウィーンからソビボルへの旅

Da三八号列車は一九四二年六月一四日午後七時〇八分にウィーンを発車、ソビボルへ向かった。予定通りではないけれども、イズビツァ、ルンデンブルクを経由して、ブリュン、ナイセ、オペルン、チェンストホヴァ、キェルツェ、ラドム、デンブリン、ルブリン、ツェルムを通った。ソビボルへの到着は一九四二年六月一七日午前八時〇五分であった。六月一六日午後九時にルブリンに到着すると、ポール親衛隊中尉が駅で待機しており、一五歳から五〇歳までの働けるユダヤ人五一人を列車から降ろし、同地の強制労働キャンプに連れていった。同時にポール親衛隊中尉は、残りの九四九人のユダヤ人をソビボルの強制労働キャンプに連れてゆくように命令を与えた。双方の名簿、三両の手荷物を積んだ貨車（食糧を含む）、それに一〇万ズロティーの金が、ルブリンでポール親衛隊中尉に引き渡された。午後一一時、列車はルブリンからソビボルへと出発した。ルブリンから約三〇キロメートルのところにあるトラヴニキのユダヤ人キャンプで、三両の手荷物貨車と食糧が、マイヤーホーファー親衛隊軍曹に引き渡された。

三、ソビボルでのユダヤ人の引き渡し

六月一七日午前八時一五分、列車はソビボルの停車場に隣接する労働キャンプに入線した。そこで労働キャンプ司令官のスタングル大尉が、九四九人のユダヤ人を受け取った。ただちにユダヤ人の下車が始まり、午前九時一五分までに完了した。

四、ソビボルからウィーンへの旅

ユダヤ人たちをみな降ろしてからすぐに、つまり午前一〇時頃に、ソビボルからルブリンへ向けて同じ特別列車での帰り旅が始まった。ルブリンへは六月一八日午前二時三〇分に到着した。この特別列車に旅費は一切かからなかった。ルブリンからは時刻表にある一般の急行に乗り換え、六月一八日午前八時一三分、クラクフへ向かった。同日午後五時三〇分クラクフ到着。クラクフで我々は、第七四警察予備大隊第三中隊の所で宿をとった。六月一九日、中隊は一六人全員に一日分の食糧を支給してくれた。クラクフから、午後八時〇八分発の、同じく一般の急行に乗車した。ウィーン東駅への到着は、六月二〇日午前六時三〇分であった。

五、移送部隊のクラクフでの途中滞在

移送部隊は、クラクフで二六時間半途中滞在したことになる。

六、国境通過

我々はドイツ帝国とポーランド総督府の国境線を、行きは特別列車で六月一五日午後一時四五分に、帰りは通常の特急列車で六月二〇日午前零時一五分に越えた。

七、食糧

移送部隊の隊員は、四日の間加熱調理されない食糧を与えられた。ソーセージ、パン、ママレード、バターであったが、充分とはいえなかった。クラクフで、第七四警察予備大隊第三中隊から支給された食事は充分満足できるものであった。

八、提案

将来、移送部隊には行軍食を与える必要があろう、なぜなら、加熱調理されない食糧は夏期には保存がきかないからである。ソーセージ——それはソフトタイプのソーセージであったが——は、すでに開封されており、六月一五日に配給されるとき切り分けられたのだが、腐る危険があるので三日以内に消費されねばならなかった。四日目には、隊員はママレードで我慢しなければならなかった。列車内のひどい暑さのために、バターもすでに嫌な臭いがしていたからである。食事の量もやや不足していた。

九、偶発的事件

行きも帰りも、駅での停車中も、とりわけ何の事件も起こらなかった。

フィッシュマン
防衛警察管区少尉(6)

強制移送された者の多くは何の邪心もないウィーン・ユダヤ人であり、しかも大部分は年配であるか、あるいは女性であった。移送がほとんど何の事件もなく順調に進んだので、フィッシュマン少尉は報告でもっぱら三等車の乗り心地の悪さや、食糧不足、バターを腐らせてしまった夏の酷暑について述べている。当然のことながら、捕らえられたユダヤ人が六一時間もの列車移動の間、水も食事も与えられず、閉鎖された家畜用貨車のなかでいかなる苦難に耐えねばならなかったかについては、何も記載されていない。しかしフィッシュマンはソビボルのいわゆるキャンプに九四九人のユダヤ人を運び込んだのだから、ソビボルに着くまでに、労働可能なユダヤ人が途中で降ろされ、手荷物が没収され、キャンプでの彼らの食糧も準備されなかったことに、充分気づいていたはずである。たしかにソビボルではガス室は森の奥に設置され、駅の降車ホームから見ることはできなかった。しかし大多数の通常警察官の否認に反して、フィッシュマンと彼の部隊は収容所のなかに入っていったのだし、降車を監視していたのである。

ガリツィアのコロムイヤからの移送列車を警護した通常警察は、何の事故もなかったウィーンからの移送の場合よりもかなり辛い経験をすることになった。ガリツィアでは、ユダヤ人はすでに一九四一年の夏と秋に屋外での大殺戮にさらされ、一九四二年春には最初の強制移送の波に洗われていたので、一九四二年八月に移送が再開されたとき、それは犠牲者の多くに未知の運命を強要したというわけではなかった。一九四二年九月中旬、第二四警察連隊に属する第一三三警察予備大隊の通常警察指揮官は、一週間にわたる移送作戦の体験を報告している。

七中隊／二四警察連隊　　　　レムベルク　一九四二年九月一四日

宛先：ガリツィア地区、レムベルクの通常警察司令官殿

用件：ユダヤ人の再定住

九月三日と五日、スコーレ、ストルイイ、コードロフで、防衛警察指揮官クレペリンが参加した通常警察の指揮をとって、ユダヤ人再定住作戦が実施された。これについてはすでに詳細に報告がなされている。その後、第二四警察連隊第七中隊は命令どおり、九月六日夕刻コロムイヤに到着した。本官はただちに、コロムイヤの保安警察支部長で

警部のライトマリッツ親衛隊中尉、さらにコロムイヤ防衛警察のヘルテル中尉と連絡を取った。

ストルイイでの経験とは反対に、コロムイヤで九月七日に計画された作戦は充分準備が整えられていて、すべての参加部隊はそれだけ手間が省けた。保安警察支部や防衛警察、労働局事務所によって、ユダヤ人は九月七日午前五時三〇分に、登録のために労働局前の集合地点に集まるように伝えられていた。約五三〇〇人のユダヤ人が、実際に指定時刻にそこに集合した。本官は中隊全員を動員してユダヤ人居住区を封鎖し、徹底的に捜査した結果、なお六〇〇人ほどのユダヤ人を駆り出した。

ユダヤ人の乗車は、ほぼ午前七時に完了した。保安警察が集められた者のうちから約一〇〇〇人を釈放した後で、四七六九人のユダヤ人が再定住と決まった。移送列車のそれぞれの車両には、ユダヤ人が一〇〇人ずつ詰め込まれた。その日一日中続いた酷暑によって、作戦全体は著しく困難をきわめ、移送を大いに遅らせた。いつも通り車両を釘づけして封鎖してから、移送列車は一人の将校と九人の兵士を護衛として、午後九時にベウジェッへ向けて出発した。夜の闇が深くたちこめてから、多くのユダヤ人が有刺鉄線を壊し、狭い通風孔をこじ開けて逃亡した。護衛はただちに多くの逃亡者を射殺することができたが、逃亡に成功したユダヤ人のほとんども、その夜か翌日、鉄道警備隊や他の警察部隊によって抹殺された。それ以外には格別の事件もなしに、ベウジェッへの移送は完了した。とはいえ、連結車両が多すぎ、闇が深かったので、護衛は微力すぎたのではあるが。移送警護隊は第二四警察連隊第六中隊から派遣されてきており、彼らは任務終了後直接スタニスワウフに戻っていった。移送中のことは、その指揮官が九月一一日に本官に直接報告してくれたのである。

九月八日、約三〇〇人のユダヤ人――老人、虚弱者、病人、女性、もはや移送できない者たち――が処刑された。本官は九月六日に初めて武器の使用に関する命令を伝えられたのであるが、すでに九月四日に出されていたその命令にしたがって、処刑された者の九〇パーセントは小銃やライフル銃によって射殺された。拳銃は例外的にだけ使用された。

九月八日、一〇日、クトイ、コソフ、ホロデンカ、ザプラトフ、スニアトゥインで作戦が実施された。約一五〇〇人のユダヤ人が、ある者はクトイから五〇キロメートル、ある者はコソフから三五キロメートル、それぞれコロムイヤへ向かって徒歩行進させられた。彼らはコロムイヤで、他の地区から集められたユダヤ人と一緒に、保安警察拘置所の中庭で一晩夜明かしをさせられた。ホロデンカやスニアトゥインで駆り集められたユダヤ人は、それぞれの地区で保安警察によって、一〇両の車両に押し込まれていたが、それ以外のユダヤ人はコロムイヤで別の三〇両の車両に乗せられた。九月一〇日の再定住列車に乗せられてベウジェツへ送られた者の数は、八二〇五人に上った。

九月八日、一〇日のコロムイヤ周辺地域での作戦によって、約四〇〇人のユダヤ人が周知の理由から射殺された。再定住のために九月一〇日までに大がかりに駆り集められたユダヤ人を、本官の抗議にもかかわらず、保安警察は空いていた三〇両の車両に詰め込んだ。当時は酷暑であり、ユダヤ人たちは長時間徒歩で行進してきたり、特別に食糧すら与えられずに待機していたので、彼らをほとんどの車両に一八〇人から二〇〇人も、限度をはるかに越えて詰め込むことは、移送の速やかな実施には逆効果であり、移送をほとんど不可能にしてしまいそうであった。

ホロデンカとスニアトゥインで、保安警察によって一〇両の車両にそれぞれどれほどの密度でユダヤ人が詰め込まれたのかは、本官の関知しないところである。いずれにせよ、両地域からの移送列車はごくわずかの護衛でコロムイヤに到着したので、車両の通風孔をふさいでいた有刺鉄線はほぼ完全に破壊されていた。本官はできるだけ急いで、列車をコロムイヤの駅から移動させ、すでにユダヤ人を満載し、駅から離れた支線に停車していた三〇両の車両と連結した。日没までに、封鎖が不充分な車両すべてを通常の規則どおり封鎖するために、ユダヤ人警察〔ゲットー内部で、治安維持のために設けられたユダヤ人による自治警察。〕とコロムイヤの駅建設工事作業員が使われた。ツィツマン大尉の指揮する一人の将校と一五人の兵士からなる部隊が、五〇両からなる停車中の再定住列車を出発まで警護し、逃亡を防ぐ任務についた。耐えがたい暑さや限度をはるかに越えた積載、こうしたすでに述べたユダヤ人に対する重圧があったので、午後七時三〇分にはすっかり暗くなり、ユダヤ人たちは停車中の車両からたびたび脱走しようとした。午後七時五〇分、イェックライン伍長の指揮する九人の兵士からなる再定住列車の警護部隊が支線に到着した。辺りが暗くなっていたため、停車中の列車からユダヤ人が脱走しようとするのを防ぐことができなかったし、逃走中のユダヤ人を射殺することもできなかった。あまりの暑さのために、車両内のユダヤ人はまったく裸であった。

列車が予定どおり午後八時五〇分にコロムイヤを離れると、警護部隊はそれぞれの持ち場についた。初めに本官が決めておいたように、警護部隊は五人が先頭の客車に、また五人が最後尾の客車に分割された。繋いだ列車車両の長さや全部で八二〇五人ものユダヤ人を積み込んでいたために、警護兵の配分は不適切であったことが判明した。次回には、イェックライン伍長は列車全体にわたって警護の配分を変更するだろう。移送の間中、警官たちはユダヤ人の逃亡を阻止するために、乗務員室に留まらねばならなかった。移送が始まってまもなく、ユダヤ人たちは車両の壁面のみならず、幾つかの車両では天井を破って逃げ出そうとした。ユダヤ人たちは一部ではそうした企みに成功したので、イェックライン伍長はスタニスワウフの五つ手前の駅で、スタニスワウフの駅長に電話で、壊された車両を命令どおり修理するために釘と板を準備するように、また駅の警護兵に列車を監視するように頼まなければならなかった。列車がスタニスワウフに到着すると、必要な修理を行ない列車の警護を引き継ぐために、駅員や警護兵が待機していた。

補修作業は一時間三〇分かかった。列車が再び動きだし、幾つかの駅を過ぎた後、ある停車場で、何両かの列車はユダヤ人によって再び大きな穴が開けられ、換気窓に外側から張られた有刺鉄線のほとんどが引きちぎられていることが判明した。ある車両では、ユダヤ人たちはハンマーや鋸さえ使っていたのである。取り調べてみると、彼らが行く強制労働収容所で使えるようにと、保安警察がこれらの道具を置いていったことがわかった。イェックライン伍長はユダヤ人から道具を取り上げた。その後も旅の間中、駅に停まるたびに、列車を釘づけし直すための手助けが必要だった。そうしなかったら、これ以上進むことはできなかったであろう。午前一一時一五分、列車はレムベルクへ到着した。しかし警護部隊の交替要員が来ていなかったので、イェックライン伍長らはベウジェツまで警護を続行しなければならなかった。レムベルク駅で小休止してから、さらに我々はクラポロフの郊外の駅に着いた。そこで「L」という文字の書かれた九車両がシュルツェ親衛隊中尉に引き渡された。その車両のユダヤ人は強制労働収容所にゆくことになっており、その場で降ろされた。その後シュルツェ親衛隊中尉は、別の約一〇〇〇人のユダヤ人を車両に乗せた。午後一時三〇分頃に列車はベウジェツに向けて出発した。

レムベルクで機関車を取り替えたのだが、これはたいへん古かったので、絶えず故障に悩まされながら進んだ。列車はゆっくりとしか動かなかったので、屈強なユダヤ人たちにとって、こじ開けられた通風孔から何とか身を乗り出し、逃亡の安全を確認することは容易であった。速度の遅い列車から飛び降りても、連中はほとんど負傷しなかった。もっと速く走るように機関手に繰り返し要請したけれど、それは不可能であった。そこで、しばしば停車してしまうたびに気持ちを張り詰めていなければならなかったので、我々の疲労感は徐々に高まっていった。

レムベルクを過ぎてまもなく、警護部隊は携帯していた弾薬を撃ち尽くしてしまったし、国防軍兵士から受け取った二〇〇発の弾も使いきってしまった。そこで、以後の警護においては、列車が動いているときは投石に、停車中は銃剣に頼らねばならなかった。

耐えがたい暑さ、極度のすし詰め状態、死体の腐臭——降車時、約二〇〇〇人のユダヤ人が列車内で死体で発見された——、こうした条件によってユダヤ人の間にこれまで以上に大きなパニックが広がり、移送がほとんど不可能になるところだった。それでも何とか、午後六時四五分に列車はベウジェツに到着し、イェックライン伍長から同地の収容所長の親衛隊中尉に引き渡された。午後一〇時頃にユダヤ人の降車が終わるまで、伍長は収容所のなかに留まっていなければならなかった。その間、移送部隊兵士はいつものように、収容所の外に停車している列車を警備した。前述した苛酷な状況ゆえに、列車から脱走したユダヤ人の数は特定できなかった。しかしながら、少なくとも脱走したユダヤ人の三分の二は射殺されるか、なにか別の方法で片づけられたと推定できる。一九四二年九月七―一〇日の移送行動自体に特別な事件は起きなかった。保安警察と参加した通常警察部隊の間の協力関係は良好で、何のいさかいも生じなかった。

ヴェスターマン
防衛警察予備少尉、中隊長(7)

この記録文書は多くのことを説明してくれている。追放されたユダヤ人が死の列車から逃亡しようと絶望的な試みを繰り返したこと、ドイツ側の警護が手薄であったこと(八〇〇〇人以上のユダヤ人に対してたった一〇人の警備兵)、だれも想像できないほどの恐ろしい状況――何マイルにも及ぶ強制行進、気が狂いそうな暑さ、食事も水もない日々、それぞれの車両にユダヤ人を二〇〇人も詰め込んだこと、等々――。こうした恐ろしい状況によって、追放されたユダヤ人の優に二五パーセントが、窒息、熱中症、極度の疲労によって(ここでは射殺された者のことは措いておくが、射殺は常時行なわれたので、警護部隊は携帯用の弾薬も補充された弾薬も撃ち尽くしてしまったのである)、車内で死んでいった。強制移送の始まる前に、列車に乗れない数百人の老人、虚弱者、病人が、それぞれの駅で絶えず射殺されていったことも、それとなく記述されている。それだけではない。この記録文書が明らかにしていることは、報告された移送作戦は、第一三三警察予備大隊員が一九四二年の晩夏にガリツィアで保安警察と並んで関与した多くの作戦のうちの一つにすぎない、ということである。

しかしながら、こうした記録文書は、われわれが知りたいと思っている、最終的解決を担った「草の根」の実行者については、多くを語ってくれない。一般庶民からなる草の根の実行者は命令を下す机上の殺戮者とは異なる。机上の殺戮者は、現場から遠く離れた、日常的、官僚的な、そして大量殺戮の生々しさを覆い隠してしまう婉曲表現のなかに逃避することができた。これに対して、草の根の実行者は犠牲者の顔を眼前に見ていたのである。彼らの戦友は、移送するには虚弱すぎると見なされたすべてのユダヤ人をすでに射殺していた。その後彼らは、犠牲者が移送列車やベウジェッツで待ち受けるガス室から逃亡するのを防ぐために、何時間も狂暴な働きをしたのである。この報告に記載された出来事に参加した者はすべて、自分が携わっていることについて、すなわちガリツィアのユダヤ人を抹殺する大量殺戮計画に、わずかな疑念も持たなかったかのようだ。

しかし、これら草の根の人びとはいかにして大量殺戮者になったのだろうか。彼らが最初に殺し始めたとき、彼らの所属する部隊に何が起こったのだろうか。もし選択肢が与えられていれば、いかなる決断を下し、いかに反応したのだろうか。殺戮が毎週、毎月と続行されるとき、犯行者たちにいったい何が起こるのだろうか。コロムイヤからの強制移送についての報告のような文書は、一つの出来事について鮮明なスナップ写真をわれわれに提供してくれる。しかし、そうした文書は、いかにして普通の中年のドイツ人が大量虐殺者になっていったのか、その人間的なダイナミックスを明らかにしてはくれないのである。この点を明らかにするために、われわれは第一〇一警察予備大隊の物語に戻らねばならない。

5　第一〇一警察予備大隊

一九三九年九月ドイツがポーランドに侵攻したとき、ハンブルクを本拠とする第一〇一警察予備大隊は、陸軍部隊の一つに配属され最初にポーランドに送られた大隊の一つだった。シレジアのオペルンからドイツ国境を越え、大隊はチェンストホヴァを通ってポーランドの町、キェルツェに着いた。その地で、大隊は前線の背後に残されたポーランド兵や軍事装備を駆り集めたり、戦争捕虜収容所を警護したりする任務に就いた。一九三九年一二月一七日、大隊はハンブルクに戻り、そこで約一〇〇人の職業警察官は追加部隊を編成するために転任となった。それに代わって、一九三九年秋に召集された中年の予備警官が配属された(1)。

一九四〇年五月、訓練期間終了後、第一〇一警察予備大隊はハンブルクからヴァルテガウへ、すなわち編入地域として第三帝国に併合された四つの西部ポーランド地区の一つへと派遣された。六月下旬まではポズナニ（ドイツ名ポーゼン）に、その後はウッチ（勝利したドイツによってリッツマンシュタットと改名された）に駐屯して、大隊は五か月の間「移住作戦」を展開した。新たに併合された地域を「ゲルマン化」しようという、すなわち「人種的に純血の」ドイツ人を植民させようというヒトラーやヒムラーの人口統計学的な計画の一環として、すべてのポーランド人やその他の好ましからぬ連中――ユダヤ人やロマ人〔以前の言い方でいえばジプシーのこと。〕――は、併合地域からポーランド中央へ排除されねばならなかった。その代わり、ドイツとソビエト連邦の間の合意に従って、ソビエト領内に住んでいるドイツ系の人びとはドイツ側に送還され、追放されたポーランド人のアパートや、無人化した農場に移住することになっていた。ヒトラーとヒムラーは併合地域の「人種的浄化」を熱望したが、それは決して達成されたわけではない。しかし、数十万の人びとが、人種的に再編成された東部ヨーロッパというヒトラーとヒムラーの幻想の追求のため、チェスの駒のように動かされたのであった。

第一〇一警察予備大隊の総括レポートは、大隊が熱心に「移住」計画に係わったことを自慢している。

夜といわず昼といわず、休みなく、ヴァルテガウのすべての地区で、大隊は持てる力の一〇〇パーセントを移住作戦に注いだ。毎日、平均して約三五〇家族のポーランド農民が立ち退かされた。……立ち退きがピークに達した時期には、大隊の兵士は八昼夜もの間宿舎に戻ることができなかった。大隊兵士は、夜トラックで移動するときにだけ、やっと寝るチャンスを得るという状態だった。……最大規模の作戦では、大隊は約九〇〇家族を立ち退かせた……たった一日で、しかも大隊兵士と一〇人の通訳の力だけで。

大隊は対象となった五万八六二八人のうち、全部で三万六九七二人を追放した。約二万二〇〇〇人が避難して立ち退きを逃れたことになる。(2) 召集された警察予備官ブルーノ・プロプスト*は移住作戦における大隊の役割を思い出している。

土着の民を移住させる作戦に従事して、主に小さな村々で、私は初めて暴行と殺戮を体験しました。それはいつも次のようでした。我々が村に到着すると、すでにそこには移住委員会ができていました。……いわゆる移住委員会は、黒い制服の親衛隊と保安部(SD)員、さらに民間人から成り立っていました。委員会から我々は数字の記されたカードを受け取りました。村内の家々には、カードと同じ数字が貼られていました。受け取ったカードは、我々が立ち退かせなければならない家の番号だったのです。初期には、それが老人であれ、病人であれ、小さな子供であろうと、我々はすべての人を家から連れ出そうとしました。移住委員会はすぐに、我々のやり方が誤っていることに気づきました。彼らは、我々が老人や病人という厄介な荷物に係わりあうことに反対しました。正確にいえば、移住委員会は最初から我々に、老人や病人をその場で射殺してしまえと命令を下したわけではありません。彼らはむしろ、そうした連中は不要であることを我々に分からせることで満足したのです。私の記憶している二つのケースでは、老人や病人は集合場所で射殺されました。第一のケースでは老人が、第二のケースでは老女が……どちらの場合も兵士によってではなく下士官によって射殺されました。[3]

他の大隊兵士も移住作戦を記憶していたが、だれもこうした暴力行使を憶えていないか、あるいは認めないかであった。[4] しかし一人の警官は、ポズナニ（ポーゼン）に駐留していたとき、一〇〇人から一二〇人のポーランド人を処刑するために大隊が保安警察に銃殺部隊を提供したことを記憶している。[5]

五か月にわたる移住作戦に続いて、大隊は「鎮圧行動」を展開した。村と森を通してパトロールし、大隊は、以前に立ち退きを逃れた七五〇人のポーランド人を逮捕した。大隊の任務には困難が待ち受けていた。なぜなら、ポーランド人に代わって新たにやってきたドイツ血統の人びとは、ポーランド人の無許可滞在を必ずしも報告しなかったからである。彼らはポーランド人の安い労働力を利用したがっていたのだ。[6]

一九四〇年一一月二八日、大隊はウッチのゲットーを警備する任務に就いた。ゲットーは七か月前に、すなわち一九四〇年四月末に封鎖され、そのときから、ウッチにいた一六万人のユダヤ人は有刺鉄線で市の他の地域から切り離されたのであった。ゲットーの警備が第一〇一警察予備大隊の主要な任務となった。その際大隊は、掲示された警告を無視して有刺鉄線に近づきすぎたユダヤ人を、「すぐに」射殺せよとする内務規定を与えられていた。この規定は守られた。(7)

しかしながら、第一〇一警察予備大隊の者はだれも、第六一警察大隊第一中隊がワルシャワ・ゲットーを警備していたとき起こしたような暴行を、記憶していないのである。ワルシャワでは、中隊長はゲットーの壁ぎわでユダヤ人を射殺する部下を、堂々と督励していた。最も悪名高い射撃手たちは、他の勤務にまわらず、ゲットーの警護に従事し続けた。中隊の休憩室は人種差別主義のスローガンで飾られ、バーのカウンターの上にはダビデの星が掛けられていた。ユダヤ人が射殺されるたびにバーのドアに印が付けられ、高いスコアが出た日には「祝賀会」が催されたといわれている。(8)

大隊兵士たちはゲットーの有刺鉄線の外に駐留していたので、閉じこめられたユダヤ人よりも、非ユダヤ人住民と接触することが多かった。ブルーノ・プロプストの回想によれば、ウッチのゲットーを二分している道路の警備兵たちは、しばしば時計の針を故意に進め、ポーランド人が通行禁止時刻を守らなかったといって、彼らを逮捕したり鞭打ったりして楽しんでいた。プロプストはまた、酔っ払った警備兵が大晦日の晩にポーランド人を殺そうとして誤ってドイツ系住民を撃ってしまい、それをごまかすために犠牲者の身分証明書を引きちぎってしまったのを覚えている。[9]

一九四一年五月、大隊はハンブルクに帰還し「事実上解散」された。戦争以前から残っていた、下士官以下のすべての新兵は他の部隊に配属され、下士官は徴兵された警察予備官で占められた。大隊は、ある警官の言葉でいえば、「純粋な警察予備大隊」となったのであった。[10]

翌年、すなわち一九四一年五月から一九四二年六月までの間、大隊は組織を一新し、広範囲な訓練を受けた。この時期については、わずかの出来事しか隊員の記憶に残っていない。その一つは一九四二年三月の連合軍によるリューベック爆撃である。爆撃の直後[11]に、大隊は破壊された市内へ派遣されたのである。もう一つは、ハンブルクにいたユダヤ人の移送である。

一九四一年一〇月中旬から一九四二年二月下旬までに、五九回に及ぶ移送によって、五万三〇〇〇人以上のユダヤ人、五〇〇〇人のロマ人が第三帝国から「東部へ」と、この場合はウッチ、リガ、コヴノ（カウナス）、ミンスクへと運ばれていった。コヴノへの五回の移送、またリガへの最初の移送においては、到着と同時に虐殺がなされた。[12]それ以外の移送の場合、ただちに「抹殺」とはならなかった。追放された者たちは、初めは、ウッチ（そこには五〇〇〇人のオーストリアのロマ人が送られた）、ミンスク、リガのゲットーに監禁されたのであった。

到着してただちに虐殺されなかった移送のうち、四回はハンブルクから出発した。最初の移送は一〇三四人のユダヤ人で、一九四一年一〇月二五日にウッチに向かって出発した。第二の移送列車は九九〇人のユダヤ人を乗せて、一一月八日にミンスクへ向かった。第三の移送は一一月一八日で、ハンブルクから四〇八人のユダヤ人を、ブレーメンから五〇〇人のユダヤ人をミンスクへと運んだ。第四の移送列車は八〇八人のユダヤ人を乗せて、一二月四日ハンブルクからリガへ向かって出発した。[13]

第一〇一警察予備大隊員たちは、ハンブルクからの移送の諸々の局面に関与した。移送のための集合地点は、保安警察に没収されていた、フリーメーソン支部の建物だった。大学図書館とアパート街の脇にあって、しかも乗降客の多いダムトア駅から何百メートルと離れていないので、この集合地点がハンブルク市民の目に留まらなかったとは考えにくい。第一〇一警察予備大隊の通常警察官のある者は、フリーメーソン支部建物の警備任務に就いた。ユダヤ人はそこに集められ、登録され、シュテルンシャンツェ駅までトラックに乗せられた。[14] 第一〇一警察予備大隊の他の隊員は、ユダヤ人が列車に乗せられる駅を警備した。[15] そして最後に、第一〇一警察予備大隊はハンブルクからの四回の移送のうち少なくとも三回は列車護送の役も果たした。——最初は一〇月二五日でウッチへ、二回目は一一月八日でミンスクへ、最後は一二月四日でリガへ。[16] ハンス・ケラー*によれば、ユダヤ人の護送任務は、旅行ができるために「きわめて人気が高かった」ので、「気に入られた」少数の者にだけ与えられた[17]。一一月八日のミンスクへの移送に同行したブルーノ・プロプストは、当時を回想して次のように述べている。

ハンブルクでは当時、ユダヤ人に対して、東部のまったく新しい入植地域に配属されるのだと説明されていました。ユダヤ人たちは通常の客車に乗せられました。……諸々の道具、シャベル、斧、等々、それにたくさんの台所用品を積んだ二両の貨車が連結されました。護送部隊用に二等客車も連結されました。ユダヤ人を乗せた車両自体には警護兵は配備されませんでした。列車の両側は、停車駅でのみ警護されたのです。約四日間の旅をして、我々は午後遅くミンスクに着きました。我々はまさにこの旅の途中で、つまり列車がワルシャワをすでに通過してから、初めて行き先を聞かされたのでした。ミンスクでは、親衛隊特務部隊が我々の移送列車を待ち受けていました。再び警護兵なしで、ユダヤ人たちは待機していたトラックに乗せられました。ユダヤ人がハンブルクから持ち出すのを唯一許されていたバッグだけは、列車の後部に残されねばなりませんでした。ユダヤ人たちには、荷物は後から来ると説明されました。その後、我々の部隊は、現役（すなわち予備ではない）のドイツ警察大隊の泊まっていたロシア人の兵舎に車で連れてゆかれました。その近くにユダヤ人収容所がありました。……ここに泊まっていた警察大隊員との話で、我々は、数週間前にこの大隊がすでにミンスクのユダヤ人を射殺したことを知りました。この事実から、我々は、ハンブルクからのユダヤ人も同様に射殺されることになっているのだという結論を下しました。

ユダヤ人虐殺に巻き込まれたくなかったので、護送部隊指揮官ハルトヴィッヒ・グナーデ少尉は宿舎に留まらなかった。彼と彼の部下は駅にとって返し、ミンスク発の夜行列車を捉まえたのである。[18]

ハンブルクからリガへの護送任務については、資料となる記述がない。しかし、デュッセルドルフからリガへの、一二月一一日のユダヤ人移送を通常警察が護送した経緯については、ザリッター報告があり、それは、デュッセルドルフの警官も、ハンブルクの警官がミンスクで知ったのと同じことをリガで知ったということの証拠となっている。ザリッターは次のように報告している。

リガの住民はおよそ三六万人で、そのうち約三万五〇〇〇人がユダヤ人です。ビジネスの世界ではユダヤ人はどこでも勢力を持っていました。しかしドイツ軍が侵入した後で、ユダヤ人の企業はただちに閉鎖され、没収されました。ユダヤ人たちは、有刺鉄線で封鎖されたドヴィナのゲットーに閉じこめられました。その当時、労働に従事している二五〇〇人の男性ユダヤ人だけがゲットーにいるといわれていました。他のユダヤ人はどこかの同じような職場に送られたか、ラトヴィア人によって射殺されてしまったのです。……ラトヴィア人はとりわけユダヤ人を憎んでいます。戦争によって解放されてから現在まで、ラトヴィア人はこうした寄生虫の除去に充分な役割を果たしてきました。しかしながら、私が特にラトヴィアの鉄道員から聞くことができたように、なぜドイツ人がドイツ国内のユダヤ人を、ドイツで抹殺してしまわないでラトヴィアに連れてくるのか、ラトヴィア人には理解できないのであります[19]。

一九四二年六月、第一〇一警察予備大隊は、ポーランドで別の護送任務を割り当てられた。そのときまでに、大隊には最初のポーランド作戦に参加した下士官のうちごくわずかの者しか残っていなかった。そして全大隊員の二〇パーセントに満たない隊員が、ワルシャワで二番目のポーランド作戦に参加したのであった。隊員の幾人かは、彼らが「暴行」と呼ぶものをポズナニやウッチで目撃していたし、それよりも多くの隊員は、ウッチ、ミンスク、あるいはリガへのハンブルク・ユダヤ人の輸送のいずれかに同行していた。すでにわれわれがみてきたように、護送終着地点のミンスクとリガにおいて、ソ連におけるユダヤ人大量殺戮について何も知らないでいることは困難であった。しかし第一〇一警察予備大隊の大多数は、東ヨーロッパにおけるドイツの占領政策について何も知らない者たちで構成されていたし、――第一次世界大戦での経験のある最年長者を除いて――いかなる軍務経験ももたなかった。

大隊は一一人の将校、五人の行政官（支払い、糧食、宿泊等々に責任をもつ）、そして四八六人の下士官と兵士で構成されていた。[20] 定員を満たすために、ハンブルクの外から、すなわち近郊のヴィルヘルムスハーフェンとレンツブルク（シュレスヴィッヒ・ホルシュタイン州の）、そして遠くのルクセンブルクから、幾人かの派遣者が土壇場になって付け加えられた。それでも兵士の大多数はハンブルクとその周辺で生まれ育った者たちであった。ハンブルク出身者がかくも優勢で、大隊の生活態度や信念もハンブルク色が強かったので、ルクセンブルク出身者のみならず、ヴィルヘルムスハーフェンやレンツブルクの出身者でさえ、アウトサイダーであると感じてしまうほどであった。[21]

大隊は三中隊に分かれ、それぞれの中隊は定員を満たした場合およそ一四〇人であった。二個の中隊は警察大尉によって、三番目の中隊は予備少尉によって指揮された。それぞれの中隊はまた三個の小隊に分かれ、二つの小隊は予備少尉によって、三番目の小隊は上級曹長によって指揮された。さらにそれぞれの小隊は、軍曹か伍長によって指揮される四つの班に細分されていた。武器についていうと、兵隊は小銃を、下士官は短機関銃を携帯し、それぞれの中隊には重機関銃隊が一つ編成されていた。三個の中隊とは別に大隊スタッフが存在した。そこには五人の行政官の他に、軍医とその助手、さまざまな車両の運転手、事務員、通信兵が含まれていた。

大隊はヴィルヘルム・トラップ少佐の指揮下にあった。少佐は五三歳で、第一次世界大戦で戦った経歴があり、その功績によって一等鉄十字勲章を授けられていた。大戦後彼は職業警察官となり、次第に階級を上っていった。彼は最近、第二中隊の大尉から昇進したところで、初めて大隊長となったのであった。トラップは一九三二年一二月にナチ党に加入しており、「党の古参闘士」と見なされていたが、決して親衛隊に受け入れられてこなかったし、官職に見合う親衛隊の階級さえ与えられてこなかった。ヒムラーとハイドリヒは、彼らが創出した親衛隊ならびに警察の帝国において、国家と党の構成要素を意図的に統合し、絡み合わせようとしてきたという事実があるにもかかわらず。トラップは明らかに親衛隊的な人物とは見なされていなかった。彼はすぐに、若き親衛隊隊員であった二人の大尉と衝突することになった。彼らは二〇年以上経ってから行なわれた証言においても、大隊長への侮蔑をまったく隠そうとしなかった。彼らによれば、少佐は性格が軟弱で、軍人らしくなく、部下の将校の任務にあまりに干渉しすぎるのであった[22]。

二人の警察大尉は、それに見合う親衛隊大尉の階級をもち、二十代後半の青年であった。一九一四年生まれのヴォルフガング・ホフマンは一九三〇年に一六歳でナチ学生同盟に加入し、一九三二年に一八歳でヒトラー・ユーゲントに、そしてその一年後に親衛隊に入隊した。これらすべては、彼がギムナジウムを一九三四年に修了する以前のことであった。彼は一九三六年にブレスガウで警察軍に入隊、一九三七年にナチ党員章を得た。同年、彼は将校訓練課程を完了し、防衛警察中尉に任官した。ホフマンは一九四二年春、第一〇一警察予備大隊に配属された。翌年の六月、彼は弱冠二八歳で大尉に昇格、[23]第三中隊を指揮することになった。

一九一三年生まれのユリウス・ヴォーラウフは一九三二年にギムナジウムを修了し、一九三三年四月にナチ党と突撃隊に加入した。一九三六年に親衛隊に入隊し、同年警察将校養成訓練課程に入った。一九三八年、彼は防衛警察少尉に任官した。彼もまたホフマンと同様、一九四二年の初めに第一〇一警察予備大隊に配属され、大隊がポーランドに派遣される直前の一九四二年六月、大尉に昇格した。[24]彼は第一中隊を指揮し、トラップを補佐する大隊長代理を務めた。年長のトラップとは対照的に、ホフマンとヴォーラウフは、よく訓練された職業警察将校であり、若い頃からのナチズムの熱狂的支持者、ヒムラーとハイドリヒが親衛隊ならびに警察官の理想としたような青年親衛隊隊員であって、まさしくこうした特徴を一身に代表していたのである。

トラップの副官はハーゲン中尉*であったが、彼については一九四三年の春に戦死したということ以外はほとんどわからない。これに加えて、大隊には七名の予備将校がいた。彼らはホフマンやヴォーラウフのような職業警官ではなく、通常警察に召集されてから、将校訓練を受けるように選ばれたのであった。選抜の基準は、彼らの中産階級としての地位、教育の程度、市民生活での成功、等であった。彼らを年齢順に列挙してみる。

ハルトヴィッヒ・グナーデ、一八九四年生まれ、運送業者で一九三七年からナチ党員、第二中隊長。

パウル・ブラント*、一九〇二年生まれ。

ハインツ・ブッフマン*、一九〇四年生まれ、同族経営の木材業者、一九三七年からナチ党員。

オスカー・ペータース*、一九〇五年生まれ。

ヴァルター・ホップナー*、一九〇八年生まれ、紅茶輸入業者、一九三〇年にナチ党に一時的に入党、一九三三年春に再入党。

ハンス・シェーア*、一九〇八年生まれ、一九三三年五月からナチ党員。

クルト・ドルッカー*、一九〇九年生まれ、セールスマン、一九三九年からナチ党員。[25]

見られるとおり、彼らの年齢は三三歳から四八歳までである。五人がナチ党員であるが、だれも親衛隊に属してはいない。

われわれが把握している三二人の下士官についてみると、二二人がナチ党員で、七人が親衛隊に所属していた。彼らの年齢は二七歳から四〇歳までであり、平均年齢は三三歳半であった。彼らは予備役ではなく、戦争開始以前に警察に召集された者たちであった。

兵士についていえば、大多数はハンブルク地域の出身である。約六三パーセントは労働者階級に属しているが、熟練労働者はほとんどいなかった。多くはハンブルクの労働者階級の典型的な職業を持っていた。すなわちドック労働者、トラック運転手が最も多かった。その他に、倉庫や建設関係の労働者、機械技手、船員、給仕も多かった。残りの約三五パーセントは下層中産階級で、事実上ほとんどがホワイト・カラー労働者であった。四分の三がなにかのセールスに従事しており、残りの四分の一は政府や私企業のさまざまな事務職に就いていた。独立の熟練工や小規模の経営者はごくわずかであった。ほんの一握りの者（二パーセント）だけが中産階級の職業人で、薬剤師や教員のような地味な職業についていた。平均年齢は三九歳であり、半分以上は三七歳から四二歳の間であった。この年齢層の集団は軍務につくには年を取りすぎていると考えられたが、一九三九年九月以後、警察予備隊勤務のために最も多く徴兵されたのであった[26]。

兵士としての警察官のなかで、約二五パーセント（一七四人のサンプルのうち四三人）が一九四二年の時点でナチ党員であった。六人は、ヒトラーが政権を掌握する以前からの古参闘士であった。他の六人は一九三三年に加入している。一九三三年から一九三七年まではあまりに多くの便乗者が出たために新規入党は停止されていたが、別の六人は船員として海外で働いていたので、その期間にナチ党の在外党員部局によって入党を認められた。一六人は新規入党停止が解除された一九三七年に入党した。残りの九人は一九三九年か、それ以後に入党した。下層中産階級出身の者たち（三〇パーセント）は、労働者階級出身者（二五パーセント）よりもわずかに高い比率で党員となっていた。[27]

第一〇一警察予備大隊の人びとは、ドイツ社会で比較的低い階層の出身であった。彼らは社会的にも地理的にも、ほとんど流動性を経験してこなかった。経済的に働かなくても暮らせる者はいなかった。徒弟や職業訓練の期間を別にすれば、国民学校（進学しないコースの中学校）を一四―一五歳で卒業してから、彼らは何の教育も受けていない。一九四二年までに、驚くほど高い割合でナチ党員となっていた。しかしながら、われわれは、そのうちどのくらいの人たちが一九三三年以前に共産主義者、社会主義者であり、また労働組合員であったのかを知ることはできない。なぜなら、尋問官はそうした情報を記録しなかったからである。大隊員の社会的出自を考えると、無視しえない数の人びとが、以前には共産党や社会民主党を支持していたに違いないのである。もちろん彼らの年齢からして、全員がナチ体制以前の時代に青少年期を過ごしていた。隊員たちは、ナチ時代のものとは違う政治的基準や道徳的規範を知っていた人びとであった。大多数の者がハンブルク出身であり、ハンブルクは世評によれば、ドイツで最もナチ化の度合いの低い都市の一つであった。しかもその多くは、その政治文化において反ナチであった社会階級の出なのである。

これらの人びとが、ユダヤ人のいない世界というナチの人種的ユートピアのために、大量殺戮者を募るのに好都合なグループであったとはとうてい思えないのである。

6　ポーランド到着

一九四一年の夏のあるとき、ロシア・ユダヤ人に対する猛攻撃が進行しているとき、ヒムラーは、ルブリンの親衛隊＝警察指揮官（ＳＳＰＦ）のオディロ・グロボクニクに、ヨーロッパ・ユダヤ人もまた殺戮するというヒトラーの意向を打ち明けた。さらにヒムラーはグロボクニクを、この「ヨーロッパにおけるユダヤ人問題の最終的解決」の単独で最重要な要素――すなわちポーランド・ユダヤ人の大部分をなす総督府内のユダヤ人の殲滅――の責任者に据えた。しかしその際、ロシア・ユダヤ人に対して用いられた銃殺部隊作戦とは異なる方法が、ヨーロッパ・ユダヤ人殺戮には不可欠であると考えられた――それはより効率的で、より人目につかず、殺戮者の心理的負担をより軽くするものでなければならなかった。

こうした要請に対する組織的、技術的な回答が絶滅収容所であった。犠牲者は特殊な収容所に移送され、そこで――大工場の流れ作業のような手順で、しかも限られた人員、そのほとんどは囚人の労働で――、銃殺などと比べればより秘密のうちにガス処理されることになったのである。ガス殺のための準備は、一九四一年秋に三か所で開始された。すなわち、併合領土内にある二か所、シレジアのカトヴィッツェの近くのアウシュヴィッツ／ビルケナウ、そしてヴァルテガウのウッチの近くのヘウムノ、そしてグロボクニクの管轄するルブリン管区のベウジェツである。大規模なガス殺人は、ヘウムノでは一九四一年一二月初旬に、ビルケナウでは一九四二年二月中旬に開始された。[1]グロボクニクの管理するベウジェツの収容所でのガス殺人は、一九四二年三月中旬までは始まらなかった。

グロボクニクの直面していた課題は巨大なものであったが、彼には事実上、それをやり遂げるための人員が与えられていなかった。ベウジェツに絶滅センターを建設し作動させるための専門的能力と援助を求めて、グロボクニクはドイツ国内の「安楽死計画」の職員に頼ることができた。しかしそれは一握りの人びとにすぎず、多いときでも一〇〇人を越えたことはなかった。この数では、たった一つの絶滅収容所のスタッフとしても不充分であった。しかも、ソビボルとトレブリンカに、なお二つの絶滅収容所がグロボクニクによって建設されねばならなかったのである。しかし、それでも絶滅収容所はグロボクニクの最大の問題ではなかった。より緊急の問題は、ゲットーを一掃する――犠牲者を駆り集め、彼らを死の列車に押し込む、そのために必要な人力をどこに求めるかであった。ルブリン管区だけで約三〇万人のユダヤ人がいたのである。総督府全体では、なんと約二〇〇万人ものユダヤ人がいたのだ！

ドイツの軍事的命運がどちらに転ぶか危うい一九四二年という決定的な年なのに、そのように信じがたいほど困難な課題をなし遂げる人員がどこにいたというのか。実際、ヒムラーはグロボクニクに任務を割り当てただけで、何も与えなかったので、グロボクニクは間に合わせで急場をしのがねばならなかった。彼は、ヒムラーから与えられた課題を遂行するために、自分の力と創意工夫で「非公式の」軍隊を創造しなければならなかったのである。

ポーランド・ユダヤ人に対する大量殺戮活動――それはラインハルト・ハイドリヒが一九四二年六月に暗殺されたことに対する報復でもあり、ラインハルト作戦と呼ばれた――とかかわって、グロボクニクは、彼の副官で仲間であったオーストリア人、ヘルマン・ヘフレの下に特別のスタッフを構成した。このスタッフのうち、鍵を握る人物には次の者がいる。絶滅センターの責任者である、クリスチャン・ヴィルトとその副官ヨゼフ・オーベルハウザー、ユダヤ人を収容所へ送り込む責任者でもう一人のオーストリア人のヘルムート・ポール、戦場で監督し、しばしば自ら指揮もとるゲオルク・ミヒャルセン、クルト・クラッセン、さらにもう一人のオーストリア人エルンスト・レルヒ、絶滅収容所や空（から）になったゲットーで集められたユダヤ人の財産を、収集し、分類し、利用する責任者のゲオルク・ヴィッペルン。

ルブリン管区の親衛隊＝警察指揮官として、グロボクニクは、複合親衛隊諸部隊の合同行動を含む、地域のすべての作戦の調整に責任を持っていた。したがって、ルブリン管区の全親衛隊および警察のネットワークは、すでに引き伸ばされてか細くなっていたけれども、グロボクニクの意のままに動かせるものであった。このネットワークの最も重要なものは、一方で保安警察の二つの部門（秘密国家警察と刑事警察）であり、他方で通常警察の諸々の部隊であった。ルブリン市にあるその司令部の他に、保安警察は管区内に四つの支部を置いており、それぞれの支部には、「ユダヤ人問題」を扱う秘密国家警察の部局が置かれていた。

通常警察の存在は、三つの面から察知された。第一に、ルブリン管区の主要な町には防衛警察の機関が置かれており、その責任範囲には、ポーランド人自治警察の監督が含まれていた。第二に、地方の至るところの町に、警備隊の小さな分隊が分散して存在した。最後に、通常警察の三個大隊がルブリン管区に駐屯していたのである。防衛警察や警備隊の部隊に加えて、保安警察の支部は地方の状態をよく知っている少数の警官を提供した。とはいえ、全体で一五〇〇人に上る三個の通常警察大隊は、グロボクニクが頼ることのできた、単独で最も大きな警察力であった。この三個大隊が欠くことのできないものであることは明らかであったが、グロボクニクの必要を満たすにはなおまだ充分でなかったのである。

グロボクニクは他の二つの動員可能な兵力源も利用した。第一のものは、ドイツ系の血統の者たちの小部隊からなる、特務部隊であった。民族ドイツ人、すなわちポーランドにいたドイツ系の人びとは、ドイツによるポーランド占領後に動員され、訓練を受け、一九四〇年の夏に、管区内のそれぞれの地方の文民行政の長に任命されていたりしたのであった。[2]第二に、より重要なのはいわゆるトラヴニキの連中であった。地方の人力からは必要な兵力を満たすことができなかったので、グロボクニクはヒムラーを説得して、ソビエト国境地方から、非ポーランド人の外人部隊を掻き集めることに成功した。この任務の鍵を握った人物は、グロボクニクの指揮するラインハルト作戦のスタッフであったカール・シュトライベルであった。シュトライベルと彼の部下は戦争捕虜収容所を訪問し、ウクライナ人、ラトヴィア人、リトアニア人の「志願兵」(対独協力者)を募った。対独協力者は彼らの反共的(そしてそれはほとんど例外なしに反ユダヤ的であった)感情を基準に選別され、収容所で餓死することから逃れられるのだといわれ、かつて所属したソビエト軍との戦闘には決して投入されないと約束されたのであった。こうした「志願兵たち」は、訓練のために、トラヴニキにある親衛隊の施設へ連れてこられた。ドイツ親衛隊将校と民族ドイツ人の下士官のもとで、志願兵たちは民族ごとに部隊編成された。グロボクニクはゲットー浄化行動のために非公式の軍隊を編成する必要があったのだが、通常警察と並んで、彼らは第二の主要な動員可能兵力源となったのである。

ルブリンのユダヤ人に対する最初の血なまぐさい攻撃は、一九四二年三月中旬に開始され、同年四月中旬まで続いた。ルブリンのゲットーにいた四万人の約九〇パーセントが、ベウジェツの絶滅収容所に送られるか、あるいはその場で射殺されるかして殺害された。さらに一万一〇〇〇人から一万二〇〇〇人を越えるユダヤ人が、イズビツァ、ピアスキ、ルバチェフ、ザモシチ、クラスニクといった近郊の町からベウジェツに送られた。同じ時期に、隣の管区であるガリツィアからルブリン東部にかけて住んでいた約三万六〇〇〇人のユダヤ人も、ベウジェツへ送られた。

四月中旬から五月下旬まで、ベウジェツでの殺戮作戦は停止した。その間に、三個のガス室をもつ小さな木造建物が取り壊され、六個のガス室をもつ大きな石造りの建物が建てられたのである。五月下旬にベウジェツで殺戮作戦が再開されたとき、収容所はルブリン管区自体からではなく、隣のクラクフ管区から西へと移送されてきたユダヤ人を受け入れた。

しかしながら、ルブリン管区にあってグロボクニクの管理する第二の絶滅収容所、すなわちソビボルの収容所は、五月上旬には作業を開始していた。続く六週間の間、ソビボルの収容所は、ザモシチ、プワーヴィ、クラスニスタフ、シェルムといったルブリンの地方から移送者を受け入れた。六月一八日までに、ルブリンのゲットーから最初の移送が始まって三か月もたたないうちに、クラクフやガリツィアからの六万五〇〇〇人に加えて、ルブリン管区から連れてこられた約一〇万人のユダヤ人が殺された。その大部分はベウジェツやソビボルでガス処理されたのである。[3]

絶滅収容所への移送は、中央ヨーロッパのユダヤ人の膨大な移住の一部にすぎなかった。ポーランド・ユダヤ人が彼らの家から絶滅収容所へと移送された同じ時期に、ドイツ、オーストリア、保護領、そして傀儡政権下のスロヴァキアから、ユダヤ人がルブリン管区に大量に運ばれてきた。それらの移送の何回かは、六月一四日にウィーンからフィッシュマン少尉によって護送された列車のように、直接ソビボルに送られた。しかしながら、他の移送列車からは、国外からの者も含めてユダヤ人はさまざまなゲットーに降ろされ、一時的に、最近殺害された者の代わりとしてそこに滞在したのであった。

ユダヤ人をゲットー内で大量に入れ替えたり、またベウジェツやソビボルで大量殺戮する作業は、六月一九日に一時的に停止した。移送のための車両が全体として不足したために、総督府内のすべてのユダヤ人の移送は二〇日間にわたって中断した。[4]クラクフ管区からベウジェツへの死の移送は、週二回のペースで、七月九日に再開された。そしてワルシャワから新規に開設されたトレブリンカの絶滅センターへ向けて、強制移送列車の安定した運行が七月二二日から開始された。しかしソビボルへの主要鉄道線路が補修中であったため、ソビボルの収容所は事実上秋まで利用できなかった。それゆえ、ルブリン管区内では、絶滅収容所への移送は七月上旬には再開されなかった。

総督府において最終的解決がやむを得ず小休止となったとき、第一〇一警察予備大隊はルブリン管区に到着したのである。一九四二年六月二〇日、大隊はポーランドにおける「特別行動」の命令を受け取った。[5] この「特別行動」の内容は命令書には書かれていなかったが、隊員たちは護送任務につくのだろうと思い込むように仕向けられた。彼らを待ち受けている任務の本当の内容を薄々察しているような気配は、将校にさえいささかも見出されなかった。

大隊はシュテルンシャンツェの駅で列車に乗った。[6] その同じ駅から、幾人かの大隊員は昨年の秋、ハンブルク・ユダヤ人を東部へと移送したのであった。大隊を乗せた列車は、六月二五日、ポーランドのルブリン管区南部にあるザモシチの町に到着した。五日後、大隊の司令部はビウゴライに移され、大隊の各部隊は、フランポル、タルノグルド、ウラヌフ、トゥロビン、ヴィソーキエといった近隣の町、そしてより遠いザクショフの町に配置された。[7]

殺戮の一時的中断にもかかわらず、親衛隊＝警察指揮官オディロ・グロボクニクとラインハルト作戦のスタッフは、新たに到着した警察大隊が、ルブリン・ユダヤ人に関してまったく無為のまま過ごすことを認めるつもりはなかった。殺戮は再開されなかったとしても、犠牲者を中継ゲットーや収容所に統合するプロセスは再開された。第一〇一警察予備大隊のほとんどの警官にとって、この後のユゼフフでの行動が灼きつくような記憶を残したので、ルブリン南部で四週間滞在した間に起こった出来事は色褪せたものになってしまった。とはいえ少数の者は、この統合プロセスへ参加したことを記憶している。――それは、小さな村落からユダヤ人を集め、彼らをより大きなゲットーや収容所に送り込むプロセスである。単に作業と呼ばれた幾つかのケースでは、ユダヤ人は捕らえられ、トラックに乗せられ、ルブリンのまわりの収容所に送られた。他のケースでは、全ユダヤ人住民が集められ、トラックに乗せられるか徒歩で追放された。しばしば、近隣のより小さな村落からきたユダヤ人は、集められた後でもとの場所へ再定住させられた。これらの行動のどれも大量処刑を伴わなかった。ただし移送するには高齢でありすぎる者や虚弱な者、病人は、少なくとも幾つかのケースでは射殺された。隊員たちは一様に、彼らが移送したユダヤ人の出身の町や、ユダヤ人が再定住した場所を、一様によく知らなかった。だれもイズビツァやピアスキの名前を思い出さなかった。そこにはルブリン南部の二つの主要な「中継」ゲットーがあり、ユダヤ人を集めるのに使われていたのだけれど[8]。

グロボクニクは明らかにこのユダヤ人統合のプロセスに痺れを切らし、殺戮を再開してみる腹を決めた。この時期、絶滅収容所への移送は不可能であったから、銃殺部隊による大量処刑が採用可能な代案であった。第一〇一警察予備大隊はそのための試金石となったのである。

7 大量殺戮への通過儀礼——ユゼフフの大虐殺

おそらく七月一一日に、グロボクニクか彼のスタッフの誰かがトラップ少佐と連絡をとり、ビウゴライの東南東三〇キロメートルにあるユゼフフの村の一八〇〇人のユダヤ人を駆り集めるように伝えた。しかしながら今回は、ほとんどのユダヤ人は再定住の予定ではなかった。労働可能な年齢のユダヤ人男性だけが、ルブリンにある、グロボクニク支配下の収容所に送られることになっていた。女性や子供、老人はその場でかまわず射殺される予定であった。

トラップは近郊の町に配置されていた部隊を呼び戻した。大隊は七月一二日に再結集した。ただし二つ例外があって、その一つはザクショフに駐留中の、ホフマン大尉を含む第三中隊所属第三小隊であり、もう一つはすでにユゼフフに配置された第一中隊の少数の者であった。トラップは第一、第二中隊長のヴォーラウフ大尉とグナーデ少尉と会い、翌日の任務を彼らに伝えた。(1) トラップの副官であるハーゲン中尉が、大隊の他の将校に任務を伝えたに違いない。というのは、ハインツ・ブッフマン少尉は差し迫った行動の詳細を、その晩ハーゲンから教えられたからである。

当時三八歳であったブッフマンは、ハンブルクの同族経営の木材会社の社長であった。彼は一九三七年五月にナチ党員になっていた。一九三九年に通常警察に召集されると、ポーランドで運転手を務めた。一九四〇年夏に除隊を願い出たが、意に反して将校訓練所に送られ、一九四一年一一月に予備少尉に任官した。彼は一九四二年に、第一中隊所属第一小隊の指揮を委ねられたのである。

大虐殺が明日にも実施されることを耳にして、ブッフマンはハーゲン中尉に、ハンブルクのビジネスマンでありかつ予備少尉として、自分は「そうした行動に、すなわち無防備な女子供を射殺するような行動に決して参加したくない」と訴えた。そして別の仕事を命じてくれるように頼んだのである。ハーゲン中尉はブッフマンを、選別された男性「労働ユダヤ人」をルブリンへ連れてゆく護送責任者に配置した。[2] 第一中隊長ヴォーラウフはブッフマンが別の任務につくことを知らされたが、その理由は知らされなかった。[3]

兵士たちは、大隊全体が参加する主要行動のために、朝早く起こされるということ以外は、公式には知らされていなかった。しかし少なくとも幾人かは、明日起こることについてヒントを得ていた。ヴォーラウフ大尉は部下たちに、明日「飛び抜けて興味深い任務」がおまえたちを待っていると話したのである。[4] 留守中の兵舎警備のために残ることになった兵士が不満を口にしたとき、彼の所属する中隊の副官はこう述べた。「一緒に来なくてよくて幸せだぜ。さもなきゃ何が起こるか見なければならん。[5]」ハインリヒ・シュタインメッツ*軍曹は第二中隊所属第三小隊の部下に向かって、「俺は臆病者なんか見たくないからな」と警告していた。[6] 追加の弾薬が配られた。[7] 警官の一人は、彼の部隊には鞭が配られ、それが明日は対ユダヤ人行動ではないかという噂を呼んでいったと報告している。[8] しかしながら、他にはだれも鞭のことを記憶していなかった。

ビウゴライを午前二時頃に出発して、トラック部隊はちょうど空が白み始めた頃ユゼフフに到着した。トラップは部下を半円形に集合させ、話を始めた。大隊に与えられた殺戮の仕事を説明した後で、彼は部下を驚かせるような提案をした。この任務を遂行する力がないと感じる年長者はだれでも、任務から外れることができるというのである。トラップが話を中断し、数秒してから、第三中隊のオットー・ユリウス・シムケ*が前に進み出た。ホフマン大尉は自分の中隊の一人が逃げ腰となって列を乱したことに激怒した。彼は第三中隊の第三小隊を率いてザクショフから直接ユゼフフに到着していたので、前々日ビウゴライで持たれた将校会議に出席していなかったのである。ホフマンはシムケを叱責し始めたが、トラップが割って入ってそれをやめさせた。トラップがシムケをかばったのを見て取ると、一〇人から一二人の者が同様に前に進み出た。彼らはライフル銃を返却し、少佐から次の仕事を待つように言い渡された。[9]

それからトラップは中隊長を召集し、それぞれに果たすべき任務を割り当てた。命令は上級曹長カマー*によって第一中隊に、グナーデとホフマンによってそれぞれ第二、第三中隊に伝達された。その命令によれば、第三中隊の二つの小隊はユゼフフの村を取り囲むことになった。[10]隊員は、逃げようとする者はだれでも射殺するようにとはっきりと命令された。他の大隊兵士たちは、ユダヤ人を駆り集め、市場に連れてくることになった。市場まで歩けないほどの病人や虚弱者、幼児、また抵抗しようとしたり隠れようとした者は、その場で射殺されねばならなかった。その後、第一中隊の少数の者は市場で選別された「労働ユダヤ人」を護送する任務につくが、残りの第一中隊兵士は、銃殺部隊を編成するために森へ向かうことになっていた。第二中隊と第三中隊所属第三小隊の任務はユダヤ人を大隊のトラックに乗せることであり、それは市場と森の間を往復することになっていた。[11]

仕事の割り当てが終わると、トラップはその日一日を村の中心部で過ごした。司令室となった教室や、ポーランド人村長や司祭の家で、また市場や森へと続く路上で過ごしたのである。[12]しかし彼は森自体には行かなかったし、処刑に立ち合おうともしなかった。トラップが森の処刑場に姿を見せないことは大隊員の注目を集めた。警官の一人は後にこのことについて、苦々しげに次のように述べている。「トラップ少佐は森には現われませんでした。その代わり彼はユゼフフ村内に留まったのです。伝えられるところでは、彼はその光景を正視することに耐えられなかったからです。少佐が姿を見せないことを知って、我々兵士は狼狽しました。俺たちだってこれには耐えられないんだぜ、と皆が言ったものです。[13]」

実際、トラップの苦悩する様子はだれの目にも明らかだった。ある警官は市場で、トラップが手を胸に当てながらこう言うのを聞いていた。「おお、神よ、なぜ私にこうした命令が下されたのでしょう。[14]」他の警官はトラップを校舎のなかで目撃している。「いまでも私は、トラップ少佐が、部屋のなかを手を後に組んで行ったり来たり歩き廻り、私に話しかけた姿を正確に思い浮かべることができます。彼はこんなことを言っていたと思います。「ああ君、……こんな仕事は俺にはむいていない。でも命令は命令なんだ。[15]」」また他の警官は、「最後に部屋のなかで独りぼっちで、トラップが椅子に坐って激しく泣いていた姿を」はっきりと回想している。「本当に涙が流れていた。[16]」別の警官もトラップを司令官室で見かけている。「トラップ少佐は興奮して部屋中を走り廻り、それから突然私の前で死んだように動かなくなって、私を見つめ、こんな状態の自分に同感するかどうか尋ねました。私は彼の目を真っすぐに覗き込んで、「いいえ、少佐殿」と答えました。彼はまた走り廻り始め、子供のように泣きじゃくりました。[17]」医者の助手は、トラップが市場から森へと通じる路上で泣いているのに出会ったので、何か力になれることがないか尋ねた。「彼は私に、すべてがとても恐ろしいという印象を答えただけでした。[18]」ユゼフフに関して、後になってトラップは彼の運転手に次のように打ち明けている。「ユダヤ人に対する仕事がこの世で復讐を受けることがあるとすれば、我々ドイツ人に慈悲を与え給え。」[19]
トラップが与えられた命令に愚痴をこぼし泣いていたのに対して、彼の部下は大隊の任務を遂行し続けた。下士官たちは警察隊員の幾人かを二つか三つ、あるいは四つの探索チームに分け、ユゼフフのユダヤ人地区に派遣した。他の兵士は、市場へ通ずる通りに沿って、あるいは市場で、警備についた。ユダヤ人が家から駆り出され、動けない者が射殺されるにつれ、大気は悲鳴と銃声で満たされた。警官の一人が強調したように、ユゼフフは小さな村で、警察隊員は何が起こっているかすべてを聞き取ることができた。[20] 多くの警官が、探索の間に撃たれた死体を見たことを認めたが、撃ったことを認めたのはたった二人だけだった。[21] さらに、警察隊員の幾人かは、ユダヤ人「病院」や「老人ホーム」の患者たちが全員その場で射殺されたことを聞いたことがあると認めたが、誰一人として、実際に射殺現場を見たり関与したりしたことを認めなかった。[22]
目撃者証言が最も一致しなかったのは、いかにして警察隊員が最初に幼児の射殺問題に手をそめたのかという質問であった。幾人かは、老人や病人に加えて、幼児も一緒に射殺され、家の中や玄関、道路にそのまま放置されたと主張した。[23] しかし他の者がとくにきっぱりと強調したのは、隊員たちは最初の行動では、ユダヤ人の探索、浄化作戦の間、幼児を撃つことにはまだ拒絶反応を示したということであった。警官の一人は答えるにあたって強調している。「我々の受け持った地域で射殺されたユダヤ人のうちには、幼児や小さい子供はいませんでした。私が申し上げたいのは、誰もがほとんど暗黙のうちに、幼児や小さい子供を撃つのを自制したのだということです。」ユゼフフでも他でも同様、彼が気づいたことは、「死に直面しても、ユダヤ人の母親は子供たちから離れようとしなかったのです。したがって我々は、母親が自分の小さい子供をユゼフフの市場に一緒に連れてゆくのを大目にみたのです。[24]」他の警官も同様に述べている。「幼児や小さい子供の射殺は、参加したほとんど全員によって、暗黙のうちに忌避されました。午前中を通して私が目撃できたことですが、多くの女性たちは連れてゆかれるとき、腕に幼児を抱き、小さな子供の手を引いていました。[25]」この二人の証言によれば、幼児が市場に連れて来られたとき、それに干渉しようとした将校はいなかった。しかし他の警官は、浄化作戦の後で、彼の部隊（第三中隊所属第三小隊）はホフマン大尉に叱責されたことを憶えている。「我々はよくやったといえるほど精力的に作戦を執行してこなかった。[26]」

ユダヤ人の駆り集めが終了に近づくと、第一中隊の兵士は探索活動から手を引き、彼らを待ち受けている身の毛もよだつような任務について簡単な講習を受けた。彼らは、大隊の医師や中隊の上級曹長から指示を与えられた。ある警官は音楽の心得があり、「素晴らしいアコーディオン」の名手である医師と一緒に、しばしば社交の夕べにヴァイオリンを演奏していた。この男は次のように回想している。

その場には大隊のすべての将校がいたと思います。特に大隊の医師であるシェーンフェルダー博士*はよく憶えています。博士は、犠牲者を即死させるために、我々がどのように射撃せねばならないかを詳しく説明しなければなりませんでした。私は正確に思い出すことができますが、説明のために博士は人体の輪郭を描きました。少なくとも肩から上は描いたと思います。そして博士は、ライフルに固定された銃剣をあてるべき箇所を、狙いをつける目安として正確に指し示しました。[27]

第一中隊が講習を受け、森に出発してから、トラップの副官ハーゲンは、「労働用ユダヤ人」の選別を指揮した。近所の製材工場の社長は、彼の所で働いているユダヤ人二五人のリストを持ってすでにトラップと交渉し、トラップは二五人を釈放することを認めていた。[28]通訳を通して、ハーゲンは職人と屈強な男性労働者を求めていると呼び掛けた。約三〇〇人の労働者が家族から分けられたとき、集められたユダヤ人たちの間に不安が広まった。[29]労働ユダヤ人が徒歩行進でユゼフフを出てゆく前に、森から最初の銃声が聞こえてきた。「最初の一斉射撃が聞こえた後で、行進中だった職人たちの間に深刻な動揺が生まれた。そして幾人かは大地に身を投げ出して泣き始めました。……彼らはこの時点で、背後に残してきた家族が射殺されるのだということをはっきり知ったに違いありません。」[30]

ブッフマン少尉と第一中隊のルクセンブルク出身の隊員は、ユダヤ人労働者を数キロメートル離れた鉄道貨物駅へ行進させていった。一両の客車と数両の貨車が待ち受けていた。ユダヤ人労働者と警備隊は列車でルブリンへ運ばれ、そこでブッフマンは彼らを収容所に引き渡した。ブッフマンによれば、彼はユダヤ人を悪評高いマイダネクの強制収容所に送ったのではなく、別の収容所に送ったことになっている。彼が述べるところでは、ユダヤ人が来るとは期待されていなかったのだが、収容所の管理部は彼らを受け取って喜んでいた。ブッフマンとその部下は同日ビウゴライに戻った[31]。

さてユゼフフに話を戻すと、カマー上級曹長は第一中隊の最初の射殺分隊を、ユゼフフから数キロメートル離れた森に連れていった。分隊を乗せたトラックは森の境に沿って続いている泥道で停車した。そこから森の奥への小道が通じていた。警察隊員はトラックから降り、待機した。

三五人から四〇人のユダヤ人を乗せた最初のトラックが到着すると、ユダヤ人と同数の警官が前に進み出た。そして正面から向かい合って犠牲者とそれぞれ組を作った。カマーの先導で、警官とユダヤ人は森への小道を行進しながら下っていった。彼らはヴォーラウフ大尉の指示する地点で道を外れ、森のなかに入っていった。ヴォーラウフ大尉は一日中、処刑の場所を選ぶ仕事で忙しかったのである。それからカマーはユダヤ人たちに、一列になってその場に伏せるように命じた。警官たちは背後から彼らに近づき、先ほど教えられたとおりに、肩甲骨の上の背骨にライフルの銃剣をあてた。そしてカマーの命令とともに一斉に引き金を絞った。

そうするうちに、第一中隊のより多くの警官が、二番目の銃殺部隊を務めるために森の入口に到着した。最初の銃殺部隊が森を出て降車地点まで行進してきたとき、二番目の銃殺部隊が犠牲者を連れて同じ小道を森へと向かっていった。ヴォーラウフは先ほどよりも数ヤード先の場所を選んだ。二番目の犠牲者の群れが、先ほどの処刑による死体を目にしないようにである。これらユダヤ人たちも一列になってうつ伏せになるように強制され、射殺の手順が繰り返された。

その後は、二つの銃殺部隊が森から交互に出入りする「振り子運動」が、終日続いた。正午の休息を別にすれば、射殺は間断なく日暮れまで執行されたのである。午後のある時点で、誰かが銃殺者のためにアルコールを「調達してきた。」銃殺はほとんど休みなく続けられたので、隊員はその日の終わりまでには、自分がいったい何人のユダヤ人を殺したのかまったくわからなくなってしまっていた。一人の警官の言葉を借りれば、それはいずれにせよ「膨大な数」であった[32]。

トラップが早朝最初に彼の提案を伝えたとき、たしかに今回の作戦行動の実際の性質は伝えられたが、そのことについて考え、反応するための時間はとても短いものであった。ほんの一ダースほどの隊員が任務から外れ、ライフル銃を戻し、かくて殺人から免除される機会を直観的に捉えたのである。大勢の警察隊員にとって、彼らのこれからの行動の実態、彼ら自身が銃殺部隊に選ばれるかもしれないということなどは、おそらく理解されていなかったと思われる。しかし、第一中隊の隊員が市場に集められ、「首筋撃ち」を教示され、ユダヤ人を殺すために森に送られたとき、隊員の幾人かは、すでに逸してしまった機会を取り戻そうとした。警官の一人はカマー上級曹長に近づいた。彼をよく知っていたのである。その警官は、この任務は自分にとって「嫌悪感を催す」ので、他の仕事にかえてほしいと打ち明けた。カマーはやむをえず、その警官に森の境での警護を割り当てたので、彼は一日中そこに留まることができた。[33] カマーをよく知っていた他の幾人かの警官も、トラック運搬ルートの警備の仕事を与えられた。[34] しばらくの間銃殺が続いてから、他の警官グループもカマーに近づき、もうこれ以上続けられないと申し立てた。カマーは彼らを銃殺部隊から外し、トラックに同行する仕事を割り当てた。[35] 二人の警官は、間違って、カマーの代わりにヴォーラウフ大尉（親衛隊大尉でもある）と交渉してしまった。彼らは、自分たちも子供を持つ父親なので、これ以上は続けられない、と大尉に泣きついたのである。ヴォーラウフはそっけなく彼らの嘆願を拒絶し、厭なら犠牲者と並んでうつ伏せになれと言い放った。しかし正午の休憩時に、カマーはこれら二人のみならず、若干の他の年長者も救済してやった。彼らは、トラップに報告に行く下士官に伴われて、市場へ送り返された。トラップは彼らを任務から解き、一足先にビウゴライの兵舎に帰ることを許可した。[36]

銃殺部隊から外してもらう要望を出さなかった幾人かの警官は、任務遂行を回避する他の方法を探した。短機関銃を携帯した下士官は、犠牲者を苦しめないために、いわゆる「慈悲の一撃」を与えるように命じられねばならなかった。「なぜなら、興奮のあまり、また同様に意図的に(傍点は著者による)」、個々の警官は犠牲者を「外して撃った」からである。[37] 他の警官たちは、より早くから回避行動をとっていた。浄化作戦の間に、第一中隊の何人かの警官は、彼らがいないことが気づかれる恐れが出てくるまで、カトリック司祭の家の庭に隠れていた。市場に戻るとき、彼らは不在だったことの釈明ができるように、近隣の村からユダヤ人を拾い集めることになっていたトラックに飛び乗った。[38] また別の者は、ユダヤ人の駆り集めをしたくなかったので、探索の間市場をうろついてごまかしていた。[39] さらに別の者は、市場にいかなくてもすむように、可能なかぎり長時間家宅捜査を続けた。彼らは市場で、銃殺部隊に入れられることを恐れたのであった。[40] ユダヤ人を森まで運ぶ運転手は、一回運んだだけで、嘆願して仕事から外してもらった。「おそらく彼の神経は、これ以上ユダヤ人を射殺場まで運べるほど強靭ではなかったのでしょう。」こう述べているのは、彼の仕事を引き継ぎ、ユダヤ人をトラックで死へと送り込む任務をはたした警官である。[41]

第一中隊が森に出発した後で、第二中隊はユダヤ人の駆り集めを完遂し、トラックに乗せるために残った。森から最初の一斉射撃が聞こえてきたとき、集められたユダヤ人は自らの運命を悟って、激しい泣き声が瞬く間に市場に広がった。[42] しかしその後、静謐——実際、ドイツ人目撃者の言葉でいえば、「信じられないような」そして「驚くべき」静謐——がユダヤ人たちを包んだ。[43]

犠牲者たちが平静であったとしても、ドイツ人将校たちは、この任務を一日で終わらせるためには処刑のペースが遅すぎることが判明するにつれて、徐々に心中穏やかではなくなってきた。「繰り返し報告がなされた。「うまくいっていない！」とか「進み方が遅い！」というように。[44]」トラップは決断し、新しい命令を与えた。第三中隊は村のまわりの前哨地から、市場の監視のために呼び戻された。グナーデ少尉の指揮する第二中隊は、銃殺部隊に合流するために森に行くように伝えられた。第三小隊のシュタインメッツ軍曹は兵士たちに、任務を遂行する能力がないと申し出る機会を再度与えた。彼の申し出に応じた者はいなかった。[45]

グナーデ少尉は第二中隊を二つに分け、森の異なった区域に割り当てた。それから彼は処刑の実際を見るために、ヴォーラウフの指揮する第一中隊を訪れた。[46] その間にシェーア少尉とヘルゲルト*軍曹は、第二中隊の第一小隊を、第三小隊の幾人かとともに、森のなかの特定の地点に連れていった。シェーアは部下を四つのグループに分け、それぞれの射撃エリアを指定し、銃殺するユダヤ人を連れてくるように森の入口に送り返した。グナーデ少尉が到着し、部下たちが充分に森の奥深くに進んでいないといって、シェーアと激しく口論になった[47]。このときまでに、それぞれのグループはユダヤ人の集合地点まで二、三回往復し、処刑を執行していたが、シェーアは進行が明らかに遅すぎると考えていた。彼はヘルゲルトに助言を求めた。ヘルゲルトは次のように回想している。「そこで私は提案をしました。処刑部隊が次の処刑地点に移動してしまう間に、各グループのうち二人の兵士がユダヤ人を集合地点から処刑地点まで連れてくることができれば充分なのではないか、と。さらに、銃殺地点が処刑ごとに幾分手前に移されれば、常に森の小道の集合地点に近づいてくることになります、と。それから我々は提案通りに作業を続行しました[48]。」ヘルゲルトの示唆によって、殺人のプロセスはかなり加速したのであった。

第一中隊と対照的に、第二中隊の警察隊員は銃殺の執行方法について何の講習も受けていなかった。最初、銃剣は照準の補助として取り付けられていなかった。そこでヘルゲルトが供述しているように、「犠牲者を不必要に傷つける」「かなりの数の誤射」があった。ヘルゲルトの指揮する部隊の警官の一人も同様に、正確に狙いをつける難しさに言及している。「最初我々は自由裁量で撃っていました。高く狙いすぎると、頭蓋骨は全部破裂してしまいました。その結果として、脳髄と頭骨が至るところに飛び散ることになったのです。そこで我々は、銃剣を首の上に当てることを教えられたのです[49]。」しかしながらヘルゲルトによると、固定された銃剣を照準補助として使っても、それはなんの解決にもならなかった。「教えられたような直射によって、弾丸は犠牲者の頭に当たるので、その弾道によって、しばしば頭蓋骨全体が、少なくとも脳天後部のすべてが引き裂かれ、血、頭蓋骨の破片、脳髄があちこちに飛び散り、射撃手に降りかかったのです。[50]」

ヘルゲルトの強調するところでは、第一小隊の者はだれもあらかじめ任務を外れる選択の機会を与えられなかった。しかし処刑が始まると、隊員は彼かシェーアと交渉しにやってきた。なぜなら彼らは女性や子供を撃つことはできなかったからである。彼らは別の任務を与えられた。[51] このことはヘルゲルトの部下の一人によって確認された。「処刑を執行している間に、もうこれ以上引き受けられない者は、出頭することができるのだという噂が広まったのです。」彼は続けて供述している。「私自身は約一〇回ほどの射撃に参加しました。そこで私は男も女も撃たねばなりませんでした。しかし私は、もはやこれ以上人びとを撃つことができなくなってしまったのです。このことは上官の軍曹、ヘルゲルトにすぐ分かるようになりました。なぜなら、最後のほうで私は誤射を繰り返したからです。そこでヘルゲルトは私を解放してくれました。他の戦友たちも、もはや続けることができなくなったので、遅かれ早かれ、助けてもらうことになりました。[52]」

ドルッカー少尉の指揮する第二小隊とシュタインメッツ軍曹の指揮する第三小隊の大部分は、森のさらに別の地域を割り当てられた。シェーアの部下たちと同様、彼らは、三五人から四〇人に分けられたヴォーラウフの第一中隊よりも小さい、五人から八人のグループに分けられた。警察隊員は小銃の先を、犠牲者の首の付け根の脊椎に当てるようにいわれたが、ここでも最初は、射撃にあたって銃剣を照準補助として使用しなかった[53]。結果は実におぞましいものになった。「銃殺者は犠牲者の血や脳髄、頭蓋骨の破片を全身に浴び、軍服はベトベトに汚れた[54]。」

部下を小グループに分けたとき、ドルッカーは約三分の一の隊員は予備として残しておいた。その目的は隊員にしばしば救援を送ったり「タバコ休憩[55]」を与えるためであった。結果としては、全員が射撃手にならねばならなかった。ユダヤ人が運ばれてくるトラックの到着点から、荒れた地形のなかを絶えず往復したり、しばしば交替を繰り返したために、隊員は決まったグループに留まっていることはなかった[56]。混乱のなかだったので、作業のペースを落としたり忌避したりするチャンスが生まれた。任務遂行を急いだ者は、できるだけぐずぐずしていた者よりもはるかに大勢のユダヤ人を射殺した[57]。二往復した後で、ある警官はもう「抜け落ち」、森の入口に停めてあるトラックの間から動かなかった[58]。他の警官は、銃殺隊の隊員と一緒に戻るのをなんとか避けようとした。

ユゼフフのケースは、人間を自分の手で射殺したくなかった、ないしは射殺できなかった者が、にもかかわらずこの任務を避けられなかった、というものでは決してなかったのです。そこには厳格な統制はなかったのです。したがって私は、到着するトラックの傍に残り、到着地点で忙しくしていたのでした。少なくとも、私は動き回って忙しそうに見せかけていたのです。しかし、私が犠牲者の処刑に行こうとしないことに、同僚の一人二人には気が付かれずにいるなどということは不可能でした。彼らは私に、「クソ野郎」とか「弱虫」といった言葉を投げつけ、反感を表わしました。しかし私に対して自分の行動の責任を問われることはなかったのです。私はここで、処刑に参加しないでいたのは私一人ではなかったといわねばなりません。[59]

戦後尋問された、ユゼフフの射殺者の圧倒的多数が、第二中隊所属第三小隊の者であった。われわれは彼らから、処刑が隊員に与えた影響や作戦行動中の脱落者の率について、おそらく最も適切な印象を得ることができる。

四〇歳になる理髪師だったハンス・デテルマン*は、ドルッカーによって銃殺部隊に入れられた。「私は最初の処刑で、最初の犠牲者を撃つことができませんでした。そこで私は列をよろめき出て、……ドルッカー少尉に誰かと交替してくれるように頼んだのです。」デテルマンが少尉に、自分は「たいへん臆病な性格」であると述べたところ、ドルッカーは彼を任務から放免した。[60]

以前にはレームツマ・タバコのセールスマンだったヴァルター・ニーハウス*は、最初の処刑で年配の女性と組まされた。「その老女を撃った後で、私はトニ（アントン）・ベントハイム*（上官の軍曹）のところへ行き、もうこれ以上処刑を執行できないと告げました。

……私の神経はこの一回の射殺で、ズタズタに引き裂かれました。」[61]

アウグスト・ツォーン*は、最初の犠牲者としてかなりの歳の老人を与えられた。ツォーンはその高齢の犠牲者を回想して次のように述べた。

老人は彼の仲間についてゆくことができなかった、あるいはその気がありませんでした。なぜなら彼は幾度も転倒し、その後もうそこに横になってしまったからです。私は彼をそのたびに抱え上げ、引きずってゆきました。こうして私は、僚友が連れてきたユダヤ人をすでに射殺してしまった後で、処刑場に着いたのです。射殺された同郷の仲間を見て、老いたユダヤ人は大地に身を投げ出し、そこに横たわって動かなくなりました。そこで私は小銃の撃鉄を引き、後頭部を撃ちました。私は、村内の浄化作戦でのユダヤ人に対する残酷な扱いに心を乱され、まったく動転していたので、狙ったところより上を撃ってしまいました。そのユダヤ人の後部頭蓋骨はすべて吹っ飛んでしまい、脳髄が剝き出しになりました。頭蓋骨の一部はシュタインメッツ軍曹の顔にかかりました。このことによって、私はトラックのところへ戻ると、上級曹長のところへ行き、任を解いてくれるように頼みました。私はもう胸がむかつきこれ以上耐えられませんでした。それから私は、上級曹長によって交替してもらえたのでした。[62]

ゲオルク・カーゲラー*は三五歳で元は仕立屋であった。彼は困難に直面する前に、最初の銃殺をやり遂げていた。「最初の銃殺を終え、トラックからの降車地点で次の射殺犠牲者として娘を連れた母親を割り当てられた後で、私はこの母娘と会話をかわし、彼女たちがカッセルから来たドイツ人であることが分かりました。そこで私はもうこれ以上処刑に関与しない決心をしました。この作業全体が私にとって、今や嫌悪感をもよおすものであったので、私は小隊長のところに戻り、自分はまだ気分も体調も最悪なので交替してほしいと頼みました。」カーゲラーは市場の警備に送り返された[63]。彼が処刑前に犠牲者と会話をかわしたことも、ユゼフフにドイツ・ユダヤ人がいたことも特異なことではなかった。最初から任務を外れることを申し出たシムケは、二番目にそうした警官と同様、市場で、ハンブルクから来たユダヤ人に出会った[64]。さらに他の警官の記憶によれば、彼は慈悲を乞うユダヤ人を最初に射殺したが、このユダヤ人は、第一次世界大戦での勲章をつけた、ブレーメン出身の退役軍人であった[65]。

フランツ・カステンバウム*は、公式尋問の間、ポーランド・ユダヤ人の殺戮について何も憶えていないと主張したのであるが、その後突然、召喚されてもいないのに、第一〇一警察予備大隊の取り調べを担当していたハンブルク州検察官の執務室にあらわれた。彼は、自分がいかにして七、八人からなる銃殺部隊の一員になり、犠牲者を森のなかに連れ込み、至近距離で首を撃ったのかを語った。この手順は四番目の犠牲者まで繰り返された。

射殺は私にとってひどく嫌悪感を催すものでしたから、私は四番目の男を撃ち損じてしまいました。私はもはや、正確に狙いをつけることができなくなっていたのです。私は突然吐き気を催し、射殺場から逃げ出しました。いや、これは正確な言い方ではなかったようです。私は、もはや正確に狙いをつけることができなかったのではなく、むしろ四番目にはわざと撃ち損じたのです。私は森のなかに逃げ込み、胃液を吐き出し、木にもたれて坐り込んでしまいました。まわりに誰もいないのを確かめると、私は大声で森にむかって叫びました。私は一人になりたかったのです。今日になって私は、当時自分の神経がズタズタだったのだということができます。私はほぼ二、三時間、森のなかに一人でいたと思います。

カステンバウムはそれから森の入口に戻り、空のトラックに乗り市場へ向かった。彼はなんの責任も問われなかった。そもそも彼の不在に誰も気が付かなかったのである。なぜなら、銃殺部隊はごちゃ混ぜになっており、その場その場で割り当てられていたからである。彼はこのことを述べるために検察局にやってきた。なぜかといえば、弁護士の質問に対して説明したところでは、彼は射殺行為を隠そうとして以来、心が一時も安らぐことがなかったからである。[66]

射殺に耐えられないと気づいた者の多くはきわめて早期に脱落した。[67] しかし常にそうとは限らなかった。ある銃殺部隊の隊員たちは、いよいよ交替してくれるように頼むことになるまでに、すでに一〇人から二〇人のユダヤ人を射殺していた。その一人はこう説明している。「私はとりわけ強く交替してくれるように頼みました。というのは、私の隣の隊員がとにかく極端な撃ち方をしたからです。明らかに、彼はいつも銃を高く構えすぎていました。そこで犠牲者は恐ろしい傷を負うことになったのです。多くの場合、犠牲者の後頭部全体が裂傷を受け、脳髄があたり一面に飛び散りました。私はただもうこれ以上それを見ていられなかったのです。[68]」トラックの着く場所でベントハイム軍曹は、警察隊員が血と脳髄を全身に浴びて、士気を失い、神経をやられて、森から現われるのを見続けていた。[69] もう助けてくれと頼む者に対して、彼は市場へ「こっそり行く」ようにアドヴァイスした。[70] その結果として、市場に集まってくる警官の数は次第に増え続けた。

第一中隊についていえば、森に留まって射殺を続けたドルッカーとシュタインメッツの指揮の下で、警察隊員はアルコールを利用できた。[71] 長い夏の一日が終わり暗闇が忍びより始めたのに、殺人作業はまだ終わらないという状況になってきたので、射撃は幾分組織性を欠き、より慌しいものになった。[72] 森のなかがどこも死体でいっぱいになり、ユダヤ人をうつ伏せにさせる場所を見つけるのが難しくなってきた。[73] 辺りがすっかり暗くなった午後九時頃——第一〇一警察予備大隊がユゼフフの村はずれに最初に到着してから約一七時間が経っていた――、そして最後のユダヤ人が射殺されてから、隊員は市場に戻り、ビウゴライに向かって出発する準備に取り掛かった。(74) 死体を埋葬するいかなる計画も立てられず、死んだユダヤ人は森のなかにただ放置された。少なくとも幾人かの警官は、犠牲者から時計、宝石、貨幣を奪い私腹を肥やしたが、公的には衣服も貴重品も回収されなかった。(75) ユダヤ人が市場に置いていかざるをえなかった荷物の山は、そのまま焼かれた。(76) 警察隊員がトラックに乗り込み、ユゼフフを離れる直前に、頭を負傷して血を流した一〇歳くらいの少女が現われた。彼女はトラップのところに連れてゆかれた。トラップは少女を両腕で抱き上げ、「おまえは生き残ってくれよ」と言って別れを告げた。(77)

隊員たちがビウゴライの兵舎に着いたとき、彼らは暗澹たる気分で、なにかに腹を立て、いらいらし、心はかき乱されていた。(78) 隊員たちはほとんど何も食べなかったが、酒を浴びるように飲んだ。アルコールが気前よく提供され、警官の多くは泥酔した。トラップ少佐は隊員たちに酒を注いで廻り、彼らを慰め、元気づけ、再度、責任は上のほうにあるんだからと言って廻った。(79) しかし、酒もトラップの慰めも、兵舎に充満していた恥辱と嫌悪の感情を洗い流すことはできなかった。トラップは隊員たちに、もうこのことについて話さないように求めたが、(80) 彼らはそうした勧告を必要としていなかった。森に留まらなかった者はもうこれ以上知りたくなかった。(81) 同様に、森に留まっていた者は、そのときも後になっても、話したいなどと思わなかった。第一〇一警察予備大隊のなかの暗黙の合意によって、ユゼフフの大虐殺はとにかく議論されなかった。「すべてのことはタブーだった。[82]」しかし目を覚ましている間は感情を押し殺していることができたとしても、それが悪夢として甦ることは止められなかった。ユゼフフから帰った最初の夜、ある警官は銃を兵舎の天井に向けて発射して目を覚ました。[83]

ユゼフフでの数日後、大隊は、また別の大虐殺へ関与することは辛うじてまぬがれたようである。トラップとヴォーラウフの指揮する第一中隊と第二中隊の諸部隊は、アレクサンドルフ――いわゆる街道沿いの家々からなる村へ入っていった。そこはユゼフフから続いている道を、一二キロメートル西に行ったところにあった。そこで少数のユダヤ人が駆り出され、警官もユダヤ人も、さらなる虐殺がすぐ始まるのではないかと恐れた。しかしながら、指揮官にしばしためらいが生じた後で、行動は中断された。トラップはユダヤ人たちに家に戻ることを許可した。一人の警官は、「それぞれのユダヤ人がどのようにトラップの前で跪き、彼の手と足に接吻しようとしたのかを」鮮明に記憶していた。「しかしトラップはそれを許さず、向こうへ行ってしまった。」警察隊員たちはビウゴライに戻ったが、この奇妙な事態の変化についてなんの説明もなかった。[84] それから七月二〇日になって、つまり第一〇一警察予備大隊がハンブルクを出発してから正確に一か月、そしてユゼフフの大虐殺から一週間後になって、大隊は配置替えのためにビウゴライを発って、ルブリン管区の北部地域に向かった。

8　大虐殺の考察

ユゼフフでは、約五〇〇人の隊員のうちわずか一ダースほどの者がトラップ少佐の提案に本能的に反応し、前に出て、切迫した大量殺戮への関与を免除してもらったにすぎなかった。最初から射殺には手を染めたくないと宣言した者が、なぜこれほど少なかったのだろうか。それは一部には、あまりに突然のことだったからである。隊員がユゼフフでの作戦を聞いて心底「驚いた」ように、事前の警告も考える時間も与えられなかった。[1] 警察隊員がトラップの提案に即座に反応できなければ、最初のチャンスは失われてしまったのである。[2]

大量虐殺について考察する上で、時間の欠如と同じくらい重要なことは、順応への圧力であった。――それは軍服を着た兵士とその戦友との根本的な一体感であり、一歩前に出ることによって集団から自分が切り離されたくないという強い衝動である。大隊は最近になって兵力を定員にまで満たしたところであったので、隊員の多くはお互いをよく知らなかった。戦友の絆はまだ充分に強められていなかったのである。にもかかわらず、あの朝ユゼフフで一歩前に出ることは、戦友を置き去りにすることを意味した。そして同時に、自分が「あまりに軟弱」ないし「臆病」であることを認めることを意味した。一人の警官が強調したように、誰が、結集した軍団の前で、「あえて面子(メンツ)を失う」ようなことをできたろうか。[3] すでに数回銃殺を執行し終えてから交替を願い出た他の警官は、次のように述べている。「もし私に、おまえはなぜ最初の地点で他の隊員とともに銃殺を執行したのかという質問が向けられるなら」、「私は、誰からも臆病者だと思われたくなかったからだ、と答えるに違いありません。」彼が付け加えて言うには、最初から射殺を拒絶することと、撃とうとしてもこれ以上続けられなかったということは、まったく別のことであった。[4] 他の警官――彼は真に要求された勇気について、より自覚を持っていたのだが――も、簡潔に述べている。「私は臆病でした。[5]」

尋問された警察隊員の多くは、彼らに選択権があったということを否定している。他の者の証言に直面して、彼らの多くはトラップがそうした提案をしたということに疑義を申し立てなかったが、自分たちは彼の話のその部分を聞かなかった、あるいは思い出せないと主張した。少数の警察官は、選択権があったかなかったかという質問に正面から対決しようとしたが、説明する言葉を見つけることができなかった。ユゼフフの世界は、あたかも彼らが別の政治的惑星にいたかのように、異なった時間と場所であった。そして一九六〇年代の政治的諸価値とヴォキャブラリーは、一九四二年に彼らがその中にいた状況を説明するのに役に立たなかったのである。途中でやめるまでに二〇人ものユダヤ人を射殺したことを認めたある警官は、あの七月一三日朝の自分の精神状態を述べているが、それは特異なケースである。「私は状況に打ち克つことができると考えました。私がいなくても、ユダヤ人は彼らの運命を逃れることができないだろうと考えたのです。……正直に言えば、そのとき我々は、自分のしたことについてまったく反省などしなかったのだと言わねばなりません。何年かしてはじめて、我々のうちの幾人かは、当時起こったことについて本当に自覚するようになったのです。……後になってはじめて、あれは正しくないことだったという自覚が私の心に浮かんだのです[6]。」

自分が銃殺に荷担しなくても、いずれにせよユダヤ人の運命が変わることはなかっただろうという安易な合理化に加えて、警官たちは自分の行動に対して別の正当化を編み出した。なかでも、おそらく最も驚くべき合理化は、ブレーマーハーフェンから来た三五歳の金属細工職人であった。

> 私は努力し、子供たちだけは撃てるようになったのです。母親たちは自分の子供の手を引いていました。そこで私の隣の男が母親を撃ち、私が彼女の子供を撃ったのです。なぜなら私は、母親がいなければ結局その子供も生きてはゆけないのだと、自分で自分

を納得させたからです。いうならば、母親なしに生きてゆけない子供たちを苦しみから解放（release）することは、私の良心に適うことだと思われたのです。[7]

この陳述のもつ充分な重み、そしてこの警官の言葉の選択の重要性は、ここで「苦しみから解放する（release）」といわれている言葉のドイツ語はerlösenであり、宗教的意味に用いられると、「救済する（redeem）」あるいは「救い出す（save）」ことを意味するのだと知らなければ、完全に正しくは理解できない。「苦しみから解放する」者は救済者（Erlöser）―救世主（the Savior）ないし救い主（the Redeemer）、なのである！

動機と意識の点で、尋問において最も見逃すことのできない怠慢は、反ユダヤ主義についての議論である。尋問者はほとんどの場合、この論点を追及しなかった。また警察官は、自分たちは潜在的な被告であるという、無理もない理由から、過去を究明するような証言を進んでしようとはしなかった。ほとんど例外なく、反ユダヤ主義についての質問はすべて沈黙されているのが特徴である。明らかなことは、警官たちが自分の立場について持つ関心は、同僚からどう見られるかであり、それは人間として犠牲者と繋がっているのだという感情よりも強いものであった。そこでユダヤ人は、警官たちのいう人間の義務や責任の輪の外に立たされていた。「我々」と「彼ら」、戦友と敵という二分法は、もちろん、戦争の基準である。

たとえ第一〇一警察予備大隊の隊員が体制の反ユダヤ的教義を意識的に取り入れていなかったとしても、少なくとも彼らは、ユダヤ人を敵とするイメージを身につけていたように思われる。トラップ少佐はあの早朝の演説で、ユダヤ人を敵の一部だとする、流布されていた観念に訴えたのである。彼は、ユダヤ人の女性や子供を射殺するときは、敵がドイツを空爆し、ドイツの女性や子供を殺していることを思い出すべきだ、と述べたのであった。

最初から大量虐殺へ係わらないように一歩前に出た警官がわずか一ダースほどしかいなかったとしても、より多くの者が、人目につかないように射殺を避けようとしたか、あるいは射撃が始まってから、銃殺部隊から外してくれるように頼んだのである。どれほどの数の警官がそうしたカテゴリーに属するのか、これは確実性をもって答えられることではない。しかし、殺人部隊に割り当てられた者の一〇パーセントから二〇パーセントにあたるのではないかという推定は、それほど無根拠なものではないと思われる。例えばヘルゲルト軍曹は、彼の指揮した四〇人から五〇人の銃殺部隊のうち、五人もの脱落を認めている。ドルッカーとシュタインメッツの指揮したグループの者が、最も多く尋問を受けたのであるが、そのなかで、われわれは、四回目の銃殺までに六人が現場を去り、かなり後になってから、五人から八人の銃殺部隊一つが丸ごと外されたことを確認できる。射殺を忌避したり脱落したりした者の数は、見られるように、決して無視しうるほどわずかなものではない。しかしだからといって、そこから出てくる当然の結果、すなわち撃つように命じられた者のうち少なくとも八〇パーセントの者は、ユゼフフの一五〇〇人のユダヤ人がすべて殺されるまで射殺を実行したのだという点を、曖昧にすることは許されないのである。

二〇年後から二五年後になっても、途中で射殺を中断した隊員の圧倒的多数は、その主な動機として、彼らがしていることに対する純粋な肉体的拒絶反応を挙げているが、その拒絶反応の背後にある何らかの倫理的ないし政治的原則については述べていない。これら警察予備隊員の教育レベルを考慮すれば、抽象的な原則を洗練された形で表現できるなどと期待すべきではないだろう。ナチズムはたしかに心優しい人間的本能と根底的に対立し、それを克服しようとした。しかし思想的表現ができなかったからといって、彼らの拒絶反応は、心優しい人間的本能にその起源を持つものではなかった、などと言うことはできない。しかし、隊員自身は、彼らが支えた体制の本質と彼らの感情との間の矛盾に、気がついているようには思えなかった。射殺を続行できなかった軟弱者の存在は、言うまでもなく大隊の「生産性」や士気に問題を引き起こした。しかしそれは、基本的な警察規律や体制一般の権威を疑わせるほどのものではなかった。実際、ハインリヒ・ヒムラー自身、親衛隊指導者を前にした、一九四三年一〇月四日のポーゼンでの悪名高き演説で、この種の人間的弱さを寛容に見ることを認めていた。服従をすべての親衛隊員の鍵となる道徳の一つとして賛美する一方で、ヒムラーは明らかに一つの例外に言及した。すなわち、「神経がズタズタになった者、心弱き者、彼らに対してこう言うことができる。もうよい、行って君の年金を受け取るのだ。」[8]

政治的、倫理的な動機を持つ反対者は、本人によって明示的に確認されたものだけだが、比較的少数であった。一人の警官は、自分は共産党の活動家であったので、ナチのユダヤ人政策をきっぱり拒絶していたし、ナチズムを全体として拒絶していたと述べている。[9]他の警官は、自分は長年社会民主党員であったので、ユダヤ人の射殺に反対だったと語った。[10]三人目の者は、自分はナチから「信頼できぬ者」、「不平分子」として知られていたと述べたが、さらに立ち入った政治的立場については何も語らなかった。[11]他の幾人かの者は、自分たちはとりわけ体制の反ユダヤ主義に反対の態度だったとしている。「私はそうした反対の態度を、以前ハンブルクにいた頃からとっていた」、ある造園業者は続けてこう述べている。「なぜなら、すでにハンブルクで実施されていたユダヤ人政策のおかげで、私は商売上の顧客の多くを失ってしまったからです。」[12]別の警官は、自分は「ユダヤ人の大いなる友人」であると語ったが、それ以上なんの説明もしなかった。[13]

二人の隊員は、彼らが大虐殺への関与を拒否したことを事細かく説明し、次の点を強調した。すなわち彼らは出世の野望を持っていなかったので、自由に行動できたというのである。警官の一人は、自分の行動によって被るかもしれない不利益を甘んじて受けることができた。「なぜなら私は職業警察官ではありませんでしたし、そうなりたいとも思っていなかったからです。私は独立した熟練職人でしたし、故郷に仕事をもっていたのです。……私の警官としての経歴が失敗するとしても、それは大したことではありませんでした。[14]」

ブッフマン少尉は、彼が拒否した理由として、倫理的な立場に言及した。予備将校かつハンブルクのビジネスマンとして、彼は無防備な女性や子供を撃つことはできなかった。しかし彼もまた、彼の置かれた状況が仲間の将校のそれとなぜ同じではなかったのかを説明するとき、経済的独立性の重要さを強調した。「私は幾分年長でしたし、さらに予備将校でした。私にとって、昇格したり、あるいは出世するなどということは重要なことではなかったのです。なぜなら私は故郷で有望なビジネスを手にしていたからです。他方中隊の指揮官たちは……まだ若く、将来出世したがっていた職業警官でした。」しかしブッフマンはまた、ナチなら疑念の余地なく「コスモポリタン」とかユダヤ的見方として非難したと思われる考え方を肯定していた。「ビジネスの経験を通して、とくにそれが海外へ広がったので、私は物事をよりよく概観できました。さらに、私は初めの頃のビジネス活動を通して、たくさんのユダヤ人を知っていました。[15]」

ユゼフフでの銃殺をめぐって大隊のなかに生まれたやり場のない憤りと苦々しさは、実質上全員に、一日中射殺を続けた者にさえ共有されていた。警官の一人は第一中隊のカマー上級曹長に対して、「もしもう一度これをやらなければならないとしたら、私は気が狂ってしまうだろう」と述べたが、この発言は大多数の者の気分を表現していた[16]。しかしほんの少数の者だけが、不平を言うにとどまらず、そうした可能性から逃れようとしたのだ。規則によれば、大勢の家族を持ち年長の者は、戦闘地区での軍務に同意する証書に署名する必要があった。幾人かの該当者はこれを利用した。すなわち、まだ署名していなかった者は署名を拒否した。もう一人の者は署名を撤回した。結局、彼らは二人ともドイツ国内に転任となったのである[17]。最も劇的な反応は、またしてもブッフマン少尉のものであった。彼はトラップに、自分をハンブルクに転任させてくれるように頼んだ。そして、トラップからの直接の個人的な命令でなければ、対ユダヤ人作戦に参加するつもりはないと宣言したのである。ついに彼は、呼び戻してくれとあからさまに要求する手紙をハンブルクに出した。なぜなら彼は、そもそも「警察の仕事とは相容れない」「適していない」からである[18]。ブッフマンは一一月まで待たねばならなかったが、ポーランドで彼の部隊によって遂行されている例の任務に、「適していない」にもかかわらず、転任を望む彼の努力はついに報われたのであった。

ルブリンでトラップと彼の上官が直面した問題は、それゆえ、少数の者の倫理的、政治的な理由を持つ抵抗ではなく、最後まで射殺を続けた者にも、続けられなかった者にも、ともに幅広く共有されていた士気阻喪であった。それはとりわけ、殺人プロセスそれ自体に対する純粋な嫌悪感の反応であった。第一〇一警察予備大隊がルブリン管区での最終的解決の実施のために、重要な動員兵力となりうるためには、隊員の心理的負担が考慮に入れられねばならなかったし、軽減されねばならなかった。

次の行動では、二つの主要な変更が加えられ、その後——いくつかの注目すべき例外を除き——それが守られた。まず第一に、第一〇一警察予備大隊の以後のほとんどの作戦は、ゲットーの浄化と強制移送に向けられ、その場でのあからさまな虐殺ではなくなった。警官たちはこうして、殺人プロセスに伴う生の恐怖から解放された。殺人工程は（ルブリン管区北部から追放された者たちに対して）、トレブリンカの絶滅収容所で実施されたのである。第二に、強制移送はおぞましい処置で、人びとを死の列車に追いやるための恐ろしい暴力や、列車にまで行進できない者を自動的に殺戮することを伴ったが、こうした行動は徐々に、第一〇一警察予備大隊の部隊とトラヴニキたちの合同で実行されるようになった。トラヴニキは親衛隊に訓練されたソビエト領土内の外人部隊であり、戦争捕虜収容所から徴募され、通常、ゲットー浄化や強制移送の最悪の部分を割り当てられたのである。

ユゼフフでの作戦によって生じた心理的退廃に対する懸念が、数日後アレクサンドルフでの奇妙な事件につながったのではないか。これは実際、事件の最も適当な説明である。おそらくトラップは、今回はトラヴニキの者たちが射殺を執行してくれるという保証を得ていたのであろう。しかし彼らが来なかったので、トラップは部下たちが駆り集めたユダヤ人を解放してしまったのである。要約すると、第一〇一警察予備大隊を殺人工程に結びつけておくためには、心理的負担の軽減が必要であったが、それは二重の分業によって達成された。殺戮作業の大部分は絶滅収容所へと移され、現場での「汚れ仕事」の最も厭な部分はトラヴニキたちに割り当てられたのである。この変更によって、第一〇一警察予備大隊の隊員は、最終的解決への関与に慣れてゆくことが充分できるようになったと思われる。再度殺さねばならないときが来たとき、警官たちは「気が狂う」ことはなかった。その代わりに彼らは、漸進的に、効率的で無感覚な執行者になっていったのである。

9　ウォマジー――第二中隊の急襲

七月一三日のユゼフフの大虐殺の直前に、警察大隊がルブリン管区で配置替えになる命令がすでに下されていた。[1] ルブリン管区は、北部、中央、南部の「警備地域」に分割されていたが、第一〇一警察予備大隊は北部地域を割り当てられた。その地域は、西から東へと見ると、プワーヴィ、ラジニ、ビャワ・ポドラスカの各郡にわたっていた。グナーデ少尉の第二中隊はビャワ・ポドラスカを割り当てられ、グナーデは中隊スタッフを郡の中心地、ビャワに配置した。第一小隊は、南東のピスチャクとトゥチナに分割されたが、第二小隊は、真南のヴィシニツェに置かれた。第三小隊は南西のパルチェフに駐屯したが、そこは実際には隣の郡であるラジニに属していた。

ビャワ・ポドラスカ郡内での最終的解決は、一九四二年六月一〇日から開始され、三〇〇〇人のユダヤ人がビャワからソビボルに移送された。より小さな村落から集められた数百のユダヤ人は、ビャワとヴィシニツェの間にあるウォマジーの村に集められた。[2] それから、グナーデ少尉の第二中隊が到着するまで、殺戮作戦は停止されていた。ウォマジーのユダヤ人は、第一〇一警察予備大隊とトラヴニキの部隊との、最初の共同殺戮行動のターゲットとされたのである。第二中隊は、ユダヤ人を駆り集める作業のほとんどを担当した。トラヴニキの部隊の第一の役割は射撃手を提供することであった。かくして、ユゼフフで体験されたドイツ人警官の主要な心理的負担の軽減がめざされたのである。

八月初旬、一五人から一八人の隊員で構成された、第三小隊所属の班の一つが、ハインリヒ・ベケマイアー軍曹*の指揮の下に、直接ウォマジーに配備されていた。ベケマイアーのグループは、半分はポーランド人、半分はユダヤ人の住むこの村で、数週間の間、取り立てて言うほどの出来事もないままに過ごしていた。ユダヤ人住民はポーランド人と分かれて住んでいたが、ユダヤ人地区には柵も作られていなければ、警備もつけられていなかった。[3] ドイツ人警官たちは、ユダヤ人地区にある校舎に駐留していた。

八月一六日、すなわち対ユダヤ人作戦の前日、ウォマジーにいたハインリヒ・ベケマイアーはグナーデ少尉から電話で、翌朝ユダヤ人の「再定住」作戦があるから、隊員は午前四時に準備を完了しておくように、と告げられた。ベケマイアーにとってそれが何を意味するのかは「明らか」だった。[4] 同日、グナーデはドルッカーとシェーアの二人の少尉をビャワに召集した。後の供述によると、親衛隊保安部（ＳＤ）将校が同席し、彼らに翌日の行動を説明した。それは親衛隊と協同で実行され、ユダヤ人は全員射殺されることになっていた。[5]ヴィシニツェの傍にいた第二小隊にはトラックが供給されたので、早朝三〇分で到着できた。[6]第一小隊はトラックを利用できなかったので、ポーランド人農家から馬車が徴発され、早朝までにウォマジーに着くために、警官たちは一晩中馬に引かれてゆくことになった。[7]

ウォマジーで、グナーデは部下の下士官たちと打ち合わせをし、彼らに、ユダヤ人地区を浄化し、ユダヤ人を校庭に集めるように指示した。下士官たちが伝えられたことは、トラヴニキからくる対独協力者が射殺を執行することになっているから、警官たちはほとんど予備隊に廻るだろうということであった。にもかかわらず、ユダヤ人の駆り集めは、「以前になされたように」執行されることになっていた。つまり、簡単に集合地点まで連れてゆけない幼児、老人、病人、虚弱者は、その場で射殺されねばならなかった。しかし、ある班の指揮官によれば、ほとんどの子供たちは結局、集合地点に連れてこられることになった。ユゼフフのときと同様、隊員たちは浄化行動の過程で、ドイツ系ユダヤ人というどころか、特にハンブルクから来たユダヤ人と出会ったのである。ユダヤ人たちは校庭を満たし、隣接する運動場にあふれ出た。散発的な射殺を伴ったが、ユダヤ人の駆り集めは二時間弱で終了した。[8]

ウォマジーにいた一七〇〇人のユダヤ人は、それから、坐って待たされた。六〇人から七〇人の若い一団のユダヤ人が選抜され、シャベルと鋤を持たされ、トラックに乗せられ森に連れて行かれた。幾人かの若者は走行中のトラックから飛び降り、うまく逃亡した。若者の一人はドイツ軍伍長に殴りかかったが、あいにくこの伍長は大隊のボクシング・チャンピオンであったので、即座にノックアウトされて意識を失ってしまった。森のなかで、ユダヤ人たちは巨大な墓穴を掘る作業に取り掛からねばならなかった。[9]

さてウォマジーでは、凶運に見舞われたユダヤ人と警護の警察官が数時間も待たされ続けた。突然、トラヴニキから来た五〇人の対独協力者の派遣部隊が、ドイツ人の親衛隊将校に率いられて、村内に行進してきた。警官の一人は後に次のように証言している。「私は、対独協力者たちが到着してすぐ休憩をとったことを、いまでも正確に憶えています。私は、彼らが糧食に加えてウォッカの瓶を手荷物から取り出し、口のみしていたのを見ました。」親衛隊将校とグナーデも同様に、急ピッチで飲みはじめた。他の対独協力者もアルコールの匂いがしたが、見たところ、二人の指揮官ほどには酔っぱらわなかったようであった。[10] 警察官にはバターつきパンが用意された。[11]

墓穴を掘る作業が終わりに近づき、対独協力者と警官が食事を終えた後で、森に向かって一キロメートルの「死の行進」が始まった。[12] 何人かの警官たちは農家の馬車に乗って森へ行き、新しい警戒線を張る準備をはじめた。[13] 他の警官たちは、ユダヤ人を二〇〇人から三〇〇人ごとにグループにまとめ、[14] それぞれのグループごとに行進させはじめた。途中で倒れた者は問答無用で射殺された。やがてこのやり方では時間がかかりすぎることが判明したので、残りのユダヤ人全員を一つの大きなグループにして行進させることが決められた。ポーランド人の村人からロープの切れ端が集められ、結び合わされて、集められたユダヤ人たちを取り巻く形で地面に置かれた。それから、ユダヤ人たちは立ち上がって彼らを取り巻いているロープを持ち、森へ向かって行進するように命令されたのである。トニ・ベントハイム軍曹は次のように供述している。

行進はひどく緩慢に進みました。おそらく先頭の連中が速く進みすぎ、ロープを引っ張った結果でしょう、列の終わりの方では、ユダヤ人たちは巨大な一団となって固まってしまい、各人は前の者にぶつかり一歩も進めませんでした。否応無しに人びとは倒れてしまいました。最初に倒れた連中が揃ってロープにつかまり、引きずられていたとき、この巨大な集団は運動場をもう出たか、出なかったかというところでした。なかで踏みつけられる人もいました。途中で倒れたり、列の後で動けなくなってしまったユダヤ人は、容赦なく前に追い立てられるか、あるいは射殺されました。しかしこうした射殺によっても状況を変えることができませんでした。後方で固まってしまった群れのなかでは、人びとは自分を解き放し先に進むことはできなくなっていました。この時点で我々は指示はなかったのですが、自分一人でだったか幾人かの同僚と共にだったか、ユダヤ人たちの行列を追い掛けました。なぜなら私は、こういうやり方ではもう前進することができないと考えたからです。射殺しても何の変化もないことがわかったとき、私は大声でこんなことを叫びました。「こんなナンセンスなことをしてどうするんだ。ロープを捨てろ。」私が叫んだことによって、隊列全体が、並んで歩いていた対独協力者も含めて、その場で止まりました。私は憶えていますが、対独協力者たちはまったく当惑した面持ちで私を振り返りました。私は再び彼らに向かって——彼らはみな武装していました——、ロープを使うことは馬鹿げている、ロープを捨てろという意味のことを叫びました。……私の二度目の叫び声をきいてユダヤ人たちはロープを捨てたので、集団全体は普通の隊列で前進することができるようになりました。私自身はそれから校庭に戻りました。興奮と苛立ちを抑えきれず、私は校舎に入ると強い酒をあおりました。[15]

ユダヤ人の隊列が行進して森に到達すると、彼らは性別に分けられ、三つの集合地のいずれかに送られた。そこで彼らは服を脱ぐように命じられた。女性たちは下着を着ていることが許された。他の集合地では男たちは全裸にされたところもあれば、パンツをはいてよいところもあった。警官たちはそれぞれの集合地で、脱がされた衣服や貴重品を集めるようにいわれた。ユダヤ人たちは、隠すと後で身体も検査されると警告された。彼らが差し出した衣服の束は積んだ薪の上に置かれ、検査された。貴重品を大きなコンテナに入れたり、広げた毛布の上に投げ込んだりした後で、ユダヤ人はうつ伏せになり、もう一度、何時間も、待つように命じられた。その間、彼らの剝き出しにされた肌は、八月の熱い太陽に焼かれ続けた[16]。

証言の圧倒的多数は、グナーデ少尉が「ナチ確信犯」で反ユダヤ主義者であったとしている。また彼は予測しがたい人物であったようだ。――他人に対して、時として愛想よく近づきやすいが、また残忍非道でもあった。彼の気質の最も悪い面は、アルコールを飲むと著しく増幅された。そしてだれに聞いても、ウォマジーでその日の午後、グナーデは飲みすぎて正体を失っていた。ポーランドに来てから、事実彼は「酔っ払い」に堕してしまっていた[17]。大隊においては、グナーデのようにアルコール依存症になることは稀なことではなかった。アルコールを飲まない一人の警官は次のように述べている。「他の戦友のほとんどは、大勢のユダヤ人を射殺したからがぶ飲みしたのです。というのは、こうした生活は素面ではまったく耐えられないものだったからです[18]。」

グナーデの飲酒がありふれたことであったとしても、彼がウォマジーで発揮したサディズムはそうではなかった。以前、グナーデは彼がハンブルクから運んだユダヤ人の処刑に係わることを避けるために、部下をミンスクから夜行列車に乗せたのであった。ユゼフフでは、彼はなにか特別なサディズムの行動によって、仲間の将校と際立った違いを示したことはなかった。ウォマジー郊外の森でユダヤ人が墓穴を掘り終わるのを待っている間に、グナーデが虐待を楽しもうとし始めたとき、そのすべては変わった。

射殺が始まる前に、グナーデ少尉は二〇人から二五人くらいの年長のユダヤ人を自分で選び出しました。彼らは豊かなあごひげが特徴でした。グナーデは老人たちを、墓穴の前の地面に這わせました。腹ばいになるよう命じられる前に、彼らは裸にならねばなりませんでした。全裸のユダヤ人が腹ばいになると、グナーデは周りの警官たちに向かって叫びました。「俺の部隊の下士官たちはどこへいったんだ。もう警棒をもっていないのか。」下士官たちは森の外れまで戻り、警棒を取ってくると、それでユダヤ人たちを激しく打ちました。[19]

射殺の準備が完了すると、グナーデはユダヤ人たちを、脱衣地点から墓穴まで追い立て始めた。[20]

ユダヤ人は小グループごとに、両側に警備兵士の立つ狭い通路を脱衣地点から墓穴まで、およそ三〇メートルから四〇メートル走らされた。[21] 墓穴それ自体は三方を土塁で囲まれ、入口はユダヤ人を追い込むために底へ向かってスロープがつけられていた。「酔って興奮していたので、対独協力者たちは、ユダヤ人を入口付近で射殺し始めた。その結果、最初に殺されたユダヤ人が積み重なってスロープをさえぎってしまいました。そこで幾人かのユダヤ人が墓穴のなかに入り、入口の死体を取り除きました。ただちに多数のユダヤ人が墓穴に追い込まれ、対独協力者たちは急造された土塁の上に立ちました。彼らはそこから犠牲者を撃ったのです。[22]」射撃が続けられるにつれて、墓穴は死体でいっぱいになっていった。「後から来るユダヤ人は射殺された死体を乗り越え、後には死体をよじ登らねばならなくなりました。死体は墓穴を満たし、ほとんど穴の縁にまで達していました。[23]」

対独協力者たちはしばしば酒瓶を手にし、グナーデや親衛隊将校と同様、ますます酔っ払っていった。[24]「グナーデ少尉は土塁の上から拳銃で撃っていましたが、そのため彼は終始墓穴のなかに落ちそうにしていました。保安部（原文のママ）将校は対独協力者と同様、墓穴のなかに入り込みそこで射殺していました。なぜなら彼は飲みすぎて、土塁の上に立っていられなかったからです。」地下水が血とまざりあって墓穴のなかにあふれてきたので、そこに立っている対独協力者たちはすぐに膝まで浸かってしまった。対独協力者たちが、一人また一人と泥酔状態になってゆくにつれて、射殺者の数が徐々に減っていった。するとグナーデと親衛隊将校は、墓穴から三〇メートル以内にいる者すべてによく聞こえるくらい大声で、お互いを非難し始めた。親衛隊将校は叫んだ。「おまえのクソ警官どもはまったく撃たねえじゃねえか。」グナーデも言い返した。「いいとも、それなら俺の部下も撃ってやろうじゃねえか。[25]」

ドルッカーとシェーアの両少尉は下士官たちを召集し、銃殺部隊を編成して、対独協力者と同じように処刑を執行するようにと命令を伝えた。ヘルゲルト軍曹によれば、下士官たちは対独協力者のやり方を拒絶した。「なぜなら、地下水がすでに死体の上五〇センチ以上に達していたからです。それにもまして、死体はすでに墓穴をあふれて横たわって――より正確に言えば漂って――いたのです。私は言いようもなく恐ろしい光景を思い出します。射撃を受けたかなりの数のユダヤ人が、処刑のときに致命傷を受けないで、にもかかわらず、止めの一発を受けずに次の犠牲者の下敷きになって呻いていたのです[26]。」

下士官たちは、二個の銃殺部隊を組んで、墓穴の対岸から処刑を続行することに決めた。ユダヤ人たちは墓穴のそれぞれの側面にそって横になるように命じられ、対岸に立つ警官によって射殺された。三つの小隊の隊員は全員それぞれ八人から一〇人の銃殺部隊に編成され、五回か六回射撃するとローテーションで次の部隊と交替した。二時間もすると、対独協力者たちが泥酔状態から目覚め、ドイツ警官に代わって射撃を再開した。銃殺は午後七時頃終了し、脇に待機させられていた作業用のユダヤ人が墓穴に覆いをかけた。その後、作業にあたったユダヤ人も射殺された[27]。死体であふれた墓穴にかけられた薄い覆いは、水面に浮いて揺れ続けていた[28]。

第一、第二小隊はその晩それぞれの駐屯地に戻ったが、ベケマイアーのグループはウォマジーに留まった。数日後、彼らはユダヤ人地区をしらみつぶしに捜査した。地下貯蔵室や家の床下に掘られた燃料置き場を探して、警官たちはなお二〇人から三〇人のユダヤ人を捕まえた。ベケマイアーがグナーデにそのことを電話で連絡すると、グナーデは射殺を命じた。三人か四人のポーランド人警官を伴って、ベケマイアーと彼の部下はユダヤ人を森のはずれに連れていった。そしてその場に横にさせると、後ろから首を撃った。そのとき再び、銃剣を照準の補助として利用した。それぞれの警官が少なくとも一度、幾人かは二度撃った。ポーランド人の村長は、死体を埋めるように命じられた。[29]

ウォマジーの大虐殺――第一〇一警察予備大隊の隊員による二度目の四桁にのぼるユダヤ人の射殺――は、ユゼフフの大虐殺とはいくつかの重要な点で異なっていた。犠牲者の側でいうと、ウォマジーではより多くの逃亡が試みられたようである。[30] 想像するに、若く丈夫な労働用のユダヤ人が除外されなかったからであり、犠牲者は最初から、差し迫った彼らの運命に気がついていたからであろう。ユダヤ人が隠れたり逃げようとして大いに努力したにもかかわらず、効率性の点でいうと、殺人工程は、ユゼフフでの即席でアマチュア的な方法と比べてかなり進歩した。大雑把にいって、ユゼフフと比べると、三分の一の隊員でより多くのユダヤ人(一七〇〇人)を、およそ半分の時間で殺害したのである。さらに、貴重品や衣類が回収され、死体は巨大な墓穴に埋めて処理されたのである。

心理的にみると、大隊における殺戮者の負担はかなり軽減された。対独協力者が、処刑の後ですべてを忘れるためにではなく、最初から大酒をくらって、大部分の射殺を担当したからである。ベントハイム軍曹によれば、彼の部下は今回は射殺を要求されなかったと、「大いに喜んだ。[31]」直接の関与を免れた隊員は、自分が殺戮へ関与したという意識をほとんど、あるいはごくわずかしか持たなかったようにみえる。ユゼフフの後では、誰かが殺してくれるユダヤ人を駆り集めたり警備したりすることは、比較的無害なことだと思われたようだ。

その日の午後遅く対独協力者に代わって数時間ユダヤ人を射殺した警官たちでさえ、そのときの経験を、ユゼフフでの事件の供述に漂っていたような恐怖と共に思い出すことはなかった。今回、隊員たちは、犠牲者と一対一で顔を合わせる必要はなかった。犠牲者と殺人者の人格的な結びつきは切断された。ユゼフフの場合とは対照的に、たった一人の警官だけが自分が射殺した特定のユダヤ人のことを思い出しただけだった。[32] 殺戮過程の非人格化に加えて、迅速なローテーションによって、隊員たちは、間断なく、終わりなき殺戮という、耐えがたい感覚を持たないですんだのである。その感覚はユゼフフの場合、実に際立ったものであった。つまり、隊員の殺戮過程への関与はより非人格的であったのみならず、時限的のものでもあった。殺人への慣れも少なからず役立った。すでに一度殺しているので、隊員は今回は、それほどトラウマとなるような経験をしなかったのである。他の多くのことと同様、殺人も人が慣れることのできるものであった。

ウォマジーとユゼフフを鋭く区別するもう一つの要因があるが、それは隊員にとって、別の種類の心理的な「救済」であったといってよいかもしれない。すなわちそれは、今回、隊員たちは、かつてトラップが最初の大虐殺にあたって彼らに厳しく問いかけたような

「選択の重荷」を担わなくてもよかったことである。射殺するだけの気力がないと感じた者に列を外れる機会は与えられなかった。見たところ銃殺を続行させられないほど震えている者に対して、だれも組織的に任務から解放してやらなかった。銃殺部隊に割り当てられた者はだれでも、命じられて射撃を交替した。[33] それゆえ、銃殺者は、自分のしたことが避けられたものであったかもしれない、という明晰な自覚を持って生きてゆく必要はなかったのである。

そうはいっても、ウォマジーでは、隊員たちが事実として選択できなかったということではない。ユゼフフでのように公の場で、明白に隊員たちに選択する機会が提供されなかったということなのである。隊員たちは殺戮を忌避しようと努力した。ウォマジーでは志願者を募る呼びかけがなく、事実上中隊の全員が交替で射殺に当たったと、最も強調したヘルゲルト軍曹でさえ、幾人かの隊員が森のなかに「こっそり隠れて」しまったかもしれないことを認めている。[34] 忌避者の数がごく少数であったことは明らかである。ユゼフフのときと対照的に、たった二人の者だけが、何らかの方法で故意に射殺を避けようとしたと証言した。ゲオルク・カーゲラーは、ユダヤ人を二回ウォマジーから森へと連れていったグループに属していたが、「これ以上任務を割り当てられないように、文字通りこっそり隠れてしまった」と主張している。[35] パウル・メッツガー*は、ユダヤ人が脱衣地点から逃亡し、命がけで逃走することを防ぐために、森のはずれの外部非常線を警備していた。ユゼフフでは、メッツガーは二回銃殺に参加した後でトラックの間に「こっそり隠れ」て時を過ごしたのであった。さてウォマジーで、一人の逃亡したユダヤ人が突然眼前に駆け出してきたとき、メッツガーはそのユダヤ人を黙って行かせてやった。彼は以下のように供述している。「グナーデ少尉は、……そのときまでにすっかり酔っ払っていましたが、歩哨のだれがユダヤ人の逃亡を許したのかを知りたがりました。私は報告しませんでしたし、私の僚友のだれも報告しませんでした。グナーデ少尉は飲みすぎていたので、事情を調べることができませんでした。そこで私は釈明のために拘束されることもなかったのです。[36]」

カーゲラーとメッツガーのとった行動は、少なくとも幾分かのリスクを含んでいたが、両者とも、その忌避行動ゆえにいかなる不利益をも被らなかった。とはいえ、ほとんどの警官は射殺を回避しようと努力しなかったように思われる。ユゼフフでは、警官たちは銃殺への参加に関して個人的決断を認められたが、銃殺に参加しないことの「代償」は、戦友からの孤立であり、「弱虫」であることを曝け出すことであった。だが警官たちは、決断を迫られたユゼフフの状況よりも、戦友の行動に順応する方がはるかに耐えやすかったのである。ウォマジーでは、ユゼフフの後だったということもあり、そうした当然の傾向が強められたのである。

トラップは隊員に選択権を与えたばかりでなく、作戦行動の基本的態度を定めた。「我々はユダヤ人を射殺する任務を負っている。しかしそれは、彼らを鞭打ったり苦しめたりする任務ではない。」彼は部下たちにそう表明している。[37] トラップの個人的な苦悩はユゼフフではだれの目にも明らかであった。しかしそれ以後、ほとんどの「対ユダヤ人作戦」は中隊か小隊の規模で実施され、大隊全体によっては実施されなかった。そのことによって、部下にいかなる行動を期待し奨励するかは大隊長トラップの権限ではなくなり、――ウォマジーでのグナーデのように――中隊長たちにゆだねられたのであった。グナーデが墓穴の縁で示した理由なき恐怖のサディズムは、その点でいえば、彼がどのようなリーダーシップを選んだかを示すほんの一例にすぎない。しかしこうした事例はすぐに増えていった。グナーデとトラヴニキの連中を指揮していた親衛隊将校とが、二人とも酔っ払って、大虐殺の後で校庭でトニ・ベントハイムと出くわしたとき、グナーデは、「おい、おまえはいったい幾人撃ったんだ」と訊ねた。軍曹が一人も撃たなかったと答えたとき、グナーデは軽蔑の眼差しで次のように応じている。「他に期待しようがないな、結局おまえはカトリックなんだ。[38]」ウォマジーにおけるこうしたグナーデのリーダーシップとトラヴニキたちの助力によって、第二中隊の隊員たちは、殺人常習者への重要な一歩を踏み出したのであった。

10　トレブリンカへの八月の強制移送

ウォマジーは一九四二年六月にユダヤ人が集められた小さな村であった。鉄道の駅から遠く離れていたので、ユダヤ人を強制移送することは容易なことではなかった。そこで八月一七日の大量虐殺となったのである。しかし、ルブリン管区北部のほとんどのユダヤ人はラジニ、ウークフ、パルチェフ、ミェンジジェツのような小さな町や村に住んでおり、それらはすべて鉄道網に近かった。第一〇一警察予備大隊はさらに最終的解決のために貢献したが、それはもはや地域的な大虐殺ではなく、ゲットーの浄化やトレブリンカの絶滅収容所への強制移送であった。トレブリンカは、大隊の本部が置かれていたラジニから北へ約一一〇キロメートルのところに位置していた。

トレブリンカへの最初の移送列車は一九四二年七月二二日夜遅くワルシャワを出て、翌朝絶滅収容所に着いた。その後、ワルシャワや近隣管区からの移送列車が、ユダヤ人を乗せて毎日到着した。八月五日から二四日までの間に、ラドムやキェルツェの約三万人のユダヤ人が同じようにトレブリンカへ輸送された。収容所の殺戮能力は限界点まで稼働させられていたけれども、グロボクニクは我慢しきれずに、ルブリン北部からの強制移送も開始する決定を下した。第一〇一警察予備大隊の守備範囲の中心はラジニ郡であったが、同郡内のパルチェフ、ミエンジジェツのユダヤ人は最初の標的とされたのである。

シュタインメッツの指揮する第二中隊所属第三小隊は、ウォマジーに留め置かれたベケマイアーの班を除いて、パルチェフに駐留していた。町のユダヤ人地区には五〇〇〇人以上のユダヤ人が住んでいたが、鉄条網や壁で町の他の地区と分けられてはいなかった。しかし閉鎖されたゲットーが存在しなかったからといって、ドイツの占領にともなって、ユダヤ人共同体が、日常的に差別や屈辱を被らなくても済んだということではない。シュタインメッツの回想によれば、彼の部下たちが到着したとき、メイン・ストリートはすでにユダヤ人の墓石で舗装された状態だった。[1] 八月初旬、パルチェフの三〇〇人から五〇〇人のユダヤ人が馬車に乗せられ、警官の警備のもとで、五キロメートルか六キロメートル離れた森に連れてゆかれた。森に着くと、ユダヤ人は親衛隊の部隊に引き渡された。警官たちは銃声を聞く前に森を離れたので、ユダヤ人がどうなったかは分からないと証言している。[2]

大規模な強制移送があるという噂がパルチェフに拡がり、幾人ものユダヤ人が森に逃げ込んだ。[3] しかし、第一〇一警察予備大隊の第一、第二中隊の警官が、対独協力者の部隊とともに、八月一九日の早朝——ウォマジーの虐殺からちょうど二日後——パルチェフにやってきたとき、まだほとんどのユダヤ人は町に残っていた。ここでもトラップは隊員に向かって演説し、ユダヤ人は町の外二、三キロメートルのところにある鉄道駅に連れてゆかれることになると伝えた。彼は「間接的な表現で」、しかし曖昧にしないで、今回も駅まで行進できない老人や弱者はその場で射殺されねばならないと指示した。[4]

第二中隊が警戒線を張り、第一中隊はユダヤ人地区で探索行動を開始した。[5]正午までに、ユダヤ人の長い列が市場から駅まで続いた。約三〇〇〇人のユダヤ人がその日移送されたのである。数日後、今度は対独協力者の助力なしで同様の作戦が繰り返され、残っていた二〇〇〇人のユダヤ人が同じくトレブリンカへ送られた。[6]

警官たちの記憶のなかでは、パルチェフのユダヤ人移送は比較的平穏に済んだ作戦であった。すべては順調に進み、銃殺はほとんどなく、対独協力者たちはこの移送作戦においては、通例のように酔っ払ったり、残虐さを発揮したりした様子はない。おそらく「汚れ仕事」がほとんどなかったので、二番目の移送作戦に際しては、対独協力者部隊は必要ないと思われたのであろう。警官たちはユダヤ人がどこに送られることになっていたのか、あるいは彼らはどうされるのか、正確には知らなかった。しかしハインリヒ・シュタインメッツが認めているように、「ユダヤ人にとって移送は死への道であることは、我々みんなにとって明白であったし、よく知られてもいた。我々は、彼らがある種の収容所で殺されるのだろうと思っていた。[7]」殺戮に直接関与することを免れたので、第一〇一警察予備大隊の隊員は、——そうではあってもパルチェフの移送でユゼフフとウォマジーの虐殺を合わせたよりも多くの犠牲者が出ているのだ、ということに気づいても、心を乱されることはなかったようである。視野に入らないことは心にも入らない、というのは本当であった。実際、シュタインメッツの小隊の幾人かの隊員にとって、最も明瞭に思い出されることとは、彼がパルチェフの北の湿原で警備の任務に就いていたことなのである。彼らは一日中足元を濡らして立ち続けていなければならなかったのだ。[8]

第一〇一警察予備大隊にとっていっそう記憶に残ることは、八月二五日から二六日に、一万一〇〇〇人のユダヤ人をミエンジジェツからトレブリンカへ移送したことであった。[9]一九四二年八月当時、ミエンジジェツにはラジニ郡内最大のゲットーがあり、一万二〇〇〇人以上のユダヤ人がいた。比較していえば、ウークフには一万人のユダヤ人が、ラジニの町には六〇〇〇人のユダヤ人がいた。一九四二年六月には、ルブリン管区のゲットーの行政権は文官の手から親衛隊に移され、これら三つのゲットーは、保安警察のラジニ支部から派遣された者たちによって管理されていた。[10]ルブリン管区南部のイズビツァやピアスキのように、ミエンジジェツは「中継ゲットー」となる運命にあった。ユダヤ人は近隣からそこに集められ、トレブリンカに送られたのである。他からの多くのユダヤ人を収容するために、ミエンジジェツのゲットーは周期的に収容者を一掃せねばならなかった、最初で最大のそうした一掃作戦が八月二五日から二六日に行なわれた。それは、第一〇一警察予備大隊の第一中隊、第二中隊所属第三小隊、第三中隊所属第一小隊、さらに対独協力者の一部隊、ラジニの保安警察、これら諸部隊の合同作戦であった[11]。

大隊司令部が七月下旬にビウゴライからラジニに移動したとき、第一中隊の隊員はラジニの他、コツク、ウークフ、コマルフカに駐屯していた。第三中隊所属第一小隊も、ラジニ郡のチェミルニキの町にいて、第二中隊所属第三小隊はパルチェフにいた。これら五つの小隊がミェンジジェツの行動のために動員されたのである。警官の一部は、駐屯地でかき集められたユダヤ人を乗せた馬車隊を伴って、八月二四日の夜ミェンジジェツに着いた[12]。しかし大多数の隊員はカマー上級曹長の監督の下に、八月二五日早朝ラジニの町に集結した。警官を乗せたトラックが町から出て、途中でヴォーラウフ大尉の私邸の前で停車したとき、当初大尉が不在だった理由がわかった。ヴォーラウフと彼の妻——彼女は妊娠四か月で、軍用コートを肩に掛け、ひさしの付いた軍帽を頭に載せていた——が家から現われ、一台のトラックに乗り込んだ。警官の一人はこう回想している。「ヴォーラウフ大尉が運転手の隣に坐ったので、私は彼の妻に席を譲ってやらなければなりませんでした[13]。」

第一〇一警察予備大隊に来る以前に、ヴォーラウフ大尉は経歴に幾つかの汚点を付けられていた。彼は一九四〇年四月、第一〇五警察大隊とともにノルウェーに派遣されたが、そこの指揮官は、結局彼の転任を要求したのであった。指揮官の申告によれば、ヴォーラウフは精力的で頭もよいが、およそ規律を欠いており、あまりにも自分勝手であった。[14]ハンブルクへ送り返されると、彼はそこの上官から、銃後の勤務に関心を欠いており、厳格な監督が必要であると判断された。[15]この時点で、すなわち一九四一年の春、ヴォーラウフは、ウッチから戻ったばかりの第一〇一警察予備大隊に入れられた。そしてここに入隊したことによって、彼の職業的将来が開けたのである。数か月のうちに、新しい大隊の指揮官トラップは、彼の昇進と中隊長への就任を申請したのである。トラップは申請書に、ヴォーラウフは勇敢で、活発、生気がみなぎり、指導者資質をもっていると書いている。さらに、ヴォーラウフはナチズムの原理に基づいて行動しようとしており、部下もそうして教導している、とされているのである。彼は「いつでもためらうことなく、ナチ国家のために最後まで戦う準備ができて[16]」いるのである。ヴォーラウフは大尉に昇進し、第一中隊の指揮を執り、トラップの副指揮官となったのであった。

部下の隊員たちからは、ヴォーラウフはまったく自惚れの強い男と思われていた。警官の一人は、ヴォーラウフが移動中の車のなかで将軍のように立ち続けていたことを憶えている。他の警官によれば、彼は悪い意味で「小ロンメル」というあだ名で呼ばれた。[17]しかし第一中隊の主計主任の思い出によれば、ヴォーラウフは精力的で、指揮のすべての側面に責任をもつ決断を下し、物事をやり遂げる能力をもっていた。[18]また不承不承務めていた小隊長のブッフマン少尉は、グナーデ少尉と比べて、ヴォーラウフの方が「正直で純粋」な人物であり（比較した際の基準はそれほど高いものではないことを認めてはいるが）、しかもヴォーラウフが目立った反ユダヤ主義者ではないと判断していた。ヴォーラウフは責任を真面目に果たす将校であるが、とりわけ結婚したてでロマンスに夢中な一人の若い男であった。[19]

実際、第一〇一警察予備大隊は突然ポーランドに出発することになったので、ヴォーラウフはびっくり仰天した。六月二二日に結婚式を挙げるつもりが駄目になってしまうからである。六月下旬、大隊がビウゴライに着くやいなや、彼は、恋人と結婚式を挙げるので短期間ハンブルクへ返してくれるように、なぜなら恋人はすでに妊娠しているのだからと、トラップに嘆願した。最初トラップは拒絶したが、やむなく特別許可を与えた。ヴォーラウフは六月二九日にハンブルクで結婚式を挙げ、ポーランドに戻ってぎりぎりでユゼフフの作戦に間にあった。彼の中隊がラジニの町に駐屯してから、花嫁がヴォーラウフのもとをハネムーンのために訪れた。[20]

ブッフマンの示唆するように、ヴォーラウフはハネムーンのかくも新鮮な時期に花嫁と別れていることに耐えられなかったので、ミエンジジェツでの移送に立ち合うために彼女を伴っていったのかもしれない。だが他方、自惚れが強く自己中心的な大尉は、新しい花嫁に夫がポーランド・ユダヤ人の生死を支配していることを印象づけようとして、彼女を伴ったのかもしれない。部下の警官たちは明らかに後者だろうと思っていたし、彼らは一様に、自分たちのしている恐ろしいことを目撃するために女性が連れて来られたことに腹をたて、憤慨した。[21]第一中隊の隊員は、彼らの隊長がそうでなかったとしても、まだ自分たちのしていることに恥辱を感じることができたのである。

トラックに乗ってヴォーラウフや彼の妻、第一中隊の大多数が、ラジニの町から三〇キロメートル足らず北にあるミェンジジェッに到着したとき、作戦はすでに開始されていた。対独協力者や保安警察が駆り集めを開始したとき、銃声や泣き叫ぶ声が聞こえてきた。ヴォーラウフが指示を仰ぎに出かけている間、隊員たちは待機した。彼は二〇分か三〇分後に戻ってきて、中隊の任務を告げた。一部は外側の警備任務に送られたが、大多数の隊員は対独協力者と一緒に浄化行動を割り当てられた。いつも通りの命令が下された。すなわち、逃げようとする者、町のすぐ外にある駅まで行進できない病人、老人、弱者は射殺されねばならなかった。[22]

隊員たちはヴォーラウフが戻るのを待っていたとき、早朝から保安警察の将校が泥酔しているのに出会った。[23]対独協力者たちも酔っ払っていることがすぐに明らかになった。[24]彼らはやたらと乱射を繰り返していたので、警官たちは何度も撃たれないようにユダヤ人を隠してやらねばならなかった。[25]警官たちは、「通りや家の至る所で射殺されたユダヤ人の死体を目撃した。[26]」

対独協力者や警官に追われて、数千人のユダヤ人が市場に流れ込んだ。そこで彼らは動いたり立ち上がったりせずに、坐るかうずくまっていなければならなかった。八月終わりの大変暑い日であったので、数時間後には、多くのユダヤ人が熱波にやられて失神したり倒れたりした。それに加えて、鞭で打ったり射殺したりの状態が市場でも続いた[27]。気温が上がり軍用コートを脱いでいたので、至近距離で出来事を観察しているヴォーラウフ夫人のドレス姿が、市場で大勢にはっきりと目撃されている[28]。

およそ午後二時に外の警備兵が市場に呼び戻された。その一時間か二時間後、駅までの行進が開始された。対独協力者と警官の全員が、数千人のユダヤ人をルートにそって追い立てる役に就いた。再び射殺が平然と行なわれた。これ以上歩けない「足の悪い者」は射殺され、道の端に投げ捨てられた。死体の列が通りから駅までつながった[29]。

さて車両にユダヤ人を乗り込ませることになって、ユダヤ人にとっては最後の恐怖が残されていた。対独協力者と保安警察がそれぞれの車両に一二〇人から一四〇人のユダヤ人を乗り込ませている間、警察予備大隊は警備を担当し一部始終を観察することになった。警官の一人は次のように回想している。

乗車がうまくいかないと、対独協力者や保安警察は鞭や銃を使いました。ユダヤ人を乗車させる作業はただもう恐ろしいものでした。哀れなユダヤ人たちからこの世のものとも思えない泣き声があがりました。一〇両か二〇両の車両に一斉に乗車が始まったからです。移送用貨物列車の編成は恐ろしく長いものでした。後ろの方はまったく見えません。五〇両か六〇両ぐらいはあったのではないでしょうか。乗車が終わると、車両の戸扉は閉められ、釘で止められました。[30]

すべての車両が封印されると、第一〇一警察予備大隊の隊員は、列車がすべて牽かれてゆくのを待たずに現場を離れた。

ミエンジジェツ・ゲットーの浄化は、大隊がユダヤ人問題の最終的解決に関与した期間に実行した移送作戦のうち、最も規模の大きなものであった。わずか一〇〇〇人のユダヤ人だけが一時的な仕事を与えられ、ポーランド人に置き換えられるまで、ゲットーに留まることを許された。[31] こうして約一万一〇〇〇人のユダヤ人が強制移送の対象となった。警官たちは「数百人の」ユダヤ人が移送過程で射殺されたことを知っていたが、もちろん正確な数は知りようがなかった。[32] しかし生き残って死体を集め、埋葬したユダヤ人は知っていた。それは九六〇人に上る。[33]

こうした数字はより広いパースペクティヴで見られねばならない。一九四二年のナチの基準を使っても、ミエンジジェツの移送の残忍さを明らかにすることができる。一九四二年七月二二日から九月二一日までの間に、約三〇万人のユダヤ人がワルシャワから強制移送された。この二か月の間に銃で撃たれて殺されたユダヤ人の総数は六六八七人であると記録されている。[34] それゆえワルシャワでは、現場で射殺された者の移送された者に対する比率は約二パーセントであった。ミエンジジェツの場合はそれがほぼ九パーセントである。ミエンジジェツのユダヤ人は「殺される羊のように」は行進しなかった。彼らはほとんど想像を絶する野蛮さと残忍さで追い立てられたのであった。その残忍さと野蛮さは、徐々に感覚を麻痺させ、無表情になっていった第一〇一警察予備大隊の兵士の記憶にさえ、異常な印象を残したのであった。これは「視野の外は心の外」というケースではなかったのである。

比較的事件もないし記憶にも残らなかったパルチェフからの移送のあとで、どうしてたった一週間後のミエンジジェツのような対照的な恐怖の移送が起こったのだろうか。ドイツ側からみて鍵となる要因は、移送担当者と犠牲者の数量比率である。五〇〇〇人以上のパルチェフのユダヤ人に対して、ドイツ側は通常警察の二個中隊と対独協力者の一部隊、すなわち三〇〇人から三五〇人がいた。ミエンジジェツの場合、その二倍のユダヤ人の移送に対して、ドイツ側は通常警察の五個小隊、地方の保安警察、対独協力者の一部隊、あわせて三五〇人から四〇〇人であった。ドイツ側が人力の点でゲットー浄化にプレッシャーを感じれば感じるほど、仕事を片づける際の野蛮さや残忍さが大きくなったのである。

グロボクニクは性急にルブリン北部からの移送を開始したが、それはワルシャワとラドムの両管区からの移送と同時に行なわれたため、トレブリンカ絶滅収容所の能力では処理しきれないことが明らかとなった。八月下旬になると、殺される順番を待つユダヤ人の数も、早急に片づけられねばならないのに放置されたままの死体の数も、山になって急増した。ワルシャワ、ラドム、ルブリン全管区の強制移送は一時的に停止された。そこには、八月二八日から開始される予定のウークフからトレブリンカへの二回の移送列車も含まれていた。[35]グロボクニクと彼の部下で絶滅収容所の監督者であるクリスチャン・ヴィルトは、収容所を再編するためにトレブリンカへ急行した。ソビボルからフランツ・シュタングルが呼ばれ、トレブリンカの司令官に指名された。ソビボルは鉄道路線の補修のために、近郊からしか接近できず比較的暇だったのである。一週間かけての再編成の後に、ワルシャワからトレブリンカへの移送が九月三日に再開され、それに続いて九月中旬にはラドム管区からの移送も再開された。その間、第一〇一警察予備大隊の隊員たちは束の間の小休止を楽しむことができた。ルブリン北部の殺戮は、九月下旬になってやっと再開されたからである。

11　九月下旬の射殺

ルブリン管区北部治安区域で強制移送計画が再開される直前、第一〇一警察予備大隊はさらに幾つかの大量虐殺に係わることになった。最初の殺戮は、コックから北西に約九キロメートルにあるセロコムラの村で起こった。セロコムラの村は一九四〇年五月に一度虐殺を経験していた。それは、自警団として知られた自衛型の部隊に組織された、ポーランドに住むドイツ系住民の手によって行なわれた。自警団は一九三九年の秋と一九四〇年の春、ハイリンヒ・ヒムラーの旧友ルドルフ・フォン・アルフェンスレーベンの指導の下に創設された。セロコムラを含む一連の虐殺を終えたのちに、自警団は特務部隊として知られる「特殊な仕事」につき、地方にある郡の文民自治体長の下に置かれた[1]。

一九四二年九月、セロコムラは再びドイツ軍の来訪を受けた。第一中隊に所属するブラント少尉の小隊はコックの付近に駐屯していた。ブラントはハンス・ケラー軍曹と一〇人の小隊員に、セロコムラの外周にいるユダヤ人を駆り集め、セロコムラの村に連れてくるように命じた[2]。それから九月二二日の早朝、ブラントの小隊は車でコックの町を出て、町の北西の十字路で待機した。そこに、ヴォーラウフ大尉の指揮する第一中隊の他の部隊が、二〇キロメートル北西のラジニから合流した。また、ペータース少尉の指揮する第三中隊所属第一小隊が、駐屯していた一五キロメートル東のチェミルニキから合流してきた。ヴォーラウフ大尉の指揮の下、警察予備官たちはセロコムラへ向かった。

村に着く直前に、ヴォーラウフはトラック部隊を停止させ命令を与えた。村のすぐ外にある二つの丘の上に機関銃が設置された。そこは全体が見渡せる絶好の位置であった。ブラントの小隊の幾人かが、非常線を張ってユダヤ人地区を遮断し、第一中隊の残りの隊員はユダヤ人住民を集める行動に出た[3]。

ヴォーラウフは部下に、通常通り行動するようにという他は、銃殺について何も言わなかった。——通常通りということは、間接的に、隠れようとしたり逃げようとした者、歩けない者はその場で射殺せよという意味で理解されていた。第一中隊に属さず予備となったペータースの小隊は、村から一キロメートル弱のところにある砂利採取場と廃棄物の小山のある地域に派遣された。近くの丘の上の機関銃座から作戦展開を観察できたケラー軍曹にとって、ヴォーラウフは「再定住」とだけ述べたのではあるけれども、セロコムラのユダヤ人が射殺されることになっていたことは明らかであった。

セロコムラのユダヤ人の集結——約二〇〇人から三〇〇人——は、午前一一時までには完了した。その日は暖かい晴れた日になりそうだった。それから突然、ヴォーラウフはユダヤ人全員の射殺を宣言した。(4) ユーリッヒ*軍曹の指揮する第一中隊の隊員の一部が、ペータース少尉の小隊からなる銃殺部隊に合流するために、砂利採取場に派遣された。正午になると、第一中隊の残りの隊員は、ユダヤ人を二〇人から三〇人のグループにして村の外に行進させ始めた。

ペータース少尉の小隊は、ユゼフフでは非常線を張っており、銃殺部隊に参加する義務を免れていた。同様に、第二中隊によるウォマジーの射殺にも参加していなかった。しかしついにセロコムラで小隊の運命は転換することになった。

ウォマジーでは経験を積んだ対独協力者の助力があったが、そうした助力がなかったので、ヴォーラウフはユゼフフでの銃殺の線にそって処刑を実施しようとした。村から砂利採取場につぎつぎと行進させられてきた二〇人から三〇人のグループは、ペータースとユーリッヒの部隊の同数の隊員に引き渡された。こうしてそれぞれの警官は、自らが射殺することになったユダヤ人と再びじかに向き合う形になった。ユダヤ人たちは衣服を脱がされはしなかったし、貴重品が没収されることもなかった。労働用のユダヤ人の選抜もなかった。年齢や性別にかかわりなく、すべてのユダヤ人が射殺されることになっていたのである。

銃殺部隊の警官はユダヤ人を、砂利採取場にある廃棄物の小山の上に行進させていった。

犠牲者たちは小山の崖の上から、六フィートの落差に面して一列に並ばされた。背後の至近距離から、警官たちは命令にしたがって一斉にユダヤ人の首の付け根を撃った。ユダヤ人の身体は崖を転がり落ちた。つぎつぎと、ユダヤ人のグループが同じところに連れてこられたので、彼らは撃たれる前に、自分たちの家族や友人の死体の山が大きくなってゆくのを見下ろさねばならなかった。銃殺がかなりの回数繰り返されてから射手たちは場所を変えた。

射殺が続けられていたので、ケラー軍曹は配置についていた機関銃座から降り、ユーリッヒ軍曹と話をしようと砂利採取場へ向かった。彼らが並んで至近距離で射殺を見ている間に、ユーリッヒはヴォーラウフに対する不満をこぼした。隊長はこの「クソ仕事」を命じた後で「こっそり」セロコムラの村に戻ってしまい、ポーランド人の警察署で休憩しているというのである。[5] ヴォーラウフは今回は新妻と一緒ではなかったので、見せびらかすことができず、殺戮現場に立ち合う熱意を明らかに失ってしまったのである。その結果後になって、ヴォーラウフは、セロコムラの行動についてほんの微かな記憶さえ持っていないと主張したのである。おそらく彼の頭のなかは、新妻をドイツに連れ帰る旅のことでいっぱいだったのであろう。

銃殺は午後三時まで続いた。ただもう残虐のかぎりが尽くされ、ユダヤ人の死体は砂利採取場に放置された。警官たちは帰りにコツクで停車し昼食をとった。彼らが夕刻それぞれの宿舎に帰還すると、アルコールの特別配給があった[6]。

セロコムラの虐殺の三日後、第一中隊のヨプスト軍曹は*——平服を来てポーランド人通訳を一人連れて——、コックを出て、セロコムラとタルシンの村の間に隠れているポーランド人抵抗組織の一員を罠にかけるために、仕掛けられた待ち合わせ場所に出発した。まんまと罠にかかり、その男はヨプストに捕らえられた。しかしヨプストはタルシンを通ってコックに戻る途中、待ち伏せに遭い殺害された。ポーランド人通訳は逃れて、夜遅くなってから、軍曹の死のニュースをもってコックに戻った[7]。

真夜中になって、ユーリッヒ軍曹はラジニの大隊司令部にヨプスト殺害について電話で報告した[8]。ケラーが電話のあとにユーリッヒと話したとき、大隊司令部には村を処罰するような様子はないという印象を受けた。しかしながら、トラップ少佐はすぐ後でラジニから折り返し電話を入れ、ルブリン管区司令部から報復に二〇〇人を射殺するように命じられたことを伝えてきた[9]。

四日前にセロコムラに派遣されたのと同じ部隊が、九月二六日早朝、コックのはずれにある同じ十字路に集結した。ヴォーラウフ大尉はすでにドイツへ出発していたので、今回は指揮を執らなかった。その代わりに、トラップ少佐が、その副官のハーゲン中尉、それに大隊スタッフを連れて自ら指揮を執った。

タルシンに着くと、第一中隊の全員が、村外れの通りに放置されていたヨプスト軍曹の死体を見せられた[10]。村は部隊によって閉鎖され、ポーランド住民は家々から連れ出され、学校に集められた。男たちの多くはすでに村から逃げ出していたが[11]、残っていた男性は学校の体育館に連行された。そこでトラップは選別に取りかかった。

地域住民との不和が生じることを心配して、トラップとハーゲン中尉はポーランド人村長と相談のうえ選別を進めた。選別されるポーランド人は二つのカテゴリーに属する者だけとなった。それは、タルシンに一時的に住んでいる者やよそ者であり、また「充分な生活のための手段を持っていない」者であった[12]。トラップは、近くの教室に拘束されて絶望のあまり泣き叫んでいる女性たちを宥めるために、少なくとも一人の警官を派遣した[13]。この過程で七八人のポーランド人が選別された。彼らは村の外に連れ出され射殺された。あるドイツ人警官の回想によれば、隊員たちは「貧しい階層のうちでも最も貧しい者たち」だけを射殺したのである[14]。

ブッフマン少尉は隊員の一部を連れてそのままラジニに戻ったが、他の隊員はコックに立ち寄り昼食をとった。隊員たちは食事中に、この日の殺人がまだ終わっていないことを告げられた。報復として割り当てられた二〇〇人という人数にはるかに届かなかったので、トラップは地域住民との関係をこれ以上悪化させずに、しかも数を合わせる巧い方法を思いついたようであった。つまりタルシンでこれ以上のポーランド人を射殺する代わりに、部下たちはコック・ゲットーのユダヤ人を撃つことになったのであった[15]。

ドイツ人警官の一人は、運転手としてラジニに向かう途中だったが、作戦が切迫していると警告しようと、コックの町の外れにあるゲットーの前で停車したと主張している。[16] そうした警告は、当然のことながら、閉じ込められた人びとにとって役に立たなかった。ドイツ警察の捜査部隊がゲットーに入り、年齢や性別にかかわらず、見つけた者を捕まえた。処刑場まで行進できない老人はその場で撃ち殺された。警官の一人は次のように証言している。「私は捜査に参加していると思われていましたが、ここでもまた、通りをうろつくことでごまかすことができました。私はいかなる形であれ、対ユダヤ人作戦に反対でした。だからたった一人ですらユダヤ人を射殺者に引き渡したことはありませんでした。[17]」

しかしいつもの通り、関与することを忌避ないし取り止めた少数の者は、任務に没頭している者の邪魔をしたわけではない。捜査網にかかったユダヤ人は、ゲットーの外にある、裏に壁に囲まれた中庭のある大きな家に連れてゆかれた。三〇人ずつのグループに分けられ、ユダヤ人は中庭に連れてゆかれ、壁の側に横になるよう命じられた。ブラント少尉の命令で、ユダヤ人たちは、短機関銃を持った下士官たちによって射殺された。死体は翌日まで放置され、ゲットーから連れてこられた労働ユダヤ人によって、一つの巨大な墓に埋葬された。[18] トラップ少佐はただちにルブリンに報告した。それによれば、三人の「無法者」、七八人のポーランド人「共犯者」[19]、さらに一八〇人のユダヤ人がタルシンでのヨプスト軍曹殺害への報復として処刑された。ユゼフフでの虐殺では泣き続け、ポーランド人の無差別殺戮にはいまだ尻込みしたこの男は、明らかに、割り当てられた以上のユダヤ人を射殺することにもはや何のタブーも感じなかったのである。

トラップ少佐がポーランド・ユダヤ人の殺戮における自分の役割となんとか折り合いをつけ始めていたとしても、ブッフマン少尉はそうではなかった。ユゼフフの虐殺の後で、彼はトラップに、直々の個人的命令がなければ対ユダヤ人行動に参加するつもりはないと伝えていた。彼はまた転任を願い出てもいた。こうした要望ができたのは、ブッフマンに得がたい利点があったからである。ブッフマンが将校訓練所に送られ、予備少尉になる以前、彼は、大隊が一九三九年に最初にポーランドに派遣されていた間、トラップの運転手を務めていたのであった。つまり彼はトラップを個人的によく知っていたのである。彼はトラップが自分のことを「理解して」いてくれ、自分の採った立場に「立腹」したりしないと感じていたのである。[20]

トラップはブッフマンを直接ドイツに転任させることはできなかったが、ブッフマンを庇ってやり、対ユダヤ人行動に関与したくないという要望を受け入れた。ブッフマンはラジニで大隊スタッフと同じ建物に勤務していたので、何らかの「命令拒否」になどならないような手順を工夫することは困難ではなかった。対ユダヤ人作戦が計画されるといつも、命令は大隊司令部から直接ブッフマンの副官、グルント軍曹*に伝えられた。グルントがブッフマンに次の行動に小隊とともに行くつもりかどうか尋ねるときは、ブッフマンはそれが対ユダヤ人作戦であるとわかって、それを断った。かくして、ブッフマンは第一中隊とともにミエンジジェッツにもセロコムラにも行くことはなかった。タルシンでの行動は対ユダヤ人作戦として開始されたわけではなかったけれども、ブッフマンはトラップがポーランド人の選抜をしている間、学校に留まっていた。トラップがコック・ゲットーの殺戮を開始する前にブッフマンをラジニにそのまま戻したことは、決して偶然ではなかったのである。

ラジニで、ブッフマンは自分の感情を隠そうとしなかった。それどころか、彼は「ユダヤ人の取り扱われ方に憤慨し、そうした見解をあらゆる機会に堂々と表明した。[21]」周りにいた者たちにとって、ブッフマンはとても「控えめで」「洗練された」男であり、兵士になりたいという欲望などを持ったことのない「典型的な市民」であった。[22]

ブッフマンにとって、タルシンでの行動は忍耐の限度を超えるものであった。彼が戻ってきたその午後、事務官は報告しようとしたが、彼は「すぐに自分の部屋に入って中から鍵を掛けてしまいました。数日の間、ブッフマンは私に何も話しませんでした。といっても我々はお互いによく理解していましたが。彼はひどく腹を立て、激しく不平を言っていました。例えばこうです。「もう俺はこんな汚いことはしたくない、もううんざりだ。[23]」」

ブッフマンは不平を言っただけではなかった。九月下旬、彼は執拗に転任を要求する手紙を、直接ハンブルクに提出したのである。彼は、自分の部隊がポーランドで与えられている、「警察官にふさわしくない」任務を実行できなかったのである。[24]

ブッフマンの行動はトラップによって容認され保護されていたとしても、部下からは二通りの反応が返ってきた。「私の部下の多くは私の立場を理解していました。しかし他の者は私を軽蔑する意見を表明し、私を見下していました。[25]」しかしながら、ほんの少数の下士官だけがブッフマンの模範に従って、中隊の上級曹長だったカマーに「この行動に参加することもできなければ、参加する気もない」と伝えたのであった。カマーはしかし、彼らのことを報告はしなかった。その代わり彼は、その者たちを「役たたずの」「クソ頭」と罵っただけであった。しかしほとんどの場合、カマーは彼らを対ユダヤ人作戦への参加から免除してやっていた。[26]そうすることによって、カマーはトラップが最初に見せた事例にしたがったのである。血塗られた仕事に手を染めるつもりのある者たちが不足しないかぎり、ブッフマンや彼に見習う者たちと諍いを起こすよりも、彼らを許容するほうがよりたやすいことであった。

12　強制移送の再開

一九四二年九月末までに、第一〇一警察予備大隊は約四六〇〇人のユダヤ人と七八人のポーランド人の射殺に関与し、約一万五〇〇〇人のユダヤ人のトレブリンカ絶滅収容所への移送を手助けした。こうした血なまぐさい作戦活動は、三か月間にわたって行なわれた、八つのそれぞれ別個の行動から成り立っていた。三つのケースでは――パルチェフからの最初の強制移送、ウォマジーでの射殺、ミェンジジェツからの強制移送――、警官たちはトラヴニキから来た対独協力者の部隊とともに作業にあたった。他の五つのケースでは――ユゼフフ、パルチェフの二番目の強制移送、セロコムラ、タルシン、コック――、警官たちは単独で作業を終えた。

警官たちはこれらの行動をはっきり記憶に留めていることができたし、それぞれをかなり詳細にわたって供述したり、ほぼ正確に日付を確定することもできた。しかし一〇月初めから一一月初旬までの間、第一〇一警察予備大隊の動きは非常に慌しかった。次から次と間断なく対ユダヤ人作戦が行なわれ、数万人のユダヤ人が、ゲットー浄化作戦の繰り返しによってラジニ郡から移送されていった。それゆえ、この六週間の出来事を再構成することはきわめて困難であった。警官たちの記憶のなかでは、ある行動が他の行動とまざり合って、事実が曖昧になってしまうのであった。彼らは幾つかの特別な出来事を回想することはできたが、もはやそれらを別々の作戦ごとに時間的順序に並べてみることはできなかった。私はここでこの多忙な時期の出来事を、警官たちの混乱した記憶とうまく合うように再構成してみたが、それはとりわけ、ポーランド・ユダヤ人歴史家タチアナ・ブルスティン・ベレンシュタインとワルシャワのユダヤ歴史研究所が終戦直後に行なった調査に基づいている。[1]

九月初旬、ルブリン管区における通常警察の配置が変更された。四番目の保安区域が創設されたのである。それはルブリン管区の東部境界線にそった、ビャワ・ポドラスカ、フルビエシュフ、ヘウムの三つの郡からなっていた。このことによって、グナーデの指揮する第二中隊の第一小隊と第二小隊が、ビャワ・ポドラスカ郡からラジニ郡北部にあるミェンジジェツとコマルフカの町に移動することが可能となった。[2]

九月最後の週に、ビャワ・ポドラスカに残っていたユダヤ人の大部分は第二中隊の命令に従った。彼らは駆り集められ、ほぼ空にされたばかりのミェンジジェツのゲットーに移送されたのである。[3] ミェンジジェツの「中継ゲットー」は、ラジニ郡の幾つかの町から、コマルフカやヴォンからは直接、チェルミニキからはパルチェフ経由で、九月と一〇月に、移送されたユダヤ人によって「再補充」された[4]。これらすべての強制移送のうち、警官たちはコマルフカからの移送しか憶えていなかった。コマルフカには第二中隊所属第二小隊が定期的に駐屯していた[5]。コマルフカにいたユダヤ人のうちに、ハンブルクから連れてこられた婦人がいた。彼女はかつては映画館——ミレルトアー・キノ——の所有者で、警官の一人は以前しばしばそこに映画を観にいっていたのである[6]。これがコマルフカが記憶されていた理由である。ウークフのゲットーも第二の「中継ゲットー」として利用されており、ラジニ郡の残りの小さな町々からユダヤ人を受け入れていた[7]。ユダヤ人をこうした中継ゲットーに集めることは、当然のことながら、再開されたトレブリンカへの死の移送の、言い換えれば、ルブリン管区北部から「ユダヤ人を一掃する」という組織的キャンペーンへの、不吉な序曲であった。

ラジニ郡のゲットーに対する一〇月「攻勢」の元締めは、フリッツ・フィッシャー親衛隊少尉の指揮する保安警察の支部であった。ラジニ、ウークフ、ミエンジジェツのゲットーの行政は、すでに一九四二年六月に保安警察将校に引き継がれていたが[8]、地域で動かせる人力はきわめて限られていた。ラジニの支部とウークフの出張所には、おそらく全部で四〇人のドイツ人保安警察官と、彼らに加えてドイツ血統の「援助者」がいるだけだった。またフィッシャーは二〇人の対独協力者からなる常設部隊を一つ自由に動かすことができた。ミエンジジェツ、ウークフ、ラジニにはさらに全部で四〇人から五〇人の警備隊が置かれていた。[9] 保安警察と警備隊、さらにフィッシャーの対独協力者部隊を加えたとしても、この限られた戦力では、ユダヤ人をこれらのゲットーから移送することはまったく不可能であり、そのためには明らかに外部からの援助が必要であった。繰り返し言うことになるが、第一〇一警察予備大隊はこの要請に応えて、必要とされた人力のほとんどを提供したのである。警察予備大隊なしには、ゲットーの浄化など決してなし遂げられなかったであろう。

トレブリンカへの強制移送は一〇月一日に再開され、同日中に二〇〇〇人のユダヤ人がラジニのゲットーから輸送された。一〇月五日には五〇〇〇人、一〇月八日にはさらに二〇〇〇人のユダヤ人がウークフからトレブリンカへ送られた。これと並行して、一〇月六日と九日には、数千人のユダヤ人がミエンジジェツからトレブリンカへと移送された。ウークフとミエンジジェツからの列車はユダヤ人を満載した後で連結されたのだと推定されるが、そのことについての目撃証言はない。一〇月一四日から一六日の間に、ラジニのゲットーからは二〇〇〇人から三〇〇〇人のユダヤ人がミエンジジェツへ送りだされ、ラジニは完全に浄化された。しかしミエンジジェツでの彼らの滞在期間は短いものであった。彼らは一〇月二七日と一一月七日に再び移送されたからである。一一月六日に、コツクに残っていた七〇〇人のユダヤ人がウークフに連れてこられた。その翌日、ミエンジジェツのゲットーも一掃されていたので、三〇〇〇人のユダヤ人はウークフからトレブリンカへと移送されたのである。[10] これらの強制移送の合間に、しばしばユダヤ人の射殺が行なわれていた。射殺されたのは、ゲットー浄化作戦の際身を隠したユダヤ人か、列車にもはや空きスペースがなかったか、あるいは後片づけのためにか、意図的に残されていたユダヤ人であった。六週間にわたるユダヤ人への「猛攻撃」が終了した後で、第一〇一警察予備大隊の兵士は、さらに八回の作戦行動で二万七〇〇〇人のユダヤ人をトレブリンカへ送り出す手助けをし、またゲットーからの駆り集めの際、少なくとも四回の「掃討」作戦によって、おそらく一〇〇〇人以上のユダヤ人を射殺したのである。

大隊の警官たちがこれらの作戦行動について記憶していることは、恐ろしく多種多様であった。最初の移送作戦、すなわち一〇月一日のラジニからの二〇〇〇人のユダヤ人移送は、第一中隊の隊員と二〇人の対独協力者の合同作戦で、指揮を執ったのはフィッシャー親衛隊少尉であった。対独協力者たちはユダヤ人を駅へ追い立てるために、しばしば威嚇射撃をしたけれども、その場での射殺はほとんどなかった。[11] 翌一〇月二日、シュタインメッツ軍曹の指揮する第二中隊所属第三小隊は、——グナーデの命令で——一〇〇人以上のユダヤ人を射殺することによって、パルチェフのゲットーの一掃を完了した。射殺されたユダヤ人は、ミエンジジェツへの移送に遅れてパルチェフに連れてこられた人びとであった。[12]

その後、ウークフとミェンジジェッツの二つの中継ゲットーからの移送が、それぞれ第一、第二中隊によって同時に実施された。九月初旬以来、グナーデ少尉は中隊司令部を新たにミェンジジェッツに置いていた。ややこしいポーランド語の発音を避けるために、第二中隊の隊員はミェンジジェッツのことをそれに似たドイツ語のニックネームで、メンシェンシュレック、「化け物」と呼んだ。グナーデの運転手だったアルフレート・ハイルマン*は、ある晩会議のために、彼をミェンジジェッツの中央広場にある建物に送っていったときのことを憶えている。それは五時間にもわたる会議であった。建物は保安警察の司令部および監獄として使われていた。会議の間に、恐ろしい叫び声が地下室から聞こえてきた。すると二、三人の親衛隊将校が建物から出てきて、地下室の窓越しに、弾を撃ち尽くすまで短機関銃を撃ち込んだのである。「やっと静かになったぜ」と、一人の将校が建物に戻りながらつぶやいた。ハイルマンは恐いもの見たさに恐る恐る地下室の窓に近づいたが、ひどい悪臭に我慢できず引き返さなければならなかった。上の階では何やら騒がしい物音が続き、深夜になってやっとグナーデが泥酔して現われ、翌朝にはゲットーはきれいに片づくことになる、とハイルマンに語った(13)。

ミェンジジェッツにいた第二中隊の隊員は午前五時ごろ起床した。それに加えて、コマルフカから来たドルッカーの指揮する第二小隊、さらに、かなりの数の対独協力者からなる派遣部隊が参加した。ドルッカーの小隊はゲットーを非常線で遮断し、対独協力者の部隊と残りの通常警察官がユダヤ人を中央広場に駆り出した。グナーデらは、集められたユダヤ人を黙らせるのに鞭をふるった。幾人かのユダヤ人は、駅への行進が始まる前に鞭に打たれて死んでいった[14]。ハイルマンは、保安警察司令部の地下監獄に監禁されていたユダヤ人が引きずり出され、連行されてゆくのを目撃した。彼らは糞尿にまみれ、明らかに数日間食料を与えられていなかった。集められたユダヤ人の数が揃うと、彼らは駅へ向かって行進させられた。歩けない者はその場で射殺され、警備兵はユダヤ人の隊列が滞ると、そこに情け容赦なく銃弾を撃ち込んだ[15]。

警官の小分隊が、ポーランド人の見物人を遠ざけておくために、すでに駅に派遣されていた。グナーデが駅に着いたユダヤ人の乗車を監督した。それぞれの家畜用貨車にユダヤ人を最大限詰め込むために、銃と鞭がところかまわず使用された。二二年後になって、グナーデの部下の上級曹長は、実に嫌々ながらではあるが、かつての戦友を批判する証言として、きわめて特異な告白をしている。「残念なことですが、私の印象では、グナーデ少尉はこうした仕事から大きな快楽を得ていたのだといわざるをえません[16]。」

だがいかに暴力を行使して詰め込んでも、車両不足を解決することはできなかった。そこで各車両のドアがやっと閉じられたとき、約一五〇人のユダヤ人――男たちも何人かいたがほとんどは女性と子供――が残ってしまった。グナーデはドルッカーを呼び、残されたユダヤ人を共同墓地に連れてゆくように命じた。共同墓地の入口で、警官たちは「熱心な見物人[17]」を追い払った。しばらくするとオストマン上級曹長が、射殺者用のウォッカを積んでトラックでやってきた。オストマンはこれまで射殺を避けてきた一人の部下のところへゆき、彼に言いきかせた。「おいプファイファー、さあ飲め。今回はおまえにもやってもらうからな。ユダヤ女たちは射殺されねばならないんだ。おまえはこれまで逃げていた、しかし今度はやらねばならんぞ。」約二〇人の警官からなる銃殺部隊は共同墓地のなかに入っていった。ユダヤ人は二〇人ごとにグループで連れてこられた。最初は男、次に女、子供の順であった。ユダヤ人たちは共同墓地の壁の近くでうつ伏せになるように命じられ、後ろから首筋を撃たれた。それぞれの警官が七回か八回射殺を繰り返した[18]。共同墓地の入口のところで一人のユダヤ人が注射器を持ってドルッカーに飛び掛かったが、すぐに取り押さえられた。他のユダヤ人たちは、射殺が始まってからも、坐って静かに自分たちの運命を待っていた。ある警官は回想している。「彼らはひどくやつれはて、すでに半ば餓死しているように見えました[19]。」

一〇月六日、またその三日後のミェンジジェッツの強制移送で、幾人の犠牲者がでたかは確定できない。目撃者の見積もりは大きく分かれている[20]。いずれにせよ、ゲットーは一〇月中旬再びユダヤ人であふれることになった。二〇〇〇人から三〇〇〇人のユダヤ人がラジニから連れてこられたからである。これらのユダヤ人は一〇月一四日早朝ラジニで集められ、一〇〇台以上の荷馬車隊に乗せられたのであった。ポーランド人警官、特務部隊の民族ドイツ人隊員、第一中隊からの少数の警官に護られて、荷馬車隊はのろのろと二九キロメートル北にあるミェンジジェッへ向かい、暗くなってから到着した。ユダヤ人を降ろした荷馬車隊はラジニへ戻った。[21]

つづく一〇月二七日と一一月七日の行動によって、ミェンジジェッのゲットーは、一〇〇〇人の労働ユダヤ人を除いて、すべて一掃された。これらの作戦行動は一〇月初旬の時よりも規模が小さかったに違いない。というのは、ラジニにいる対独協力者の部隊も保安警察も、警官の手助けとして動員されなかったからである。今やグナーデがここでの全責任を負っていた。明らかに彼は、移送手順においてさらに一工夫こらした。――すなわち彼は「裸体検査」を導入したのである。ユダヤ人は市場に集められた後で、二つのバラックに追い込まれ、その中で衣服を脱がされ、貴重品を調べられたのである。バラックから出てくるとき、寒い秋の気候にもかかわらず、彼らは下着だけしか身につけることを許されなかった。ほとんど丸裸で、ユダヤ人たちは駅へと行進させられ、トレブリンカ行きの家畜用貨車に押し込まれた。[22] 一一月七日の作戦行動が終了すると、第一〇一警察予備大隊の諸部隊は八月下旬以来、少なくとも二万五〇〇〇人のユダヤ人を「化け物」の町からトレブリンカへ強制移送させたのであった。

グナーデがユダヤ人をミェンジジェッから移送している間に、第一中隊はウークフでそれと同様の作戦を実施していた。しかしヴォーラウフ大尉はもはや担当責任者ではなかった。彼とトラップとの関係は徐々に、だが確実に悪化していった。トラップ少佐は、ヴォーラウフが花嫁をゲットー浄化作戦を見物しに連れていったミェンジジェツのエピソードにふれて、公然とヴォーラウフへの失望を口にするようになった。[23] セロコムラの虐殺の後で、ヴォーラウフは新妻をハンブルクへ送ってゆき、戻ってくる前に数日そこに滞在した。一〇月中旬にラジニに戻ってくると、彼は黄疸に罹った。一一月初旬、空軍パイロットだった彼のただ一人の兄弟が戦死し、数日後に父もドレスデンで死んだ。ヴォーラウフは葬儀のためにドレスデンに戻り、病状がすぐれないことを理由に、外来患者として黄疸の治療を受けるために再度ハンブルクへ向かった。療養中に、ヴォーラウフは、家族内で残されたただ一人の息子として、前線勤務からはずしてもらいたいという願いが認められたことを知った。彼は一九四三年一月になってから、自分の私物を引き取りに、ごく短時間だけラジニに戻った。[24]

ヴォーラウフが第一〇一警察予備大隊の任務から解放されていた間も、彼の部下たちは同様な小休止を楽しんでいる暇はなかった。ウォマジーやパルチェフ（第三小隊、第二中隊）から来たシュタインメッツの部下や、対独協力者部隊と合同で、彼らは一〇月五日と八日に、それぞれ五〇〇〇人、二〇〇〇人のユダヤ人をウークフから移送した。これら強制移送の記憶は極端に分かれている。幾人かは、ときたま発砲があっただけで、事実上殺戮はなかったと主張している。[25] 他の者は多くの射殺を記憶している。[26] 実際、ある警官はもう少しで流れ弾に当たるところだったくらいである。[27] ユダヤ人評議会〔ドイツ占領下で創設された、ゲットーの自治組織。結果的にみれば、親衛隊のユダヤ人絶滅政策に協力させられた。〕の長や重要な地位にあった者は、最初の移送のときに、集合点――「豚市場」――で殺された。最初の移送時に身を隠すことに成功した者も、三日後の一〇月八日には発見され移送された。[28] 警官の一人は結論として、ウークフからの移送は八月のミェンジジェッからの移送よりも「はるかに整然として、取り扱いの優しいもの」であったとしているが、ミェンジジェツからの移送が飛び抜けて、比類なく残虐なものであったことを考えれば、この結論はほとんど何も明らかにしていないといわざるをえない。[29]

主要な移送が終了すると、シュタインメッツの小隊はパルチェフへ戻り、大隊司令部はラジニからウークフに移された。一一月六日、ブラント少尉とユーリッヒ軍曹はコックにいた最後の七〇〇人のユダヤ人のウークフへの移送を監督した。多数のユダヤ人が逃亡していることをユーリッヒが発見したとき、彼はユダヤ人評議会の長をその場で射殺した。ラジニからミェンジジェッへの移送のときのように、荷馬車が使用され、夜遅くなってからようやくウークフに到着した。[30]

三〇〇〇人から四〇〇〇人のユダヤ人をウークフから移送する最終作業は翌朝（一一月七日）から開始され、作戦は数日続けられた。[31] ユダヤ人たちは駅へ行進させられたとき、自分たちを待ち受ける運命について確信していたけれども、「我らはトレブリンカへゆく」と歌った。ゲットー内のユダヤ人警官は身を隠したユダヤ人の報告を怠ったが、その報復として通常警察は、四〇人から五〇人のユダヤ人の銃殺を執行した。[32]

この最後の強制移送の間でも、かなりの数のユダヤ人が辛抱強く身を隠していることは明らかだった。列車が出てしまうと、保安警察は生き残ったユダヤ人を隠れ家からおびき出す計略をたてた。新しい身分証明カードが支給されることになった、とゲットー中にアナウンスされた。このカードを求めて出頭した者は命を助けられるが、カードを持たずに発見された者はただちに射殺される、と伝えられたのである。少なくとも次の移送までには小休止があるだろうという望みを抱いて、絶望したユダヤ人たちは隠れ家から出て出頭した。少なくとも二〇〇人のユダヤ人が集められた後で、一一月一一日、彼らはウークフの外へと行進させられ、射殺された。一一月一四日には、他のグループが集められ、同様に射殺された。[33]

第一〇一警察予備大隊の隊員は、その二回の最終的な射殺のうち、両方ではないにしても少なくとも一回は巻き込まれて関与した。トラップと第一中隊の大部分はどこかへ行っていたので、ブッフマンは一時的に彼の保護者を失っていた。ブッフマンと大隊スタッフのうち事実上行動可能なすべての隊員——これまで大量に殺戮に関与することを免れてきた事務官、通信兵、運転手たち——は、地方の保安警察によって、突然に恐ろしい任務を果たすように強要される事態を迎えた。秋までにすでに多くの対ユダヤ人作戦に参加して、それに慣れきったヴェテランたちのぼやけた記憶と対照的に、ウークフでユダヤ人を射殺した記憶は、これらの新米たちの脳裏にきわめて鮮明に残されていた。[34] 警官の一人は、射殺執行が切迫しているという噂がすでに前の晩に広がっていた、と回想している。

その晩、ベルリン警察の娯楽部隊——いわゆる前線慰問団——が我々の客でした。この娯楽部隊は楽士と役者で構成されていました。娯楽部隊員もまた、明日ユダヤ人の射殺が行なわれることを聞きつけていました。彼らはユダヤ人の処刑に参加することを認めてもらいたいと要求したのです、いや実際のところ熱心に懇願したと言ってよいでしょう。この要望は大隊によって認められました。[35]

翌朝、ブッフマンは作戦会議から戻ると、彼の部下をゲットーの入口の近くにある保安警察の建物へ連れていった。警官たちは通りの両側に沿って警備についた。ゲットーの鉄の扉が開けられ、数百人のユダヤ人が追い立てられて出てきた。警官たちは彼らを町の外に行進させていった。[36]

続くもう一つのユダヤ人の隊列のために警備兵がさらに必要だった。そこで、大隊司令部スタッフに対して、保安警察司令部への出頭命令が下された。数日前、大隊スタッフは彼らの宿舎となっていた学校の窓から、ウークフのユダヤ人が駅への道を通り過ぎてゆくのを見守っていた。今度は彼らが参加する番であった。大隊スタッフは保安警察から五〇人から一〇〇人のユダヤ人の一団を受け取り、同じ道筋を辿って町の外へ連れていった。(37)

そうしている間に、最初の隊列は本道をそれ、黄土色の土壌の広い草地に通じた小道を辿っていった。一人の親衛隊将校が隊列の停止を命じ、ブッフマンの副官であるハンス・プリュッツマン*に、ユダヤ人の射殺を始めるように告げた。プリュッツマンは、一五人から二五人の銃殺部隊を編成したが、それは主に、大隊の銃で武装した娯楽部隊からの志願者であった。ユダヤ人たちは服を脱がされ、男は全裸に、女は下着だけにさせられた。彼らは脱いだ靴と衣類を重ねて置き、グループごとに約五〇メートル離れた処刑場に連れてゆかれた。ここでも彼らはいつものようにうつ伏せに寝かされ、照準として銃剣を付けた銃で警官によって後ろから撃たれたのである。ブッフマンは幾人かの親衛隊将校とともに近くに立っていた。(38)

大隊のスタッフが黄土色の草地に到着したとき、射殺は始まっていた。ブッフマンが近づいてきて、一緒に連れてきたユダヤ人を射殺する銃殺部隊を編成するようにと、彼らに伝えた。制服担当の一人の事務官は任務から外してくれるように頼んだ。「なぜなら、我々が連れてきたユダヤ人には子供たちが含まれており、当時私自身三人の子供のいる家族の父親だったからです。私は少尉に、自分が撃つことができないという趣旨のことを述べ、なにか他の任務を与えてくれることができないものか尋ねました。」他の幾人かの者も、ただちに同じ要望をだした[39]。

こうしてブッフマンは、自分の位置が、かつてユゼフフでトラップが立たされたときと同じであることに気づき、基本的に同じように行動した。上官にあたる保安警察の親衛隊将校から、通常警察を動かす自分の指揮によって、ユダヤ人の大量射殺を実行するように命じられて、ブッフマンはそれに従わざるをえなかった。さらに、ちょうどユゼフフでブッフマンが他の任務を希望したように、同じことを要望する部下に直面して、彼はそれを承認し、四人を任務から外した。射殺が続いている間、ブッフマンは現場を離れた。要望により銃殺部隊から外された、大隊司令部スタッフで気心の知れた年配の隊員を連れて、ブッフマンは処刑場からかなり離れたところまで歩き去っていった。

しばらくしてから、大隊スタッフの通信兵や運転手に対して、ウークフの保安警察が駆り集めた別のユダヤ人を射殺するようにと命令が下された。そのときもブッフマンは立ち合わなかった[40]。ハンブルクに戻りたいというブッフマンの度重なる要望は、その後ついにかなえられた。ハンブルクに配置換えになると、彼はまず防空将校のポストを得た。さらに一九四三年一月から八月まで、彼はハンブルク警察署長の副官として勤務した。そしてようやく、彼は除隊して自分の木材会社に帰ることを許されたのである。ブッフマンは仕事のために、戦争の最後の年月をフランス、オーストリア、チェコスロヴァキアに旅して過ごした。通常警察を除隊になる直前、彼は予備中尉に昇進していた[41]。トラップがポーランドでの対ユダヤ人作戦からブッフマンを保護したのみならず（ウークフでの射殺を例外として）、彼の個人ファイルに、経歴に傷がつかないような肯定的評価を記入していたことは明らかであった。

13 ホフマン大尉の奇妙な健康状態

一九四二年秋まで、第一〇一警察予備大隊第三中隊は、警察大尉かつ親衛隊大尉のヴォルフガング・ホフマンの指揮の下で、魔法で保護されたような生活を送っていた。すなわち第三中隊は、大隊の他の部隊ではすでに主要な活動となっていたユダヤ人殺戮への参加を、ほぼ免れていたのである。ユゼフフでは、第三中隊の二つの小隊は最初から外側の非常線警備を割り当てられ、その隊員はだれも森のなかの銃殺部隊へ派遣されなかった。大隊がルブリン管区北部保安区域に移動したとき、第三中隊の第二、第三小隊はプワーヴィ郡に駐留した。第三小隊はホフマンの直接の指揮の下で、プワーヴィの町に、ホップナー少尉の指揮する第二小隊はその近くに、すなわち最初はクロフに、ついでヴァンドリンに駐留した。プワーヴィ郡では、ユダヤ人住民の大部分は、一九四二年五月にすでにソビボルへ移送されてしまっていた――そのとき移送されたユダヤ人はその収容所で最初に殺された人びとだった。この地域でまだ残っていたユダヤ人は、プワーヴィの町から約六キロメートル東の小さな町、コニスコヴォーラにある「集合ゲットー」に集められていた。かくして、隣のラジニ郡に駐留していたペータース少尉の第一小隊だけが、八月の強制移送と九月下旬の射殺にかかわったのであった。また当初は、ポーランドのレジスタンスも第三中隊のプワーヴィ滞在を妨げることはなかった。ホフマンは後に、この郡は「比較的平穏であり」、一〇月以前には、一組の「武装強盗団」にも遭遇したことがなかった、と報告している。[1]

しかしながら、一〇月初旬、第三中隊の幸運は尽きてしまった。約一五〇〇人から二〇〇〇人のユダヤ人[2]を収容していたコニスコヴォーラの「集合ゲットー」は、隣のラジニ郡のもろもろのゲットー同様、一掃される予定になった。ルブリン北部はユダヤ人のいない世界（judenfrei）にならねばならなかったのである。この任務のためにかなりの兵力が集められた。チェミルニキにいたペータースの小隊を含む第三中隊の三つの小隊、ヤマー*中尉（彼の主な仕事は地方のポーランド人警察を監督することであった）の下にいた約一二人からなる警備隊、メスマン中尉*の指揮する遊軍の、自動車装備の警備隊中隊、ルブリンからきた約一〇〇人の対独協力者部隊と三人の親衛隊将校、これらが必要な兵力となったのである。[3] 第三中隊はプワーヴィに集合し、そこでホフマンは一枚の紙に書かれた指令を読み上げた。ゲットーはしらみ潰しに捜索され、ユダヤ人は市場へ集められねばならない、動けない者――老人、虚弱者、病人、そして幼児――は、その場で射殺されねばならない、というのである。彼はこれに付け加えて、そうした行動がこれまでかなりの間標準的な手順となってきたのだ、と述べた。[4]

警官たちは車でコニスコヴォーラへ向かった。ホフマンは、先任の警察将校のいる前で、ヤマーとメスマンとの打ち合わせを行ない、兵士の配置を決めた。通常の作戦のときとは対照的に、対独協力者部隊は、警官の一部と協力して非常線を張る任務についた。最初にゲットーの中に入る探索部隊は、第三中隊とメスマンの自動車中隊の両方の隊員で構成された。それぞれの探索部隊は、特定のブロックの家々を割り当てられた。[5]ゲットーは赤痢の流行に苦しんでいた。そのため多くのユダヤ人は市場まで歩いてゆけなかったし、ベッドから起き上がることさえできなかった。したがって突入した部隊が最初にゲットー中を掃討している間、至るところから銃声が聞こえてきた。警官の一人はこう回想している。「私自身は住居内で六人の老人を射殺しました。彼らは寝たきりの老人で、撃って楽にしてくれるようにはっきり私に頼んだのです。[6]」最初の掃討が完了し、生き残ったユダヤ人が市場に集められた後で、非常線を担当していた部隊が、さらにゲットー内を探索するように呼び込まれた。彼らは外で、絶え間なく銃声がするのをすでに聞いていた。彼らがゲットーを探索すると、至るところに死体が散乱していることがわかった。[7]

多くの大隊員は、ゲットーで病院として使われていた建物のことを特に憶えている――病院といっても、それは三、四段ベッドがあるだけで、恐ろしい悪臭を発している大きな部屋というだけであったが。五、六人の警官のグループが、部屋のなかに入って、赤痢に罹っている四〇人から五〇人の患者を片づけるように命じられた。「いずれにせよ、ほとんどの患者はひどく痩せ衰え、餓死寸前でした。彼らは骨と皮だけだったといえます。[8]」病室に立ち籠める臭いからできるだけ早く逃げ出すために、警官たちは部屋へ踏み込むなりあたりかまわず射撃を開始した。銃弾の雨を浴びて、死体が上段のベッドから転げ落ちてきた。「こうしたやり方は胸をむかつかせるものでしたから、私は良心の呵責を感じ、ただちに回れ右をして部屋を離れました。」警官の一人はこう報告している。[9]また他の警官はこう回想している。「病人たちを見て、私はユダヤ人を一人も撃つことはできないと思いました。そこで私は意図的に狙いを外して撃ったのです。」射殺に加わっていた彼の上官の軍曹はこの警官の撃ち方がおかしいと気がついた。なぜなら「病院での射殺行動が終わると、軍曹は私を脇に連れていって、「裏切り者」とか「意気地なし」といって私を罵ったのです。そしてこの件をホフマン大尉に報告するといって脅かしました。しかし、結局彼は報告しませんでした。[10]」

市場でユダヤ人たちは二つに分けられた。一方が男性で他方が女性と子供であった。一八歳から四五歳くらいの男性、特に熟練労働者が選別された。女性も幾人かは労働用に選ばれたようである。選別されたユダヤ人は、ルブリンの労働収容所に送られるために、ゲットーを出て、プワーヴィの町の外にある鉄道駅まで行進させられた。彼らはひどく衰弱した状態にあったので、かなりの者が五キロメートル離れた駅まで行進できなかった。目撃者の証言からして、五〇〇人から一〇〇〇人のユダヤ人が労働用に選び出されたが、一〇〇人くらいは極度の疲労で卒倒し、途中で射殺されたと推定される。[11]

労働に適するとされたユダヤ人が町を出て行進していったのと同時に、残ったユダヤ人——八〇〇人から一〇〇〇人の女性、子供、そして多くの老人——は、町外れの森の処刑場へ連れてゆかれた。ペータースの第一小隊とメスマンの自動車装備の警備隊中隊のうちの一部が銃殺部隊を提供した。最初にユダヤ人男性が森のなかに連れてゆかれ、うつ伏せにさせられて射殺された。女性と子供たちがこれに続いた。[12] 警官の一人は、ミュンヘンからきたドイツ系ユダヤ人であるユダヤ人評議会の長と、最後に彼も連れてゆかれるまで談笑していた。[13] 労働ユダヤ人を駅に連行した警官たちがコニスコヴォーラの市場へ帰ってきたとき、市場には誰もいなかったが、森のほうから銃声が聞こえてきた。彼らはもう一度ゲットーの中を掃討するように命じられ、それが終わった後で休息することを許された。すでに午後も遅くなっており、幾人かの警官は快適な農家を見つけ、なかでカードを楽しむことができた。[14]

二五年後、ヴォルフガング・ホフマンはコニスコヴォーラでの作戦行動についてまったく何も憶えていないと主張した。この作戦行動で、一一〇〇人から一六〇〇人のユダヤ人がたった一日で、彼の指揮する警官たちによって殺されてしまったのであるが。ホフマンの記憶喪失は司法的見地からのご都合主義に基づくものであったかもしれないが、また同時に彼がプワーヴィでの任務の間に経験した健康問題に基づいたものであったかもしれない。当時ホフマンは自分の病気を、八月下旬に接種された赤痢ワクチンのせいにしていた。一九六〇年代になって、彼は自分の病気をユゼフフでの大虐殺からくるストレスに遡らせたほうが一層都合がよいことに気が付いた。[15] 原因がどうであれ、ホフマンは一九四二年九月と一〇月に下痢と激しい腹痛に悩まされはじめた。ホフマンの言うことによれば、彼の健康状態——大腸炎と診断されていた——は、自転車や自動車に乗ったりすると振動で恐ろしく悪化したのである。かくして彼の言い分によれば、当時彼自身は自分の中隊の行動を指揮できなかったということになるのである。にもかかわらず、「軍人としての熱意」といずれ良くなるであろうという期待から、彼は一〇月の終わりまで自分の病気を報告しなかった。一一月二日になって初めて、彼は医師の命令によって野戦病院へ入院したのである。

ホフマンの部下たちは、一様に異なった見方をした。彼らの観察したところによれば、ホフマンは「いわゆる」腹痛の発作を起こすとベッドで安静にしていなければならなかったが、それはいつも決まって、中隊が不快な、あるいは危険な行動に参加するかもしれないとき、起こるのであった。隊員たちは晩に翌日の行動を聞くと、中隊長はきっと朝までにはベッドから起きられない状態になるだろうと予測したが、それはいつものことだった。

その上、ホフマンの態度には部下たちを苦しめる二つの要素が備わっていた。第一に、ホフマンはいつも厳格で近寄りがたく——白衿と白手袋を好む典型的な「利己的将校」で、制服に親衛隊の記章をつけ、大いに部下からの服従を要求した。彼の表情に浮かぶ紛れもない小心さは、今や偽善の極みと映り、部下は彼をナチ少年団員といって嘲笑った。それは一〇歳から一四歳の団員からなるヒトラー・ユーゲントであり、事実上ヒトラーの「カブスカウト」のことである。

第二に、ホフマンは自分が動けない分、それだけ過度に部下を監督することでその埋め合わせをした。彼はベッドの上からすべてのことに命令を下そうと固執した。それも中隊長としてのみならず小隊長としてもあらゆる点でそうしたのである。あらゆるパトロールや行動の前に、下士官たちはホフマンの寝室へ詳細な指図を求めて出頭し、後になって再び彼に個別的に報告したのである。プワーヴィに駐留していた第三小隊には少尉がいなかったので、ユストマン上級曹長*によって指揮されていた。特に彼には、ホフマンの承認がなければ隊員へのいかなる処置も認められていなかった。ユストマンや他の軍曹たちは、自分たちが伍長に降格されたように感じていた。[16]

ホフマンは一一月二日から二五日まで入院し、その後新年を過ぎるまで、療養休暇でドイツに戻った。彼はまた一か月だけ中隊を指揮したが、新しい治療を受けるためにドイツへ戻ってしまった。ドイツでの二度目の休暇中、ホフマンはトラップが彼を中隊長から解任したことを知った。
ホフマンとトラップの関係はすでに一月以来悪化していた。すなわち、トラップが大隊長として、部下の将校、下士官、兵士すべてに、盗んだり、掠奪したり、金を払わないで物を取ってこないことを誓う特別の布告に署名するように命じたとき以来である。ホフマンはトラップに辛辣な返事を書き送り、その中で、この命令は自分の「名誉の感覚」[17]を深く傷つけたので、命令には従えないとはっきり拒絶したのである。トラップもまた、彼の一時的な代理人であったメスマン中尉から、プワーヴィでホフマンが何もしなかったという芳しくない評価を聞いていた。メスマンはコニスコヴォーラの虐殺に参加した自動車装備の警備隊中隊の指揮官である。トラップは第三中隊のカールセン上級曹長*に意見を求めたが、カールセンはホフマンの病気のパターンを事実であると証言した。一九四三年二月二三日、トラップはホフマンを中隊長の地位から解任したいとする要望を提出した。その要望書によれば、ホフマンは重要な行動の前にいつも病気であると報告してきたが、こうした「軍務意識の欠如」は隊員の士気に悪い影響を与えるとされている。[18]
誇り高く短気なホフマンは解任に対して、自分の「将校としての、また兵士としての誇りが最大限傷つけられた」と再び主張して、激しく精力的に抗議した。彼はトラップが個人的遺恨から行動しているとして告発したのである。[19]トラップはこれに対して詳細に反論し、結局支持された。ルブリン管区の通常警察司令官は、結論として、ホフマンの行動は

「決して満足すべきものではなかった」、もしホフマンが本当に病気であったとしても、規則にしたがってそれを報告しなかったことは無責任だとしたのである。さらにホフマンには、他の部隊で自分の汚名を雪ぐ機会が与えられて然るべきであるとされたのである。[20]

ホフマンは実際他の警察大隊に転任になったが、その大隊は一九四三年秋、ソ連の前線での戦闘を経験した。そこでホフマンは二等鉄十字勲章を得たのである。彼は後に、ミンスクの近くで白ロシア人の外人大隊の指揮を委ねられ、ついでコーカサス「志願兵」大隊の指揮を任された。戦争が終わったとき、ホフマンは、ポズナニの警察長官の首席参謀将校であった。[21] 以上をまとめてみると、ホフマンのその後の経歴から見て、一九四二年秋の彼の態度が、彼の部下やトラップが疑ったような臆病にあたるのかどうかを決めることは困難であるといわざるをえない。確かに彼は病気であった。彼の病気が第一〇一警察予備大隊の血なまぐさい活動に起因するものかどうか、それは確定できない。しかし彼は心因性の「結腸過敏症」ないし「大腸炎」の症状をもっていた。そして明らかにホフマンの任務は彼の症状を悪化させたのである。さらに明瞭なことは、ホフマンはポーランド・ユダヤ人の殺戮に係わる任務から逃れるために病気を利用したというより、病気を上官の目から隠すために、病院へ入れられることから逃れるために、あらゆる努力を払っていたということである。もし大量殺戮がホフマンに腹痛を与えていたとすれば、それは実は、彼が心の奥では良心の呵責を感じ、彼の能力の最上のものに打ち克とうとしていたことを示しているのだ。

14 「ユダヤ人狩り」

一九四二年一一月中旬までに、ユゼフフ、ウォマジー、セロコムラ、コニスコヴォーラなどの大虐殺、さらにミェンジジェツ、ウークフ、パルチェフ、ラジニ、コツクのゲットーでの掃討によって、第一〇一警察予備大隊の隊員たちは、少なくとも六五〇〇人のポーランド・ユダヤ人の公然たる処刑に関与し、また少なくとも四万二〇〇〇人以上をトレブリンカのガス室へ強制移送してきたのであった。しかしそれでも、大量殺戮作戦での彼らの役割は終わったわけではなかった。ルブリン管区北部の町やゲットーからユダヤ人が一度掃討された後で、第一〇一警察予備大隊は、これまでの駆り出しから逃れ、なお隠れている者を追跡し、組織的に抹殺するように命じられた。つまり、彼らはその持ち場である地域を、完全にユダヤ人のいない世界にする責任を負わされたのである。

一年前の一九四一年一〇月一五日、ポーランド総督のハンス・フランクは、ゲットーの外で捕らえられたユダヤ人は特別法廷に引きだされ、死刑に処せられるという布告を出した。この布告は少なくとも部分的には、ポーランドのドイツ人公衆衛生担当官の要望に応えたものであった。この担当官によれば、最も厳格な罰によってのみ、飢えたユダヤ人が食物を求めてゲットーを離れることをやめさせることができ、それによってゲットー内で猛威をふるっているチフスの蔓延を防ぎうるのであった。たとえば、ワルシャワ管区の公衆衛生長官のランプレヒト博士は、ゲットーの外で発見されたユダヤ人を、「餓死の恐怖よりも恐ろしい」「絞首刑の恐怖」によって威嚇する法律に賛成していた。[1] しかしフランクの布告を実施する段になると、すぐに不平不満が聞こえてきた。逮捕されたユダヤ人を連行する兵力はあまりに少なかったし、担当しなければならない範囲は広大であった。また特別法廷の司法手続きはあまりに煩雑で時間がかかりすぎた。こうした欠点を改善することは簡単であった。すべての司法手続きが不要とされ、ゲットーの外で発見されたユダヤ人はその場で射殺されるようにすればよかった。一二月一六日の各管区文民行政長官とフランクとの会議で、ワルシャワ管区民政長官の代理は次のように記している。「通常警察長官による射殺命令を我々はいかに歓迎したことか。それによって、我々は地方で出会ったユダヤ人を射殺してもよいことになった。[2]」

要するに、ポーランド・ユダヤ人は絶滅収容所に移送される以前は、ゲットーの外では即決の処刑が待ち受けていた。しかしながら、この「射殺命令」はルブリン管区ではかなりルーズに実施されていた。というのは、そこでは——総督府内の他の管区と比べると

――ユダヤ人のゲットーへの囲い込みはほんの一部で始められていただけだったからである。ルブリン管区北部の小さな町や村で生活していたユダヤ人は、一九四二年の九月から一〇月までは、ミェンジジェツやウークフの中継ゲットーに集められてはいなかった。ルブリン管区北部でトラップの部隊の先任者であった第三〇六警察大隊は、確かに時々は町の外で出会ったユダヤ人を射殺した。(3) しかし、ユダヤ人を追跡する作戦は、ユダヤ人をゲットーに集める作業が完了するまでは始まっていなかった。ユダヤ人の追跡は、ゲットーのユダヤ人が一掃されてから初めて本格的に激しさを増したのである。

八月下旬、パルチェフは、大隊がユダヤ人を完全に一掃すべき保安区域での最初のゲットーとなった。シュタインメッツ軍曹の指揮する第二中隊所属第三小隊はパルチェフに駐屯していたが、彼によると、ユダヤ人はその後もこの地域のゲットーの外で発見され続け、そのたびに地方の監獄に収容された。グナーデはシュタインメッツに、収監されたユダヤ人を射殺するように命じた。「グナーデ少尉のこの命令は明らかに他のすべてのケースにも同様に拡大されてゆきました。……わたしは自分たちの受け持ち区域をユダヤ人のいない状態に保つ任務を与えられたのです。(4)」ドルッカー少尉も同様に、八月下旬に大隊司令部から命令を受け取ったことを憶えている。「田舎を自由にうろついているユダヤ人は、発見されしだいその場で射殺されねばならないというものでした。」しかし、あちこちの小さな村からユダヤ人を中継ゲットーに最終的に移送するまでは、命令は完全には実行されなかった。

一〇月にはこの命令は真剣なものになった。[5] ゲットーへ入らないユダヤ人は射殺される、と書かれた掲示板が立てられた。[6]「射殺命令」は、隊員に対する中隊の通常指令の一部となり、特に隊員がパトロールに出かけるとき、繰り返し伝えられた。[7] 大隊の保安区域で、ゲットーの外に一人のユダヤ人も残っていないなどということは考えられなかった。公式の用語では、大隊は「容疑者」を探索するために「森のパトロール」を行なった。[8] しかし第一〇一警察予備大隊の隊員が逃亡中のユダヤ人を追跡し、動物を撃つように射殺しているとき、彼らは最終的解決のこの段階を、非公式に「ユダヤ人狩り」と呼んでいた。[9]

「ユダヤ人狩り」はさまざまな形態で実施された。最も瞠目すべきものは、一九四二年秋と一九四三年春に大隊によって実施された、二回にわたるパルチェフの森の掃討作戦であった。後者は国防軍部隊との協同作戦である。ユダヤ人のみならず、パルチザン、逃亡したロシア人戦争捕虜が掃討作戦のターゲットであった。しかし一九四二年一〇月の最初の作戦においては、ユダヤ人がその主要な犠牲者であったと思われる。第三中隊のゲオルク・レフラー*はこう回想している。

我々は、森のなかにたくさんのユダヤ人が隠れていると告げられていました。そこで我々は森のなかを散兵展開して捜査しましたが、何も発見できませんでした。ユダヤ人たちはとても巧妙に隠れていたからです。我々は二度目の捜査を開始しました。そのときになって初めて、地上にいくつもの煙突状の管がつきでているのを発見しました。我々は、ユダヤ人がそこの地下掩蔽壕に隠れていることがわかったのです。ユダヤ人たちはそこから引きずれ出されました。一つの壕ではユダヤ人が抵抗しましたので、隊員が壕のなかに下り、彼らを引きずりだしました。それからユダヤ人たちはその場で射殺されました……彼らはうつ伏せにさせられ首筋を撃たれて殺されたのです。銃殺部隊員が誰だったかは思い出せません。単純に側に立っていた者が射殺を命じられたのだったと思います。約五〇人のユダヤ人が射殺されました。その中にはあらゆる年齢層の男女がまざっていました。一家でそこに隠れていたケースが多かったからです……射殺は公衆の面前で行なわれました。非常線はまったく張られていませんでしたので、パルチェフから来た多くのポーランド人が処刑場のすぐ側に立って見物していました。その後ポーランド人には、たぶんホフマンからだったと思いますが、射殺されたユダヤ人を未完成の地下壕に埋葬するように命令が出されました。[10]

大隊の他の各部隊も地下の掩蔽壕を発見したこと、そして、それぞれ二〇人から五〇人のユダヤ人を射殺したことを記憶していた。[11] 警官の一人は、一〇月の掃討で全部で五〇〇人を射殺したと推定している。[12]

一九四三年の春の場合、状況が幾分変わっていた。まだ生き延びていた少数のユダヤ人はほとんど、パルチザンや逃亡した戦争捕虜のグループに加わることができた。春の掃討作戦は、武装して抵抗していた逃亡ロシア人やユダヤ人の「森のキャンプ」を襲撃した。約一〇〇人から一二〇人のロシア人やユダヤ人が殺害された。大隊は少なくとも一つの災難に見舞われた。トラップの副官であるハーゲン中尉が部下の誤射によって事故死したからである。[13]

かなりの数のユダヤ人が、ドイツ人入植者〔ナチの東部ゲルマン大帝国建設のために、追放されたポーランド人やロシア人の農場に移住してきた人びと。〕が没収して今や管理している様々な大農園に、以前から労働者として送られていた。パルチェフ近郊のグートヤブロンではシュタインメッツの小隊が三〇人のユダヤ人をトラックに乗せ、森に連れていって、今や所定の手順となった観のある首筋撃ちで殺害した。労働力だったユダヤ人が近々抹殺されることを聞いていなかったドイツ人民政官は、これに対して不平を述べたが無駄であった。[14] プワーヴィ近郊のグートパンヴィッツのドイツ人文民行政官はユダヤ人労働者が多すぎるという、これとは反対の問題に直面していた。彼の管理する大農園は、ゲットーから近くの森に逃げ、労働ユダヤ人にまじって避難所と食料を求めるユダヤ人の隠れ家となっていたのである。ユダヤ人労働者の数が目立って増えてくると、農園の行政官はホフマン大尉に電話をかけた。するとドイツ警察部隊が、余剰のユダヤ人を射殺するために送られてきたのであった。[15] ホフマンが入院した後で、後任者であるメスマン中尉は、プワーヴィの半径五〇―六〇キロメートル内にいるユダヤ人労働者の小グループを組織的に抹消するために、遊軍部隊を編成した。メスマンの運転手であったアルフレート・シュパーリッヒ*は、その時の手順を次のように回想している。

農家の庭とユダヤ人の宿舎がすぐ側の場合は、私は速度を上げて農家の庭に車を乗り入れました。警官たちはすぐ車から飛び降り、直接ユダヤ人の宿舎を急襲しました。そのとき宿舎にいたユダヤ人はすべて追い出され、干し草の山やジャガ芋置場、ゴミの山などのある農家の庭で射殺されました。犠牲者はほとんどいつも裸で、地面にうつ伏せになったところを後ろから、首筋を狙って撃たれました。

しかし農家の庭へ通ずる道がどこからもよく見える場合には、警官たちは犠牲者が気づいて逃亡しないように、徒歩で密かに近づいた。森の近くの仕事場では、警官はいつも予期した以上のユダヤ人を見つけることができた。[16]

ユダヤ人の一部は、森に隠れるよりも町中に隠れて生き延びていたが、彼らもまた追跡の対象となった。[17] 隊員に最もよく記憶されていたのはコックの町の例であった。そこでは地下の隠れ家が、ドイツ人のために働いていたポーランド人通訳によって報告され、四人のユダヤ人が捕らえられた。「取り調べ」の結果、捕らえられたユダヤ人は、町の外れの大きな家の地下にあるもう一つの隠れ家を白状した。一人のドイツ人警官とポーランド人通訳が、難なく捕まえることができるだろうと二番目の隠れ家へ出かけていった。しかしその時は、ユダヤ人が武器を持っていた珍しいケースであって、隠れ家に近づいた警官は発砲された。増援部隊が召集され、銃撃戦となった。結局、四、五人のユダヤ人が脱出しようとして射殺され、八人から一〇人は、地下室で死体でか、あるいは致命傷を負って発見された。四、五人だけが無傷で逮捕された。彼らは同様に「取り調べ」られ、その晩射殺された。[18] それから、ドイツ警察はこの家の所有者であるポーランド人女性の探索に出かけた。彼女は銃撃戦のなかをなんとか逃げ出すことができたのである。警官たちは、近郊の村にある父親の家にまで彼女を追跡していった。ブラント少尉は彼女の父親に厳しい選択を迫った。――娘をさし出すかそれとも自分の命を差し出すかである。父親は娘を引き渡し、彼女はその場で射殺された。[19]

「ユダヤ人狩り」の最も一般的な形は、報告のあった個々の掩蔽壕を一掃するために行なわれた、森のなかへの小規模のパトロールであった。大隊は密告者、密猟者ないしは猟師のネットワークを作り上げていた。彼らがユダヤ人の隠れているところを探し、発見してくるのである。他にも多くのポーランド人が自発的にユダヤ人の情報をもたらした。隠れているユダヤ人は生き延びようと自棄になって、村や農家、畑で食料を盗んだからである。

こうした報告が届くと、地域の警察司令官はユダヤ人の隠れ家を探すために小規模のパトロール部隊を派遣した。細部は多種多様であったが、同じようなシナリオがたびたび演じられた。警官たちはポーランド人の道案内について直接隠れ家に着き、隙間から手榴弾を投げ込んだ。最初の手榴弾攻撃を生き延び、掩蔽壕から出てきたユダヤ人は、すぐうつ伏せにさせられ首筋を撃たれた。死体はいつもそのまま放置され、近くのポーランド人の村人によって埋められたのである。[20]

こうしたパトロールは「あまりにしばしば行なわれた」ので、ほとんどの警官は、自分が一体何回くらい参加したのかを思い出すことはできなかった。「それは多かれ少なかれ日々のパンのようなものでした」、警官の一人はこう述べている。[21] 他の警官も同じように、「ユダヤ人狩り」を「日々のパン」と表現している。[22] パトロール指揮官の態度から、隊員はその日の行動が対パルチザン作戦になる可能性があるのか、それとも武器など持っていないと思われる、密告されたユダヤ人を探索するのか、すぐに知ることができた。[23] 少なくとも一人の警官によれば、「ユダヤ人狩り」パトロールの方が圧倒的に多かった。「ユダヤ人狩りが我々の主要な任務でした。実際の対パルチザン行動と比べると、ユダヤ人狩りの方がずっと多かったといえます。[24]」

生き残っているユダヤ人を駆り出す小部隊のパトロールによって、第一〇一警察予備大隊の隊員は、ほとんどユゼフフで経験した世界へ戻ってしまった。大規模な強制移送作戦の間、すべての警官は、事実上非常線を張る任務を遂行するだけでよかった。彼らは多くの人びとを列車に追い込んだが、列車の到着した先での殺戮から距離をとっていることができた。自分たちは移送したユダヤ人の運命に係わっていないのだ、という彼らの感覚は、揺るぎないものだったのである。

しかし「ユダヤ人狩り」においては事情が違った。警官たちは、犠牲者と再び直接対面することになり、殺戮は自らの人格に係わるものになった。さらに重要なことは、警官の一人ひとりが、殺戮に参加するかどうかの選択権を再びかなりの程度持っていたということである。それぞれの警官がその選択権をいかに行使したかをみれば、大隊内の「強者」と「弱者」の範囲が明らかになる。ユゼフフから数か月の間に、多くの隊員は殺戮に対して感覚が麻痺し、無頓着になり、さらに幾つかのケースでは熱心な殺戮者にさえなった。残りの隊員は殺戮過程への関与を制限した。つまり大きな犠牲や不都合なしにそうできる場合は関与を差し控えたのであった。ごく少数の者だけが状況に順応せず、周囲から攻撃されながらも何とか道徳的自立性の領域を守った。自立した道徳に励まされ、彼らは殺人者にならないですむような行動パターンをとり、忌避の計略を練ったのである。

熱心な殺戮者に関していえば、ブラント少尉の妻は、夫をポーランドに訪ねたとき起こった一つの事件を鮮明に記憶していた。

ある朝、私が夫と宿舎の庭に出したテーブルについて朝食をとっていますと、夫の小隊の通常警察官が私たちに近づいてきました。彼は堅苦しく気をつけの姿勢をとると、こう言いました。「少尉殿、本官はまだ朝食を食べておりません。」夫が彼をいぶかしげに見ると、彼はさらに続けて言いました。「本官はまだユダヤ人を一人も殺しておりません。」それはすべて、とても皮肉に聞こえましたので、私は憤慨して、その男をきつい言葉で叱責し、彼を――私の記憶が正しければ――ならず者と呼びました。夫はその警官を下がらせると、私を非難し、そんな言い方をすると私が厄介なごたごたに巻き込まれることになるよと言いました。[25]

殺戮に対する感覚がますます鈍くなる事態は、警官たちが射殺後にとる行動にも明らかに見て取れた。ユゼフフや初期の射殺の後では、隊員たちは動揺し、辛い思いに耐えながら兵舎に戻った。自分たちがたった今してきたことについて話そうという欲求や熱意は湧いてこようがなかった。情け容赦ない殺戮が続くにつれて、そうした繊細な感覚は鈍化していった。警官の一人はこう回想している。「昼食のテーブルについていたとき、幾人かの戦友が作戦中してきたことについてジョークを飛ばしていました。彼らの話から、私は彼らが作戦を終了してきたばかりだと推測できました。私は特にひどい話だなと思い出すのですが、隊員の一人が、俺たちは今「殺されたユダヤ人の頭」を食べているんだぜと言ったのです。[26]」この「ジョーク」が少しも面白くなかったのは、証言した目撃者だけであった。

こうした雰囲気の下では、将校や下士官が「ユダヤ人狩り」のパトロール部隊や銃殺部隊を編成することはまったく容易であった。ただ志願者を募ればよかったからである。この点に関して、最も注目すべきはアドルフ・ビットナー*の証言である。「何よりも私はこう断言しなければなりません。担当将校の求めに応じて、処刑部隊には基本的に充分な志願者がいたのです……さらに私が付け加えねばならないのは、しばしばあまりにも多くの志願者がいたために、彼らの一部は戻されねばならなかったほどなのだということです。[27]」他の隊員たちはそれほど断定的ではないが、志願者を募ることに加えて、将校や下士官は時々近くにいる隊員から、進んで射殺者になりそうな者を指名したと述べている。ベケマイアー軍曹はこう述べている。「以上を要約すると、たぶん次のように言えるでしょう。小規模の作戦行動の場合、つまりそれほど多くの射殺者が必要でないときは、いつでも充分な志願者が集められました。大規模な作戦行動の場合、つまりかなり多数の射殺者が必要とされたときは、確かに多数の志願者はいましたが、しかしもし充分でないなら、足りない分はそれ以外の者が割り当てられたのです。[28]」

ベケマイアーと同様、ヴァルター・ツィンマーマン*も大規模な処刑と小規模な処刑を区別した。後者のケースに関して彼は次のように言及している。

私は、これ以上できないと明言している者が、にもかかわらず処刑に関与し続けるよう強制された例を思い出すことはできません。班や小隊の行動についていえば、私は正直に認めなければなりませんが、そうした小規模の処刑の場合、ユダヤ人を撃つことが他の者より容易な戦友がいつも幾人かはいたのです。ですからそれぞれの指揮官が、適切な射殺者を見つけることは困難ではなかったのです。[29]

「ユダヤ人狩り」や銃殺部隊に参加したくなかった隊員は、三つの行動方針に従った。まず彼らは殺戮に対する生理的な嫌悪を隠さなかった。次に志願しなかった。そして最後に、「ユダヤ人狩り」パトロール部隊や銃殺部隊が編成されるとき、将校や下士官からできるだけ離れているようにしたのである。幾人かは、彼らの態度がすでによく知られていたので、一度も選ばれなかった。ユゼフフで最初に不参加者として一歩前に出たオットー・ユリウス・シムケは、しばしば対パルチザン行動を命じられたが、決して「ユダヤ人狩り」には指名されなかった。彼はこう述べている。「排除されたわけではありませんが、あの一件以来私は他の対ユダヤ人作戦から解放されました。[30]」アドルフ・ビットナーも、大隊の対ユダヤ人行動に対して早くから隠さず反対していたために、自身はそれ以上巻き込まれなかったのだと考えている。

私が強調しなければならないのは、最初の日から私は戦友たちのなかで、そうした手段に賛成できないこと、決して志願しないことをはっきりさせたということです。たとえばユダヤ人探索の最初のときに、私の戦友の一人が私の前でユダヤ人女性を棍棒で殴りました。そこで私は彼の顔を殴ったのです。報告がなされ、かくして私の態度は上官たちの知るところとなりました。私は公式には罰を受けませんでした。しかし組織がいかに動いているかを知っている者なら分かることですが、公式の処罰がなくとも、それを充分に埋め合わせできる可能性があるのです。だから、私は日曜の勤務を割り当てられたり、特別な歩哨に立たされたりしたのです。[31]

しかしビットナーは決して銃殺部隊には割り当てられなかった。

グスタフ・ミヒェルゾン*はユゼフフでは、戦友たちの嘲笑にもかかわらずトラックの間でぐずぐずして、任務をやり過ごしていた。彼もまたその評判ゆえに、ある程度免除されていた一人である。しばしば行なわれた「ユダヤ人狩り」について、ミヒェルゾンは次のように回想している。

こうした作戦に関して、だれも私に近づいてきませんでした。そうした作戦行動のために、将校たちは「男たち」を連れていったのです。彼らの目から見ると私は「男」ではありませんでした。私のような態度と行動を示した他の戦友たちも、そうした行動への参加を容赦されました。[32]

ハインリヒ・ホイヒト*は、いかにして自分が一度の例外を除いて射殺者になるのを回避したかを説明するに際して、それは戦術的に距離をとることだったと思い出している。

隊員にはいつも、数メートルの範囲内で移動できる自由がありました。そして経験上私は、小隊長がほとんどいつも彼の隣にいる連中を選んでいることにすぐに気が付きました。そこで私はいつも、できるだけ事態の中心から離れた位置に立つようにしたのです。[33]

他の者たちも同様に、列の後にいることによって射殺者になることを避けようとした。[34]とはいえ、距離をとったり評判になることだけでは充分でなかったことも時々あり、その場合には、殺害を避けるにはあからさまな拒絶が必要であった。第三中隊所属第二小隊では、ホップナー少尉は最も熱心な「ユダヤ人狩り」の常習実行者の一人となっており、ついに全員が射殺者にならねばならないという方針を強制しようとするに至った。これまで射殺したことのなかった幾人かの隊員は、かくして初めてユダヤ人を殺すことになった。[35]しかしアルトゥール・ロールバウク*は無防備な人びとを撃つことはできなかった。「ホップナー少尉は私が撃てないことを知っていました。彼はそれ以前の射殺の際すでに、おまえはもっとタフにならなければいけないと話していました。彼はかつて、おまえもいずれ首筋撃ちを学ぶことになるだろうといったのです。」ハイデン伍長*や他の五人の警官とともに森をパトロールしているとき、ロールバウクは三人のユダヤ人女性と一人の子供に出会った。ハイデンは彼の部下にユダヤ人を撃つように命じたが、ロールバウクは命令をきかずに立ち去ろうとした。ハイデンは彼の銃をひったくると、自分でユダヤ人を射殺した。ロールバウクは、これによって自分が処罰を受けなかったのはトラップのおかげだったと考えている。「おやじのおかげで、私は厄介なことにならないで済んだと思います。[36]」

他の者はより注意深く、将校がいないときにだけ射殺を差し控えた。彼らは同じ考えの信頼できる戦友に囲まれていたのである。マルティン・デットモルト*はこう回想している。「小規模の作戦行動の際には、捕まえたユダヤ人を再度放してやることがしばしばありました。上官がまったく気が付かないと確信できたとき、そうしたことが起こったのです。時が経つにつれて、我々はいかにして自分の仲間を見極めるかを学びました。そして、思い切ってできそうなときには、軍規に反して逮捕したユダヤ人を射殺せず放してやることを学んだのです。[37]」大隊の通信スタッフも、彼らが単独で防衛線を敷いていたとき、田舎で出会ったユダヤ人を無視したと主張している。[38] 首筋撃ちではなく距離をおいて撃つとき、少なくとも一人の警官はただ「空中に向けて」[39]撃っただけだった。

第一〇一警察予備大隊は「ユダヤ人狩り」の間に、何百人の――実際のところ恐らく何千人の――ユダヤ人を射殺したのだろうか。その数を示す報告はこの部隊には残されていない。しかしながら、われわれはポーランドで展開していた他の三つの部隊が残した報告から、最終的解決において「ユダヤ人狩り」という構成要素がいかに重要であるかを感じ取ることができる。

一九四三年五月から一〇月までの間に、すなわち、ゲットーへの駆り集めから逃げ隠れたユダヤ人の大部分がすでに追い詰められ、射殺されてからかなり経っていたのだが、ルブリン管区通常警察指揮官（ＫｄＯ）は、――したがってこれから挙げる数字には第一〇一警察予備大隊の貢献も含まれていると思われるが――クラクフにいる彼の上官（ＢｄＯ）に、部下が射殺したユダヤ人の死体の毎月の数を報告していた。この六か月の間に、ルブリン管区における殺戮のピークが過ぎてかなり経っていたにもかかわらず、全体で一六九五人、毎月平均二八三人が射殺された。なかでも八月と一〇月が特に目立っている。八月には、以前述べたのとは別の大規模な森の掃討が実施されたし、一〇月には、ソビボルの絶滅収容所を強行突破したユダヤ人たちが追い詰められたのである。[40]

「ユダヤ人狩り」のピーク時の殺戮の割合をよく表わしているのは、ワルシャワの警備隊小隊の報告であった。この部隊はわずか八〇人の隊員で構成され、ワルシャワ近郊の町や周辺の田舎をパトロールしていた。指揮官のリープシャー少尉は、精力的かつ熱心な点で特に悪名高い、最終的解決への関与者であった。彼の日報によれば、一九四三年三月二六日から九月二一日までに、部隊は全部で一〇九四人のユダヤ人を殺害した。警官一人当たり平均約一四人である。ピークにあたる月は、予想されたように、四月と五月であった。その頃ユダヤ人たちは、ワルシャワ・ゲットーでの最終的抹殺から絶望的な逃走を試みており、リープシャーの警備する地域を通過しなければならなかったのであった。リープシャーの日報には、多様な日々の出来事が詳細に記録されている。報告は「現行の指針による処置」という項目で終わっており、続いて、ただ日付、場所、ユダヤ人の数、性別だけが記されている。終わりの方になると、項目も落とされ、何の説明もなく、日付、場所、ユダヤ人の数と性別だけが記載されている。[41]

第一〇一警察予備大隊と最も関連するところがあり最も相似した状況にあったのは、おそらく第一三三警察予備大隊の一中隊であった。その中隊は、ルブリン東部に隣接したガリツィア管区のラヴァルースカヤに駐屯していた。一九四二年一一月一日から一二月一二日までの六週間の報告によれば、この中隊は、強制移送時に身を隠したか、あるいはベウジェツへ向かう列車から飛び降りたかした四八一人のユダヤ人を処刑した。それゆえこの六週間という短い期間に、中隊は警官一人当たり約三人のユダヤ人を、すでに強制移送によって一掃され、「ユダヤ人狩り」によってユダヤ人のいない状態に保たれていた地域で、殺害したのであった。[42]

「ユダヤ人狩り」はこれまでほとんど注意を引かないできたとはいえ、それは最終的解決にとって重要な、統計上も意味ある局面であった。ポーランド総督府におけるユダヤ人犠牲者の少なからぬ割合の人びとが、それによって命を失ったのであった。統計上のことは別としても、「ユダヤ人狩り」は心理学的にみて、犯罪者たちのメンタリティを解明する重要な鍵である。ポーランドにおけるドイツ人占領者の多くが、なにかのおりにゲットーへの駆り集めを目撃したり、参加したりしたに違いない。――それは彼らの一生のなかで、容易に心のなかで抑圧しうるほんの短い瞬間であった。しかし「ユダヤ人狩り」は決して短いエピソードなどではなかった。それは、「猟師」が「獲物」を追跡し、直接面と向かって対決して殺す、そうした不屈の、冷酷な、継続的作戦行動なのであった。それは決して一時の局面ではなく、発見されるかぎり最後の一人までユダヤ人を殺してしまおうという、不断の準備と意図を持った実在の状態であった。

15 最後の大虐殺――「収穫感謝祭」作戦

一九四二年一〇月二八日、ポーランド総督府の親衛隊＝警察高級指揮官（HSSPF）ヴィルヘルム・クリューガーは、ルブリン管区では八か所のユダヤ人ゲットーが残されることになると宣言した。[1] そのうち四か所は、第一〇一警察予備大隊の保安管轄区域にあった。すなわち、ウークフ、ミェンジジェツ、パルチェフ、コニスコヴォーラである。しかし実際には、ウークフとミェンジジェツの二つのゲットーだけが、ルブリン管区内の他場所にあるピアスキ、イズビツァ、ブウォダヴァとともに、秋の強制移送後も残された。

一〇月、一一月の移送の際に森へ逃れた多くのユダヤ人は、一方で飢餓や野ざらしによる絶えざる死の危険に直面し、他方で密告や射殺に怯えていたために、やがて復旧されたウークフとミェンジジェツのゲットーに次第に戻りはじめた。冬の季節の到来は森の中での生活をますます困難で危険なものにしていた。少しでも動き回れば雪に足跡が残ったし、凍った排泄物によって、干し草の山のなかに作られたユダヤ人の隠れ家が判明してしまうことすらあった。[2] かくして、強制移送が終了したように思われたとき、隠れていた多くのユダヤ人は、このまま森の中で撃たれる獲物でいるより、許可されたゲットーの一つにいたほうが生き延びるチャンスが多いのではないかと計算したのである。

事実ラジニ郡からの強制移送は当面は終わっていた。しかしウークフやミェンジジェツのゲットーでの生活は、危険のない状態だったわけではない。ウークフでは、親衛隊のゲットー行政官ヨゼフ・ビュルガーは、ゲットーの人口を減らすために、一二月に五〇〇人から六〇〇人のユダヤ人を射殺させた。[3] ミェンジジェツでは一九四二年一二月三〇日に、秋の移送から外されてブラシ工場にいた五〇〇人のユダヤ人労働者が、トラヴニキの強制労働収容所へ送られた。[4] 翌日の夜、すなわち大晦日の午後一一時ごろ、近隣のビャワ・ポドラスカの保安警察隊員が酔っ払ってミェンジジェツのゲットーに現われ、ラジニの保安警察が到着して彼らを追い払うまで、「スポーツとして」残っていたユダヤ人を射殺した。[5]

危険がないわけではなかったとはいえ比較的平穏だった四か月が経って、終局がやってきた。一九四三年五月一日、第一〇一警察予備大隊第二中隊の警官たちはミェンジジェツのゲットーを取り囲んだ。そこで前年の秋、第二中隊の隊員は何回も強制移送を実施したのであった。またしてもトラヴニキから来た部隊と合同して、彼らはその日の朝ゲットーを閉鎖し、ユダヤ人を市場へ集めた。警官たちは移送される者の数を七〇〇〇人から一〇〇〇〇人と見積もったが、警官の一人は、三〇〇〇人は下らないだろうと言われていたことを認めている。[6] あるユダヤ人目撃者は四〇〇〇人から五〇〇〇人と見積もっていた。[7] 再びユダヤ人たちはグナーデの考案した脱衣小屋で徹底的に身体検査され、持ち物を取り上げられて、列車に詰め込まれたが、あまりにすし詰めだったのでドアがなかなか閉じられなかったほどであった。ユダヤ人の一部はルブリンのマイダネク強制労働収容所へ送られたが、ほとんどはトレブリンカのガス室へ移送され、ミェンジジェッツでのいわゆる第五作戦行動は終了した。[8]「第六作戦行動」は五月二六日に実施され、別の一〇〇〇人のユダヤ人がマイダネク収容所へ送られた。[9] この時点で残ったのはわずかに二〇〇人だった。幾人かは逃亡したが、一九四三年七月一七日に、「第七の」、最後の作戦行動が実施され、残された一七〇人は保安警察によって射殺された。その後、ミェンジジェッツはユダヤ人から解放されたと宣言されたのである。五月二日、グナーデの指揮する第二中隊によってミェンジジェッツからの強制移送が再開されたのと同時に、トラヴニキから来たウクライナ人外人部隊を連れたルブリンの親衛隊部隊がウークフのゲットーを一掃し、さらに三〇〇〇人から四〇〇〇人のユダヤ人をトレブリンカへ移送した。[10]

一九四二年六月に第一〇一警察予備大隊員としてポーランドにやってきた人びとは、徐々に新しい任務を割り当てられるようになっていった。一九四二年から四三年の冬の間に、比較的年齢の高い者——一八九八年以前に生まれた者——は、ドイツへ返された。[11] 同時に、大隊のそれぞれの小隊から隊員が選ばれ、ブラント少尉の下で一つの特殊部隊に編成された。彼らは管区南部のザモシチに派遣され、ポーランド人住民を村から追放する作戦に参加した。これは、ポーランドの奥深くに純血のドイツ人入植地を建設しようという、ヒムラーとグロボクニクの計画の一部であった[12]。一九四三年初頭、大隊の比較的若い下士官たちは武装親衛隊に新たに編入され、特殊訓練所に送られた[13]。それより少し遅れて、グナーデ少尉は特別警備中隊を編成するためにルブリンへ転出し、その際シュタインメッツ軍曹を副官として連れていった[14]。とはいえグナーデ少尉は、五月の強制移送を指揮するために短期間ミェンジジェツへ戻っている。最後に、シェーア少尉も、パルチザン部隊の追討を強化するために特別に編成された、二つの特殊「追跡小隊」の一隊の指揮を執るために、ルブリンへ行くことになった。第一〇一警察予備大隊の空いたところを埋めるために増援部隊が新たに編入された。特に著しく減少した第二中隊のために、ベルリンからのグループがやってきた[15]。しかしほとんどの部署で、大隊は兵力を落としたままであった。

帰還したり転任したりした比率が高かったので、ユゼフフでの最初の虐殺に参加した警官のうちほんの一部だけが、一九四三年一一月の時点でなお大隊に留まっていた。そしてこの一一月に、大隊は「収穫感謝祭」作戦の大虐殺へ、すなわち戦争全体を通じてドイツ軍によって単独で行なわれた最大規模のユダヤ人殺戮作戦へ参加した。それは大隊の、最終的解決への参加の頂点をなすものであった。収穫感謝祭作戦の大虐殺はルブリン管区で四万二〇〇〇人のユダヤ人を犠牲にしたが、これはキエフ近郊のバビ・ヤールでの悪名高い大虐殺の犠牲者数三万三〇〇〇人をも上回るものであった。これを超えるものといえば、一九四一年一〇月の、ルーマニア軍によるオデッサ・ユダヤ人五万人の大虐殺があるだけである。

収穫感謝祭作戦は、ポーランド・ユダヤ人を壊滅させようというヒムラーの聖戦の頂点であった。一九四二年、殺戮作戦が勢いを増したとき、ヒムラーは、戦争遂行に不可欠なユダヤ人労働者を動かしては困るという、産業界や軍関係者からの不満に悩まされ続けた。こうした不満をヒムラーは単なる口実にすぎないと見なしていたのだが、それに応えるためにやむをえず、収容所やゲットーで完全に親衛隊の支配下に置くという条件で、ユダヤ人労働者のうちの幾らかを残しておくことに同意した。ヒムラーは、一方ですべてのユダヤ人の運命の究極的支配権を確保しながら、戦争経済の必要性に基づいた実用的な議論をかわすために、これを認めたのである。というのは結局のところ、労働収容所や労働ゲットーという聖域は一時的なものにすぎないからである。ヒムラーはこう述べている。「ここでもまた、ユダヤ人たちは総統の意志によって同じように一日で消えてしまうことになるのだ。[16]」

ルブリン管区では、ミェンジジェツ、ウークフ、ピアスキ、イズビツァ、ブウォダヴァの労働ゲットーが一九四二年から四三年にかけての冬の間だけ存続を許されていた。後の三つのゲットーは一九四三年三月と四月に除去された。われわれがすでに見たように、ミエンジジェッツとウークフのゲットーも五月には同様の運命に見舞われた[17]。その後、ドイツ側の許可を得てルブリン管区で生き残ったユダヤ人は、オディロ・グロボクニクの支配する労働収容所帝国で働く約四万五〇〇〇人だけであった。この中には、ルブリン・ゲットーの生き残り、またワルシャワやビャウィストクの解散整理されたゲットーから送られてきた労働者が含まれていた。

一九四三年秋の段階で、ヒムラーにとって二つのことが明白になっていた。まず第一は、己れの使命を果たすために、収容所の労働ユダヤ人を殺害しなければならないということである。第二は、過去六か月の間に、ワルシャワ（四月）、トレブリンカ（七月）、ビャウィストク（八月）、ソビボル（一〇月）でユダヤ人のレジスタンスが勃発していたということである。これらの地のユダヤ人は、これ以上生き延びる希望を見出せなかったのである。

一九四三年春までは、ポーランド・ユダヤ人は、みながそう思ったのも無理はないのだが、間違った仮説に執着していた。すなわち、たとえナチであっても、功利的な基準からみて、ドイツの戦時経済に不可欠の貢献をしている労働ユダヤ人を殺すほど、非合理的ではありえないだろうというのである。したがってユダヤ人たちは、生き残った者がさらに生き延びるための唯一の希望として、「労働することによって助かろう」という絶望的な戦略を追求していた。この戦略と希望こそ、ユダヤ人がなぜ服従を続けたのかを説明する、決定的な前提条件なのであった。しかしユダヤ人たちは徐々に、そうした幻想を剝がされていった。ドイツ側は、ワルシャワやビャウィストクのゲットーを最終的に抹消しようとしたとき、レジスタンスに直面することになった。そしてトレブリンカやソビボルの絶滅収容所では、そこの労働ユダヤ人が収容所はまもなく閉鎖されるのだと知ったとき、反乱の火の手があがった。ヒムラーは、絶望のあまり引き起こされるユダヤ人のレジスタンスと対決しなければ、全体的に徐々に行なうにせよ一か所ずつ行なうにせよ、ルブリンの労働収容所を壊滅させることはできないと考えた。それゆえ、ルブリン労働収容所の被収容者は、一回ですべてを終えることのできる大規模な、急襲作戦によって殺戮されねばならないことになった。これが収穫感謝祭作戦の起源であった。[18]

これほどの規模の大殺戮のためには、計画と準備が必要であった。最近グロボクニクの後任となった、上官である親衛隊＝警察指揮官（SSPF）のヤコブ・シュポレンベルクはクラクフに行き、上官であるヴィルヘルム・クリューガーと協議した。[19] シュポレンベルクは特別の書類ファイルを携えて戻ると、各方面に指示を出しはじめた。一〇月下旬、ユダヤ人たちは、マイダネク、トラヴニキ、ポニアトヴァの収容所のすぐ外で塹壕を掘る仕事に投入された。塹壕は深さ三メートルで、四・五メートルもの幅があったが、それらの塹壕はジグザグを描いて掘られていたので、空襲に対する防御なのだという主張がもっともらしく聞こえた。[20] それから、総督府全土から親衛隊と警察部隊の動員が開始された。一一月二日の晩、シュポレンベルクは様々な兵団の指揮官と打ち合わせをした。そこには、クラクフとワルシャワ管区の武装親衛隊部隊、クラクフの第二二警察連隊、ルブリンの第二五警察連隊（第一〇一警察予備大隊はここに所属している）、さらにルブリンの保安警察、マイダネク、トラヴニキ、ポニアトヴァの収容所司令官、シュポレンベルクの職務スタッフが含まれていた。会議室には人があふれていた。シュポレンベルクは、彼がクラクフから持ち帰った書類ファイルを見ながら各種の指示を与えた。[21] かくして大量虐殺は翌朝開始されたのである。

第一〇一警察予備大隊のメンバーは、ルブリンの収穫感謝祭大虐殺のほとんどすべての段階に関与した。彼らは一一月二日に管区首都のルブリンに到着し（だから恐らくトラップはシュポレンベルクの会議に出席したものと思われる）、そこで一夜を明かした。一一月三日早朝、彼らはその持ち場についた。大隊の一グループは、ルブリン周辺の様々な小さな労働キャンプから、ユダヤ人がマイダネク強制収容所へと行進するのを監督した。マイダネク収容所は、市の中心から幹線道路を南東に数キロメートル行ったところにあった。[22] 残りの第一〇一警察予備大隊の多くの隊員は、曲がりくねった道の両側に五メートルおきに警備に立った。その道は、主要高速道路から収容所長の家を通って、収容所内部への入口に続いていた。そこで彼らは、ルブリンの様々な労働現場から来たユダヤ人が切れ目なく通り過ぎてゆくのを監視していた。[23] 自転車に乗った女性の看守たちが、「旧空港キャンプ」から来た五〇〇〇人から六〇〇〇人のユダヤ人女性を護送してきた。これらのユダヤ人女性は、絶滅収容所で集められた衣類の倉庫で、仕分けの仕事に使役されていたのである。他に八〇〇〇人のユダヤ人男性もその日のうちに通り過ぎていった。すでにマイダネク収容所のなかにいた三五〇〇人から四〇〇〇人のユダヤ人と合わせて、犠牲者の数は一万六五〇〇人から一万八〇〇〇人に膨れあがった(24)。ユダヤ人たちが警察予備隊員の警備のなかを収容所に行進している間、拡声器を積んだ二台のトラックから音楽が鳴り響いていた。他の音をかき消してしまおうというこの試みにもかかわらず、規則的な射撃音が収容所から絶え間なく聞こえてきた(25)。

ユダヤ人たちは収容所の奥のバラックに連れてゆかれ、そこで衣服を脱がされた。腕を上げ、手を首の後に組み、丸裸で、彼らはグループごとにバラックを出て、収容所の塀に開けられた穴を通って、収容所の裏手に掘られた塹壕まで連行された。このルートもまた第一〇一警察予備大隊の隊員によって警備されたのである(26)。

第一中隊のハインリヒ・ボッホルト*は、ユダヤ人たちの墓穴となった塹壕からほんの一〇メートルのところに配置されていた。彼は殺戮のプロセスについてこう証言している。

私の立っていた位置から、私は裸のユダヤ人たちが、我が大隊の他の隊員によってどのようにバラックから追い立てられて来るのかを見ることができました。……処刑部隊の射殺者は、私のちょうど正面で墓穴となる塹壕の縁に腰を下ろしていましたが、保安部（SD）のメンバーたちでした。……それぞれの射殺者の少し後には何人かの別の保安部員が控えており、彼らは短機関銃用の弾倉に弾を込めてはそれを射殺者に手渡していました。それぞれの墓穴ごとにかなりの数の射殺者が配置されていました。今ではもう、私は墓穴の数を詳しく思い出すことができません。ただ、射殺が同時に行なわれていたたくさんの墓穴があったと言うことはできます。私がはっきりと思い出すことができるのは、全裸のユダヤ人たちが直接墓穴のなかに追い込まれ、直前に射殺された者の背の上にきちんと横たわることを強制されていたということです。それから射殺者は、うつ伏せになった犠牲者に銃弾を浴びせました。……どれくらいの間銃殺が続いたか、私はもう今では確かなことを言うことはできません。恐らく一日中続いたのではないでしょうか。というのは私は一度自分の持ち場を交替させられたのを憶えているからです。私は犠牲者の数について詳細は何も言えませんが、ただ恐ろしく多かったとだけは言えます。[27]

親衛隊＝警察指揮官のシュポレンベルクは飛行機で収容所の上を旋回しながら、この殺戮をはるか彼方から観察していた。ポーランド人たちも屋根の上から成り行きを見守っていた。[28]

同じ日に同じやり方で、他のドイツ軍部隊は、ルブリンの東四〇キロメートルにあるトラヴニキの労働収容所で（犠牲者数の見積もりは六〇〇〇人から一万人と分かれている）、また幾つかの小さな収容所で、ユダヤ人捕虜を大量に殺害した。まだ生き残っていたユダヤ人は、ルブリンの西五〇キロメートルにあるポニアトヴァの一万四〇〇〇人と、ブジーニ、クラスニクの三〇〇〇人であった。後の二つの労働収容所は大量虐殺を免れた。ブジーニの収容所はハインケル航空会社のために製品を作っていたし、クラスニクの収容所はルブリンの親衛隊＝警察指揮官の直接必要品を製造していたからである。しかしポニアトヴァの巨大な労働収容所が一一月三日に抹消されなかったのは、ドイツ側が同時に行動できる兵力を欠いていたからという単純な理由であった。だがポニアトヴァの収容所は封鎖され、電話線は切断された。マイダネクやトラヴニキでの出来事が伝えられて、ユダヤ人たちに翌日一一月四日に起こるはずの大虐殺への警告とならないためにであった。ここでも、奇襲は完璧でなければならなかったのである。

第一〇一警察予備大隊の多くの隊員の記憶のなかでは、二つの収容所での二回の大虐殺は、マイダネクかポニアトヴァどちらか一つの収容所で行なわれた、二日か三日にわたる単一の作戦となって入りまじってしまっていた。しかし幾人かの証人——少なくとも各中隊で一人ずつ——は、二つの収容所での銃殺作戦を実際に記憶していた[29]。それゆえ、一一月四日の早朝、第一〇一警察予備大隊の隊員は、ルブリンから西に五〇キロメートル、ポニアトヴァまで移動したことは間違いないように思われる。

今回ポニアトヴァでは大隊は分散させられなかった。隊員は、脱衣用バラックとジグザグに掘られた墓穴としての塹壕の間か、銃殺現場のどちらかに配置された[30]。彼らは非常線を張り、その間を通ってポニアトヴァの一万四〇〇〇人の労働ユダヤ人が、全裸で手を首の後に組んで、死へ向かって行進していった。拡声器がまたもや音楽を鳴り響かせ、銃声を隠そうとしたが無駄であった。射殺現場に最も近いところに配置されていた証人はマルティン・デットモルトであった。

私自身と私のグループは墓穴のちょうど正面の警備を命じられました。墓穴はジグザグに掘られて連続した細長く大きな塹壕で、幅三メートル、深さ三、四メートルでした。私の位置から、私はユダヤ人たちが……どのように最奥のバラックで衣服を脱がされ所持品を放棄させられ、我々隊員の作った列の間を通って、塹壕のなかに通じた入口のスロープを降りてゆかされたかを見ることができました。塹壕の縁に立っていた保安部員がユダヤ人を前方の処刑位置まで追い立て、他の保安部員が塹壕の縁から短機関銃を発射しました。私はグループのリーダーで他の者よりも自由に移動できたので、一度直接処刑現場に行き、次の順番のユダヤ人たちがすでに射殺された者の上に横たわるように強制されている有様を見ることができました。それからそのユダヤ人たちも同様に短機関銃で射殺されてゆきました。保安部員が気を配っていたことは、三メートルの高さまで積み上げられた死体の上に次の犠牲者が横になれるように、死体の積み重ねに傾斜をつけ、射殺することでした。

……作業全体は、私がこれまでの人生で見たことのないような、おぞましいものでした。というのは、私は何度も目撃したのですが、銃撃されたユダヤ人が負傷しただけで、まだ息のある犠牲者はいずれにせよ次に射殺された者の下になり、いわゆる止めの一発を撃たれることなく、苦しみ続けていたからです。私は、積み重ねられた死体のなかで苦しむ負傷者から、親衛隊（原文のママ）隊員に向けて呪いの言葉が浴びせられていたのを憶えています。[31]

他の警官たちはユダヤ人の大量虐殺にとっくに慣れてしまっていたので、デットモルトほど収穫感謝祭作戦の大虐殺に強い印象は受けなかった。警官たちにとって新しくも印象的であったのは、かくも多くの死体の処理の問題——これまではどちらかといえば絶滅収容所の秘密に留まっていた——であった。ヴィルヘルム・ゲープハルト*はグナーデの指揮する特別警備中隊の一員で、殺戮後もルブリンに残ったのであるが、次のように回想している。「ルブリンでは数日間実に厭な臭いが漂いました。それは死体を焼いたとき出る典型的な臭いでした。だれもが、マイダネクの収容所で大量のユダヤ人が焼かれたのだろうと想像できました。[32]」

ルブリンの住人が遠くから死体の焼ける臭いを嗅がされたとすれば、第三中隊の多くの警官たちは、ポニアトヴァでの死体処理により直接的にかかわる経験をした。ポニアトヴァはプワーヴィからほんの三五キロメートル南にあったので、中隊員はしばしばそこへ行く機会があり、幾人かの警官は、死体を掘り出し焼却するというおぞましい仕事をする労働ユダヤ人を監視する任務を割り当てられた。警官たちは、死体が塹壕から掘り出され、馬車で焼却場まで牽かれ、鉄棒でできた焼却網の上に置かれ、焼かれる有様を、詳細に観察することができた。そうした作業も他ならぬユダヤ人によってなされたのであった。「ぞっとさせる悪臭」がこの地域に充満した。[33] あるときトラック一台に乗った警官たちの一隊が、焼却作業の最中に収容所で小休止した。「戦友の幾人かは臭いを嗅ぎ、また半ば腐敗した死体を見て気分が悪くなり、トラックの中で堪えられずに吐き始めました。[34]」第三中隊の新しく来た指揮官ハスラッハ大尉は、戻ってきた部下からこのことを聞き、彼らの言うことが「信じられなかった」ので、カールゼン曹長にこう言った。「一緒に来い、そこへ行って自分自身で確かめてみよう。」彼らが到着したとき、作業はすでに終わっていたが、気さくな一人の親衛隊将校が彼らに墓穴と、およそ縦四メートル、横八メートルの鉄棒でできた「焼き網」を見せてくれた。[35]

収穫感謝祭作戦の大虐殺の結果として、ルブリン管区は実際上、ユダヤ人のいない世界になった。第一〇一警察予備大隊による最終的解決への血なまぐさい関与はこれをもって終わった。ユゼフフやウォマジーのような初期の作戦行動の間に、控えめに見積もっても六五〇〇人の射殺、「ユダヤ人狩り」で一〇〇〇人の射殺、マイダネクとポニアトヴァで最少に見積もっても三万五〇〇人の射殺、これを合わせると警察予備大隊は少なくとも三万八〇〇〇人のユダヤ人の射殺に関与したのであった。絶滅収容所への強制移送についてみると、一九四三年五月初旬のミェンジジェツからの、少なくとも三〇〇〇人をいれて、大隊がトレブリンカ絶滅収容所への列車に乗せたユダヤ人の数は四万五〇〇〇人に上った。わずか五〇〇人に満たない大隊に対して、犠牲者の最終的な人数は少なくとも八万三〇〇〇人であったことになる。

16 その後

大隊の最終的解決への貢献が終了し、戦争の形勢がドイツに不利になってくるにつれて、第一〇一警察予備大隊の作戦行動の対象は、徐々に武装パルチザンや敵兵になっていった。一九四三年春、大隊は、ハーゲン中尉が味方の誤射によって死亡するという稀な事故に見舞われた。戦争の最後の年になると、戦死する将校の数はうなぎ上りとなった。グナーデ、ホップナー、ペータースの各少尉は戦闘で倒れた。ドルッカー少尉は負傷してドイツに帰った。[1] トラップ少佐も一九四四年初めにドイツへ戻った。[2] 第三帝国が敗北によって崩壊したとき、幾人かの隊員は前進するソビエト軍の捕虜となったが、大多数はドイツへの敗走の途上にあった。

帰還した隊員の多くは戦前の職業に復帰した。二人の親衛隊大尉、ホフマンとヴォーラウフにとって、またサンプルとなった三二人の下士官のうち一二人にとって、これは警察での経歴が継続していったことを意味する。さらに一七四人のサンプルとなった一般兵士のうち一二人の警官が、警察予備隊勤務の実績を何とか有効に利用し、戦後も警官を職業とした。合わせて二六人もの元隊員が警察勤務をどうしてたやすく続けられたのか。尋問調書はこの点について何の情報も与えてくれないが、それは驚くにあたらない。警察予備官のうちたった二人がナチ党員であったのに対して、下士官は九人が党員であり、そのうち三人は同時に親衛隊員でもあった。ホフマンとヴォーラウフも、もちろん党員かつ親衛隊員であった。ホフマンは尋問調書のなかで、親衛隊員だったことを理由とした、イギリス軍による短期間の拘留に言及している。また彼はポーランド当局によって尋問されたのだが、解放され、すぐにハンブルク警察に復職したのであった[3]。

皮肉なことだが、ポーランドにおける第一〇一警察予備大隊の行動が理由となって、戦後苦境に立たされたのは、トラップ少佐とブッフマン少尉であった。タルシンで銃殺部隊に所属していたある警官が、不仲になった妻から告発を受けた。尋問のなかで、彼は自分の所属していた大隊長のトラップ少佐、中隊内の指揮官ブッフマン、さらに曹長カマーの名を挙げた。彼らは全員、一九四七年一〇月にポーランドに引き渡された。一九四八年七月六日、彼らはシェドルツェ市で一日で結審する裁判にかけられた。裁判は、タルシンでかつて行なわれた七八人のポーランド人に対する報復射殺だけに焦点を当て、大隊がポーランド・ユダヤ人に対して行なった血なまぐさい、はるかに多くの行動については何も触れられなかった。その警官とトラップは死刑を宣告され、刑は一九四八年一二月に執行さ

れた。ブッフマンは禁錮八年の、カマーは三年の刑に処せられた。(4)

第一〇一警察予備大隊は、一九六〇年代になるまで、それ以外の司法尋問の対象とはならなかった。一九五八年に、シュトゥットガルトの真北にあるルートヴィヒスブルクの町に、ナチ犯罪の司法的追及を推進し、総合調整するために、州司法本部が設置された。本部のスタッフは様々な特別委員会に組織され、それぞれは多種多様な「複雑に入り組んだ犯罪」を調査する任務を与えられた。これらスタッフが特定の複雑な犯罪の最初の調査を指揮し、ハイレベルの容疑が発見された後でだけ、彼らは主犯や容疑者たちが生活している州の検察庁に、司法権限を委ねることになっていた。ルートヴィヒスブルクの調査官が第一〇一警察予備大隊の幾人かの目撃者に出会ったのは、ルブリン管区におけるもろもろの戦争犯罪を調査している過程でのことであった。一九六二年になって、この件はハンブルクの警察と司法当局に委ねられた。大隊生存者のほとんどはハンブルクで生活していたからである。

一九六二年終わりから一九六七年初めまでに、二一〇名の元大隊員が尋問を受け、その多くは複数回の尋問を受け、その内一四人が起訴された。ホフマンとヴォーラウフの両大尉、ドルッカー少尉、シュタインメッツ、ベントハイム、ベケマイアー、グルントの各軍曹、グラフマン*、メーラー*の両伍長、そして五人の警察予備官である。裁判は一九六七年一〇月に始まり、翌年四月に評決が下された。ホフマン、ヴォーラウフ、ドルッカーは八年、ベントハイムは六年、ベケマイアーは五年の懲役を宣告された。グラフマンと五人の警察予備官は有罪と表明されたが、裁判官の裁量で——裁判がそれに基づいて為された一九四〇年の刑法典の規定のもとで、法律の遡及的適用であるという、ニュールンベルク裁判に加えられた批判を避けるために——、彼らにはいかなる判決も下されなかった。グルント、シュタインメッツ、メーラーはこの判決に含まれていなかった。彼らの健康状態が悪かったために、裁判中に彼らの訴訟は分離されることになったのであった。長期にわたった控訴がついに結審したのは一九七二年であった。ベントハイムとベケマイアーへの有罪判決は支持されたが、彼らもまた処罰を受けないことになった。ホフマンへの判決は五年に、ドルッカーは三年半に減刑された。大隊の他の隊員に対する訴訟は、最初の裁判で三人の被告以外には判決を引き出せなかったことを考慮して、検察によって取り下げられた。

戦後の戦争犯罪裁判の結果が、一見したところどれほど不充分なものに思えるにせよ、われわれは、第一〇一警察予備大隊の尋問が、通常警察の元メンバーだった者を訴訟対象としたわずかなケースの一つであったことを心にとめておかねばならない。警察大隊の調査のほとんどは、告発するところにまで至らなかったのである。裁判になったわずかのケースでも、ほんの一握りの有罪判決が得られただけであった。これと比較して言えば、第一〇一警察予備大隊の調査と裁判は、いくつもの警察大隊を取り扱うドイツ司法当局が成功した稀なケースなのであった。

第一〇一警察予備大隊の二一〇名の元隊員に対する尋問調書は、ハンブルクの州検察庁の公文書館に残されている。それらはこの研究の主要な、実際のところ不可欠の資料となっている。この訴訟にあたった検察の称賛すべき努力は、望むらくは、それが司法に役立った以上に、歴史の研究に役立つものとされるべきであろう。

17　ドイツ人、ポーランド人、ユダヤ人

第一〇一警察予備大隊隊員の、訴訟以前の、また法廷の証言は、もちろん、かなり用心して利用されねばならない。訴訟上の損得計算の問題が、自己の告発と元戦友の告発とが絡み合うなかで、それぞれの証人に重くのしかかった。記憶には二五年もの隔たりからくる欠落と歪みがあり、たとえそれが裁判に都合の良いように偽られたものでないときでも、同様の注意が必要であった。心理的な防御メカニズム、とくに抑圧と投射が、同じく証言の有様を決定していた。証言の信頼性を問う資格審査のなかで、ドイツ人―ポーランド人―ユダヤ人関係という運命の三角形の連関こそ、最も問題となるところであった。単純化していえば、これらの証言のなかで、ドイツ人―ポーランド人関係とドイツ人―ユダヤ人関係の供述は、極端に弁明的であるが、これと対照的に、ポーランド人―ユダヤ人関係の供述は極端に非難に満ちたものとなっている。われわれが、元警官たちによって供述された最初の二つの関係をまず吟味しようとすれば、供述のなかに、第三の関係に対する非対

称性と歪みがあることを見出すことができる。

ドイツ人―ポーランド人関係について最も顕著な特徴は、陳述がごくわずかであることである。隊員たちは概してパルチザン、無法者、そして強盗については言及したが、供述の主眼は、そうした対照が特殊な反ドイツ的な性質をもっていなかったという点に置かれている。つまり彼らは強盗団を、ドイツによるポーランド占領より以前からある、この地方特有の問題として述べている。かくして証人たちは、パルチザンや無法者の存在を、二通りのやり方で思い起こすのである。まず一方で、ドイツ人は、この国特有の無法状態からポーランド人を保護していたのだと仄めかされる。他方で、大隊が対ユダヤ人作戦に出動した頻度や関わりの度合いが曖昧にされる。その際きまって、ユダヤ人ではなく、パルチザンや無法者たちへの対策こそ、警官が出動する場合に最優先されたものだったと主張されることになる。

幾人かの証人は、ドイツ人とポーランド人の良好な関係を築くために採られた具体的措置について言及した。ホフマン大尉は、彼の中隊とプワーヴィの住民との友好関係を自慢した。またホフマンは、メスマン中尉を告発したこともあると証言したのであった。なぜなら、掠奪を取り締まる彼の自動車装備の警備隊中隊が、「発見次第射殺」という戦術をとっており、これがポーランド人を憤慨させていたからである。[1] ブッフマン少尉は、トラップ少佐がタルシンでの報復射殺に際して、犠牲者を選抜するのにポーランド人市長に相談したことを述べた。よそ者や宿無しだけが射殺されるように配慮が為されたのであって、立派な身分のポーランド市民は対象にならなかったというのである。[2]

こうした描写によれば、ドイツ軍によるポーランド占領が、どちらかといえば慈悲深いものであったかのごとくであるが、それはたった二つの証言で否定されることになった。ブルーノ・プロプストは、一九四〇―四一年に大隊がポズナニとウッチで行なった初期の活動を回想して、警官たちがポーランド人の残忍な追放を実施し、地域住民に対する冷酷な嫌がらせをむしろ楽しんでいたことを述べた。

その当時でも、隣人を妬む告げ口や噂だけで、何か武器を保持しているとか、ユダヤ人ないし無法者を匿っているという単なる疑惑によって、ポーランド人はその家族ともども問答無用で射殺されたのです。私の知る限り、こうした理由でポーランド人が逮捕されたり、管轄の警察当局に引き渡されたことはありませんでした。私自身の観察したところから、また私の同僚の話から、思い出してみますと、右に述べたような疑惑の理由があるときは、我々はいつもポーランド人をその場で射殺していたのです。[3]

ドイツ―ポーランド関係について述べられた「バラ色の」見解に異を唱えた二番目の証人は、生き残りの警官ではなく、かつてラジニを短期間訪問したことのある、ブラント少尉の妻であった。彼女の証言によれば、当時は一般のドイツ人にとっても――制服の警官にとっては言わずもがなであるが――、ポーランド人に対して「支配人種」として振る舞うことがまったく当然とされていた。たとえばドイツ人が町の歩道を歩いているとき、ポーランド人は脇に退かなければならなかった。ドイツ人が店に入ってゆくと、ポーランド人の客は売場から離れることが暗に要求された。ある日ラジニで、彼女が町を歩いていると、敵意を剝き出しにしたポーランド女性たちに道を阻まれたことがあったが、彼女とその連れは、警察を呼ぶといって脅かして、やっと通り抜けることができたのであった。トラップ少佐はこの事件を聞くと、激怒し、そのポーランド女性たちは市場の広場で処刑されねばならないと叫んだのである。ブラント夫人によれば、この出来事は、ドイツ人のポーランド人に対する態度を例証するものであった。[4]

ドイツ人警官とポーランド女性との性的関係については、供述の中にはたった二つしか言及がなかった。ホフマンは、禁じられていたポーランド女性との性交渉で性病に罹ったケースを上に報告せずに、隊員を庇ったことがあったと主張している。[5] しかし他の警官はそれほど幸運ではなかった。彼は、ポーランド人との性交渉を禁じた決まりを破って、一年間を「懲罰収容所」で過ごしたのであった。[6] もちろん、そうした禁制が存在したという事実が、ドイツ人―ポーランド人関係の実態について多くを語っていることは言うまでもない。その実態についていえば、証言の大部分は都合よくそれを忘れてしまっているのである。
ドイツの警官たちは、彼らがユダヤ人に行なったことを、やはりポーランド人に対しても行なったのだといえるだろうか。より小さなスケールではあるけれども、ポーランド人の生命に対する冷淡さと無関心が、ユダヤ人のときと同様に、増大していったように思われる。一九四二年九月、タルシンでは、大隊は多数のポーランド人を報復射殺した際の影響について、まだ慎重であった。七八人の「犠牲にしてよい」ポーランド人を射殺した後で、トラップはユダヤ人を射殺して報復割り当ての残りの数合わせをした。ブルーノ・プロプストの回想によれば、一九四三年一月にはそれとは違う態度が広まっていた。第三中隊に所属するホップナーの第二小隊がオポールでちょうど映画を見に行こうとしていたとき、ドイツ人警官がポーランド人に襲われて射殺されたという報告が届いた。ホップナーは報復のために、ニエズドフの村に部下を率いて急行したが、老人を除いて全員逃げ出した後だった。報復行動中に、ドイツ人警官は負傷しただけで殺されたのではないという報せが届いたけれども、ホップナーは村に残された一二人から一五人の老人を全員——ほとんどが女性だった——射殺し、村に火をかけた。隊員たちはそれからオポールの映画館に出かけたのである。[7]
元隊員たちの証言には、ドイツ人のユダヤ人に対する態度についても、同様な沈黙が目立っている。このことの理由の一つは、まさしく法律上の配慮である。ドイツ法によれば、人殺しを謀殺と認定する際の基準の一つは、たとえば人種憎悪のような「悪しき動機」の存在である。反ユダヤ主義的な心情を公然と告白したりすれば、隊員はだれでも、自分の法的立場を著しく危うくすることになったであろう。他の隊員が反ユダヤ的態度を持っていたと証言する者はだれでも、彼の元戦友に対して、きわめて居心地の悪い立場に立たされる危険を覚悟しなければならなかった。

しかし、反ユダヤ主義を議論することが忌避された背後には、ナチズム全体に対して、またその時期の自分自身や同僚警官に対して、何も話したくないという、より一般的で広がりのある気分が存在していた。自分たちの行動の政治的ないしイデオロギー的要因を明確に認めること、またナチズムの道徳的に倒錯した世界は——一九六〇年代の政治文化や公認の規範と相容れないけれども——当時の彼らにとって完全に道理に適っていたのだと認めることは、自分が何であれ成立した体制に単純に順応しただけの、政治的、道徳的宦官であったと認めることを意味したのであろう。これが、だれも理解しようとしなかったし、理解することもできなかった真理であった。

ホフマン大尉——彼は一六歳でギムナジウムのナチ組織に、一八歳でヒトラー・ユーゲントに、一九歳で党と親衛隊に加入した——は、政治的、イデオロギー的要因を常套的な手法で否定しようとした。「私の一般親衛隊への加入は、当時親衛隊が純粋に防衛的団体とみなされていたという事実によって説明できます。私の加入の根底に、特殊イデオロギー的態度はまったくありませんでした。[8]」責任逃れのためではあったが、ある程度誠実な説明をしたのはドルッカー少尉で、彼だけが、自分の過去の態度がもつ問題点に本気で取り組もうとしたのであった。

私はナチズムのイデオロギー的訓練を、突撃隊（SA）で行なわれた訓練の枠組みのなかで受けたのです。そしてそこには当時の宣伝からくる一定の影響がありました。私は海軍突撃隊の小隊長でしたが、当時は小隊長はナチ党員であることが望ましいとされていたのです。私は戦争勃発の直前に党員になりました。時代の影響によって、ユダヤ人に対する私の態度にはある種の反感があったと思います。しかし、私は特にユダヤ人を憎んでいたとは言えません。いずれにせよ、それは当時の私の態度だったのだ、というのが今の私の考えです。[9]

警官たちが他の仲間の残忍さや反ユダヤ主義について証言した稀なケースでは、たいてい、兵士が特定の士官に対して行なった評価が含まれていた。例えば、不承不承ではあるけれども、証人たちは、グナーデが残忍で、サディスティックであり、酔っ払いで「信念からの」ナチ、反ユダヤ主義者であったと認めている。二人の軍曹も、幾つかの証言で、まったく否定的な評価の対象となった。ブッフマンが対ユダヤ人行動を免除された際、彼の代理を務めたルドルフ・グルントは、「有毒チビ」というニックネームを付けられていた。なぜなら彼は自分の低い身長を、部下に金切り声をあげることで埋め合わせていたからである。彼は、「特に残酷であくどく」、「抜け目のないやり手」であり、「義務に対して異常な熱意」を示す「一一〇パーセント・ナチ」であったとされている。[10] またハインリヒ・ベケマイアーは、いつでも誇らしげにナチの記章をつけていた「きわめて不快な人物」として記述されている。彼は部下からは嫌われ、ポーランド人やユダヤ人に対して「残虐で冷酷」だったので、彼らからは特に恐れられていた。部下の一人は、ベケマイアーがウォマジーの付近で一群のユダヤ人に対して、自分は鼻歌を唄いながら、いかにして泥たまりを這い回らせたかを語った。疲れきった老人がそこにうずくまってしまい、ベケマイアーに慈悲を請うてその手を延ばしたとき、軍曹はその男の口のなかに銃弾を撃ち込んだのである。証言者の結論によれば、ベケマイアーは「ゲス野郎」であった。[11] しかし警官によるそうした告発は、人気のない上官に対するものでさえきわめて稀であって、いわんや同僚に対してはほとんどなかった。

警官たちのユダヤ人に対する態度がどれほどの幅をもつかは、尋問の間になされた、あまり直接的でない、自己防衛的にならなくてもすむ陳述のなかに示されている。たとえば田舎で出会った際、どのようにしてポーランド人とユダヤ人を区別できるのかと問われたとき、幾人かの隊員は衣服、髪型、そして全体としてみた外見であると述べた。しかし他の幾人かの警官は、二五年前のナチのステレオタイプをいまだに反映した語彙を選択している。すなわち、ユダヤ人は「汚く」、「身なりはだらしなく」、ポーランド人と比べると「清潔でない」というのである。[12]他の警官の意見には、ユダヤ人は犠牲にされた人間であると認める感受性が反映していた。[13]彼らによれば、ユダヤ人はぼろを身にまとい、半ば飢餓状態にあったのである。

同様な意見の対立が、射殺現場でのユダヤ人の振る舞いについての描写にも反映している。幾人かの証人はユダヤ人の受動性を強調した。時として、ユダヤ人はその死に対して同じ責任があるのだと暗示するような、きわめて弁明的な仕方で強調している。射殺現場に臨んで、ユダヤ人はいかなる抵抗も、逃亡も試みなかったというのである。ユダヤ人は彼らの運命を受け入れるだけだった。彼らは実際、そうするように言われもしないのに、射殺されようと横になったというのである。[14]しかし他の証人の描写のなかでは、犠牲者の尊厳が強調されている。ユダヤ人の落ち着いた態度は「驚くべきもの」であり、「信じられない」ほどであった。[15]

ドイツ人とユダヤ人との性的関係についての言及はごくわずかであるが、それは、ドイツ人警察官とポーランド女性との手軽な性的満足や、禁じられたロマンスに比べて、まったく異なった画像を与えてくれる。ドイツ人とユダヤ女性とのケースでは、弱者に対する支配——レイプやのぞき——が問題であった。ユダヤ女性をレイプしようとして目撃された警官は、戦後、彼の妻によって連合軍占領部に告訴された男と同じ人物であった。彼はポーランドに引き渡され、トラップ、ブッフマン、カマーとともに裁判にかけられた。この件を目撃した下士官はこの暴行者を報告しなかった。[16] 第二のケースはペータース少尉であった。彼は晩にウォッカで酔っ払い、ゲットーの夜のパトロールに出かけた。「乗馬の支度をして」、彼はユダヤ人の住まいに侵入し、ベッド・カバーを引きちぎり、女性の裸を見てから立ち去った。翌朝になって彼はしらふに戻ったのである。[17]

ドイツ人証人の供述のなかでは、ユダヤ人はほとんどの場合、匿名の集合体であり続けた。しかし二つの例外があった。第一に、警官たちは遭遇したドイツ・ユダヤ人についてしばしば語っており、そのユダヤ人の故郷をほとんど常に正確に思い出すことができた。ブレーメン出身の、勲章をつけた第一次大戦の古参兵、カッセルから来た母と娘、ハンブルクの映画館主、ミュンヘンのユダヤ人評議会議長。こうしたドイツ・ユダヤ人との出会いの経験は、まったく予期しないもので、なにか異様なものだったに違いない——ユダヤ人は外敵の一部であるとする通常の見解と鋭く対立していたから。そこで記憶がかくも鮮明に残ったのである。

ドイツ人警官の目から見て人格的アイデンティティを感じさせる、もう一方のユダヤ人犠牲者は、警官のために働いていた者たち、特に調理場で働いていた者たちであった。警官の一人は、ウークフで彼が監督していたユダヤ人労働要員に特別に食糧を調達してやったことを憶えていた。なぜなら「ユダヤ人たちは我々のために働かねばならなかったのに、実際何も食糧を受け取っていなかったのですから。」その同じ男は、ゲットーが除去されることになったとき、ゲットーのユダヤ人警察長の妻が逃れるのを許してやったと主張した。[18]ミエンジジェツで、調理場で働いていた女性は、ゲットーが撤去されている間に別の警官に、母親と妹を助けてくれるように頼んだ。彼もまたこれに対して、彼女の母と妹を調理場に連れてこさせたのである。[19]ある警官は、九月下旬のコックでの大虐殺の時、一人の泣いているユダヤ人女性に出会い、彼女を調理場に送っていった。[20]

しかし警官とユダヤ人炊事婦との間に生じたか細い関係も、結局、ほとんど彼女らの命を救うことはできなかった。一人の警官は、ウークフからの強制移送が実施されていた際、二人の炊事婦が来ないので集合地点に出かけてみた。そこで彼は二人を見つけたが、担当の親衛隊員は一人だけしか放してくれなかった。すぐ後で、その一人も連れてゆかれてしまった。[21]

警官たちが最も鮮明に記憶していたのは、彼らのために働いているユダヤ人労働者を救えなかったときのことばかりでなく、彼らを自分たちで実際に処刑することになったようなときのことであった。プワーヴィでホフマン大尉はネーリンク伍長*を自分の寝室に呼び出し、彼に上物のワインをプレゼントしたうえで、彼が以前監視していた農園に行き、そこのユダヤ人労働者を射殺するように命じた。ネーリンクはその任務を免除してほしいと頼んだ。なぜなら、彼はそこで働いている多くのユダヤ人労働者を「個人的に知っている」からである。しかしその願いは結局無駄であった。ネーリンクと彼の部隊は、プワーヴィに駐留していた警備隊の将校や四、五人の隊員と、その任務を分け持つことになった。そこでネーリンクは警備隊将校に、ユダヤ人の多くは自分をよく知っているので、自分としては射殺に参加することは耐えられないのだと述べた。その将校はホフマンよりも気やすい人物だったので、部下の警備隊員に、農園の一五人から二〇人のユダヤ人を射殺させた。おかげでネーリンクは現場に居合わせないで済んだのであった[22]。

コックでは二人のユダヤ人炊事人、ブルーマとルートが、逃亡の手助けを頼んだ。警官の一人は彼らにそれは無益なことだと忠告したが、他の警官が彼らを逃してやった[23]。二週間後、警官たちは、ブルーマとルートが一ダースほどの他のユダヤ人とともに掩蔽壕に隠れているのを発見した。ユダヤ人たちが誰であるかを識別できた隊員の一人は、これから何が起こるかわかっていたので、その場を立ち去ろうとした。しかし彼はユダヤ人たちを射殺するように命じられた。彼は命令を拒否し、ともかく立ち去ってしまった。しかし掩蔽壕にいたユダヤ人は――先に逃亡した二人の炊事人も含めて――、すべて射殺されてしまった[24]。

コマルフカで、ドルッカーの第二中隊所属第二小隊には、ジュッタとハーリーと呼ばれた二人のユダヤ人の炊事人がいた。ある日ドルッカーは、ここを出発しなければならないので、彼ら二人を射殺するしかないと述べた。警官たちはジュッタを森に連れて行き、話に夢中にさせておいて後ろから射殺した。そのすぐ後で、ハーリーは苺を摘んでいるところを後ろから拳銃で頭を撃たれた。[25]警官たちは明らかに、過去の数か月の間食事を用意してくれ、名前も知っていた犠牲者を、気が付かれないうちに射殺しようと特別に気を遣ったのである。一九四二年頃には、ドイツ人―ユダヤ人関係の標準とされていたものは、これから殺されるという精神的苦痛を与えない迅速な死であり、それが何と人間的思いやりの模範だと考えられていたのであった！

警官たちの証言のなかで、ドイツ人のポーランド人やユダヤ人に対する態度に関してはごくわずかな情報しか提供されていないのに対して、ポーランド人のユダヤ人に対する態度については数多くの、しかもきわめて非難に満ちた批評が含まれている。この証言を評価するためには、少なくとも二つの要因を心に留めておかねばならない。第一に、まったく当然のことだが、ドイツ警察は、ユダヤ人問題の最終的解決に協力し、ユダヤ人を追い詰めるのを手伝ったポーランド人とかなりの接触があった。実際、そうしたポーランド人は、熱心な反ユダヤ主義者であることを示して、ドイツ人占領者の機嫌を取ろうとしたのである。言うまでもなく、ユダヤ人を助けたポーランド人は、そのことがドイツ側に知られないように最善を尽くしたのであった。したがって、ドイツ人警官が直接付き合ったポーランド人の行動と好意のなかには、特有のバイアスが存在していた。

こうした特有の一面性は、筆者の意見では、第二の要因によってさらに歪められている。公平にみて、ドイツ人警官によるポーランド人の反ユダヤ主義に対する論評には、かなりの自己投影が含まれていると推測できる。かつての戦友を非難するような供述はしたくないし、また自分自身に誠実であることに耐えられなかったので、しばしば、警官たちは、ポーランド人と責任を共有することによって、かなりの心理的安堵を得たに違いないのである。ポーランド人の悪行はまったく率直に語られたが、ドイツ人に関する議論はまったく抑制された。実際、ポーランド人への罪の配分が大きくなればなるほど、ドイツ人側の罪は軽くなった。今後の証言の重さを量るうえで、こうした条件が心に刻まれておかねばならない。

ポーランド人に対するドイツ側のうんざりするほど数多くの告発は――大量虐殺自体と同じく――、ユゼフフでのことの弁明から始まった。警官の一人によれば、ユゼフフのポーランド人市長は、市場でドイツ警察に火酒（シュナップス）を何本もふるまったのであった。[26] 他の証人によれば、ポーランド人はドイツ警察を手伝い、ユダヤ人を住まいから追い出したり、庭の掩蔽壕や二重壁の後の隠れ場所を暴いたりしたのである。ドイツ側が探索を終えた後でも、ポーランド人は午後いっぱい、ユダヤ人を個々別々に市場へ連れてくることを止めなかった。ポーランド人はユダヤ人の家に押し入り、ユダヤ人が連れてゆかれるや否や掠奪を始めたのである。彼らは射殺が終了してから、ユダヤ人の死体からも掠奪したのである。[27]

古典的ともいえる告発は、何とホフマン大尉によってなされていた。彼は自分の中隊がコニスコヴォーラで行なった大虐殺について、まったく何も覚えていないと主張した男である。コニスコヴォーラのことと対照的に、彼は以下の件をこの上なく詳細に記憶していた。まわりに非常線が張られ、ホフマンの第三中隊がユゼフフの町の中心に移動してから、二人のポーランド人学生が現われ、家でウォッカをやらないかと彼を招待してくれた。二人の若いポーランド人は、ウォッカを飲みながらホフマンとギリシャ語やラテン語の詩歌についてやりとりし一時を過ごしたが、自分たちの政治的見解も隠すことなく披露した。「彼ら二人はポーランド・ナショナリストで、自分たちがこれまでいかなる扱いを受けてきたかを怒りをこめて語りました。そしてヒトラーだけが救済者の特徴をもち、自分たちをユダヤ人から解放してくれると考えていたのです。[28]」

「ユダヤ人狩り」についての報告には、ユダヤ人の隠れ家や掩蔽壕はほとんどポーランド人の「スパイ」、「情報提供者」、「森林管理人」、そして怒れる農民によって暴露されたのだという事実が、いつも省かれたことはなかった。しかし、警官たちの言葉の選び方をみると、そこには、ポーランド人の行動について単なる情報を伝えたというに留まらないものが含まれている。警官たちはしばしば、「裏切り者」という言葉を、間違いなく強い道徳的非難の意味を含ませて使っている。[29] この点で最も明快なのは、グスタフ・ミヒェルゾンであった。「私は当時、ポーランド人住民が、隠れていたユダヤ人を売り渡すのをみてまったく当惑しました。ユダヤ人たちは、森や地下の掩蔽壕、またその他の隠れ家に非常にうまく隠れていたので、もしポーランド市民が彼らを売り渡さなかったとしたら、決して発見されなかったでしょう。[30]」ミヒェルゾンは、ユダヤ人を射殺できない「弱い」警官たちの少数派に属していたから、道徳的非難を口に出しても決して偽善ではなかった。だがポーランド人を「裏切り者」と告発している他の大多数の警官たちには、同じことを言う資格はない。彼らは、そうしたポーランド人を集め、その裏切りに報酬で報いたドイツ側の政策について、何も述べていないのである。

問題をより公平な観点から取り上げたのは、またしても、徹底的に誠実なブルーノ・プロプストであった。彼は、「ユダヤ人狩り」が、しばしばポーランド人情報提供者の内報によって開始されたことを認めた。しかし同時に彼はこうも付け加えているのである。「私はさらに、その当時我々も徐々に、以前よりもより組織的に、ユダヤ人に宿を提供したポーランド人を射殺し始めたことを憶えています。我々はほとんどいつも、同時に彼らの農園にも火をかけました。[31]」コックの地下倉庫にユダヤ人を匿ったとして、父親に引き渡しを要求し、引き渡されたポーランド女性を射殺したと証言した警官たちを除くと、プロプストは、二一〇人もの証人のうちで、ユダヤ人を匿ったポーランド人を組織的に射殺したドイツの政策が存在したことを認めた、唯一の人間であった。

プロプストはまた別の話も供述した。ホップナー少尉がパトロール隊を連れて、一〇人のユダヤ人が隠れていた掩蔽壕を暴いたときのことであった。若い男が前に歩み出ると、自分はポーランド人で、自分の新妻と一緒にいるためにここに隠れていただけだと述べた。ホップナーは彼に、この場を離れるか、彼のユダヤ人妻と一緒に射殺されるか、選択するように迫った。そのポーランド人はその場に留まり、射殺された。しかしプロプストの結論によれば、ホップナーはこの選択を本気でポーランド人に与えたわけではなかったのである。ポーランド人がもしその場を離れる決心をしていたら、彼は今度は、「逃亡しようとした」として「確実に」射殺されてしまったはずなのである。[32]

ドイツ人警官たちは、ポーランド人の共犯関係についてまた他の例を挙げて説明した。コニスコヴォーラで、ポーランド農民の服装をした女性が、非常線を張っていた警官の一人に近づいてきた。すると近くにいたポーランド人が、彼女は変装したユダヤ人だと言いたてたのであった。しかしその警官はともかく彼女を通過させたのである。[33] 多くの警官たちは、ポーランド人が、ドイツ警察が来て射殺するまで、ユダヤ人を拘束し、留置していたのだと供述した。[34] ドイツ警察が到着したとき、ユダヤ人たちが暴行を受けていたことも幾度かあった。[35] しかし、ドイツ警察のパトロールに同行し、二度ほどユダヤ人射殺に参加したポーランド警官について語ったのは、一人の証人だけであった。[36] これと対照的に、トニ・ベントハイムは、コマルフカでポーランド人警察が四人のユダヤ人を拘束したと報告してきたとき、何が起こったのかを供述している。ドルッカーはベントハイムに四人を射殺するように命じた。ベントハイムが全員を射殺しようと共同墓地に連れていったところ、彼の短機関銃は弾詰まりを起こしていた。そこでベントハイムは同行していたポーランド警官に、「代わって処刑を執行したいかどうかを」尋ねた。「ところが驚いたことに、彼は拒絶したのです。」そこでベントハイムは拳銃を使用したのであった。[37]

ポーランド人の共犯関係について、ドイツ人警官が述べた描写は間違いではない。悲惨なことだが、ドイツ警官たちがポーランド人に責任を負わせたような行動は、別の報告でも確認されるし、あまりにもしばしばみられたのであった。ホロコーストとは、つまるところ、ほとんど英雄などいないが、あまりにも多くの犯行者と犠牲者の登場する物語なのである。ドイツ側の証言で間違っている点は、物語の見方を広い範囲にわたって歪曲していることである。ドイツ人警官たちは、ポーランド人がユダヤ人を助けたことや、それに対してドイツ側が行なった懲罰について、ほとんど沈黙したままであった。ドイツ人警官たちはポーランド人の「裏切り者」を非難したが、これは偽善であって、そうした裏切りを唆した自分たちの役割についてはほとんど何も述べなかった。また、残忍な多くの外人部隊――悪名高き対独協力者部隊――は、ポーランド住民から編成されたものではなかったということについても、やはり何一つ述べられていなかった。これは反ユダヤ主義が広く伝播した東ヨーロッパの他の諸民族とポーランドとが異なる点であった。それゆえに、ドイツ人警官たちがポーランド人に対して述べた論評は、幾つかの点で、ポーランド人のことと同じくらいドイツ人警官のことを明らかにしているといえるのである。

18　普通の人びと

第一〇一警察予備大隊の大多数の人びとは、おそらく一〇パーセントの――二〇パーセントに至らないことは確かである――少数派だけを除いて、なぜ殺人者となってしまったのであろうか。そうした殺人行動を説明するために、過去において数多くの解釈が試みられてきた。戦時特有の残忍性、人種差別主義、職務の断片化と日常的手順化、犯行者の特別選抜、出世第一主義、命令への服従、権威崇拝、イデオロギー的教化、体制順応。これらの要素は様々な仕方で説明に適用できるが、しかし無条件ではありえない。

これまで戦争には残虐行為がつきものであった。ジョン・ダワーが、『容赦なき戦争――太平洋戦争における人種差別』[1]という注目すべき書物で述べたように、「戦争での憎悪」は「戦争犯罪」を誘発せずにはおかない。とりわけ、深く根づいた悪しき人種差別的なステレオタイプが、大規模な殺しあいのために戦闘員を派遣すれば必ず生じる野蛮さに付け加えられると、戦争の協定や戦闘規則といった繊細な織物は、しばしば、荒々しく引き裂かれてしまうのである。それゆえ、より在来的な戦争——たとえばドイツと連合国との——と二〇世紀の「人種戦争」との間には違いがある。ナチによる東ヨーロッパの「絶滅戦争」や「ユダヤ人に対する戦争」から、太平洋における「容赦なき戦争」、そしてごく最近のヴェトナム戦争に至るまで、兵士たちはあまりにもしばしば、無防備な市民や捕虜を苦しめ、虐殺し、その他数多くの残虐行為を実行してきた。ダワーは、太平洋戦争でアメリカ軍の全部隊が日本兵を「捕虜にしない」方針を公に自慢していたことや、日本兵の死体の一部を戦場土産として日常的に集めていたことなどを明らかにしているが、これは、戦争での残虐行為はナチ体制の専売特許だと考えて自己満足している者にとって、ぞっとさせる書物である。

戦争、とくに人種戦争は、野蛮に通じ、野蛮は残虐行為に通じている。ブロンベルク[2]やバビ・ヤールからニューギニア〔一九四三―四四年にかけて、太平洋戦争史上最も苛酷なジャングル戦が、米軍と日本軍との間で戦われた。〕、マニラ〔一九四五年、戦闘や日本軍の残虐行為によって、約一〇万人の市民が死んだ。〕を通って、ミーライ〔一九六八年、ヴェトナム戦争での米軍によるソンミ村虐殺事件。〕に至るまで、共通する糸が張られているのだと論じることができるかもしれない。しかし、もしも戦争が、そしてとくに人種戦争が、第一〇一警察予備大隊の作戦行動の最も重要な背景であったとすれば、戦時の野蛮性という概念は、ユゼフフやその後に警官たちがとった特殊な行動をどの程度説明できるのであろうか。とりわけ、様々な戦争犯罪とそれに関与した人びととの心的態度との間には、いかなる区別がなされねばならないのであろうか。

最も悪名高い戦時残虐行為の多く——オラドゥール〔一九四四年、ナチ武装親衛隊によってなされたフランス小村での皆殺し事件。〕やマルメディ〔一九四四年、ベルギーのこの村で、ナチ親衛隊は米軍捕虜を虐殺した。〕、マニラでの日本軍の狂暴、多くの太平洋諸島におけるアメリカ軍による捕虜虐殺や死体の切断、ミーライでの大虐殺——には、一種の「戦場狂乱」が含まれていた。兵士たちは暴力に慣れ、人命を奪うことに無感覚になり、味方の死傷者に憤慨し、陰険で見たところ怪物のような敵の頑強さに苛立っていたから、時々感情を爆発させ、またときには、最初の機会に敵に復讐しようと残忍な決意を固めたのであった。この種の残虐行為はあまりにもしばしば寛容な扱いを受け、大目に見られ、あるいはそれとなく（時々は公然と）命令組織によって鼓舞されたりしたけれども、政府の公的な政策を表わしていたことはなかった。[3] それぞれの国民の憎しみに満ちた宣伝、また多くの指揮官や指導者の絶滅を叫ぶレトリックにもかかわらず、そうした残虐行為は、規律や命令の鎖の破壊をまだ意味していた。それらは、「標準的な作戦行動」ではなかったのである。

直接的な戦場狂乱によるのではなく、また政府の政策であるという充分な表明を欠いていても、別種の残虐行為は「標準的な作戦行動」であった。ドイツや日本の都市に対する焼夷弾爆撃、ドイツの強制収容所や工場、またタイ―ビルマ（ミャンマー）間鉄道建設での、外国人労働者の奴隷化や血なまぐさい虐待、ユーゴスラヴィアやその他の東ヨーロッパで、パルチザン攻撃で死んだドイツ兵一人につき一〇〇人の市民を報復射殺したこと――これらは野蛮化した人びとの残忍な復讐や自然発生的な暴力ではなく、政府によって組織的に遂行された政策であった。

これまで述べた二つの種類の残虐行為は、戦争の野蛮化という文脈で生じたものであるが、「政策的な残虐行為」を実行した者たちは、瞬間的に暴発した者とは異なった精神状態にあった。彼らは狂乱や憤激、フラストレーションによって行動したわけではなく、計算にしたがって行動したのである。第一〇一警察予備大隊の隊員は、ヨーロッパ・ユダヤ人の絶滅というナチ政策を組織的に執行したのだから、第二のカテゴリーに属することは自明である。第一次世界大戦の古参兵であった少数の最年長者や、ソ連からポーランドに転任になった同じくごくわずかの下士官を除けば、大隊員たちは戦闘を体験したことはなかったし、生死を賭けた敵に遭遇したこともなかった。大隊員のほとんどは怒りに燃えて銃を発射したことなどなかったどころか、そもそも撃ったことすらなかった。まして戦友を失ったことなどあろうはずがなかった。したがって、以前の戦闘によって戦時の野蛮性が芽生え、その体験がユゼフフでの警官たちの行動に直接影響を与えたということはありえない。しかしながら、ひとたび殺戮が開始されると、隊員たちは次第に野蛮化していった。戦闘を重ねるなかで、最初の恐怖がいずれは日常化してゆくように、殺戮は次第にたやすいものになっていった。その意味で、野蛮化は隊員の行動の原因ではなく、その結果なのであった。

とはいえ確かに、戦争という背景は、それが戦闘によって誘発された野蛮性や狂乱の原因であるというに止まらず、より一般的な観点からして重視されねばならない。戦争、すなわち「敵」と「わが国民」との間の争いは、二極化された世界を創造し、その中で、「敵」はたやすく具象化され、人間的義務を共有する世界から排除されてしまうのである。戦争は、政府が「政策的残虐行為」を採用し、それを遂行してもほとんど問題にならないような、格好の環境を提供してくれるのである。ジョン・ダワーが考察したように、「他者を非人間化することは、殺戮を容易にする冷淡な心理状態に計り知れないほど役立ったのである。[4]」狂乱ではなく心理的な冷淡さこそ、第一〇一警察予備大隊の行動の秘密を解く鍵の一つである。戦争と悪しき人種的ステレオタイプ化とは、こうした冷淡さを相互に補強しあう二つの要素なのであった。

多くのホロコーストの研究者、特にラウル・ヒルバーグは、ヨーロッパ・ユダヤ人の絶滅過程に内在する官僚制的、行政的側面を強調した。[5]こうしたアプローチが強調しているのは、二つの冷淡さである。つまり、近代官僚制的生活が機能的、物理的に冷淡な人間関係を生み出しているが、それと一定程度同様に、戦争と悪しき人種的ステレオタイプ化が、犯行者と犠牲者との間の心理的に冷淡な関係を促進したのだということである。実際、ホロコーストの犯行者の多くはいわゆる机上の殺戮者であり、彼らの関与の仕方は官僚制的特質を備えていた。そのため、ユダヤ人の大量虐殺における彼らの役割は、きわめて容易に遂行されうるものとなったのである。彼らの仕事はしばしば、殺戮工程全体で見ればごくわずかな処置から成り立っており、彼らはそれをまったく日常的な仕事として遂行し、彼らの処置によって左右される犠牲者を決して目前にすることはなかった。断片化され、日常的手順となり、非人格化されてもいたので、官僚ないし専門家の仕事は——たとえそれがユダヤ人財産の没収、移送列車の時刻表作成、法律の起草、電報送信、ユダヤ人リストの編集を含んでいたとしても——、大量殺戮のリアリティと直面することなしに遂行されうるものだったのである。もちろん、こうした快適さは第一〇一警察予備大隊の隊員が味わうことのできなかったものである。警官たちは、至近距離で射殺した犠牲者の血を浴び、文字通り真赤に染まっていたのだ。ユゼフフの森での警官たちほど、大量殺戮のリアリティに直面した者はいなかった。したがって、断片化、日常手順化、官僚制による殺戮の非人格化の側面、こうしたことによって、ユゼフフでの大隊の最初の行動を説明することはできないのである。

しかし、殺戮工程が分業化されることによって、それが容易になるという心理的効果は、第一〇一警察予備大隊の場合にもまったくなかったわけではない。大隊員はセロコムラやタルシン、コックで、またその後数多くの「ユダヤ人狩り」で、さらには単独で、射殺を実行したが、より規模の大きな作戦は共同行動であり、任務の分担を含んでいた。その際、警官たちはいつも非常線を張り、多くの隊員はユダヤ人を家から駆り出し、集合地点、さらに死の列車に追い立てる作業に直接かかわった。しかし大規模な射殺の際には、「専門家たち」が殺戮のために呼び入れられたのである。ウォマジーでは、対独協力者部隊は、仕事がこれ以上できないほど酔っ払わなかったら、彼らだけで射殺を完了したはずであった。収穫感謝祭作戦の期間、マイダネクやポニアトヴァでは、ルブリンの保安警察が射殺者を供給した。トレブリンカへの移送には、心理的に見れば、さらにそれに追加された利点があった。殺戮が他者によってなされたというだけでなく、ゲットーを一掃し、ユダヤ人を死の列車に詰め込んだ警官たちの目の届かないところで、それがなされたのである。ユゼフフで赤裸々な恐怖を経験した後で、ゲットー浄化や非常線を張る任務の後に何が起ころうと責任がないし、実際に関与もしていないのだとする警官たちの感覚、彼らの無関心さは、分業による責任軽減効果の真の証拠である。

第一〇一警察予備大隊の隊員は、最終的解決の執行にふさわしい特別選抜の過程を、もしそうしたものがあったとして、どの程度経ていたのであろうか。ドイツの歴史家であるハンス゠ハインリヒ・ヴィルヘルムの最近の研究によれば、ラインハルト・ハイドリヒの帝国保安本部の人事局は、特別行動隊（Einsatzgruppen）の将校を選抜し任命するのにかなりの時間と労力をかけていたことがわかる。[6] ヒムラーも適材適所を望んでいたので、親衛隊＝警察高級指揮官（ＨＳＳＰＦ）や他の重要ポストの任命には慎重を期していた。それゆえ、ヒムラーは、過去の汚職の記録や、ナチ党内にさえあった抵抗にもかかわらず、評判の芳しくないグロボクニクをルブリンの指揮官に任命することに固執したのであった。[7] トレブリンカ収容所長のフランツ・シュタングルについての古典的な研究、『人間の暗闇』の結論として、ギッタ・セレニーは、国内で安楽死計画にかかわった約四〇〇人の中から、ちょうど九六人を選んでポーランドの絶滅収容所へ転任させるのに、特別な注意が払われたのだとしている。[8] これらと同様な選抜政策、すなわち大量虐殺に特にふさわしい要員を注意深く選ぶという方針が、第一〇一警察予備大隊の組織構成を決定したといえるであろうか。

一般兵士についていえば、答えは否である。実際、ほとんどの選抜基準はこれまで述べたものと正反対であった。年齢、出身地、社会的背景、どれをみても、第一〇一警察予備大隊の隊員は、将来の大量虐殺者を作り上げるのに適するとは最も考えにくい人たちであった。こうした基準で見ると、一般兵士――中年で、ほとんどが労働者階級に属し、ハンブルク出身である――は、特別選抜どころかランダムな選抜さえ経ておらず、実際の目的からみて、これからの任務にふさわしくない者たちを選抜したといえるのである。

しかしながら、一つの観点からすれば、より初期にはより一般的な形で、なんらかの選抜が行なわれたのかもしれない。大隊の一般兵士にナチ党員が高い比率（二五パーセント）で混ざっていたこと、それが特に労働者階級出身の兵士としては不均衡であること、こうした点を考えると、警察予備隊員の最初の徴兵——彼らを最終的解決の際殺戮者に使うことが予想されるはるかに以前だが——が、まったくランダムなものでなかったのではないかという疑念が生じる。もしヒムラーが当初、警察予備隊員を、多くの活動的警察官が国外に駐留している間、国内の保安力として使う可能性を考えていたのだとしたら、彼が政治的に信頼できない人物を召集しないように用心したのかもしれないと考えることは、理屈に適っている。そうした用心が、中年のナチ党員を警察予備隊員として、一般の国民よりも高い比率で召集することであったのかもしれない。とはいえ、そうした政策の存在は単なる疑惑にすぎない。なぜなら、ナチ党員が意図的に通常警察の予備部隊に召集されたことを証明するいかなる資料も、これまで発見されていないからである。

将校の特別選抜の事例は、より明らかにするのが難しい。親衛隊の基準からすれば、トラップ少佐は愛国的ドイツ人ではあるが、伝統的であり、あまりに情緒的であった——つまりナチ・ドイツでは軽蔑的に「弱く」、「反動的」であると考えられたような人物であった。確実なことは、親衛隊と警察を融合しようというヒムラーとハイドリヒの意識的な努力にもかかわらず、またトラップは第一次世界大戦で勲章を与えられた戦士で、職業警官であり、一九三二年にナチ党に参加した古参闘士であったにもかかわらず、親衛隊に採用されなかったということである。彼が第一〇一警察予備大隊の指揮権を与えられたり、ルブリン管区を指定されたのは、彼が大量殺戮者にふさわしいと考えられたからではないことは確かであった。

大隊の残りの将校たちが、注意深く選抜されたという証拠もまったくない。ホフマンもヴォーラウフも、ナチ党の信用証明は申し分のないものであったにもかかわらず、親衛隊の基準からすれば、鈍行の経歴に分類されたままであった。特に通常警察におけるヴォーラウフの経歴には、二流の、良くないとさえいえる評価がなされていた。最も情け容赦なき、サディスティックな殺戮者であることが判明したのは、皮肉なことに、二人の若い親衛隊大尉ではなく、比較的歳を食った（四八歳）、予備少尉のグナーデであった。彼は殺戮の仕事に喜びを見出したのであった。最後に、予備少尉ブッフマンの任命は、将来の殺戮者と見込まれて注意深く選抜された結果ではありえなかった。

以上をまとめると、第一〇一警察予備大隊は、任務に特に適しているとして特別選抜された隊員から構成されて、ユダヤ人を殺害すべくルブリンへ派遣されたというのではなかった。その反対に、大隊は、戦争のそのときの局面で利用可能な人的ストックのうち、「屑ども」で構成されたのであった。そうした後方任務にしか利用できない部隊だったからこそ、ユダヤ人殺戮に従事させられたのであった。最もありそうなことだが、グロボクニクは、どの大隊が来ようが、その構成にはかかわりなく、この血なまぐさい任務に耐えられるのが当然だと思っていただけなのだろう。もしそうなら、彼はユゼフフの直後には失望したかもしれない。しかし長い目で見れば、一連の事件は彼が正しかったことを証明したのである。

ナチの殺人者についての多くの研究は、別種の選抜、すなわち異常に暴力を好む連中による、党や親衛隊への志願選別を示唆してきた。第二次世界大戦の直後、テオドール・アドルノやその共同研究者たちは、「権威主義的パーソナリティ」という概念を発展させた。状況的ないし環境的影響はすでに研究されたと感じられたため、アドルノらはこれまで無視されてきた、心理的要因に焦点を当てることを選んだのである。彼らが出発点に据えた仮説によれば、パーソナリティに深く根を下ろしたある種の特徴が、「潜在的なファシスト的個人」を、特に反民主主義的宣伝に感染しやすくしたのである。[9] 探究の結果、彼らは「権威主義的パーソナリティ」に決定的な特徴（いわゆるファシズム—尺度によってテストされた）のリストを作成した。因襲的価値への厳格な固執、権威ある人物に対する服従、外部集団に対する攻撃傾向、内省や反省や独創性への抵抗、迷信やステレオタイプ化への傾倒、力と「逞しさ」への心酔、破壊衝動とシニシズム、心理的投射（「世界では野性的で、危険なことが進行していると信じる傾向」、そして「無意識の情緒的衝動を外部へ投射すること」）、さらに、性に対する誇大な関心。アドルノらの結論によれば、反民主主義的な個人は「心の底に強力な攻撃衝動を抱いて」おり、ファシスト運動は、公認の暴力によって、この破壊衝動をイデオロギー的に標的とされた外部集団に投射することを彼に許すのである。[10] ジグムント・バウマンは、こうしたアプローチを次のように要約した。「ナチズムが冷酷だったのは、ナチ党員が冷酷だったからである。そして、ナチ党員が冷酷だったのは、冷酷な人びとがナチ党員になったからである。[11]」バウマンは、社会的な諸々の影響を無視するアドルノやその同僚の方法論に対して、また、普通の人びとはファシストの権威にコミットしなかったのだと暗に思わせるやり方に対しても、きわめて批判的である。

心理学的説明を擁護しようとする後継者は、心理的要因と状況的要因（社会的、文化的、制度的）を一段と明確に統合することによって、アドルノのアプローチを修正した。親衛隊に志願した者たちのグループを研究して、ジョン・シュタイナーは、「野蛮性を求める自己―志願プロセスが存在したように思われる」と結論づけた。[12] 彼は「眠れるもの」の概念を提起した。それによれば、暴力を好む個々人のパーソナリティのある種の特質は、通常は潜在的なものに止まっているが、ある条件下で初めて活動的なものになるというのである。第一次世界大戦後のドイツの混乱の中で、ファシズム―尺度のテストで高い数値を示す人びとは、「暴力的サブカルチャー」であるナチズムに、そして親衛隊に、高い比率で吸い寄せられたのであった。特に親衛隊は、彼らが潜在的な暴力性向を充分に解き放つように刺激を与え、サポートした。第二次世界大戦後は、そうした人びとは法を遵守する行動に立ち返ったのである。かくしてシュタイナーの結論によれば、当時の「状況は」、

「眠れるもの」を覚醒することによって、「親衛隊行動の最も直接的な決定要因となる傾向を帯びていた。」

エルヴィン・ストーブは、「かなりの人びとは彼らのパーソナリティの結果として犯行者になった」のであり、彼らは「自分で志願」したのだ、という考えを承認している。しかしストーブの結論によれば、シュタイナーの言う「眠れるもの」は誰にも共通する特徴であり、特定の環境の下では、ほとんどの人が過激な暴力を行使し、人間生活を破壊する可能性をもつのである。[13] 実際ストーブが強調しているのは、「普通の心理的プロセスと一般に共通する人間の動機、誰にもあるとはいえないにせよ思想と感情のある種の基本的傾向が」、人間生活の大量破壊を可能にする主要な源泉なのだということである。「普通の思考が生み出し、普通の人びとが犯す悪は、例外とはいえず、正常なのである。[14]」

ストーブがシュタイナーの「眠れるもの」を例外的なものではないとしているとすれば、ジグムント・バウマンはさらに、それを「形而上学的命題」として退けている。バウマンにとって、「冷酷さは性格から来るものであるというより、社会に起源をもつものなのである。[15]」バウマンは、ほとんどの人は社会が提供する役割に「落ち込む」のだと論じ、「性格的欠陥」が人間の冷酷さの原因であるとする解釈にはきわめて批判的である。彼によれば、例外的人物——本当の「眠れるもの」——は、権威に反抗することができ、道徳的自立を主張できる、きわめて稀な個人であるが、それが試されるまでは隠された力をほとんど意識していないのである。

個人の心理的特徴に対して、状況的要因が相対的にしろ絶対的にしろ重要であると強調する研究者は、決まって、スタンフォードでのフィリップ・ジンバルドーの監獄実験を挙げる。[16] まず総合的心理テストによって、正常の範囲を超える得点を得たものをふるいにかけて落とす。その中には、「因襲的価値の厳格な固執や、権威に対する従順で無批判的態度」（すなわち、「権威主義的パーソナリティ」を示すファシズム―尺度）を認められた者も含まれている。その後ジンバルドーは、テスト分けされた同質的で、「正常な」グループを看守と囚人に分け、彼らを一つの模擬監獄に入れた。あからさまな暴力は禁止されたけれども、六日経つうちに、監獄生活特有の構造――その中で三人交替の看守は、より多くの囚人を統制する方法を工夫しなければならなかった――は、急速に、野蛮性、屈辱、非人間化の増大を生み出した。「我々にとって最も劇的で、かつ悲惨な観察は、「サディスティック・タイプ」ではなかった人たちが、サディスティックな行動をいともたやすくとってしまうということであった。」ジンバルドーの結論によれば、監獄状況だけで、「倒錯した、反社会的な行動を生み出すのに充分な条件」なのであった。

第一〇一警察予備大隊についての本研究にとってたぶん最も重要なものは、ジンバルドーが、一一人の看守サンプルのなかに発見した行動のスペクトルである。約三分の一の看守は、「冷酷で強い」ことを明らかにした。彼らは絶えず新しい形の嫌がらせを発明し、冷酷で気ままに振る舞って、新たに発見された力を楽しんだのである。次の看守のグループは「強かったが公平」であることを示した。彼らは「規則通りに行動し」囚人を虐待する彼らの方法を変えなかった。二人（すなわち二〇パーセント以下）の看守だけが、「良い看守」であった。すなわち、彼らは囚人に罰を与えなかったし、幾分かは好意さえ示したのであった[17]。

看守の行動のなかにジンバルドーが見出したスペクトルは、第一〇一警察予備大隊の内で生じたグループ分けと不気味なほどよく似ている。銃殺部隊や「ユダヤ人狩り」に志願し、ますます熱狂的な殺戮者になっていた中心部分。命じられると射殺やゲットー浄化を執行するが、殺戮する機会を自らは求めない、多数派の警官グループ（彼らは幾つかのケースでは、誰も監視者がいない場合は、規則に反してでも殺戮を差し控えたりした）。そして、射殺を拒否したり忌避したりした小グループ（二〇パーセント以下）。

ジンバルドーの看守と第一〇一警察予備大隊の警官との間の著しい類似性に加えて、心理的性質に基づく「自己―志願」が重要性を持っていたかどうかを考えるには、もう一つ別の要因が考慮されねばならない。大隊は予備将校と、戦争の勃発後に徴兵されたにすぎない者から構成されていた。下士官たちは戦争以前にすでに通常警察に参加していた。というのは、彼らは警察（この場合はハンブルクの都市警察であって、政治警察あるいは秘密警察ではない）での出世を希望したか、国防軍に召集されるのを避けようとしたか、どちらかだったからである。こうした環境では、非常に多くの暴力的連中を集められる自己―志願のメカニズムが、通常警察の予備大隊で機能したとは考えにくい。実際、ナチ・ドイツが、暴力行動を是認し報酬で報いる、非常に多くの出世街道を提供していたのだとすれば、残りの人びとからのランダムな召集――暴力を最も好む連中はすでにいなくなってしまっているのだから――では、おそらく、「権威主義的パーソナリティ」を持った者たちは平均以下の数しか集まらなかったはずである。要約していえば、パーソナリティの特徴に基づいての自己―志願は、第一〇一警察予備大隊の隊員の行動をほとんど何も説明してくれないのである。

特別選抜がほとんどなされておらず、自己―志願も見たところ同様だったとすれば、自己―利害、さらに出世主義はどうだったであろうか。射殺者に含まれていたことを認めた隊員たちは、彼らの行動を出世の観点から正当化しなかった。しかしこれと対照的に、出世主義の論点は、射殺に参加しなかった幾人かの者たちによって、最も明瞭に述べられた。ブッフマン少尉とグスタフ・ミヒェルゾンは、自分たちの例外的な行動を説明する中で、他の将校や戦友たちと違って、自分たちはいずれ戻るはずの民間の地位が確保されており、将来における警察官としての昇進への悪影響を考慮する必要はなかったのだと供述した。[18]ブッフマンは、検察当局が彼の行動を被告の警官たちとの比較で利用することを明らかに嫌がっていたから、射殺に参加した者に対する道徳的告発を減らそうと、昇進という要因を強調したのかもしれない。しかしミヒェルゾンの証言は、そうした計算や遠慮による影響をまったく受けていなかった。

昇進の観点から自由だと感じていた者たちの証言の他に、はっきりそうでなかった者たちの行動もある。ホフマン大尉は、出世主義に衝き動かされた者の古典的サンプルである。胃痙攣——心身医学的に見れば、全部ではないにしても一部は、大隊の血なまぐさい行動によって誘発されたものだが——によって動けなくなっても、彼はその病気を彼の置かれた状況から逃れるために利用せずに、頑固に上官から隠そうとした。彼は、部下たちから臆病者なのではないかと公然と疑われる危険を犯してでも、中隊長に留まろうと無益な努力を重ねた。そして彼がついに交替させられたとき、彼は経歴を危うくするような展開にも激しく抵抗したのであった。第一〇一警察予備大隊員のかなりの数の者が、戦後も警官であり続けたことを考えると、出世の野望は彼らにとっても、同様に重要な役割を演じたのかもしれない。

犯行者たちの間では、当然のことながら、彼らの行動を説明するのに最もよく引き合いに出されたものは、伝統的に命令であった。ナチ独裁の権威主義的政治文化、明確な意見対立を認めない野蛮な不寛容、他者に服従を要求する軍事的必要性、規律の容赦なき強制、これらのものによって、個々人が何かを選択することのできない状況が作り出されたのであった。彼らの主張によれば、命令は命令であって、そうした政治的環境のなかでは、命令に従わないと思われた者は誰もいないのであった。不服従は、ただちに処刑されないにしても強制収容所送りを意味したし、その家族もそうなる可能性があった。犯行者たちは抵抗しがたい「脅迫」を受けており、したがってその行動に責任を負うことはできないのであった。戦後ドイツでは、少なくとも戦争犯罪の訴訟のたびに、被告たちはこうした主張を述べていた。

しかしながらこうした説明には、一般的に言っても問題がある。まずまったく単純な問題だが、戦後四五年間に数百回も行なわれたこの種の裁判で、武器を持たない文民を殺せという命令を拒否して、いわゆる苛酷な罰を受けることが避けられなかったケースを、一件ですら証拠をもって立証した弁護士や被告は一人もいなかったのである。[19] そうした不服従ゆえに時として加えられた罰や譴責は、人びとが犯すことを求められた罪の重さと、決して釣り合いが取れていなかったのである。

命令から逃げられなかったという説明の変奏が、「脅迫の推定」である。不服従の結果がそれほど苛酷な罰ではなかったのだとしても、命令に従った者は、当時そのことを知ることはできなかった。彼らは、殺せと命令されたとき、選択の余地はないと真面目に考えたのであった。多くの部隊で熱心な将校が、不気味な脅迫で部下を脅したことがあったのは間違いない。第一〇一警察予備大隊においても、ドルッカーやヘルゲルトのようなある種の将校や下士官は、後には射殺を継続できない者たちを放免したとしても、最初は全員を射殺者に仕立てようとしたのであった。さらにホップナーやオストマンのような他の将校や下士官は、撃たないことがわかっていた者たちをピックアップし、殺すように圧力をかけ、ときにはそれに成功したのであった。

しかし一般的規則としては、脅迫の推定でさえ第一〇一警察予備大隊には当てはまらなかった。トラップ少佐が声を詰まらせ、頬を涙で濡らしながら、ユゼフフで「それに耐えられない」者を免除すると言い渡し、最初に免除された者をホフマン大尉の激怒から保護したときから、厳罰があるだろうと推定される状況は大隊には存在しなかった。その後トラップは、ブッフマン少尉が対ユダヤ人行動に参加することを免除したのみならず、射殺したくないという態度を隠さなかった者を保護したのであるから、事態はより明確になっていた。大隊のなかでは、書かれざる「基本原則」が明らかになっていた。小規模の射殺行動の場合、射殺者には、志願者が募られたか、殺戮を好む者から選ばれたか、あるいは銃殺部隊が編成されるとき、単に傍を離れる努力をしなかった者から選ばれたのである。大規模な行動の場合は、殺したくない者は強制されなかった。将校が個々の撃とうとしない隊員に殺すように強要しても、拒絶された。というのは、隊員は将校がトラップに訴えることができないことを知っていたからである。

ブッフマンのような最もあからさまな批判者は別として、すべての隊員は非常線を張ったり、ユダヤ人を駆り出したりする任務に参加しなければならなかったが、そうした環境においても、個々人は射殺に際しては自分自身で決断を下すことができた。証言の中には、ゲットー浄化作戦中服務規定に従わなかったり、幼児や逃げたり隠れたりしようとしているユダヤ人を撃たなかった隊員の話があふれるほどある。銃殺部隊に加わっていたことを認めた隊員でさえ、ゲットー浄化作戦の混乱の中で、またパトロール中行動が厳しく監視されていないときには、ユダヤ人を射殺しなかったと主張している。

命令への服従を、苛酷な罰に対する恐怖から説明することが妥当性を持たないとすれば、スタンリー・ミルグラムが用いた、より一般的な意味での、「権威への服従」という説明はどうだろうか。——すなわち、それは社会化や進化の単なる産物としての服従であり、上の地位にある者の命令を遵守して、「公認の」道徳規範に違反した、嫌悪感を催すような行動でさえ遂行してしまう、「深く根づいた行動傾向」である。[20] 今や有名になった一連の実験で、ミルグラムは、外部の強制的威嚇に支えられていない権威に、個々人がどれほど抵抗する能力があるかをテストした。志願してきた何も知らない被験者は、まず「学問的権威」から、徐々にエスカレートする偽の電気ショックを配役／犠牲者に与えて苦しめる、いわゆる学習実験をするよう指示される。配役／犠牲者は慎重にプログラム化された「声のフィードバック」でショックに反応することになっているのである。——その反応は苦痛を訴えるところから、泣き叫ぶ、助けを求める、そしてついに不吉に沈黙するところまでエスカレートすることになっている。かくして標準的な声の反応実験をしてみると、ミルグラムの被験者の三分の二が、極端に苦しみを与えるところまで学問的権威に「従順」であることが判明した。[21]

この実験を幾つかの変奏で試してみると、興味深いことに、異なった結果がもたらされた。たとえば配役／犠牲者の苦しむ様が、被験者に見えず、声も聞こえないように遮蔽した場合、権威への服従の度合いは一層大きくなった。被験者が配役／犠牲者を目にしその声も聞いた場合、極端なところまで権威に追従する被験者は四〇パーセントにまで下がった。被験者がショックを伝える電極板に腕を置き、配役／犠牲者に物理的に触れざるをえなくした場合、服従の度合いは三〇パーセントまで落ちた。権威を持たない人物が命令を出した場合、服従の度合いはゼロだった。また被験者が自分で電気ショックを与えず、補助的ないし派生的な仕事を行なった場合、服従の度合いはほぼ完全であった。これと対照的に、被験者が、権威的人物の命令を以後は慎重に拒否しようと目論んでいる配役／仲間の一員であった場合、大多数（九〇パーセント）の被験者が仲間集団に参加し、命令に従うことをやめてしまった。被験者が電気ショックの執行レベルに関して完全に自由であった場合、わずかのサディストの他は全員、最小のショックを送り続けた。学者の直接の監視の下に置かれなくなったとき、被験者の多くは、権威に対抗し実験を放棄することはできなかったけれど、指示されたより弱いショックを与えて「ごまかした。[22]」

ミルグラムは、強圧的でない権威に服従して、残酷になりかねない潜在的度合いが予想以上に高かったことを説明するために、多くの要因を挙げている。進化論的先入観は、位階制のある状況を受け入れ、社会活動を組織した人びとの生存に好意を持つ。家族、学校、兵役による社会化、同様に一般に社会内にある報酬と罰則の配列全体は、服従への傾向を強化し内面化するのである。正統であると「知覚された」権威システムに自発的に参入すると、強い義務感覚が生み出される。位階秩序のなかにいる者は、権威的見方、ないし「立場の制限」を身につける（このケースでは、物理的苦痛としてよりも、重要な科学的実験として）。「忠誠、義務、規律」の観念は、権威の観点からの実行能力を要求し、犠牲者とのいかなる同一化も許さない道徳的命令となる。正常な個々人は、自ら他人の意思の道具となる「手段的状態」に入ってゆくことになる。こうした状態では、彼らはもはや行動の内容にではなく、どれだけ巧く実行できたかにだけ、個人的に責任を感じるのである。[23]

ひとたび状況に巻き込まれると、人びとは、不服従や拒絶を一層困難にする、一連の「拘束要因」ないし「凝固メカニズム」に直面する。状況の進行は、新しい、あるいは対立するイニシアティヴを採りづらくする。「状況的義務」ないしエチケットは、拒絶することを、不適切で、無礼で、義務に対する道徳的違反であるとさえ思わせる。そして、服従しないと罰を受けるのではないかという社会化された不安が、さらに抑止力として働くのである。[24]

ミルグラムは、彼の実験における人間行動とナチ体制下のそれとの類似性に、直接言及した。彼は、「人間はほとんど何の困難もなしに他人を殺すように仕向けられる」[25]、との結論を下したのである。しかし、ミルグラムは、両者の状況の重要な違いには気づいていた。彼がまったく明快に承認しているように、実験に参加した被験者は、彼らの行動の結果、配役／犠牲者に身体的障害が残ることなどないことを確信していたのである。また被験者は、いかなる威嚇や脅迫にも晒されていなかった。そして最後に、配役／犠牲者は、被験者の組織的洗脳を通じて、「激しい価値剝奪」の対象とされたわけではなかったのである。これとは対照的に、第三帝国の殺人者たちは警察国家のなかで生活していた。そこでは、不服従の結果は苛酷なものになるかもしれなかった。そして彼らは激しい洗脳に晒されていたが、犠牲者に苦痛を与えているだけでなく、人間の生命を破壊していることも知っていたのである[26]。

ユゼフフでの大虐殺は、ミルグラムの実験を過激にしたようなものだといえるであろうか。それは、何も知らない被験者と配役／犠牲者の登場する、社会心理学的実験室のなかで起こったのではなく、実際の殺戮者と犠牲者がいたポーランドの森のなかで起こったのである。第一〇一警察予備大隊の行動は、ミルグラムの観察と結論によって説明できるのだろうか。ユゼフフのケースを権威への服従として説明するには幾つかの困難がある。というのは、ミルグラムの実験の変奏のどれもが、ユゼフフでの歴史的状況と正確に対応してはいないからである。そのことによる両者の相違が、学問的意味で確実な結論を引き出すには、あまりに多くの変数を生み出している。にもかかわらず、ミルグラムの洞察の多くは、第一〇一警察予備大隊員の行動と証言のなかに、図式的確認を見出しているのである。

ユゼフフでは、隊員が反応していた権威システムはまったく複雑であって、実験室の状況とは違っていた。トラップ少佐は強い権威を持つ人物ではなく、かなり弱い権威しか持たない人物と見なされていた。彼は、目前の任務が恐ろしいものであることを涙ながらに認め、年長の警官たちに任務から降りることを勧めた。しかしたとえトラップは弱い権威しか持たない直接の指揮官であったとしても、彼は、少しも弱さを感じさせない、より遠くにある権威システムを引き合いに出したのであった。彼は、殺戮の命令が最高の権威筋から下されたものであると述べたのである。トラップ自身、また部隊としての大隊は、彼が個々の警官を免除して隊員に気を配ったにせよ、遠くにある権威の命令に拘束されていたのであった。

トラップの部下の大多数は、殺戮者になることを拒まなかったとき、いかなる権威に反応していたのだろうか。彼らはトラップの権威に反応したのか、トラップの上官の権威に反応したのか。彼らはトラップが何よりも権威ある人物だから反応したのではなく、個人として――彼が隊員に人気があり愛されていた将校だったから、見捨てるに忍びないために、反応したのではないのだろうか。さらに他の要因はなかっただろうか。ミルグラム自身によれば、人びとは自分の行動を説明するのに、順応よりもしばしば権威を引き合いに出しがちなのである。なぜなら、権威のみが彼らを責任から解除してくれるからである。「被験者は彼らの行動の説明として、順応を否定し権威を挙げる。[27]」けれども、警官たちは、権威にではなく、順応の圧力——彼らが周りの戦友からどう見られているか——に反応したことを認めていたのである。ミルグラムの見解に基づけば、そうした告白は氷山の一角であったにすぎないが、この要因は、隊員が証言のなかで認めた以上に重要なものであったに違いない。もしそうであれば、ユゼフフでは、順応は権威よりもより中心的な役割を果たしていたのである。

ミルグラムは、仲間集団が権威に抵抗する個人の能力を支持する場合、仲間の圧力の影響はいかなるものになるかをテストした。配役／協力者が離脱したとき、何も知らない被験者たちにとって、権威に従うほうが容易であった。ミルグラムはまた、反対の場合、すなわち、苦痛を与える能力を強めるにあたって、集団への順応はいかなる役割を果たすかについてテストしようとした。[28]三人の被験者、すなわち二人の協力者と一人の何も知らない被験者が、学者／権威者から、彼らのうちの誰かが提案した最も低いレベルで苦痛を与えるように教示された。さて、何も知らない被験者が一人だけで、電気ショックのレベルを設定する完全な自由裁量を与えられたとき、彼はほとんど決まってミニマムの苦痛を与えた。しかし、二人の協力者が、徐々に電気ショックを強めてゆこうと提案したとき、何も知らない被験者は著しくこれに影響を受けてしまった。個人によってその度合いは様々であったが、平均していえば、電気ショックのレベルの選択は、変化なしと徐々に増加との中間であった。これは、弱い権威の代償として、仲間の圧力がどのように影響するかを試すテストとしては、まだ充分ではない。他の者たち――被験者は彼らと仲間の関係を持っており、彼らの前では男らしく強くなくてはならないと感じている――がその場に残り、苦痛に満ちたショックを与え続けているとき、涙を浮かべた愛すべき学者が、被験者に電気ショックの配電盤から離れるように勧めたりはしなかったからである。実際、何も知らない被験者と配役/協力者の間に本当の仲間関係が必要な、そうしたシナリオのテスト実験をすることはほとんど不可能であろう。にもかかわらず、権威と順応との相互の補強関係は、ミルグラムの実験によってはっきりと論証されたように思われる。

ユゼフフにおける権威の多面性、また集団への順応が警官たちの間で果たした鍵となる役割、これらはミルグラムの実験とまったく類似するわけではないとしても、ミルグラムの結論にかなりの支持を与えるものである。またこれによって彼の観察の幾つかは明確に承認されるのである。殺戮の恐怖と直接係わりあったために、もはや命令に従えないという隊員の数はかなり増大した。他方で、殺戮が分業化されたり、殺戮過程が絶滅収容所へ移動するとともに、隊員たちは彼らの行動に対してまったく責任を感じなくなった。直接の監視を外してみたミルグラムの実験のときと同様、多くの警官は、直接監督されていないときは命令に従わなかった。警官たちは、自分の立場が危険に晒されないかぎり行動を和らげたが、大隊の殺戮作戦に参加することを公然と拒絶することはできなかった。

教化はミルグラムの実験の焦点ではなかったし、順応は部分的に言及されただけであった。だがこの二つの要因はさらに探究されるべきである。ミルグラムは、社会的出来事に意味と理論的説明を与える、「立場の制限」ないしイデオロギーを、権威への服従の決定的な前提として確かに明記していた。ミルグラムは、人びとが世界を解釈する仕方を統制することは、行動を統制する一つの方法であると論じた。人びとが権威のイデオロギーを受容すれば、論理的かつ自発的に、その後の行動が生ずる。したがって、「イデオロギー的正当化は自発的服従を得るために決定的なことである。というのは、イデオロギー的正当化によって、人は自分の行動が望ましい目標に役立っていると考えることが許されるからである。[29]」

ミルグラムの実験において、「すべてを包括するイデオロギー的正当化」は、学問の善とその進歩への貢献に対する、無言の、疑問の余地なき信仰という形で現われた。しかしこの実験には、配役／犠牲者の「価値を剝奪する」組織的な試みはなかったし、被験者に特定のイデオロギーを吹き込む試みもなかった。ミルグラムの仮定によれば、ナチ・ドイツの人びとの破壊的行動は、直接的監視の下で、「実験室では不可能なほどの、比較的長い教化過程を通して[30]」達成された、権威の内面化の帰結であった。

それでは、ナチ教義の意識的な教化が、どの程度まで、第一〇一警察予備大隊の隊員の行動を形成したのだろうか。彼らは、思考の自立性と責任ある行動能力を喪失するほどの、巧みで狡猾な宣伝に支配されてしまったのだろうか。ユダヤ人の価値を剝奪し、彼らを殺してしまえという勧告が、ナチ教化の中心であったのだろうか。朝鮮戦争で捕虜になったアメリカ兵の体験から、それ以来、強度なイデオロギー教化と心理的操作を、一般に「洗脳」という。彼ら殺人者たちは、何らかの一般的な意味で「洗脳された者」たちだったのだろうか。

ヒムラーが親衛隊員や警察官のイデオロギー的教化を重視したことは間違いない。彼らは有能な兵士や警官であるだけでなく、第三帝国の政治的、人種的敵に対して戦う、イデオロギー的に武装された騎士、十字軍戦士なのであった。[31] イデオロギー的教化の努力は、親衛隊のエリート組織のみならず、通常警察にも採用された。それどころか、教化はより下級な予備警察にまで拡大されたのである。しかし、彼らはヒムラーの理想とする、新しいナチ人種貴族制にはほとんど適していなかった。たとえば、親衛隊員は、五代前まで遡って家系がユダヤ人の血によって汚染されていないことを証明しなければならなかった。これと対照的に、「第一級混血」（ユダヤ人の祖父母が二人いる人びと）とその配偶者は、一九四二年一〇月まで警察予備隊での勤務を禁止されていなかった。さらに「第二級混血」（ユダヤ人祖父母が一人だけ）とその配偶者は、一九四三年四月まで勤務を禁止されていなかったのである。[32]

一九四〇年一月二三日付の基本教練ガイドラインのなかで、通常警察中央本部は、体力、武器の使用、警察技術と並んで、すべての通常警察大隊がその特性とイデオロギーを強化しなければならないとした。[33] 基本教練は、一か月単位の「イデオロギー教育」を含んでいた。第一週のトピックは「我々の世界観の基礎としての人種」であった。第二週は、「血の純粋性の維持」となっている。[34] 基本訓練を終了すると、警察大隊は、現役も予備役も、将校から継続して軍事的、イデオロギー的訓練を受けることになっていた。[35] 将校たちは、一時間のイデオロギー講義と、同じく部下に対する一時間のイデオロギー講義実習を含んだ、ワークショップに出席することが要求された。[36] 一九四一年の第五学習計画には次の区分が含まれていた。すなわち「我々の世界観の基礎としての人種の理解」、「ドイツにおけるユダヤ人問題」、さらに「ドイツ人の血の純粋性の維持」である。[37]

継続的なイデオロギー的訓練の精神やその頻度について、明快な指示が出された。そうした訓練に対して、ナチズムの世界観は「測量線」となるべきものであった。毎日、あるいは一日おきに、警察大隊員たちは、最近の出来事やそれをイデオロギー的な観点から適切に理解することを教えられることになっていた。毎週、将校は三〇分から四五分の集会を持ち、短い講義をしたり、推薦された書物や特別の親衛隊のパンフレットから抜粋された啓発的な部分を朗読したりした。将校は何らかのテーマを選んだが——忠誠、戦友関係、攻撃的精神――それを通して、ナチズムの教育目標が明確に表現されたのである。毎月一度の集会では、そのときの最も重要なテーマが取り上げられ、親衛隊や党の将校や教育担当スタッフが登場したりした。[38]

第一〇一警察予備大隊の将校は、イデオロギー教育の指令を明らかに遵守していた。一九四二年一一月、ホフマン、ヴォーラウフ両大尉、グナーデ少尉は、「部隊のイデオロギー的訓練と監督の分野で」の活動によって表彰された。彼らはそれぞれ、隊長によって書物を贈与されたのであった。[39] しかしながら、ヒムラーの意図は疑問の余地ないものであったとしても、それを別にして、第一〇一警察予備大隊を教化するために用いられた実際の教材を一読すると、殺戮者になる隊員のための説明として、親衛隊の教化が適切なものであったかどうか深刻な疑問が湧いてくるのである。

コブレンツにあるドイツ連邦文書館には、二種類の通常警察教育資料が残されている。最初の資料は、一九四〇年から一九四四年までの間に通常警察「イデオロギー教育」課によって発行された、二つの毎週配布されたシリーズである。[40] 幾つかの巻頭論説はナチの有名人、イデオロギー的煽動者によって書かれている。ヨゼフ・ゲッベルス、アルフレート・ローゼンベルク（ヒトラーに任命されたソ連占領地区担当相）、ヴァルター・グロス（党人種政策局長）等である。もちろん、人種差別主義者の一般的観点が、これらの資料に浸透している。しかしながら、全部で二〇〇ほどの論点のうち、反ユダヤ主義やユダヤ人問題には、比較すると、明らかにわずかのスペースしか割かれていないのである。「ユダヤ民族と犯罪」という論題――二つのシリーズの、まったくどうということのない水準と比べてさえ異例に冗長である――は、いわゆるユダヤ人の特徴を次のように結論づけている。「節度のない」、「虚栄心」、「詮索好き」、「現実否定」、「魂の欠落」、「愚鈍」、「悪意」、「残忍さ」、これらが「完全な犯罪者」の正確な特徴であるというのである。[41] こうした単調な文章を読むと、読者は思わず眠りに誘われたのではないだろうか。こうした文章が警官たちを殺人者に変えた、などということはなかったのは確実である。

ユダヤ人問題だけを取り扱った唯一の論説は、一九四一年の文書の後のページに載っており、「今回の戦争の目的――ヨーロッパのユダヤ人からの解放」と題されている。そこには不気味にこう書かれている。「ユダヤ人の陰謀によって始まった新しい戦争は、反ユダヤ的ドイツの没落をもたらすのではなく、その反対に、ユダヤ人の終焉をもたらすだろう。この総統の言葉が、今や実行に移されているのだ。」「ユダヤ人問題の最終的な解決、すなわち、彼らから権力を奪い取るだけではなく、この寄生虫的人種を実際にヨーロッパの家族から取り除くことは」、切迫した課題である。「二年前には不可能と思えたことが、今や一歩一歩現実になりつつある――この戦争の終わりには、ユダヤ人のいないヨーロッパが存在していることになるだろう。[42]」

「ユダヤ人のいないヨーロッパ」という究極的目標に関連して、ヒトラーの予言を思い起こしたり、ヒトラーの権威に訴えたりすることは、もちろん、親衛隊の教育教材に特有のことではなかった。その反対に、同様なメッセージは一般の世界で広く流布されていた。さらに、こうした教材が警察予備官を大量殺戮者に変えるための「洗脳」にあたって、ほとんど教示されなかったことは、一九四二年九月二〇日付の他の論説から見て取ることができる。それは警察予備官用の二つのシリーズのなかにある単独の項目である。警察予備官が偉大な任務を遂行するために、彼らを人間性をこえて非人間的になれるように鍛えようとするどころか、論説は、警察予備隊が特別重要なことを何もしていないと考えていた。おそらく退屈さに脅かされていた彼らの士気を高めるためだろうが、この論説のなかで「年長の警察予備官たち」は、している仕事がどれほどつまらないように見えても、総力戦においては「だれもが重要なのだ」[43]と激励されていたのである。このときまでに、第一〇一警察予備大隊の「年長の警察予備官たち」は、ユゼフフ、ウォマジーでの大量射殺や、パルチェフやミエンジジェツからの最初の強制移送を、すでに実行していたのであった。彼らは、ルブリン北部のゲットーに対する、六週間にわたる血なまぐさい、頂点ともいえる襲撃の前夜に立っていたのであった。隊員の誰かが、この論説はきわめて重要であると、いわんや感動的だなどと思ったということはありえない。

「通常警察のイデオロギー教育のための」特別パンフレット・シリーズ（年に四回から六回発行）は、教化資料のもう一つのグループをなしていた。一九四一年のあるパンフレットは、「ドイツ国民の血の共同体」と「大ドイツ帝国」と題されていた[44]。一九四二年には、「ドイツによるヨーロッパの再建」、「親衛隊員と血の問題」と題された「特別号」が出されている[45]。一九四三年には、連続して「人種の政治学」が論じられている[46]。一九四二年に発行された血の問題についての特別号から始まり、とりわけ一九四三年の「人種の政治学」のなかで、人種教義とユダヤ人問題の取り扱いがきわめて綿密かつ体系的なものとなった。それによれば、ドイツ「民族」ないし「血の共同体は」密接に関連した六つのヨーロッパ人種の混合として構成されたものである。そして、その内最大のものが（五〇―六〇パーセント）北方人種なのである。虚弱な要素を情け容赦なく抹殺する厳しい北方の風土によって形成されたので、北方人種は世界の他のどの人種よりも優れている。そのことは、ドイツの文化的、軍事的業績によっても見て取ることができるのである。

ドイツ民族は自然の掟によって定められた絶えざる生存競争に直面している。自然の法則によれば、「虚弱な劣等者はすべて破壊されねばならず」、「力のある強者だけが繁殖し続けるのである。」この生存競争に勝利するために、民族は二つのことをなし遂げなければならない。すなわち、さらなる人口増大に対応できる生存圏を確保することと、ドイツ人の血の純粋性を保存することである。己れの民族の人口を増大させなかったり、人種的純粋性を維持しなかった人びとの運命がどうなったかは、スパルタとローマの例がよく示すところである。

領土的拡大と人種的純粋性を要求する健康な自覚に対して、主要な脅威は、人間の本質的平等を宣伝する教義からやってくる。最初のそうした教義は、ユダヤ人パウロによって広められたキリスト教であった。第二の脅威は自由主義であり、これはユダヤ人秘密結社フリーメーソンに煽動されたフランス革命――「人種的劣等者の暴動」――以来出現したものである。第三の、しかも最強の脅威は、ユダヤ人マルクスによって構想されたマルクス主義／ボルシェヴィズムである。

「ユダヤ人は人種的混合であり、他のすべての人びとや人種と対照的に、その本質的な特徴を、何よりもその寄生虫的本能によって保存しているのである。」論理や首尾一貫性などおかまいなしに、パンフレットは、ユダヤ人が彼の宿った主人を混血によって破壊しながら、ユダヤ人種の純粋性を保持してきたのだと主張している。人種の自覚を持つ人びととユダヤ人との共存は不可能である。「最後のユダヤ人が地上の我々の領地から出てゆく」とき、勝利が得られる闘争だけが存在しているのだ。現在の戦争はまさしくそうした戦争なのである。これによって、ヨーロッパの運命が決まるだろう。「ユダヤ人の破壊によって」、ヨーロッパを崩壊させる最後の脅威は取り除かれるだろう。

これらのパンフレットはいかなる明確な目的のために書かれたのであろうか。ナチズムの人種思想の根本教義の復習は、読者にいかなる結論を促したことになるのだろうか。「血の問題」も「人種の政治学」も、敵性人種を抹殺せよと呼び掛けて終わっていたわけではない。むしろ、これらのパンフレットは、より多くのドイツ人の誕生を奨励するのが結論だったのである。人種闘争は、部分的には、「繁殖」と「淘汰」によって決定される人口統計学的戦いであった。戦争は「反淘汰の純粋な形式」であった。なぜなら最良の者が戦場で倒れるばかりでなく、彼らは子供を持つ前に倒れてしまったからである。「戦争の勝利」は「子供の勝利」を必要とする。親衛隊はドイツ国民のうちから、主に北方的要素を持つ者の選抜を行なったのであるから、親衛隊員は若くして結婚する義務を負っていた。人種的に純粋な、若く多産な花嫁を選び、大勢の子供を儲ける義務があったのである。

したがって、こうしたパンフレットによる警察予備官の教化を評価するにあたっては、多くの要素を心に留めておかねばならない。まず第一に、最も詳細で徹底したパンフレットは、一九四三年になるまでは発行されていなかったことである。そのときまでに、第一〇一警察予備大隊の保安区域であったルブリン北部は、ほぼ「ユダヤ人のいない世界」になっていたのであった。それらのパンフレットが、この大隊を大量殺戮者へ教化するために何らかの役割を果たすには遅すぎたのであった。第二に、一九四二年のパンフレットは、若き親衛隊員の家族形成義務にはっきり目標を絞っており、特に中年の警察予備官には無関係なことであった。中年の警察予備官はもうかなり以前に結婚相手を決めており、子供の数もすでに決まっていたからである。かくして、このパンフレットを、週ごとないし月ごとに行なわれた、大隊の教化集会に基礎資料として使うことは、できないことではないにしても、かなり不適切なものであったと思われる。

第三に、他の方法でナチ教義を浸透させるには、警察予備大隊員の年齢の問題が影響した。ナチ犯罪者の多くはきわめて若年であった。彼らは、ナチの価値観が自分たちの知る唯一の「道徳規範」であった世界の中で育てられてきた。そうした若者たちは、ナチ独裁の状況下で学校教育を受けて育ってきたので、単純にそれ以外のより良きものを知らなかったといえよう。ユダヤ人の殺害は、彼らが育てられてきた価値体系と矛盾するものではなかった。そこで教化も比較的たやすくなされた。こうした説明がどれほどメリットの多いものであるとしても、それは主に中年の隊員から構成された第一〇一警察予備大隊には適用できない。彼らは一九三三年以前の世界で教育を受け、青春期を過ごしてきたのであった。しかも隊員の多くは、ナチズムを、どちらかといえば受け入れない社会環境の出身であった。彼らはナチ以前のドイツ社会の道徳規範を、完全によく知っていたのである。彼らはより以前の価値基準を持っており、それによって、彼らが実行することを求められたナチの政策を判断したのであった。

第四に、通常警察官のために用意されたイデオロギー的パンフレットは、時代の雰囲気や政治文化を反映していた。そうした時代の雰囲気や政治文化のうちで、隊員たちは訓練を受け、教化され、過去一〇年にわたって生活してきたのであった。ドルッカー少尉はきわめて控え目にこう述べた。「時代の影響下で、ユダヤ人に対する私の態度はある種の反感でした。」ユダヤ人に対する中傷、またドイツ人種の優秀性の宣言は、不断に、あちこちで、容赦なく行なわれていたので、それが、平均的な警察予備官を含むドイツ人大衆の一般的態度を形成してきたことは間違いない。最後になったが第五に、ユダヤ人を取り扱っているパンフレットや資料は、ユダヤ人のいないヨーロッパの必要性を正当化し、そうした目標への支持と共感を求めたが、そうした目標を、ユダヤ人を殺すことによって達成する事業に、個人的に参加するようにはっきりと催促したことはなかったのである。この点はさらに述べておく価値がある。なぜなら、通常警察用教材ガイドラインの幾つかは、対パルチザン戦争にかかわって、まったく簡明に、個々の隊員はパルチザンを、より重要なことだがその「容疑者」を殺せるくらいに頑強でなければならない、と述べていたからである。

対パルチザン戦争はボルシェヴィズムに対する戦争である。それは人びとの運動ではない。……敵は完全に壊滅されねばならない。パルチザンやその容疑者の生死を瞬時に決めることは、最強の兵士にとっても困難な仕事である。しかしそれは為されなければならない。隊員は正しく振る舞い、ありうべき個人的感情の衝撃をすべて脇へおいて、冷酷に、情け容赦なく実行しなければならない[47]。

現存する通常警察のすべての教化資料のうちに、警官たちに無防備な女性や子供を殺害させる準備に対応するような、一連のガイドラインは見当たらない。確かにソ連領内では、対パルチザン戦争の期間に、「容疑者」を殺すという命令枠を利用して、多くのユダヤ人が殺害された。しかしながら、一九四二年に第一〇一警察予備大隊が駐屯したポーランド領内では、パルチザン容疑者の殺害とユダヤ人の殺害が、大きく重なりあうケースはなかった。少なくともこの部隊に対して、それが行なったユダヤ人の殺害は、パルチザンや「容疑者」は殺害せよという野蛮な説教の結果であったとは説明できないのである。

ここで、もう一つ別の比較をすることが適切だろう。特別行動隊がソビエト領内に侵入する以前に、行動隊員は二か月にわたる訓練を受けた。そうした準備には、様々な親衛隊の著名人の訪問と演説が含まれ、彼らは、きたるべき「絶滅戦争」について、隊員に「激励演説」を行なった。ソビエト侵攻の四日前、特別行動隊の将校は、ラインハルト・ハイドリヒと詳細な打ち合わせをするためにベルリンに召喚された。つまり、隊員を大量殺戮者に仕立て上げるために、かなりの努力が払われたのであった。一九四一年夏に、特別行動隊に続いてロシアに侵入した警察大隊の隊員でさえ、部分的には、彼らを待ち受けているものに対して準備が為されたのであった。警察大隊員は、捕虜となった共産党員を処刑する秘密命令（「政治人民委員射殺命令」）を、さらに、民間人の取り扱いについてのガイドラインを、情報として与えられていたのである。また幾人かの大隊長は、ダリューゲやヒムラーが特別行動隊を訪問したとき行なったように、演説で彼らの部隊を鼓舞しようとしたりしたのである。これと対照的に、第一〇一警察予備隊の将校と兵士はいずれも、彼らを待ち受けている血なまぐさい任務に対して何の準備もしていなかったし、ひどく驚かされたのであった。

要約していうと、第一〇一警察予備大隊の隊員は、ドイツ社会の他の人びとと同様、人種差別主義や反ユダヤ主義宣伝の洪水に見舞われていた。さらに、通常警察は基礎訓練の中でも、それぞれの部隊の日々の実践としても、イデオロギー教化を実施していた。こうした絶えざる宣伝が、ゲルマン人種の優越性といった一般的観念や、ユダヤ人に対する「ある種の反感」を増強するのに、かなりの効果を持ったに違いない。しかしながら、イデオロギー教化資料の多くは、年長の警察予備官を対象としたものではなかったし、幾つかのケースでは、明らかに彼らに不適切ないし無関係であった。そして、ユダヤ人を殺害する任務のために、警察官を冷酷にすることを特に意図した資料は、残存する文書には目立って見当たらないのである。われわれは、この資料のどれかが第一〇一警察予備大隊の隊員から思考の自立性を奪うことができたのかもしれないと信ずるまで、イデオロギー教化の操作力を確信しなければならないのかもしれない。隊員の多くは、一般のドイツ人と同様の影響と状況的制約を受け、特に自分たちの優越性と人種的血縁関係、さらにユダヤ人が劣等で他者であるという感覚を吹き込まれていた。しかし、彼らは確かに、ユダヤ人の殺戮という任務をはっきりと覚悟してはいなかったのである。

イデオロギー的教化と並んで、ミルグラムの実験で触れられてはいたが、充分に探究されていなかった決定的な要因は、集団への順応であった。大隊はユダヤ人を殺害するように命令を受けた。しかし個々人はそうではなかった。しかし八〇パーセントから九〇パーセントの隊員が、ほとんどは——少なくとも最初は——自分たちのしていることに恐怖を感じ、嫌悪感を催したが、にもかかわらず殺戮を遂行したのであった。列を離れ、一歩前に出ること、はっきりと非順応の行動をとることは、多くの隊員の理解をまったく超えていたのであった。彼らにとっては、射殺する方が容易であったのである。

なぜであろうか。第一に、列を乱すことによって、撃たない隊員は「汚れ仕事」を彼らの戦友に委ねることになったということである。個々人はユダヤ人を撃つ命令を受けなかったとしても、大隊としては撃たねばならなかったのだから、射殺を拒絶することは、組織として為さねばならない不快な義務の持ち分を拒絶することだったのである。それは結果的に、仲間に対して自己中心的な行動をとることを意味した。撃たなかった者たちは、孤立、拒絶、追放の危険を冒すことになった——非順応者は、堅固に組織された部隊のなかで、きわめて不快な生活を送る覚悟をしなければならなかったのである。しかも部隊は敵意に満ちた住民に取り囲まれた外国に駐留しているのだから、個々人には、支持や社会的関係を求めて帰るところはなかった。

孤立化の脅威は、次に述べる問題によってさらに強められた。すなわち、列を離れることは、戦友に対する道徳的非難だと見られかねなかったのである。撃たなかった者は、自分が「あまりに善良」だからそうしたことはできない、と暗に示唆していることになりかねなかったのだ。撃たなかった者は、全員ではないが、直観的に、そのことによって生じかねない戦友への批判を和らげようとした。彼らは、自分たちが「あまりに善良」だからではなく、「弱すぎて」殺せないのだと主張したのである。

こうしたスタンスならば、戦友の評価に疑問を投げかけることにならなかった。その反対に、それは「頑強さ」を優等な資質として正当化し、是認することになったのである。不安な個人にとって、こうしたスタンスは、体制の血なまぐさい政策に道徳的疑念を向けるものではないというメリットも持っていた。とはいえ、「弱い」と「臆病」の違いがはっきりしなかったため、他の問題が惹き起こされた。この二つを区別したのは、ユゼフフでは臆病と思われないようにあえて列から一歩前に出なかったが、その後銃殺部隊から脱落した一人の警官であった。この考えによれば、あまりに臆病で殺そうとすることさえできなかったということと、自己の持ち分を断固として果たそうとした後で、弱くて継続できなかったということは違うのである。[48]

それゆえ、嫌な感じだが、ユダヤ人を撃たなかった隊員だけが、大隊多数派の「強い男」の価値を再度主張したのであった。——それによれば、無防備な、非戦闘員の男性や女性、子供を殺せるほど充分に「頑強」であることは肯定的資質であった。かくして撃たなかった隊員は、彼らの世界そのものであった戦友関係の絆を断ち切らないように努力したのである。一方で良心の要請があり他方で大隊の規律があるが、両者の矛盾を処理することは、多くの苦しまぎれの妥協を生み出した。たとえば、その場で幼児を射殺せず集合地点まで連れてゆくこと、上官に告発しかねない「やり手」が同行していない場合、パトロール中は射殺しないこと、ユダヤ人を処刑場まで連れていっても意図的に誤射すること、等である。例外といってよいほどの少数者だけが、同僚からの「弱虫」という侮辱に無頓着で、「男ではない」[49]と見なされる事態のなかで生きることができた。

ここでわれわれは、不断の宣伝とイデオロギー教化の悪しき効果によって、戦争と人種差別主義は相互に強め合う結果になるという、ジョン・ダワーによってすでに述べられた問題に再び戻ることになる。人種差別主義が深く浸透し、ユダヤ人犠牲者が共通の場から追放されてしまっていたので、警官の大多数は、彼らの直接の共同体（大隊）やその背後の社会（ナチ・ドイツ）の規範に順応することはたやすいことであった。ここで、反ユダヤ主義宣伝の年月（ナチ独裁以前の、声高に叫ばれたドイツ・ナショナリズムの）は、戦争が生み出す敵味方の二極化効果と組み合わされたのである。人種的に優れたドイツ人と人種的に劣ったユダヤ人という二分法は、ナチ・イデオロギーの中心であるが、戦闘中の敵に包囲されたドイツというイメージとたやすく合併された。警官たちの大多数が、親衛隊の教化パンフレットのなかにあるナチ・イデオロギーの理論的側面を理解し歓迎したということが疑わしいとすれば、同時に彼らが「時代の影響」（ドルッカーの言葉を再び使うと）、すなわち、ドイツ人の優秀性の宣言やユダヤ人に操られた敵に対する憎悪なり侮蔑の刺激を、免れていたとすることも疑わしい。ナチが人種戦争を遂行するのに、戦争それ自体ほど助けになったものはないのである。戦時には、敵を人間的義務の共同体から排除することはよくあることであるから、ユダヤ人を「敵のイメージ」のなかに組み込むこともいともたやすいことであった。

プリーモ・レーヴィの最近の著書、『溺れるものと救われるもの』には、「グレイ・ゾーン」と題されたエッセイが含まれている。このホロコーストにたいする考察は、よく考え抜かれており、読者を深刻な不安に陥れないではおかないものである[50]。彼の述べるところによれば、収容所の歴史は、物事をはっきり二分して理解したいというわれわれの自然な欲求にもかかわらず、「犠牲者と犯行者という二つのブロックに還元されるものではなかった」のである。彼は熱心にこう主張している。「ナチズムのような地獄のシステムがその犠牲者を神聖なものにすると信じることは、単純で、不合理で、歴史的に偽りである。その逆である。ナチの地獄は犠牲者を堕落させ、犠牲者をその地獄に似た存在にするのである。」犯行者と犠牲者という、単純なマニ教的善悪イメージの間には「グレイ・ゾーン」があり、そこに住んでいた人びとを調べるときがやってきたのである。レーヴィは、収容所にいた犠牲者たちのスペクトルに生じた、「堕落と協力のグレイ・ゾーン」に焦点を当てた。そこには、自分に奇跡的に与えられたメリットを活用する下級職員の絵に描いたようなご面相や、「最悪の残虐行為を」思いつきで行なうことのできた、真に特権的なカポ〔強制収容所で労働部隊を取り仕切るユダヤ人の長。〕たちのネットワークや、ガス室や死体焼却炉の任務を行なうことによって生き続けようとした特務部隊の恐ろしい運命、などが含まれていたのである（そうした特務部隊を思いつき組織したことは、レーヴィの見解によれば、ナチズムの「最も悪魔的な犯罪」であった）。

レーヴィは、グレイ・ゾーン内での犠牲者の行動のスペクトルに焦点を当てる一方で、このグレイ・ゾーンは犯罪者をも包含するものであると、あえて示唆した。ビルケナウ死体焼却炉にいた親衛隊員ムースフェルトでさえ――彼はその日の死体の量を、気ままで衝動的な行動によって決め、残忍な発明を行なった――、決して「一枚岩」ではなかった。ガス室の片づけが行なわれていたとき、奇跡的に一六歳の少女の生存が判明したことがあった。その少女に対面したムースフェルトは当惑して、一瞬どうすべきかためらった。結局彼はその少女の死を命じたのだが、命令が実行される前に急いでその場を立ち去ったのである。わずか一瞬の哀れみは、もちろんムースフェルトを免罪するものではない。彼は一九四七年に当然にも絞首刑に処せられた。にもかかわらず、そうした哀れみが、「テロルと卑屈に基づいた政治体制から拡散する曖昧さのゾーンのなかで、そのグレイ・ゾーンの極限でだったにせよ、確かに彼をとらえたのであった。」

犯行者と犠牲者両者を含むグレイ・ゾーンというレーヴィの概念は、慎重な条件をつけてアプローチされねばならない。グレイ・ゾーンにいた犯行者と犠牲者は、お互いに鏡像関係にあったわけではない。犯行者は、犠牲者が犯行者の共犯になったようには、犠牲者の仲間（その多くが主張したように）にならなかった。犯行者と犠牲者の関係は非対称であった。各人が直面した選択の幅は、まったく異なっていたのである。

にもかかわらず、レーヴィの言うグレイ・ゾーンのスペクトルは、第一〇一警察予備大隊のケースにはきわめてよく当てはまるように思われる。大隊には、グレイ・ゾーンの「極限」に近かった隊員がいたことは確かであった。グナーデ少尉は、最初は殺戮に巻き込まれないように、部下を連れて慌ててミンスクから戻ってきたのであったが、後には、殺戮を楽しむことを学んだのであった。同様に、ユゼフフ郊外の森のなかで震えあがった警察予備隊員の多くは、その後、数多くの銃殺部隊や「ユダヤ人狩り」に無頓着に志願するようになったのである。彼らは、ムースフェルトと同様、一瞬の「本能的哀れみ」を感じたようだが、そのことによって免罪されるものではない。最も目立った、誰はばかることなく大隊の血なまぐさい行動を批判していたブッフマン少尉でさえ、少なくとも一度は、グレイ・ゾーンの境界で決心が揺らいだことがあった。保護者であったトラップ少佐が不在であったとき、ウークフの地方保安警察からの命令に直面して、彼もまた隊員を処刑場に連れて行ったのであった。ブッフマンがハンブルクへ転任になる直前のことである。そして、こうした犯行者のグレイ・ゾーンのまさしく中心に、トラップ自身の哀れな姿がある。彼は「子供のように泣きながら」、部下をユダヤ人殺害に送り出したのであった。さらにそこには、意思に反して、恐ろしい行動に身体が拒絶反応し、ベッドから動けなくなったホフマン大尉がいた。

もちろん、どんな人間の行動も非常に複雑な現象である。そして、その複雑な現象を「説明」しようとする歴史家は、ある種の尊大な態度をとっていることになる。約五〇〇人もの人が係わっていれば、彼らの集合的行動を一般的に説明しようとすることは、いっそう危険なことでさえある。それなら、いかなる結論が下されるべきなのか。われわれが第一〇一警察予備大隊の物語からとりわけ得られるものは、どうにもならない居心地悪さなのである。普通の人びとのここでの歴史は、すべての者の歴史ではない。警察予備隊員は選択に直面し、多くの隊員が恐ろしい行動にコミットした。とはいえ、殺戮した者は、同じ状況に置かれれば誰でも自分たちと同じことをしただろうとして、免罪されることはありえない。なぜなら、同じ大隊員のなかにさえ、幾人かは殺戮を拒否し、他の者は後から殺戮をやめたのであった。人間の責任は、究極的には個人の問題である。

しかし同時に、第一〇一警察予備大隊の集団行動は、暗黙のうちに読者の心に深刻な不安を生み出す面がある。人種差別主義の伝統に悩まされていたり、戦争あるいは戦争の威嚇に取りつかれた精神状態の社会が存在している。どこでも、人びとは、社会によって権威への尊敬や服従を強いられるのであって、実際、社会はそうでなければ機能しないのである。またどこでも、人びとは出世を追い求める。すべての現代社会において、生活の複雑さ、それによってもたらされる専門化と官僚制化、これらのものによって、公的政策を遂行する際の個人的責任感覚は希薄になってゆくのである。ほとんどすべての社会集団において、仲間集団は人びとの行動に恐るべき圧力を行使し、道徳的規範を制定する。第一〇一警察予備大隊の隊員たちが、これまで述べてきたような状況下で殺戮者になることができたのだとすれば、どのような人びとの集団ならそうならないと言えるのであろうか。

あとがき

はじめに

『普通の人びと』が六年前に刊行されてから、本書は別の研究者すなわちダニエル・J・ゴールドハーゲンから容赦なく吟味され、批判されてきた。ゴールドハーゲンは同じ研究テーマ――なぜ「普通の」ドイツ人がホロコーストの犯罪者となったのか――について論じたのみならず、部分的には『普通の人びと』が研究対象としたホロコースト殺戮者の部隊に関する同じ資料、すなわち第一〇一警察予備大隊の隊員に対する戦後の司法尋問調書を研究することによって、彼自身の著作を完成させたのであった[1]。もちろん、他の研究者が異なった問いを立て、異なった方法を適用し、同じ資料から別の解釈を引き出すことは珍しくない。しかし解釈の相違が、このケースほど執拗に論じられ、これほど対立する枠組みにはめ込まれた例はまれである。さらに学問的論争において、論争の一方の当事者が書いた書物〔ゴールドハーゲン『ヒトラーの自発的死刑執行人たち』〕が、国境を越えたベストセラーとなり、おめでたいほど肯定的なものから、厳しく否定的なものまで、数えきれないほど論評されたという例はまれである。[2]『普通の人びと』にかくも批判的だったゴールドハーゲン教授も、今度は論評の標的となった。要するに、ゴールドハーゲンの本書に対する批判、そして彼自身の著作をめぐってその後起こった論争を考えると、『普通の人びと』の改版にあたって回顧的な「あとがき」を書くことも無駄ではないであろう。

ゴールドハーゲンとわたしはいくつかの論点では見解が一致している。第一は、多数の「普通の」ドイツ人がユダヤ人の大量殺戮に参加したという点であり、第二は、その際彼らが高度の自発性を発揮したという点である。大半の殺戮者は特別選抜されたわけではなく、ドイツ社会の様々なセクションから無作為に集められた。そして彼らは、拒否すると罰せられると脅され、強要されたから殺したわけではなかった。しかしながらこうした結論のどれもが研究上の新発見ではない。「ホロコーストの実行者たちは道徳的気質において、犯罪に関与しなかった残りのドイツ人と異なってはいなかった。ドイツの実行者は特殊なタイプのドイツ人だったわけではない。」これは、一九六一年に出版されたラウル・ヒルバーグの先駆的で権威ある書物、『ヨーロッパ・ユダヤ人の絶滅』が到達した基本的結論の一つであった。実行者たちは「すぐれてドイツ住民を横断的に代表していた。」そして絶滅を執行した機構は、「構造的にみれば、全体として、組織されたドイツ社会と異なるところはなかった。[3]」さらにドイツの研究者ヘルベルト・イェーガー[4]や一九六〇年代ドイツのナチ犯罪訴追者たちが確認したように、武器を持たぬ市民の殺戮を拒否してその結果悲惨な結果を被ったと証言した者はだれもいなかった。ゴールドハーゲンはこの点についてイェーガーやドイツの訴追者を信用しているが、ヒルバーグの見解についてはまったく否定的である。

ゴールドハーゲンとわたしは、ホロコーストを記述する語調や、同じ分野に取り組んでいる他の研究者に対する態度の違いを別として、歴史解釈の二つの主要な問題で著しく意見を異にしている。第一にわれわれは、ナチ時代を含めて、反ユダヤ主義がドイツ史において果たした役割について異なった評価を下している。第二にわれわれは、ホロコーストの殺戮者となった「普通の」ドイツ人の(いくつかの)動機について、やはり異なった評価を下している。わたしはこの二つの論点を少しく論じてみたい。

近代ドイツ史と反ユダヤ主義

ダニエル・ゴールドハーゲンはその著書『ヒトラーの自発的死刑執行人たち』において、反ユダヤ主義は「事実上、ナチ体制以前のドイツ市民社会の観念生活を支配していた」[5]と主張する。そしてまた、ドイツ人がヒトラーを政権の座に「選出(ママ)」したとき、「ナチ党の世界観、綱領、レトリックの中心にある反ユダヤ主義は、ドイツ文化の心情を反映したものであった」とも述べている。[6] ヒトラーとドイツ人はユダヤ人に対して「心を一つ」にしていたので、ヒトラーはホロコースト遂行のために、ドイツ人の「かねてより鬱積していた」反ユダヤ主義を「拘束から外し」、「解き放つ」だけでよかった、というのである。[7] 彼の目からみれば、ナチ体制はドイツ人がかねてより望んでいたことを承認し、鼓舞しただけであって、一九三三年を境に、すなわちナチ政権誕生後にドイツ人のユダヤ人に対する態度と行動を根本から改造したわけではない。こうした見解を強化するために、ゴールドハーゲンは反ユダヤ主義の研究で自ら「新しい」と称するテーゼを考案している。それによれば、反ユダヤ主義は「特定の社会で現われたり消えたり、また再現したりするものではない。反ユダヤ主義は常に存在し続け、その規模の大小はどうであれ、いずれ顕在化するものである。」反ユダヤ主義そのものではなく、状況の変化によって、その出現規模が「増大するか減少する」のである。[8]

しかしすぐ後で、反ユダヤ主義が深層では不変であり表層では変動する、というゴールドハーゲンの説明は、一九四五年を境に突然変化する。ホロコースト殺戮者の唯一で十分な動機となるもの、すなわち浸透性のある永久的なドイツの抹殺主義的反ユダヤ主義は突然消滅してしまう。戦後の再教育、公的会話の変化、反ユダヤ主義的表現の法的禁止、反ユダヤ主義を強化する制度の欠落、こうしたことによって、数世紀にわたって反ユダヤ主義に支配されていたドイツ文化は、突然転換を迎えた。[9] 現在、ドイツ人はわれわれアメリカ人と同じであるとされる。

反ユダヤ主義が、一九四五年以前のドイツ政治文化ではきわめて重要な特徴であったこと、そしてドイツ政治文化が、今日ではすっかり変わって反ユダヤ主義的性質を劇的に失ったこと、わたしはこうした主張にもちろん同意する。しかし、もしドイツ政治文化一般、とりわけ反ユダヤ主義が、ゴールドハーゲンが示唆するように、一九四五年を境に教育、公的会話、法律、制度的強制などの変化によって転換可能なものであったとすれば、わたしはドイツ文化や反ユダヤ主義が、一九四五年に先立つ三、四〇年の間に、また特にナチ支配の一二年の間にも、同じように転換可能であったといっても差し支えないと思う。

ゴールドハーゲンは彼の著書の序論部で、反ユダヤ主義の三次元分析という有益なモデルを提供している。といっても彼は後の章で自身の分析モデルを用いてはいないのだが。彼によれば、反ユダヤ主義はユダヤ人が持つとされる否定的な性格（例えば人種、宗教、文化ないし環境）の源泉、ないし根拠とされるものに応じて変化する。またそれは先入観や優先度の違い、つまりその反ユダヤ主義者にとって反ユダヤ主義がどれほどの重要性を持つかによって変化するのである。さらに反ユダヤ主義は、脅威の程度、すなわちその反ユダヤ主義者自身が、ユダヤ人によってどれほどの危険にさらされていると感じているかによって変化する。[10] 反ユダヤ主義は、何がいわゆるユダヤ人による脅威であるとされるかによって、またその優先度と強度に従って変化する。このことが示唆しているのは、反ユダヤ主義はこれらの次元のどれか、あるいはすべてが変われば、時間の経過とともに変容するということだけでなく、それはそもそも無数の多様性を示しうるということではないだろうか。ドイツ一国をとってみても、わたしの考えでは反ユダヤ主義は複数形で、つまりいくつかの反ユダヤ主義について語ったり考えたりすべきなのである。

しかしながら、ゴールドハーゲンが実際に用いた概念は反対の効果を生み出している。それは反ユダヤ主義のすべての差異を消去し、ドイツにおける反ユダヤ主義現象をただ一つのカテゴリーに組み込んでしまう。ユダヤ人を自分とは異なっていると感じ、その相違は大変否定的なものであるから――改宗か同化か、移住か絶滅かの手段を問わず――いずれにせよユダヤ人は消え去るべきである、こう考えるすべてのドイツ人は、「抹殺主義的」反ユダヤ主義者に分類されてしまう。たとえゴールドハーゲンの先に述べた分析モデルによれば、彼らの反ユダヤ主義は原因、優先度、強度において異なっているとしても。ゴールドハーゲンによれば、こうした反ユダヤ主義の差異性は確かに存在するが、いずれにせよ分析上重要ではないとされてしまう。なぜならば、抹殺主義的解決の多様性は絶滅政策へと「転移する傾向がある」からである。[11] こうしたやり方で、ゴールドハーゲンは反ユダヤ主義の多様性から、ただ一つのドイツ「抹殺主義的反ユダヤ主義」へとスムーズに移行する。それは悪性腫瘍の変化のように、当然のごとく絶滅政策へと変質したのである。こうしてすべてのドイツ人は、最終的解決の妥当性と必要性についてヒトラーと「心を一つ」にしていたとされる。

もしわれわれが、ゴールドハーゲンが実際に用いた概念ではなく、彼が初めに提案した分析モデルを採用していれば、ドイツ政治文化における反ユダヤ主義の変化に富んだ多様性やそのホロコーストにおける役割について、われわれは何を語ることができるであろうか。そしてわれわれはどこから始めるべきであろうか。

われわれは一九世紀のドイツ史、より正確に言えばいわゆるドイツ「特有の道（Sonderweg）」に関する様々な解釈から話を始めてみたい。伝統的な社会／構造的アプローチによれば、ドイツは一八四八年に自由主義的革命に失敗し、それと同時に政治的、経済的近代化にも挫折した。それ以後前期資本主義的なドイツのエリートたちは、専制的政治体制のなかで彼らの特権を維持してきた。これに対して苦悩する中産階級は、急速な経済的近代化がもたらした繁栄によって買収され、彼ら自身の革命によっては達成できなかった国民統一によって慰撫され、最後には台頭する「社会帝国主義[12]」によって操られることになった。文化的／イデオロギー的アプローチによれば、ドイツ知識人たちは近代啓蒙主義を歪んだ、不完全な形で受け入れた。彼らは伝統的世界がますます解体してゆく危険に絶望し、一方で伝統と自由・民主主義的な価値を引き続き拒否するとともに、他方で近代世界のいくつかの局面とは選択的に和解（近代テクノロジーや目的・手段の合理性のような）していった。これによって、ジェフリー・ハーフがドイツ特有の「反動的モダニズム[13]」と名づけたものが生み出されたのである。第三のアプローチはジョン・ワイスやゴールドハーゲンに代表されるもので、彼らはドイツにおける反ユダヤ主義の特異な広がりと毒性によって、ドイツ特有の道を主張している。といってもワイスはゴールドハーゲンほど一義的ではなく、一九世紀ドイツにおいて反ユダヤ主義が大衆迎合的運動において占める位置と、政治やアカデミーのエリートの間で占める位置を同一視することには慎重である[14]。シューラミット・ボルコフは一九世紀末ドイツの反ユダヤ主義を一つの「文化的コード〔符号〕」と解釈している。これはドイツ特有の道をめぐる、相互にまったく排除しあうというわけではないにせよ、異なった見解の主要な要素を見事に総合したものと思われる[15]。ドイツの保守主義者たちは、非自由主義的政治体制を支配しつつも、彼らの指導的役割が近代化のもたらす変化によってますます危機にさらされていると感じていた。そこで彼らは自分たちを脅かしているもの——自由主義、民主主義、社会主義、インターナショナリズム、資本主義、文化的実験のすべてを、反ユダヤ主義の主張と結びつけた。自称反ユダヤ主義者であるとは、同時に権威主義者、ナショナリスト、帝国主義者、保護主義者、協調組合主義者、文化的伝統主義者のことであった。ボルコフの結論によれば、「反ユダヤ主義はそのころには保守主義者が支持するものすべてと緊密に結びつけられていた。それはますます反近代主義と分かちがたいものとなっていった……。」保守党は、大衆迎合的で反ユダヤ主義を単一争点とする諸政党から反ユダヤ主義者の主張を、さらに似非科学的、社会ダーウィン主義的人種思想をも取り込んだ。しかし同党はこの問題について奇妙に近代的な傾向の反発を保護しつつ、そうしたのであった（同じころの艦隊建造の容認と似ていないことはない)。

世紀の転換点までには、ますます人種的な性質を帯びたドイツ反ユダヤ主義は、保守党の政治綱領に不可欠な部分となり、アカデミーの世界にも深く浸透していった。ドイツ反ユダヤ主義は、フランスやイギリス、合衆国といった西洋民主主義国の場合と比べると、はるかに政治化され、制度化されていった。しかしこのことをもって、一九世紀後半のドイツ反ユダヤ主義が政治や観念世界を支配していたということはできない。保守党と反ユダヤ主義を単一争点とする諸政党は、ともに少数派であった。一八七〇年代にはプロイセン邦議会で差別的な反カトリック立法が、一八八〇年代には帝国議会で社会主義者鎮圧法が可決されたが、ユダヤ人の解放令が廃棄されることはなかった。当時のユダヤ人はといえば、人口の一パーセントにも達せず、一つのドイツなるものが彼らへの敵意に満ちた妄想で結びつけば、ほとんど身を守るすべも知らない存在であった。右派の反ユダヤ主義に匹敵するほどの友好的な態度を左派がユダヤ人に示さなかったとしても、その理由は主に、左派にとって反ユダヤ主義は些末な問題であり、またその階級分析にも適合しないものであったからで、決して左派自体が反ユダヤ主義に染まっていたからではない。

反ユダヤ主義を公言している保守主義者たちにとって、ユダヤ人問題はあまたある課題の一つであったに過ぎない。そして彼らが、例えば国外の三国協商、国内の社会民主主義よりも、ユダヤ人に脅威を感じていたと主張するとしたら、これはとんでもない歪曲であろう。保守主義者にとって反ユダヤ主義が優先課題でも最大の脅威でもなかったとすれば、いわんやドイツ社会の他の人びとにとって、ユダヤ人問題などさらに優先度が低く、脅威などとは言えないものであった。リチャード・レヴィが述べているように、「[ユダヤ人]はたいていの時代、多くのドイツ人にとってほとんど興味を惹かない存在であった。これには説得力ある実例を挙げることができる。ユダヤ人を一九、二〇世紀のドイツ史の中心に置いて論じることは、まったく不毛なやり方である。[16]」

もちろん一部のドイツ人にとって、ユダヤ人問題は最優先の課題であり、最大の恐怖の源泉であった。世紀転換期の頃のドイツ保守主義者の反ユダヤ主義は、ガービン・ラングミューアーのいう「外人嫌いの」反ユダヤ主義という概念にうまく当てはまる。これは否定的なステレオタイプで、少数派である実際のユダヤ人の特徴を記述するのでなく、むしろユダヤ人の様々な脅威や威嚇を象徴化したうえで、それについて独断を下すものであった。といっても、反ユダヤ主義者は、そうした脅威や威嚇の内容を理解できていたわけではなかったし、理解しようともしなかった。[17] 同様にラングミューアーによれば、「外人嫌いの」反ユダヤ主義は、狂信的あるいは「キマイラ的」反ユダヤ主義が成長するために――サウル・フリートレンダーの最近の命名を借りて言えば「贖罪的」反ユダヤ主義が成長するために――、肥沃な土壌を提供したのである。[18] ドイツの外人嫌い反ユダヤ主義が、政界の有力な勢力にとって重要な政治信念であったとすれば、「贖罪的」反ユダヤ主義者のキマイラ的告発――ユダヤ人がアーリア人の血を汚しているとか、マルクス主義革命や金権民主政という双子の脅威の背後にあるユダヤ人の世界的陰謀――は、なお周辺的にのみ見られる現象であった。

一九一二年から一九二九年の間にドイツが経験したトラウマ――右派による議会支配の崩壊、軍事的敗北、革命、インフレの急騰、経済の崩壊――によって、ドイツの政治は転換点を迎えた。中道勢力を犠牲にして右派が台頭し、そのなかでも急進派、新右翼が伝統主義者、すなわち旧右翼を犠牲にして成長した。キマイラ的反ユダヤ主義もこれに呼応して、周辺現象からある政治運動の中心理念に発達した。それが一九三二年には共和国議会最大勢力の政党となり、さらに半年後には政権を担当するに至ったのである。

こうした事実が積み重なって、ドイツの歴史や反ユダヤ主義は、ヨーロッパの他の国のものとは異なったものになっていった。しかしそのことでさえ、よくみれば留保が必要である。ナチ党は自由な選挙で三七パーセント以上の得票を得たことはなく、その得票は社会民主党、共産党の得票合計を下回っていた。ダニエル・ゴールドハーゲンはわれわれに、〔反ユダヤ主義のような〕単一争点に対する「個々人の」態度は彼らの投票結果からは推定できないと、正しく注意を促している。[19] しかし彼がこの点に関して、経済問題を理由として社会民主党に投票した多数のドイツ人は、にもかかわらずユダヤ人問題に関してはヒトラーやナチ党と心を一つにしていたと断定するのであれば、それはきわめて疑わしいと言わざるを得ない。わたしが立証はできなくとも確実に推測できることは、反ユダヤ主義を優先争点だと考えながらもナチ党以外の政党に投票した人よりも、はるかに多くのドイツ人が反ユダヤ主義以外の理由でナチ党に投票しただろうということである。選挙開票報告やそれに対する妥当な解釈が示唆するように、一九三二年に圧倒的多数のドイツ人がユダヤ人問題についてヒトラーと「同じ心」であったとか、「ナチ党の世界観、綱領、レトリックの中心であった反ユダヤ主義は、……ドイツ文化の心情を映し出したものであった[20]」などと到底言えないのである。

ナチ体制が達成した変化

一九三三年が始まると、ゴールドハーゲンが一九四五年以降ドイツから反ユダヤ主義を取り除くのに役立つと信じたすべての要因——教育、公的な会話、法律そして制度的強制——は、戦後とは逆方向へ作用し、ドイツ人の間に反ユダヤ主義をはるかに計画的な仕方で、ますます強化したのであった。とりわけ、ヒトラーとその体制が経済的、外交的な成功によって人気を博したことも考慮すると、こうした要因が重大な影響をもたらしたことをだれが疑うだろう？　ウィリアム・シェリダン・アレンが簡潔に結論づけたように、ノルトハイムのようにナチ支持が盤石だった町においても、多くの人びとは「ナチズムに引き寄せられた結果反ユダヤ主義者になったのであって、その反対ではない[21]。」さらに、ゴールドハーゲンが繰り返し言及している、一九三六年に地下で出版された社会民主党のドイツ報告（Sopade）の記述――「反ユダヤ主義は間違いなくドイツ住民の幅広い世界に根を下ろした。世間一般の反ユダヤ的な精神疾患は、思慮深い人たちにも、さらに我々の同志にも影響を与えている。」[22]――について言えば、これはドイツ人の態度の変化が一九三三年のナチ権力掌握の後で生じたという証拠であって、それ以前の状況を説明するものではない。

さらに言えば一九三三年以後の時代にあっても、ドイツ反ユダヤ主義については、複数形で語ることが最も適切である。ナチ党の内部にあっては、ユダヤ人は不吉な人種的脅威であり、最優先の課題であると考えるかなりの規模の中核部分が存在した。しかしながら、ナチ運動で筋金入りの「キマイラ的」、「贖罪的」反ユダヤ主義者は、行動様式においても優先的に示すべき対応においても質的に特異な存在であった。党内反ユダヤ主義の一方の端には突撃隊（SA）やシュトライヒャー〔ユダヤ人への暴力を煽る反ユダヤ主義新聞『シュテュルマー』の主宰者〕・タイプのポグロムに飢えた勢力があり、他方の端には冷酷で打算的な知的反ユダヤ主義者がいた。ウルリッヒ・ヘルベルトは後者のタイプを、最近出版されたヴェルナー・ベスト〔ナチの法律・行政官〕に関する伝記のなかで詳論している。ベストはユダヤ人の迫害をより計画的かつ冷静に実施することを主張したのである。[23]

保守主義的な立場からヒトラーに協力した者たちは、国民的刷新と反革命の一部としてユダヤ人の解放を取り消し、彼らを差別的に隔離することを主張していた。彼らはドイツ人の生活に対して、ユダヤ人がいわゆる「無秩序な」影響を与えることに反対したのである。といっても彼らにとってユダヤ人問題は、労働組合やマルクス主義政党、議会制民主主義の解体、再軍備やドイツの世界強国への再興といった課題と比べると、はるかに優先度の低いものであった。彼らは確かに人種的反ユダヤ主義の言葉をしばしば口にしたが、一貫してそうしたわけではなかった。大統領ヒンデンブルクの取り巻きたちは、〔第一次大戦で〕軍務を通じて祖国に貢献したユダヤ人を迫害対象から除外するように求めたし、教会も改宗したユダヤ人を別に取り扱うように求めた。一九三三年から三四年になされた最初の差別政策によって、ユダヤ人は公務や軍務、さらに職業や文化生活から排除された。わたしの見るところ、保守主義者たちが進んでこれ以上の差別を要求し続けたという可能性はあり得ない。

保守主義者がユダヤ人対策としてもう十分だと考えていたものは、ナチにとってはほんの第一歩にもならないものであった。ナチは保守主義者よりはるかによく、両者の間にある隔たりを理解していた。ナチと保守主義者は、民主主義を破壊したときと同様、最初のユダヤ人対策では共犯者であった。しかしながら保守主義者は、彼らがかつて他人からは取り上げたもろもろの権利を、独裁体制の下で自分たちのために要求することはできなくなってしまった。そうしたわけであるから、保守主義者はユダヤ人迫害の急進化に対立することなどさらに不可能になってしまったのだ。そして保守主義者は、彼らが権力掌握を助けたナチの手によって、自分たちの特権や権力さえますます奪われていったことを嘆かわしく思ったかもしれない。しかしごくわずかの例外を除いては、彼らはもはやユダヤ人の運命に対して、何の良心の呵責も後悔も抱かなかったのである。ナチと保守主義者の同盟はヒトラーと一心同体ではなかったと主張したとしても、両者の行動が卑劣で、重大な責任を負うべきであるという事実を否定することはできない。先に述べたように、保守主義者の外人嫌い反ユダヤ主義は、キマイラ的反ユダヤ主義者に豊かな土壌を提供したのだから。

一九三〇年代のドイツ人全体について、われわれは何を言うことができるだろうか？　大半のドイツ人は、ナチの反ユダヤ主義潮流にさらわれてしまったのだろうか？　イアン・カーショウ、オットー・ドゥフ・クルカ、ディビッド・バンキアーらは大半のドイツ人の態度を詳細に研究し、驚くほど一致した結論に到達した(24)。すなわち反ユダヤ主義潮流にさらわれたのは一部の者にすぎなかったのである。三人の歴史家は、一九三三年から三九年の間を対象に、反ユダヤ主義が緊急の優先事項であった少数のナチ党活動家と、そうではなかった大半のドイツ人を区別している。こうした少数の活動家を別にすれば、圧倒的多数の一般ドイツ人は反ユダヤ主義政策を声高に叫んだり、要請したりはしなかった。といっても大多数の「普通のドイツ人」――サウル・フリートレンダーは、彼らをナチ

「活動家」と対比して「傍観者」と定義した[25]——は、にもかかわらず、ナチ体制の反ユダヤ立法を受け入れていった。こうした反ユダヤ主義立法によってナチは、一九三三年には、ユダヤ人の解放を廃止して彼らを公的地位から追放し、一九三五年には社会生活から排斥し、一九三八―三九年には、彼らの財産を没収したのである。とはいえ、この多数派ドイツ人はユダヤ人の法的迫害を承認しはしたが、ナチ党内急進集団によるユダヤ人への傍若無人な暴力に対しては批判的であった。一九三三年のユダヤ商店ボイコット、一九三五年のユダヤ人に対する破壊的暴動、そしてとりわけ一九三八年一一月の帝国水晶の夜と称されたポグロム、これらは多くのドイツ住民の間に批判的な反応を呼び起こした。

しかしながら、最も重要なことは、ユダヤ人少数派と一般ドイツ住民との間に越えがたい溝が生じたことである。一般住民は喧噪で暴力的な反ユダヤ主義に動員されはしなかったが、ユダヤ人の運命に対して、徐々に「冷淡に」、「消極的に」、「無関心に」なっていった。反ユダヤ政策は——規律正しく合法的に実行されたものであれば——、二つの理由から広く受け入れられていった。第一に、規律ある合法的な政策は、ほとんどのドイツ人が不快に感じたユダヤ人に対する暴力を抑制するのに役立つと期待されたからである。そして第二に、大多数のドイツ人が、ドイツ社会におけるユダヤ人の役割を制限し、さらに終わらせようという目標を受け入れるようになったからである。これはナチ体制が達成した重要な変化であった。しかしこうした変化は、ほとんどの「普通のドイツ人」がヨーロッパ・ユダヤ人の大量殺戮を是認するようになるだろうとか、ましてそれに参加するだろう、すなわち一九三八年の「傍観者」が、一九四一―四二年にはジェノサイド的殺戮者になるだろう、という期待を与えるものではなかった。

戦時のことについて言えば、カーショウ、クルカ、バンキアーはいくつかの点で意見が対立している。しかし「筋金入りの信者」の反ユダヤ主義が一般住民の反ユダヤ的態度と同一ではなかったこと、さらに、ナチ体制による反ユダヤ政策の優先度とジェノサイドへの傾倒が、普通のドイツ人にはまだ共有されていなかったという点で、意見が一致している。バンキアーはドイツの反ユダヤ主義を軽視しているわけではないが、次のように述べている。「普通のドイツ人は、許容しうる差別と……許容しがたいジェノサイドの恐怖とを区別するすべを知っていた。大量殺戮のニュースが漏れ出してくるにつれて、公衆は最終的解決の巻き添えにならないように気を配った。[26]」それにもかかわらず、クルカが述べているように、「人間としてのユダヤ人の運命に対するまことに救いがたい無関心が」、「極端な最終的解決に突き進む行動の自由をナチ体制に与えたのである。[27]」カーショウも印象的なフレーズで同じことを強調した。すなわち「アウシュヴィッツへの道は憎悪によって建設されたが、それを舗装したのは無関心であった。[28]」

クルカとロドリグは、カーショウも同様に使用している「無関心」という用語に居心地の悪さを感じている。なぜならその用語では、一般住民がナチ反ユダヤ主義をどれほど内面に取り込んでいたか、特にどこか曖昧な「抹殺」によるユダヤ人問題の解決を、どの程度受け入れていたのか、十分に捉えられないと感じられたからである。彼らは「消極的共謀」あるいは「事実上の共謀」[29]という、より道徳的に重みのある用語を使用してはどうかと示唆している。ゴールドハーゲンはさらに明快である。「無関心」という概念——彼はそれを大量殺戮に対して「何の見解もない」こと、「まったく道徳的に中立である」ことと同一視しているのだが——は、概念として欠陥があり、心理的に不可能であると宣言した。ゴールドハーゲンにとって、ドイツ人は冷淡で無関心だったのではなく、情け容赦なく、敵意に満ち、無感覚であった。彼らの沈黙は賛成と解釈されるべきである。[30]わたしはドイツ人の行動を記述するのに、無関心よりも説得力のある、道徳的な非難を含んだ言葉を使うことについて、クルカ、ロドリグ、そしてゴールドハーゲンに異論はない。しかしわたしは、用語の選択がカーショウ、クルカ、そしてバンキアーが指摘した問題の核心を変えるとは思わない。すなわち問題の核心は、反ユダヤ主義の優先度とユダヤ人殺戮への参加に関して、ナチ中枢と一般ドイツ住民の間には、有効で重要な区別がなされうるという点である。わたしの考えでは、ゴールドハーゲンは無関心の概念について自分勝手な定義を下し、さらに独裁制下での沈黙の意味について誤った解釈を下している。カーショウが、戦時においてドイツ人は、ユダヤ人を気にかけなかったという以上に、おそらく嫌悪したのだと述べたとき、カーショウの無関心という概念はゴールドハーゲンの分析モデルとつながる要因を先取りしたものであった。しかしゴールドハーゲンはこうした事実に気が付いていないように思われる。

東部戦線と大量殺戮

ゴールドハーゲンとわたしは、以下に追加する二点でも意見が一致している。第一点は、われわれは普通のドイツ人の態度と行動を、ドイツ本国においてのみならず、占領された東ヨーロッパにおいても注視しなければならない、という点である。第二点は、占領地でユダヤ人殺戮の任務に直面したとき、ほとんどの普通のドイツ人は「自発的」な処刑執行者になったという点である。普通のドイツ人が国内では無関心で冷淡、共謀的で無感覚であったとしても、彼らは東方占領地では殺戮者となったのである。

しかしながらゴールドハーゲンとわたしとでは、東方での殺戮行動の背景にある状況と動機については意見が異なっている。ゴールドハーゲンによれば、これら普通のドイツ人は一九三三年以前の「ドイツで流布していた文化概念を身につけており」、ついに今チャンスが訪れたから、「ジェノサイドの執行者になることを望んだだけなのである。」[31]わたしの見解では、東ヨーロッパに派遣された普通のドイツ人は、本国での一連の感情と態度をそこに持ち込んだ。そのなかには、ドイツ社会の反ユダヤ主義の様々な要素が、一九三三年以後ナチ体制によって扇動されたものも含めて存在したのみならず、それ以外にもたくさんのものが含まれていた。ブレスト－リトフスク条約、義勇軍（Freikorps）運動、ヴェルサイユ条約に対する国民的拒否が示したように、第一次大戦の裁定への拒否、ドイツ人の人種的優越性という発想に支えられた東ヨーロッパへの帝国主義的野心、そして憎悪に満ちた反共主義、これらの感情はドイツ社会で広く共有されていた。わたしは反ユダヤ主義よりも、これらもろもろの感情の方が、大半のドイツ住民とナチに共通の基盤を提供したのだと主張したい。

そして東ヨーロッパで普通のドイツ人は、一九三三―三九年の国内における独裁経験による以上に、一九三九―四一年〔ポーランドや西側との開戦〕の間に起こった出来事や状況によって、さらにいっそう変質を余儀なくされたのである。ドイツは今や交戦中であった。さらに言えば、これは帝国主義的征服をめざす「人種戦争」であった。こうした普通のドイツ人が東ヨーロッパ占領地に駐屯したのである。そこでは先住民は劣等人種であると公言され、占領者であるドイツ人は支配人種としてふるまうよう熱心に説教された。さらに彼らがその地で出会ったユダヤ人は、奇妙で異質な東方ユダヤ人（Ostjuden）であって、西欧キリスト教界に同化した、中産階級に属するドイツ・ユダヤ人ではなかった。一九四一年〔対ソ開戦〕にはさらに二つの重大な要素が付け加わった。それはボルシェヴィズムに対する十字軍というイデオロギーであり、〔ヒトラーの〕「絶滅戦争」宣言である。戦時における状況と背景がいかに変化しても、それによって東ヨーロッパにおける普通のドイツ人の態度と行動が変わることがなかった、という考えは妥当であろうか？　また一九三三年以前から事実上ほとんどのドイツ人に共有されていたユダヤ人に対する認知的イメージだけで、ユダヤ人の殺害にあたって普通のドイツ人が示した自発性や、さらに熱意さえも説明できるという考えも、妥当なことであろうか？

　この点で心に留めておくべきことは、最終的解決の実施（ソ連領土内で一九四一年後半から開始され、ポーランドや残りのヨーロッパでは一九四二年の春から）以前に、ナチ政権は、すでに自発的死刑執行人を見出していたのである。その犠牲者は七万から八万人の精神的身体的障害者、何万人ものポーランド知識階級、報復射殺対象とされた何万人もの非戦闘員、さらに二〇〇万人以上のソ連軍の戦争捕虜であった。明らかに、一九三九年までにナチ政権は、信じがたいほど大規模な大量殺戮を徐々にではあるが、正当化し組織する能力を手にしていた。この大量殺戮は、犯行者の反ユダヤ主義的動機に基づくものではなかったし、ユダヤ人が犠牲者となったわけでもなかった。

　ダニエル・ゴールドハーゲンは最近、たとえ彼の説明が「反ユダヤ主義の影響範囲や性質について完全に正しいと言えないとしても」、「犯罪者とその動機に関する」彼の「結論が無効になるものではない[32]」と述べた。ゴールドハーゲンの解釈の中心は、普通のドイツ人が単に「自発的死刑執行人」になったというだけではなく、実際にはユダヤ人に対する「ジェノサイド執行者になることを強く望んだ」（強調は著者による）ということである。[33]

彼らは「心からの喜び」をもって、「ユダヤ人に対する血の渇きを癒した。」彼らは「楽しさ」を見出し、「快楽のために」殺したのである。[34] その上、「ドイツ人がユダヤ人に対して行使した個人的な残忍性と冷酷さは、量的にも質的にも際立って」おり、「先例のないものであった。」実際彼らは、「人間の野蛮さを記した長い年代記のなかで抜きんでている」。[35] ゴールドハーゲンの結論は徹底している。「ホロコーストの動機となる原因に関しては、大多数の犯罪者は単一原因によって十分説明できる。」――すなわちそれは「悪魔的反ユダヤ主義」であって、それが「犯罪者の認識とドイツ社会一般に共通する構造なのである。」[36]

ゴールドハーゲンの議論の意図・有効な比較か

こうした解釈を支えるために、ゴールドハーゲンはしばしば、彼が厳密社会科学の方法を意識的に利用しているのだと読者に訴えている。それが一つの要因となって、彼の著書はこの分野で他の研究者の書物よりも優越しており、他の研究者のアプローチを超えているのだという。[37] わたしはゴールドハーゲンがその解釈のために用いた議論の二つの側面に焦点を当て、それをゴールドハーゲンが評価している、まさしくその厳密社会科学と比較してみたい。その一つは彼の議論の意図と構成であり、もう一つは証拠の利用に関する彼の方法論である。

ゴールドハーゲンの著書の多くの部分は、ドイツ史における反ユダヤ主義、さらにホロコースト期間中ドイツ人がユダヤ人をいかに処遇したのかに焦点を当てているが、彼の議論の意図にとって決定的に重要なものは、二つの比較である。[38] 第一に、ドイツ人と非ドイツ人は、それぞれがユダヤ人をどう処遇したかという点で比較される。第二に、ドイツ人がユダヤ人犠牲者と非ユダヤ人犠牲者の場合で、その処遇をどう変化させたかが比較される。この比較の目的は、それぞれの処遇の明白な相違が、ドイツ社会に蔓延していた抹殺主義的反ユダヤ主義からのみ説明できるのだと示すことである。

研究意図に関する問題点は多数ある。第二の比較がゴールドハーゲンの目的に十分役立つには、ドイツ人がユダヤ人犠牲者と非ユダヤ人犠牲者を異なって処遇したこと（この点については事実上すべての歴史家が同意している）を証明するだけでなく、こうした異なった処遇が大多数の犯行者の反ユダヤ主義的動機づけから完璧に説明でき、想定しうる他の動機づけによっては説明できないのだ、と証明しなければならない。想定しうる他の動機づけとは、例えば、別々の犠牲者集団に対する政府の政策が異なっており、犯行者らはそれに服従しただけではないかというようなものである。『ヒトラーの自発的死刑執行人たち』の第二〔強制労働収容所〕、第三〔死の行進〕の事例研究は、こうした二つの点について立証の重責に応えることを意図している。ゴールドハーゲンは、ルブリンにおけるリポヴァや空港のユダヤ人労働収容所の事例を見ると、他民族の犠牲者とは対照的に、ユダヤ人労働者だけが、経済的合理性などお構いなしに、いやそれに反してでも、ドイツ人によって残忍に扱われたのだ、と主張している。さらに彼の主張によれば、ヘルムブレヒツ収容所の死の行進の事例が示すように、ユダヤ人は、生かしておくようにという命令が下されたときでさえ、殺害されたのであった。したがって、殺戮を引き起こした動機は、政府の政策への追従でもなければ命令への服従でもなく、ユダヤ人犠牲者に対する深い個人的憎悪なのであり、その憎悪はドイツ文化によって彼らに植え付けられたものである。かくしてゴールドハーゲンは、取り上げたすべての事例から、ドイツ人犯行者がユダヤ人犠牲者に対して示した、無類の、継続的な、普及力に富んだ残虐性は、抹殺主義的反ユダヤ主義からのみ説明可能なのだと主張している。

死の行進に幅広い関心をもたらしたのは、ゴールドハーゲンの著作の欠陥を補うに足る功績の一つである。しかしヘルムブレヒツの死の行進という一例から一般論を導き出すのは説得力に欠けている。彼はぞっとするような出来事を力強く描写しているが、それによって次の事実を曖昧にすることは許されない。すなわち、命令に反してでもユダヤ人を殺戮する熱意がヘルムブレヒツで広く見られたからといって、彼はそれが他の死の行進の代表例になるとは証明していないし、同じ残虐な現象が、ユダヤ人以外の犠牲者に対する処遇のなかには見られなかったことも証明していない。そしてゴールドハーゲンは、彼が扱った事例においてさえ、護送看守たちは、行進を見た地域のドイツ人が囚人らに食料や宿泊場所を提供しようとするのを防がねばならなかったし、ドイツ兵がユダヤ人に治療を施そうとするのを防がねばならなかった、ということを認めている。その際ゴールドハーゲンは、こうした地域のドイツ人も残忍な死の行進の看守も、ドイツ社会一般の典型ではなかった可能性があるとは考えてもみなかったのである。実際、ドイツ人の異なった集団がとった異なった行動の明白な違いは、ゴールドハーゲンが排除した状況的、組織的な要因の重要性を示しているのではないだろうか。[39]

さらに、われわれは、ナチ政権最高レベルの政策変更にもかかわらず、非ユダヤ人犠牲者の殺害や非ユダヤ人労働者に対する非合理的な虐待が続行されたことに関して、ゴールドハーゲンの主張に反する実例を見出すことができる。一九四一年一〇月、すべてのヨーロッパ・ユダヤ人の殺害を決定したすぐ後で、ナチ政府はソビエト戦争捕虜を飢餓、疾病、遺棄によって死滅させるという当初の立場を転換し、今後は労働力として利用するという命令を下した。アウシュヴィッツ司令官のルドルフ・ヘスは、ビルケナウに新しい収容所を建設するために多くのソビエト戦争捕虜を受け入れるようにと命令された——ヒムラーはこのプロジェクトを彼の優先リストの上位に載せていたのである。つまり、経済的合理性からも上からの指示によっても、ソビエト戦争捕虜は生かされて、有用な労働力に充当されることになっていた。一九四一年一〇月、一万人ほどのソビエト戦争捕虜がアウシュヴィッツに到着し、ビルケナウに送られた。翌二月末までに、すなわちそれから四か月後には、生存していたソビエト戦争捕虜は九四五人にすぎなかった――生存率は九・五パーセントである。[40] ヒムラーは収容所建設プロジェクトを優先させる命令を下した。しかしその命令をもってしても、捕虜を苦しめ撲滅させる収容所看守たちの常習的で深く染みついた行動や、ビルケナウの地獄状態をただちに変えることはできなかった。

実際、マイケル・サド・アレンが、親衛隊の経済管理本部に関する彼の最近の博士論文[41]において指摘したように、強制収容所システムの内部においては、被収容者の労働を生産のためよりも、彼らに懲罰や苦痛を与えるために用いることは、ユダヤ人が被収容者のかなりの比率に達するはるか以前から、収容所文化の一部となっていた。さらに、収容所の労働力を生産に利用しようとする試みは、経済合理性に頑固な敵意を示す収容所看守たちの抵抗によって、戦時を通して挫折し続けた。その点で強制収容所文化は、囚人のエスニックな素性がどうであれ、改めるのが困難であることが示されたのである。

この時期のビルケナウにおいて、ユダヤ人労働者の処遇はどうであったろうか？　比較してみると、七〇〇〇人の若いスロヴァキア・ユダヤ人女性が、一九四二年の春にアウシュヴィッツの主要収容所に労働力として移送された。八月中旬、六〇〇〇人の生存者がビルケナウに移動させられた。一二月の末、すなわち四か月後にまだ生存していた人はたった六五〇人であって、[42] 先に述べたソビエト戦争捕虜の事例と比較すると、生存率は一〇・八パーセントであった。つまり、組織的かつ状況的要因から生じたソビエト戦争捕虜の致死率と、反ユダヤ主義を含む残忍なイデオロギーから生じたスロヴァキア・ユダヤ人女性の致死率は、同じ時期同じ収容所で比較して、ほとんど同じだったのである。しかも、ソビエト戦争捕虜の運命に関しては政府の政策が生かして利用することに変更され、彼らが達成すべき経済的事業も緊急性が高かったにもかかわらず、そうなのである。

ゴールドハーゲンは確かに長期的に見れば正しい。ユダヤ人労働者に対する残忍な処遇は、微細な点を除けば変化しなかったのに対して、ソビエト戦争捕虜に対する処遇には変化が見られたからである。しかしこのことが示しているのは、当初から続いていたソビエト戦争捕虜に対する残虐な行動様式や組織的慣行にもかかわらず、政府の政策への服従が、戦争捕虜の場合もユダヤ人に対しても、結局のところ優先したということである。これは、ソビエト戦争捕虜のようなスラヴ人の運命とユダヤ人の運命の岐路が、ゴールドハーゲンの示唆するように[43]、もっぱら二つの犠牲者グループに対する、文化的に誘導された別の態度に起因するのだ、ということを証明するものではない。ドイツ人は、戦争開始から九か月で二〇〇万人のソビエト戦争捕虜の死に責任を負うが——これはその時点までのユダヤ人犠牲者の数をはるかに上回る。捕虜収容所の死亡率は、最終的解決以前のポーランドのゲットーにおける死亡率をはるかに超えていた。ナチ体制は政策を転換し、すべてのユダヤ人を殺害することを、またすべてのソビエト戦争捕虜の餓死政策を中止することを決定したが、その事実は、ドイツ社会の示す態度によって生じたのではなく、ヒトラーやナチ指導部のイデオロギー、優先度、そして妄想によって生じたものである。対ソ戦開始から当初の数か月、ソビエト戦争捕虜の死亡率が信じがたいほど高いということは、もしそれが目標であったとすれば、ナチ体制がソビエト戦争捕虜を際限なく殺害するのに、普通のドイツ人を動員できる能力を手にしていたということを示している。ソビエト戦争捕虜の大量死は一九四二年春まで続いた。このことが証明しているのは、政策転換があったとしても、殺戮組織が停止せず、収容所看守の態度と行動もすぐには変わらなかったということである。

要するに、想定可能な多くの変数——政府の政策、過去の行動パターン、さらに文化的に誘導された認知イメージ——が存在したのであって、それが重要なのである。しかし、ドイツ人がユダヤ人と非ユダヤ人とを区別し、差別的にふるまったことを説明するのに、ゴールドハーゲンの主張は、その原因となる可能性のある要因が多様であることを充分に認識できていない。ドイツ人のユダヤ人に対する認知イメージが、「ドイツ人の態度を解明する」「唯一」適切な準拠枠組みであるとする彼の強引な主張は、彼がとりわけ犯行者の残忍さを強調することによって成り立っている。

しかしながら、ドイツ人のユダヤ人に対する、類をみない特異な残虐さという論拠は二つの点で問題がある。第一に、ゴールドハーゲンが主張する残虐の特異性は、実際の比較によるというより、彼の煽情的な語り口のインパクトに依存している。彼は、ドイツ人のユダヤ人に対する残虐さについて、身の毛もよだつ描写をし、またその写真を数多く提供した後で、茫然として嫌悪を感じた読者に、こうした行動はまさしく他に類をみないものであると主張するだけなのである。たとえそうした事例がそこに示されただけだったとしても。あいにくだが、ルーマニア人やクロアチア人によるユダヤ人の殺害報告によれば、こうした協力者たちが残虐さの点でドイツ人に匹敵するのみならず、日常的にそれを上回っていたことがただちに明らかとなる。カンボジアからルワンダに至る、ホロコースト以外の多数の事例をわきに置いておくとしても。

反対に、ゴールドハーゲンはユダヤ人以外のナチの犠牲者に対する残虐性、特にドイツの障害者に対する残虐性を軽視している。ドイツ人は同胞の障害者に対して「苦痛のない」死を与えることを称賛したわけではないが、「冷ややかに関与」したとされている。[44]けれども、精神障害者は当初、ガス車やガス室が開発される以前は、冷ややかどころかアイマン［クルト・アイマン、親衛隊中佐］の特務部隊によって銃殺されていたのである。そして多くの幼児たちは、食物を与えられず、ただ餓死するまで放置されたのである。叫び声をあげて逃げ出そうとする患者は追跡され、隠れ家から待ち構えるバスに引きずり込まれた。[45]殺戮者たちはハダマールで、犠牲者が一万人に達したことを祝ってパーティを開催している。

第二に、ゴールドハーゲンは、こうした残虐性がユダヤ人に対するドイツ文化特有の認知イメージによってのみ説明できるのだということを、ただ直感的に自明のこととして主張しているにすぎない。[46]ホロコーストにおける残虐性——生存者の記憶のなかでかくも鮮やかである——が、研究者によってこれまで詳しく扱われてこなかったと論じた点で、ゴールドハーゲンは正鵠を射ている。しかしこのことは、殺害者の動機に関してゴールドハーゲン自身が抱いている主張の正しさを意味するものではない。興味深いことに、〔アウシュヴィッツの〕生き残りである作家のプリーモ・レーヴィは、犯行者の残虐性について、悪名高いトレブリンカ絶滅収容所の司令官フランツ・シュタングルの説明に部分的に同意している。シュタングルは犯行者の残虐性について、ゴールドハーゲン〔の反ユダヤ主義原因説〕とは異なって、まったく職務遂行上の機能的な説明をしている。それによれば、犠牲者が全面的に品位を失い屈辱にまみれることによって、犠牲者の非人間化が助長されたが、こうした非人間化こそ犯行者の行動に不可欠のものであった——「実際に彼らが殺害政策を実行しやすくするために。彼らが実行したことを可能にするために。」しかしわれわれはレーヴィと同様、こうした説明はそれ自体、すべて間違っているわけではないにせよ、不十分ではないかという不満を感じる。「この説明に妥当性がないわけではない。」だがレーヴィは続けてこう言っている。「しかしそれなら天に向かって叫びたい。これが〔ナチの犠牲者に対する〕無用な暴力の唯一の有用性だったというのか。[47]」

実際あまりに多くの残虐さの事例が、純粋に職務機能上の必要性という説明を超えている。フレッド・E・カッツは別のアプローチをとっている。彼によれば、殺人が常態化した環境では、「残虐性の文化」が「有力な現象」となる。それは多くの満足——個人的評判、同僚間での人気上昇、退屈しのぎ、そしてお祭り気分、工夫と活気が生み出す気分——を、工夫に富んだ理由なき残虐行為を誇示する人びとに提供するのだ。[48] しかしわれわれにはまだ、単純な断定では解くことのできない、未解決の疑問が残されている。憎悪の文化は、そうした残虐性の文化にとって不可欠の前提条件なのだろうか？　ゴールドハーゲンは重要な疑問を提出した。わたしは今までのところ、われわれが満足すべき回答を見出したとは思っていない。

それではもう一つの比較、すなわちドイツ人と非ドイツ人はユダヤ人への処遇でどのように異なっていたのかという点を見ていこう。通常の社会科学の基準で正当化されるためには、ドイツ人の行動は、ユダヤ人問題の最終的解決にかかわった国々の一集団全員の行動と、あるいは少なくとも偏りなくランダムに選ばれたサンプルと、比較されねばならないであろう。しかしゴールドハーゲンはそうはせずに、デンマーク人とイタリア人の行動を比較の基準として持ち出している。しかしその基準は無作為に選ばれたものでもなければ、公平なものでもない。[49] 実際彼の提案は、ドイツ人が事実上ヨーロッパのどこででも残虐な協力者を獲得できたことと比べて、デンマーク人とイタリア人の行動事例がごくわずかであるという問題を無視しているのである。こうした比較では、ドイツ人がユダヤ人に対してとる処遇が特異であるとは証明されないし、いわんやその特異性が文化的に特殊なドイツ反ユダヤ主義に基づくものだとも証明されない。別の個所で、ゴールドハーゲンは、東ヨーロッパの人びとが銃殺部隊に参加したことを認めているし、こうした犯行者がホロコーストを引き起こすに至った「認知的要因と状況的要因のコンビネーション」の研究を呼び掛けてもいる[50]。しかし彼は、なぜ東ヨーロッパ人に対してはその犯行が多原因であることを突然受け入れながら、ドイツ人犯行者の場合にはその犯行が多原因であることを認めないのか、説明していないのである。

さらに、わたしが一九九六年四月の合衆国ホロコースト記念博物館(USHMM)でのシンポジウム[51]で言及したように、第一〇一警察予備大隊のルクセンブルク人隊員の事例は、同じ状況下にいて異なった文化的背景を持つ人びとを比較するのに、めったにない事例を提供している。確かに証拠は結論を出すのに十分ではなく、示唆するに止まるけれども、わたしは、一四人のルクセンブルク人はドイツ人同僚とまったく同じようにふるまったことに言及した。その際わたしは、状況的要因が実際強力に働いたという意味を込めて述べたのである。これに対してゴールドハーゲンは、一四人のルクセンブルク人の事例では数が少なくて、そこからは概括的な結論を引き出すことはできないと答えた。しかし彼は、リポヴァや空港の労働収容所、あるいはヘルムブレヒツの死の行進での、少数の看守の行動から、概括的な結論を引き出すことをためらわなかったのである。

ゴールドハーゲンの証拠（言）の扱い方

わたしはゴールドハーゲンの議論の意図に異論を持っているが、それだけでは彼の解釈を論駁したことにならない。ゴールドハーゲンは厳格な社会科学の証拠基準を自ら設定し、他の研究者がそれを理解していないのは恥ずべきことだとさえ繰り返し主張してきた。わたしはただ、彼の解釈がその証拠基準を満たしていないことを明らかにするだけである。ゴールドハーゲンの解釈には結論を下すに必要な証拠が欠けており、説得力に乏しい。こうした欠陥を示すために、われわれは彼の証拠の利用方法について吟味しなければならない。

ゴールドハーゲンは彼自身認めているように、ある仮説から出発している。それによれば、「犯行者が死の迫害に参加した動機は、彼らが犠牲者について抱いていた信念である。」[52] この仮説を検討するために、ゴールドハーゲンは第一〇一警察予備大隊を取り上げたが、その隊員の行動と動機の解明のために主要な証拠資料となったのは、司法尋問を通して集められた戦後の証言である。この戦後の犯行者の証言がきわめて問題をはらんでいることは、研究者間で異論の余地がない。実際この証言は、尋問者によって突き付けられた質問と、証言者の忘却、心理的抑圧、歪曲、言い逃れ、虚言から成り立っている。

しかしながらわたしの見解では、第一〇一警察予備大隊のもろもろの裁判証言は、他の膨大なその種の証言とは質的に異なっている。大隊員はまだ生存していたし、メンバーの四〇パーセント（彼らのほとんどが士官であるより下士官）が、有能で根気強い検事の尋問を受けた。並外れて鮮明で詳細な大量の証言が、実にしばしば出会う決まり文句のような、すぐに見抜かれる不誠実な証言と、際立った対照を示している。わたしは自分が下すかもしれない判断は主観的で、誤りやすいことを承知している。しかしそれにもかかわらずわたしは、注意深く扱いさえすれば、この証言集は歴史家に、他の事例の記録からは不可能な仕方で問題を精査する、またとない機会を提供しているように感じた。結局、ゴールドハーゲンとわたしが数百の戦後裁判記録のうちから、それぞれのやり方で別々にこの裁判記録を発見したのは偶然ではない。

犯行者の証言が証拠としていかなる価値を持つかという点について、ゴールドハーゲンはわたしと対照的にこう述べている。「重要で唯一の方法論的立場に立てば、責任逃れとみられるすべての証言は、他の資料から補強証拠が発見できない限り、割り引いて考慮しなければならない。」[53] またゴールドハーゲンは、「膨大な事例から都合のよい資料を抜き取ったり、選択したりする誘惑は、結論の偏向を避けるために退けられねばならない」[54]ことに注意を促している。そして彼〔の結論〕は自身の方法論に従えば、「そうした偏向は無視しうるほどわずか」[55]であると主張している。

しかしゴールドハーゲンの方法は、本当に偏向を免れているのだろうか？　ゴールドハーゲンは何を実際の判断基準として、証言を言い逃れであると、そして補強証言がなければ排除されるべきだとしているのだろうか？　ゴールドハーゲンにとって、もろもろの証言は、もし証言者が「殺戮行為に対して自分の魂や内的意志、さらに道徳的承認」をかつて捧げたのだということを否定する場合、「十中八九」の割合で責任回避となるのである。[56]要するに、ゴールドハーゲンの当初の仮説に合致しない、いかなる精神状態あるいは動機も、補強証言がなければ排除されてしまう。そして、精神状態に関する補強証拠を発見することは――当時の手紙や日記が残されていない以上――、ほとんど不可能なのである。かくしてゴールドハーゲンの下には、彼の仮説と矛盾しない残余の証言だけが残されることになる。だから結論は実質的な目的に照らして、あらかじめ決定されているのである。社会科学の方法は、実証すべきものと意図された仮説をただ確認するに終わるだけなら、妥当なものとは到底言えない。

こうしたあらかじめ予測可能な方法論の問題点は、ゴールドハーゲンが証拠を利用する際のもう一つの欠陥と組み合わされている。すなわち、彼が同じ証拠判定基準を適用しないというダブル・スタンダードであり、犠牲者がユダヤ人よりポーランド人である場合の高い除外率である。ゴールドハーゲン流の証拠利用が積み重なるといかなる効果を生むかは、第一〇一警察予備大隊がユゼフフとタルシンでユダヤ人とポーランド人を最初に虐殺した事例について、彼とわたしがいかなる説明をしているかを比較すれば、効果的に例証される。

ゴールドハーゲンによれば、ヴィルヘルム・トラップ少佐はユゼフフで、事実上全隊員が抱いていた悪魔的なユダヤ人像を呼び起こし、隊員が殺戮に参加することを煽動する「檄」を飛ばしたとされる。トラップは確かに「心理的な葛藤と不安」を抱いてはいたが、彼の演説は「ナチ化されたユダヤ人像」を露呈していたのである。ゴールドハーゲンは、「隊員の多くは殺戮によって動揺し、一時的には意気消沈した」ことを認めている。しかし同時に彼は、彼らの戦後証言のなかに、あまりにも多くの流血と残酷なシーンに直面した隊員の本能的弱さ以上の反応、つまり隊員の殺戮拒否的な反応を読み込む「誘惑」に駆られてはならないと警告を発している。[57]

こうした説明から何が抜け落ちるのだろうか？　ゴールドハーゲンは本文ではなく脚注の一つで、トラップは「涙ぐんで」いたと一人の証言者が述べたことを認めている。しかし彼は、それ以外の七人が、トラップは涙ぐんでいた、あるいは外見でもわかるほど苦悩していたと証言したことについて、何も述べていない。[58]さらにゴールドハーゲンは、トラップが命令は自分で下したものではないと明確に述べたとする警官二人の証言についても、また証言した五人中四人の警官が、トラップは部下に命令を伝達した際、自分は命令に対して距離をとっているのだと皆に示したとする証言についても、まったく何も述べていない。[59][60]またトラップの運転手は次のように証言している。「ユゼフフでのことについて、トラップは後にこんな風に語りました。「もしユゼフフのユダヤ人殺しが地上で復讐を受けることになるのなら、われらドイツ人に神の慈悲を。」[61]しかしゴールドハーゲンはこの証言についても何も触れていない。ユダヤ人の悪魔像を喚起したとされるトラップの「激励」は、尋問記録からして、差し迫ったユダヤ人の大虐殺を何とか合理化しようとする哀れな企てであったことが判明する。つまり彼は、ドイツ本国の女性や子供たちの頭上にも爆弾が降り注いでいるのだからと、ユダヤ人虐殺をドイツの敵に対する戦時行動の一つと見なして合理化しようとしたのである。元隊員たちは彼らの感情を繰り返し、動揺し、意気消沈し、みじめで、失望し、落胆し、打ちひしがれ、腹立たしく、重荷を背負わされた、などと表現しているが、そうした証言はゴールドハーゲンによって、責任逃れとして、あるいは「一時的な」本能的弱さに起因するものにすぎないとしてすべて却下されてしまう。

タルシンでポーランド人を初めて報復射殺したときのことを描写しながら、ゴールドハーゲンは次のように論じている。「この実例であるエピソードは、ドイツ人のポーランド人に対する態度とユダヤ人に対する態度の違いを比較するのに役立つ。」彼は証拠として、二人の証言を引用している。――一人は、タルシンでトラップが「泣いた」という意味の証言をしており、もう一人は、「何人かの隊員は射殺が終了した後で、こうした種類の任務はもうこれ以上こりごりだという願望を表明した」[62]と証言している。要するに、ゴールドハーゲンはユゼフフにおける大隊のユダヤ人殺戮を論じる際には、まさにこの種の繰り返しなされた証言を除外したり却下したりしたのであるが、タルシンの〔ポーランド人の〕場合、一転してその種の証言を採用しているのである——証言者は二人だけであるにもかかわらず。それがなぜかと言えば、大隊がポーランド人の殺害にユダヤ人と比べて、どれほど異なった感情を持っていたかを証明するためである。

さらに、証言を選別するこのダブル・スタンダードは、隊員たちの動機の分析にも見出すことができる。タルシンで隊員が〔ポーランド人の〕殺戮に参加したことは、ポーランド人を殺害する熱意の証拠とは解釈されていない。これに対して、ユゼフフで隊員が参加したことは、彼らがユダヤ人の「ジェノサイド執行者になることを強く望んでいた」証拠として引証される。ユゼフフで隊員が苦悩していたとする証言は山のようにあるのに、隊員が〝一瞬の〟本能的弱さを示したことだけが確認されている。これに対して、タルシンでは隊員がポーランド人を殺害することに「明らかな嫌悪と不本意」を示したとするたった一人の供述証言が、説得力のあるものとして引証されている。[63]

ユダヤ人犠牲者とポーランド人犠牲者に関するダブル・スタンダードは、他の方面でも見出される。ゴールドハーゲンは、無償で自発的なユダヤ人殺戮の多数の実例を、殺戮者の態度を測定するために重要なものとして引証している。しかし彼は犠牲者がポーランド人の場合は、第一〇一警察予備隊が行なった無償の自発的な殺戮の多くのケースを省略している。〔一例をあげよう。〕ドイツ人警察官がニエズドフの村で殺害されたという報告が届くと、オポールに映画を見に行くところだった警官たちは報復行動をとるために現場に送られた。村に着くと、若いポーランド人はみな逃亡してしまっており、ほとんどが女性の、年取ったポーランド人だけが残されていた。そこへ、襲撃されたドイツ人警官は殺害されてはおらず、けがをしただけであるとの報告が届いた。それにもかかわらず、第一〇一警察予備大隊の隊員は年取ったポーランド人すべてを射殺し、村に火を放った。そのあとで、彼らは気楽でくつろいだ娯楽を求めて宵の映画を楽しんだのであった[64]。このエピソードでは、ポーランド人殺害に「明らかな嫌悪と不本意」な態度が示されたという多くの証拠はない。もし犠牲者がユダヤ人で、反ユダヤ主義的動機が容易に推定できた場合であったら、ゴールドハーゲンはこの事件を書き落としたであろうか？

証拠を偏って選択するパターン[65]は、ゴールドハーゲンが隊員たちをほとんど完全な画一性で描いている点にも見出すことができる。ハインツ・ブッフマン少尉は大隊の一隊員として、大量殺戮に原則として反対であることを明言し、対ユダヤ人行動のいかなる局面にも参加することを拒否した。ブッフマンは自分自身とユリウス・ヴォーラウフ、ヴォルフガング・ホフマン両大尉との行動の違いについて、嫌々ながら次のように証言した。すなわち、彼は好調な会社を所有しており警察で昇進することは重要ではなかった、それに対して、ヴォーラウフやホフマンは「出世の野心に燃えた」職業警官であった、と。さらにブッフマンは付け加えて、私は「ビジネス上の経験を通じて、それは特に海外まで拡大していましたから、事態の全体像をよりよく理解していました[66]」、とも述べている。ゴールドハーゲンは、ブッフマン自身が言及した職業上の昇進という動機の重要性をすばやく糊塗し、供述の後半部だけを取り上げて、ブッフマンだけがドイツ反ユダヤ主義の妄想に囚われていなかった証拠であると解釈している[67]。

しかしもしブッフマンの証言が、大隊内で画一的反ユダヤ主義が蔓延していた主要な証拠として引用されるのであれば、以下の供述もまた含められるべきではないか？　ブッフマンが対ユダヤ人行動への参加を拒否したことに対して、隊員の反応はさまざまであった。それについてブッフマンは次のように証言している。「私の部下の間で多くの隊員は私の立場を理解してくれました。しかし他の者たちは私を非難しましたし、私を軽蔑しました[68]。」殺戮自体に対しても彼は次のように供述した。「隊員は熱意をもって対ユダヤ人行動を実行したわけではありません。……隊員はみな意気消沈していました[69]。」

証拠を偏って選択した一つの決定的な例を挙げよう。ゴールドハーゲンは一貫して、犯行者がユダヤ人の殺戮に「喜びを見出した」ことを強調し、さらに「隊員が殺戮現場で交わした会話についての報告は、……隊員がジェノサイドや彼らの行動を是認していたことを示唆している[70]」のだとも強調している。この種の典型的な事例は、大虐殺の後にウォマジーで「ユダヤ人狩り」を実行したハインリヒ・ベケマイアー軍曹の小隊に関する彼の説明である。ゴールドハーゲンは次のように書いている。

ベケマイアーの隊員がユダヤ人を発見したとき、彼らはユダヤ人を殺害したのみならず、記述されている一つの実例でいえば、彼ら、あるいは少なくともベケマイアーは、殺害前にユダヤ人に悪ふざけを仕掛けた。

それからゴールドハーゲンは警官の証言から直接引用している。

その日のことで一つのエピソードが私の記憶に残りました。ベケマイアー軍曹の命令で、我々はユダヤ人をある場所へ連れて行かねばなりませんでした。ベケマイアーはユダヤ人に水たまりの上を這っていくように命じ、その間中彼らに歌をうたわせました。老人の一人がこれ以上這い歩きを続けられなくなったとき、このエピソードの終わりが来ました。彼は老ユダヤ人の口腔を至近距離で撃ちました。

ここまで来るとゴールドハーゲンはいったん引用を中断し、その後尋問からもたらされた証言からの記述を再開している。

ベケマイアーがユダヤ人を射殺したとき、ユダヤ人はあたかも神に訴えるように手を挙げ、それから地に崩れ落ちました。ユダヤ人の死体はただそこに放置されました。我々は死体のことなど気にかけませんでした。

もしこの目撃者の証言が中断されていなかったら、証言はどれほど異なった印象を与えたことだろう。なぜなら、ベケマイアーによる老ユダヤ人の口腔内射殺を述べた後で、証言者は次のように続けているのである。「私は横を歩いていたハインツ・リヒターに話しかけました。「俺はこのくず野郎を片付けてやりたいぜ。」」実際この同じ証人によれば、「戦友仲間」の間でベケマイアーは「汚物」あるいは「ゲス野郎」と見なされていたのである。ベケマイアーはポーランド人に対してもユダヤ人に対しても「乱暴で残酷」なことで悪名高く、部下を蹴り飛ばしさえした。[71] まとめていえば、ゴールドハーゲンは偏った資料選択によってこの事件を、一般化された画一的な残虐と称賛からなるパターンの一部にはめ込んで描写している。しかし証言全体はそうではなく、特に悪意に満ち、嫌悪された親衛隊下士官の肖像を提供しているのである。彼の行動は隊員たちの間に非難の感情を呼び起こしていたのである。

わたしの見解・動機の多様性

ゴールドハーゲンとは対照的に、わたしは自分の著書〔『普通の人びと』〕で大隊の肖像を重層的に描いた。大隊内部では異なったグループが異なった振る舞いをしていたのである。「熱狂的な殺戮者」――その数は時間を追って増加していった――は、殺害チャンスを探し、彼らの殺戮行為を祝った。大隊内の最小グループは撃たなかった者たちで構成されていた。ブッフマン少尉を例外として、彼らはナチ体制やその血まみれの政策に対して原則的な異議を唱えたりしなかった。また彼らは戦友を非難したりもしなかった。彼らは、自分が臆病であるあるいは自分には子供がいると述べることによって、大隊ではそれに耐えられない者を射殺行動から免除するというトラップの方針を利用したのであった。

大隊内で最大のグループは何であれ要求されたことを実行した人びとである。彼らは権威筋と対立する重荷を負いたくなかったし、臆病と見られたくもなかった。しかし彼らは殺戮に自発的に志願したわけでもなければ、殺戮を祝ったわけでもなかった。感情が麻痺し狂暴化してくるにつれて、彼らは人間性を奪われた犠牲者を憐れむよりも、彼らに負わされた「不快な」任務ゆえに自分自身を憐れむようになったのである。彼らはたいてい、自分が悪いことないし非道なことをしているとは考えていなかった。なぜなら殺戮は正当な権威によって認可されていたからである。たいてい彼らは考えようとさえしなかった。それがすべてである。警官の一人はこう述べた。「正直に言えば、当時我々はそのことについて何の反省もしていませんでした。何年もたってから、我々のうちの幾人かは当時何が起こったのかを本当に自覚したのです。[72]」泥酔することも無自覚を助けた。「他の隊員たちのほとんどは、ユダヤ人の大量射殺ゆえに度を越して飲酒しました。こんな生活は素面ではとても耐えられなかったからです。[73]」

こうした警官たちが「自発的死刑執行人」であったということは、彼らが「ジェノサイド遂行者になりたがっていた」ということを意味するわけではない。わたしの意見ではこれは重要な区別なのだが、ゴールドハーゲンはこの区別をいつも曖昧にしている。彼は繰り返し間違った二分法を国際的議論の場に持ち出している。すなわち、ドイツ人殺戮者はユダヤ人の悪魔的性質についてヒトラーと「心を一つに」し、ユダヤ人の大量殺戮の必要性と正義を信じていたか、あるいは、彼らは史上最大の犯罪に関与していると確信していたか、どちらかにされてしまう。わたしの見解では、殺戮者の大多数はこのような双極的観点で描くことができないのであった。

わたしは〔著書で〕大隊の重層的な全体像に付け加えて、彼らの行動の動機について多原因であるとする説明を提起した。わたしはそこで順応、同輩の圧力そして権威への服従が重要性を持つと指摘した。あわせてわたしは政府の正当化能力について明確に強調すべきであった。わたしはまた「戦争と人種差別主義との相互増強効果」についても強調した。「反ユダヤ主義宣伝の年月は……戦争が生み出す敵味方の双極化効果と組み合わされた」のであるから。わたしは「ナチが人種戦争を遂行するのに、戦争自体ほど寄与したものはない」と論じた。「人種的に優れたドイツ人と劣ったユダヤ人という二分法は、ナチ・イデオロギーの中心であるが、それは戦時中の敵に包囲されて苦しむドイツというイメージとたやすく合併された。」普通のドイツ人はジェノサイドを遂行するのに、ユダヤ人を悪魔的と見なすヒトラーと「心を一つ」にしている必要はなかった。状況的要因とイデオロギーの組み合わせは、敵の像と犠牲者の非人間化に影響を与えた。「普通の人びと」を「自発的死刑執行者」に変えるには、それだけで十分だったのである。

ゴールドハーゲンは、彼の説明をわれわれが「受け入れるしかない」と主張した。なぜなら彼は「従来のもろもろの説明」（強制、服従、人間行動についての社会心理学的観察、自己利益、さらに責任感の低下と断片化）を「議論の余地なく」、「完全に」反証したからだという。そうするといくつかの問題が現われる。第一に、研究者にとってこうした「従来のもろもろの説明」は、それぞれが単独で犯行者の行動を解明するのに十分だと主張されているわけではない。そうではなく、もろもろの説明は一般に、ゴールドハーゲンが「洗濯物リスト」[74]と呼んで嘲笑った多原因的アプローチの一部として利用されているのである。したがって従来のもろもろの説明は、ゴールドハーゲンが彼自身の説明のために設定した、すべてを解明するとされた同じ極端な基準に合わせる必要はないのである。第二に、誰かが何かを議論の余地ないほど反証したと主張することは、ゴールドハーゲン自身が合わせられない極端な基準を設定することになる。そして第三に、「従来のもろもろの説明」を包括的に反証するにしても、そのためにゴールドハーゲンのテーゼを選ぶ必要があるということにはならないであろう。

ドイツ政治文化と社会心理学

ゴールドハーゲンはいわゆる二つの従来の説明を論駁したとされるが、これからわれわれはその点を詳しく見てゆこう。その説明の一つは、命令には従うというドイツ人の傾向であり、二つめは社会心理学者によって研究された人間行動の一般的な特性である(権威への服従、役割への順応、同輩圧力への順応)。ゴールドハーゲンは、命令に従う傾向と権威への盲従がドイツ政治文化の顕著な要素であったとする見解を、無愛想に退けてしまう。なぜかというと彼は、ドイツ人はヴァイマール時代に街頭で騒乱を起こし、共和国を公然と軽蔑していたではないか、と述べている[75]。しかし一つの出来事だけで、ある国の歴史を決めたり、その国の政治文化を特徴づけたりすることはできない。ドイツ政治文化は服従の傾向を示してはいない、なぜならヴァイマール共和国への反抗を見よと主張することは、一九世紀のユダヤ人解放令を引き合いに出して、反ユダヤ主義はドイツ政治文化の一部ではないと主張することと同様、妥当性を持たない。――ゴールドハーゲンはドイツ・ユダヤ人の解放という認識をそもそも拒否している。

より重要なのは、ヴァイマールにおいて不服従が生じた前後関係である。ゴールドハーゲンは、ドイツ人は彼らが「正当である」と見なした政府や権威にのみ従順であった、と述べている。実際これが議論にとって決定的な点である。というのも、政府を軽蔑し攻撃した者の立場から政府を否認できたのは、まさしくヴァイマール共和国の民主的で非権威主義的な性格があったからなのである。ヴァイマールでの反抗はまさしく民主主義の破壊であり、権威的体制の復活であった。ナチは個人の権利より共同社会の義務を強調し、それがかなりのドイツ国民の間にナチの正当性と人気を生み出したのである。実際多くの歴史家たちが論じたように、ドイツでは一八四八年と一九一八年の民主主義革命が不完全で熱意を欠いたものであったため、権威主義的反革命と復古主義に容易に門戸を開く結果になってしまった。民主化の挫折によって——反ユダヤ主義によってではなく——、ドイツの政治文化はフランスやイギリス、そして合衆国の政治文化と区別されることになったのである。

ゴールドハーゲンは、ドイツでユダヤ人への憎悪を教化する反ユダヤ主義の普及力を示すものとして、同種の証拠や論拠を引き合いに出している。しかしそれらはドイツが、服従の習慣と反民主主義的態度を植え付ける強力な権威主義の伝統を持っていたという見解を支持したものとも理解されうるであろう。ゴールドハーゲン自身が政治文化の形成に決定的なものとして引証しているすべての要因——教育、公的会話、法、そして制度的強制[76]——は、ナチがそれらを使って反ユダヤ主義を絶え間なく普及させるはるか以前から、ドイツに権威主義的諸価値を植え付ける役割を果たしていたのである。

さらに、ドイツの最も声高な反ユダヤ主義者たちは、同じく反民主主義者であり権威主義者であった。反ユダヤ主義の浸透力を主張しながら、ドイツ政治文化における権威主義的伝統と価値を否定することは、グラスの水が半分空なのを否定しながら、半分は満たされていると言い張るようなものである。ドイツ政治文化と反ユダヤ主義についてのゴールドハーゲンの主張が妥当性を持つのであれば、それらはドイツ政治文化と権威への服従についてもいっそうの妥当性を持つのである。

ゴールドハーゲンの主張によれば、社会心理学的解釈は「無歴史的」であり、その信奉者たちは、「いかなる人間集団もその社会化の程度や信念にかかわりなく同じ環境にパラシュート降下でき、何らかの任意の基準で選ばれた犠牲者集団にまったく同じように振舞うことができるであろうと暗示している。」[77] これはとんでもない歪曲であり、実験の設定と研究者がそこから得られた洞察を次に応用することとを混同している。例えば、ミルグラムやジンバルドーの実験の核心は、権威への服従や役割順応の不確定な変数をまず分離したうえで、まさしく人間行動におけるそれらのダイナミックスを検討し、よりよく理解しようとするものだからである。セルビア人をボスニア・ムスリム人と争わせたり、フツ族をツチ族と争わせたりするような実験を実施したとすれば、ばかげたことになったであろう。なぜなら、歴史的に特殊なエスニック憎悪はまた別の強力な変数を導入することになってしまい、研究結果を完全に歪めることになったであろうから。

実験が歴史のない状態に保たれたからこそ、実験から得られた洞察は妥当性を持ち、また研究者たちは初めて、権威への服従と役割順応が人間行動を形作る強力な要因であると知るのである。具体的な歴史状況においてはもろもろの変数は分離できないし、行為者は彼らの行動を形作っているもろもろの要因の複雑な相互作用を十分に自覚もしていない。したがって具体的歴史的状況で人びとの行動の動機を研究する者にとって、わたしの見解からすれば、社会心理学的実験から得られた洞察は、不確実の証拠を取捨選択するにあたって、きわめて貴重なものとなりうるのである。

ゴールドハーゲンは、彼の解釈によってのみ、犯行者がユダヤ人大虐殺の必要性と正義を信じていたと適切に推定できるのだ、と繰り返し主張した。他方「従来の説明」の誤った仮説によれば、殺戮者自身は悪いことを行なっていると思っており、そこで意志に反して殺害へと誘導されねばならなかったことになる。こうしたゴールドハーゲンの主張は他の研究者の立場を歪曲しており、論点に間違った二分法を押し付けるものである。ケルマンとハミルトンは、ベトナムにおける「服従の犯罪」という歴史的に特殊な実例を探求するにあたって、社会心理学的アプローチを利用している。彼らは権威への反応の多様性に注目した。一方の人びとは、自分たちが体制の価値観と政策を分かち合っているという信念ゆえに行動した。他方でわずかではあるが、監視されている場合は自分の意志に反して行動し、見張られていない場合は命令に従わなかった人びともいた。しかしそれだけではなく、双方の間には他の可能性も存在していたのである。かなりの人びとは、兵士はタフであり命令に従うものだとする役割の期待を受け入れ、内面化し、具体的な命令の内容にかかわらず国家政策を実行した。[78] 兵士や警官たちは、それが彼ら自身の価値観と同じであると確認できなくとも自発的に命令に従い、政策を履行したのである。たとえ監視がなかったときでさえ、同じように兵士や警官はしばしば自発的に命令に従い、死を望んだわけではないが勤務中に殺害されることもあった。彼らは兵士や警官としての立場で、もし自分の意志で実行すれば悪であると思われたかもしれない行動でも、国家に認可されていれば悪であるとは考えないで参加したのである。[79] さらに人びとは、自分の行動と矛盾しない新しい価値観を選ぶことによって、価値観を変えることができるのである。かくして殺戮が日常業務となるにつれて、信念の殺戮者が出現してくるのである。権威と信念と行動の関係はたんに複雑なだけではなく、不安定であり、時の経過につれて変わりやすいものなのである。[80]

社会心理学的アプローチは、ゴールドハーゲンの主張とは異なり、犯行者のイデオロギー、道徳的価値観、犠牲者像が重要でないなどと臆断してはいない。[81] しかしこのアプローチはたしかに、犯行者のイデオロギー、道徳的価値観、犠牲者像を、反ユダヤ主義のような単一要因に故意に還元するような性質を持つものではない。ゴールドハーゲンは「「服従の罪」〔が成立するの〕は……それに都合のよい社会、政治的背景が存在していたかどうかに依存している」[82]と述べているが、わたしはこの考えに同意する。しかし社会的、政治的背景からは、犯行者の知覚や犠牲者の個性を超えて、多様な要因が不可避的に現われてくる。またそうした背景は複雑で変化する反応の分布と多様性を生み出すのである。まとめていえば、ゴールドハーゲンはいくつかの重要な「従来の解釈[83]」を正確に説明し、それを「議論の余地なく」反証するに至っていない。それに従来の解釈はどれも、単独で〔殺戮の動機に関する〕完全な説明であると主張しているわけではない。たとえゴールドハーゲンによって述べられた五つの従来の説明〔強制、服従、制度的圧力、私的な利益、官僚的近視眼〕が「議論の余地なく」反証されてしまったとしても、だからといってわれわれがゴールドハーゲン自身の解釈を「採用するしかない」ということにはならない。ホロコースト犯行者の動機探求は、特定の方向に制限されてはならない。研究者の探求は多項式選択〔三つ以上の回答選択肢のうち一つを選ばせる〕の試験ではない。あるいは少なくとも、常に何か他の選択もあるに違いないのである。「これまで述べたもの以外に」。

論争の始めから終わりまでゴールドハーゲンは、彼のアプローチがこれまでの歴史家の解釈で見落とされてきた道徳の重要性を復活させたのだと主張してきた。例えばゴールドハーゲンは最近でも、『ニュー・リパブリック』誌で批判者に反論し、彼がこれまで犯行者の「人間性」をよく理解してきたと主張している。彼の分析は、「個々の犯行者がユダヤ人をどのように取り扱うかを選択したのだという認識に基づいて」おり、それは「個人的責任の観念を復活させるものである。」他方彼は、わたしのような研究者が「犯行者を都合よく手の届く距離におき」、彼らを「ロボットか操り人形[84]」のように扱っていると主張している。

ゴールドハーゲンのこうした主張は擁護しようがない。第一に、彼が傲慢にも拒否した社会心理学的洞察は、個人を機械的に交換可能な部品として取り扱ってはおらず、文化的、イデオロギー的なもろもろの要因を退けたりもしていない。先に述べたように、社会心理学的アプローチが「明らかに虚偽[85]」であるとするゴールドハーゲンの主張は、そのアプローチに対する粗雑な戯画に基づいてなされたものである。第二にゴールドハーゲンは、犯行者の「人間性」をよく理解しているし、また〔わたしと違って〕犯行者を「都合よく手の届く距離に」おいたりしてはいないと述べている。しかしそもそもゴールドハーゲン自身は他の研究者に対して、第三帝国のドイツ人が「我々とほぼ同じ」であったとか、「彼らの感性は我々自身の感性と遠くとも似ていた[87]」という考えから脱却するようにと警告を発していたのか。さらに犯行者を「選択権のある責任主体」として取り扱うのだ、というゴールドハーゲンの主張は彼の決定論的結論とは両立しがたい。彼によれば、「ナチ時代を通じて、またそのはるか以前からも、ほとんどのドイツ人は、ルーマニア語に囲まれた生活をしてこなければルーマニア語を滑らかに話すことができないのと同様、彼らの社会生活に疎遠な認知モデルを身につけて現われることはできなかった[88]」のである。

わたしの立場からすれば、ゴールドハーゲンとは対照的に、心理‐社会学理論は――それは文化的影響を排除することなしに、人間はその本性に共通する嗜好性と傾向を持つという仮説に基づく――、犯行者の行動を理解するための重要な洞察をもたらしてくれる。わたしは犯行者が選択できる立場にあっただけでなく、その選択を様々なやり方で行使したと確信している。それは、熱狂的な参加から始まり、義務的な、また名目的あるいは嫌々ながらの服従を通って、様々な形の忌避に至る多様性を持つものであった。わたしは読者に問うてみたい。ゴールドハーゲンとわたしのアプローチのどちらが、犯行者の人間性と個性の理解に基づいており、彼らが下した選択を分析するにあたって道徳の重要性を考慮していると言えるのであろうか？

対立する二つの見解

ゴールドハーゲンとわたしは、第一〇一警察予備大隊が「普通のドイツ人」の典型であること、またあらゆる職業分野からランダムに徴兵された「普通のドイツ人」が「自発的殺戮者」になったのだという点では意見が一致している。しかしわたしはゴールドハーゲンが描いた大隊の姿が大隊を再現したものだとは思わない。確かに彼の言うとおり、殺害の機会を求め、恐ろしい残虐行為を加えることを喜び、そうした行動を祝った多数の熱狂的殺戮者がいた。わたしと彼の著書には、こうした連中のとった行動のぞっとさせる多くの実例が、いやというほど見出される。しかしゴールドハーゲンは隊員の行動が示す他のいくつかの成層分布を最小限に見積もるか、あるいはそれを否定している。そうした行動の多層な分布こそ、ジェノサイド的殺戮部隊のダイナミックスを理解するために不可欠なものであり、また大隊内には一様に、隊員の行なった大量殺戮への「満足」と「道徳的な是認」があふれていた、とするゴールドハーゲンの主張に疑問を投げかけるものである。

これはゴールドハーゲンの書物の至るところに繰り返し現われる欠陥である。例えばわたしは、反ユダヤ主義が一九世紀の強力なイデオロギー潮流であったことに同意する。しかしわたしはナチ以前のドイツにおいて、反ユダヤ主義が「市民社会の精神世界をほぼ支配していた」とする主張を受け入れることはできない[89]。またわたしは一九三三年頃までに、反ユダヤ主義がドイツ右翼の「コモン・センス」となっていたという主張に同意する。しかしわたしはそのことをもって、ドイツ社会全体がユダヤ人についてヒトラーと「心を一つ」にしていたとか、また「ナチ党の世界観、綱領、レトリックの中心に反ユダヤ主義が置かれたことは、……ドイツ文化の心情を反映したものであった[90]」、とする主張にも同意することはできかねる。わたしは反ユダヤ主義——それはユダヤ人の否定的なステレオタイプ、非人間化、それに対する憎悪である——が、一九四二年の殺戮者たちの間に広く拡散していたということに同意する。しかし同時にわたしは、反ユダヤ主義が「かなり以前から存在し続け、鬱積していったもの」で、ヒトラーはただそれを「解き放ち」、「放任[91]」

しただけであるとする主張に同意することはできない。
要するに、根本的な問題は、普通のドイツ人をわれわれとはまったく異なった国民であるとし、そして彼らを否応なしにジェノサイド執行の志願者にしてしまうような文化の下で育まれたものと決めつけ、そのうえで、なぜ彼らがチャンスに応えてユダヤ人を熱心に殺害したのかを説明することではない。根本的な問題は、なぜ普通のドイツ人が――彼らは、たしかにその特殊性を持ってはいるが、にもかかわらずヨーロッパ、キリスト教、そして啓蒙主義の伝統の主流に属する文化によって育まれてきた――特殊な境遇の下に置かれたときに、人類史上最も過激なジェノサイドを自発的に執行したのかを説明することである。

わたしとゴールドハーゲンが第一〇一警察予備大隊について述べた描写と結論のどちらが真実に迫ったものであるか、それを問うことがなぜ重要なのだろうか？ もしゴールドハーゲンが正しいとすれば、われわれは気持ちを楽にすることができるであろう。なぜなら、そうであれば、ほとんどの社会は〔ドイツと異なり〕ジェノサイドを犯すような長期的、文化－認知的なもろもろの前提条件を持たないことになるし、政権は国民が、優先度、正義、必要性について圧倒的に心を一つにしているときにしか、ジェノサイドに手を染めることができなくなるはずだから。もし彼が正しければ、われわれはより安全な社会に住んでいることになろう。しかしわたしはそれほど楽観的にはなれない。わたしはわれわれが住んでいるこの世界に不安を抱いている。現代世界では、戦争と人種差別主義がどこにでも跋扈しており、人びとを動員し、自らを正当化する政府の権力はますます強力かつ増大している。また専門化と官僚制化によって、個人の責任感はますます希薄化しており、仲間集団は人びとの行動に途方もない圧力を及ぼし、かつ道徳規範さえ設定しているのである。このような世界では、大量殺戮を犯そうとする現代の政府は、わずかの努力で「普通の人びと」をその「自発的」執行者に仕向けることができるであろう。わたしはそれを危惧している。

謝辞

わたしは原稿を改善するために多くの有益な示唆をいただいた以下の方々に、甚大なる感謝をささげたい。セオドーア・ラファエル、マイケル・マラス、サウル・フリートレンダー、ローレンス・ランガー、アーロン・アッシャー、E・ウェイン・カープ、マーク・イェンゼン。不十分な点が残されているとすれば、それは当然わたしの責任である。

二五年の後で

『普通の人びと』の初版は一九九二年に刊行された。一九九六年にダニエル・ゴールドハーゲンの『ヒトラーの自発的死刑執行人たち』が出版されると、解釈の難しい証拠資料の利用について、また両者の間で対立する解釈上のアプローチや方法論をめぐって論争が生じた。これを受けて一九九八年、この論争におけるわたしの議論を要約した「あとがき」を付した『普通の人びと』の第二版が刊行された。さて初版から二五年たった今、もう一度研究の現状を検討することが適切かと思われる。ここでわたしは四つの論点を取り上げてみたい。そのなかで、『普通の人びと』の初版が提起したもろもろの問題について、われわれの知識と洞察を豊かにする歴史学的研究が積み重ねられてきたからである。第一に、第一〇一警察予備大隊とは別の警察大隊に関する多くの研究が出された。〔わたしが二五年前に採った〕研究方法は、第一〇一警察予備大隊を典型ないし代表としてその特異性を解明するものであった。しかしその後の新しい研究によって、比較を通じてそれぞれの警察大隊の詳細な状況を考慮できるようになっている。第二に、最終的解決の「普通の」加害者の動機が何であったのかについても、研究がさらに進められてきた。第三に、ルクセンブルク警察から大隊への派遣隊について模範的な研究が出版され、それによって部隊のドイツ人メンバーと非ドイツ人メンバーとの比較が可能になっている。そして第四に、第一〇一警察予備大隊の証拠写真――古いものも新しいものも――についてより注意深い研究が現われている。

通常警察の他の大隊との比較

『普通の人びと』の第3章と第4章で、わたしは他の警察〔予備〕大隊の役割について簡単に触れた。それは、ビャウィストクにおける第三〇九警察大隊と第三二二警察大隊、ウクライナにおける第四五警察予備大隊、スルックにおける第一一警察大隊、そして東ガリツィアにおける第一三三警察予備大隊である。ダニエル・ゴールドハーゲンも、ビャウィストクにおける第三〇九警察大隊と、一九四一年のバルト諸国及び一九四二年の南ポーランドにおける第六五警察大隊について論じた。一九九〇年代になると前記の幾つかの警察〔予備〕部隊のみならず、それ以外の部隊についてもさらに進んだ研究が出版され始めた。まず挙げられるべきはハイナー・リヒテンシュタインの『ヒムラーの緑〔色制服〕の共犯者たち――第三帝国における防衛－通常警察』である。これは様々な通常警察部隊、特に警察大隊に対する〔戦後〕司法尋問調書を再検討し、ほんの一握りの有罪判決しか勝ち取れなかったドイツ司法の機能不全を論じたものである。[1] その直後には、第三二二警察大隊に関する他の二つの研究が出された。これらの研究は、当該大隊とその第三中隊が残した貴重な『戦争日誌』に基づいたもので、それはプラハの軍事文書館にある親衛隊（SS）資料コレクションのなかで発見されたものである。[2] この警察大隊は一九四一年七月にビャウィストクで大量殺戮活動に従事し始め、今日のベラルーシを横断しながら、ミンスクやモギリョフで大規模な殺戮活動に関与し、また他の多くのより小さな殺戮を遂行した。

一九九六年、ヴィンフリート・ナハトヴァイは主としてラインラントの諸都市から召集された五つの警察大隊を考察した。ゴールドハーゲンによって論じられた第六五と第三〇九の二つの大隊に加えて、ナハトヴァイは第三〇七と第三一六大隊（第三二二大隊同様、モントゥア大佐の指揮する警察連隊のメンバーで、一九四一年六月のビャウィストクでの殺戮に関与）、そして最後にワルシャワ・ゲットーの警護役で悪名高い第六一警察予備大隊も検討した。[3] リチャード・ブライトマンは彼の『国家機密』において、第三二二と第一一警察大隊について、また南部警察連隊（第四五、第三〇三、第三一四の大隊からなる）についても簡単に触れている。[4]

こうしたどちらかといえば大まかなスケッチに続いて、特に重要な二つの研究が現われた。一九九八年、エドワード・ウェスターマンは第三一〇警察大隊の研究を公刊し、そこで当該大隊と第一〇一警察予備大隊との間にある「際立った相違点」に焦点を当てた。[5] 第三一〇警察大隊は、一六か月（一九四一年一〇月から一九四三年二月）をポーランドで過ごし、そこで占領者である支配人種としてふるまうことを学んだ後、ソビエト領内に配置換えとなり、レニングラードの前線で甚大な戦死者を出した。大隊の兵士たちの大部分は一九〇五年から一九一二年の間に生まれ、第一〇一警察予備大隊よりはるかにナチ化された年齢グループから選抜された。四〇パーセント以上がナチ党員であり、一〇パーセントほどは親衛隊員であった。大隊は一九四二年の八月から九月の間に鎮圧行動に関与したが、ウェスターマンの研究の核心をなすのは、その行動について彼が残存する報告書と司法尋問調書に基づいて述べた説明である。大隊はこの鎮圧行動のなかで、ユダヤ人、スラヴ人、「ジプシー」さらに様々な「反社会分子」——つまりナチ・イデオロギーが標的とした敵の全スペクトルに対する即席の「機会均等な」殺戮に参加したのであった。歴史家は、言葉や行為、党員歴や年齢グループ、第三一〇警察大隊隊員の洗脳や野蛮化の経験などから、彼らの行動の動機を「推測する」ことができると論じつつ、ウェスターマンは彼ら隊員が「普通の人びと」というより「イデオロギー兵士」と捉えられるべきであると結論づけた。

それからちょうど一年後（一九九九年）、クラウス‐ミヒャエル・マールマンはリューベック出身者からなる第三〇七警察大隊の研究を刊行した。[6] ポーランドでの九か月の占領地任務の後で、大隊は一九四一年七月ブレスト‐リトフスクで成人男性ユダヤ人の大量殺戮に、次いでベラルーシでの殺戮に参加した。一九四二年の春と夏にルブリン管区でゲットー一掃に参加した後で、大隊は一九四二年秋から一九四四年夏まで対パルチザン作戦に従事した。マールマンによれば、ブレスト‐リトフスクでの最初の殺害において、射殺者はすべて十分な数に上った志願者から選ばれた。彼は強制や野蛮化、プロパガンダをそのこととの十分な説明にならないとして退けている。（ゴールドハーゲン同様）マールマンは警官たちがそれを通して彼らの世界を眺め、理解していた「認知モデル」の概念を採用した。同時にマールマンは彼が「敵イメージの状況的急進化」と名づけた現象を指摘した。生物的、政治的、イデオロギー的、そして新しい現実の敵は、「バーチャル・リアリティ（仮想現実）」のなかで混ぜ合わされた。そうしたバーチャル・リアリティによって、ユダヤ人の殺害は「必然的な自己防衛」として正当化されたのである。かねてからの反ユダヤ的態度は、ドイツの攻勢が自己防衛への局面に転換しているのではないかという感覚と結びつき、大量殺害への質的な飛躍を可能にしたのである。

二〇〇〇年と二〇〇二年に、様々な通常警察部隊に関する多数の著者による論文集が二冊公刊された。それらは、一握りの緑の制服を着たホロコースト犯行者でさえなかなか告訴できず、ましてそれ以上は有罪に持ち込めなかったドイツ司法制度の機能不全に再び焦点を当てている。[7] ホロコーストにおける通常警察の役割について学問的知識を拡充してくれる最も重要な業績は、東部戦線を横断して配置された二つの大隊を扱ったステファン・

クレムプの二つの論文であった。第九警察大隊の四つの中隊はそれぞれ四つの〔親衛隊〕特別行動隊(Einsatzgruppen)に配属された。この事例では大隊の二四七人の隊員が、一九四七年一月に英国からソビエト当局へ引き渡された。彼らはたいてい懲役二五年の判決を受けたが、一九五六年に釈放されている。[8] クレムプはまた第六九警察予備大隊も研究対象とした。この大隊は少人数の分遣隊に分けられ、一九四一年八月トート機関〔軍需大臣のフリッツ・トートによって率いられた技術者組織〕の作業場を警護するために東部戦線のあちこちに配属されたが、またときおり近隣のユダヤ人殺害に従事させられた。[9]

これら論文集には異なった警察大隊に関する大量の論文が掲載されているが、そのほとんどは戦時における殺戮活動の事実確定と、戦後司法的責任追及がほとんど欠如していたことに焦点を当てたものであった。その後、より最近になって五冊の研究書が刊行されたが、これらは特に言及する価値がある。二〇〇五年、ハラルト・ヴェルツァーは『犯行者たち――いかにして普通の人びとは大量殺戮者になるのか』を上梓した。これは普通の人びとがどのようにして大量殺戮者となるのかを、社会心理学的に研究したもので、第四五警察予備大隊に対する司法尋問調書をその経験的基礎として活用している。[10] 同年、エドワード・ウェスターマンは『ヒトラーの警察大隊――東部戦線における人種戦争の遂行』を出版した。そこで彼はドイツ通常警察の「組織文化」を検討し、いかにしてそれが東部戦線における隊員の行動に反映されたかを検討した。[11] 二〇一一年にはカール・シュナイダーの『国外配備――ブレーメン警察大隊とホロコースト』が現われた。これはブレーメン出身者からなる二つの警察大隊、第一〇五、第三〇三の充実した研究である。[12] そして最後に、ヴォルフガング・クリラが二冊の浩瀚な概論を刊行した。一冊には、バルト諸国やベラルーシに駐屯していたすべての通常警察部隊の記録が載せられ、もう一冊ではポーランド駐屯の警察部隊の記録と、それぞれの部隊がホロコーストにいかに寄与したのかが論じられている。[13] ヴェルツァーとウェスターマンの著書がホロコースト関与の動機をめぐる論争にいかに貢献したかは、後で考察することにして、まずシュナイダーとクリラの研究に焦点を当ててみたい。というのも、彼らの研究には第一〇一警察予備大隊に関して比較研究の枠組みを豊かにする点があるからである。

カール・シュナイダーは第一〇五警察予備大隊と第三〇三警察大隊の部隊編成を注意深く再構成し、両部隊が第一〇一警察予備大隊とは著しく異なっていたことを明らかにした。最初に任命された第一〇五警察大隊は一九三九年秋に編成された。その兵士たちは一九〇二年から一九〇九年の間に生まれた年代（すなわち三〇歳から三七歳）から集められた。彼らはすでに一九三七年から一九三九年まで予備警察官としての勤務を経ていた。大まかに言って兵士の三分の二は労働者階級に属し、残りの三分の一は中産階級ないし下層中産階級の出身であった。戦争開始前、彼らは動員待機の予備役として、すでに週末の訓練によって少なくともある程度はドイツ警察界に教化され適応していたので、召集されると一九三九年末から一九四〇年初頭にかけて徹底した軍事訓練を受け、また追加してイデオロギー教育も受けた。その後大隊はノルウェーで、のちに隊員がどちらかといえば気楽で心地よいと回想する占領任務に就き、そして一九四一年一月、新たに警察予備大隊と名づけられたのであった。それから一九四一年夏、秋に、大隊はバルト諸国へ派遣され（そこで多くの対パルチザン作戦を実施した）、一九四二年から一九四四年までオランダに駐屯した（そこで部隊はオランダ・ユダヤ人をアウシュヴィッツに移送する手助けをした）。[14]

戦争が開始されると、第三〇三警察大隊の兵士は一九〇九―一二年に生まれた年代グループ（すなわち二七歳から三〇歳）の志願者予備群から集められた。大量の熟練警察官が軍に召集されてしまった代わりとして、親衛隊や警察はこの年代グループからの召集を認められていたのである。ウェスターマンが指摘したように、この年代グループは極度にナチ化が進んでおり、親衛隊も警察も供給過剰な志願者のなかから適合者を選抜することができた。隊員たちは徹底的な訓練を受け、九か月間ポーランドの占領任務に就いた。その後彼らは一九四一年六月にウクライナに侵攻し、バビ・ヤール〔の大虐殺〕を含めおびただしい数のユダヤ人殺害に参加した。[15]

第一〇一警察予備大隊は、一九三九年と一九四〇年に二度ポーランドに派遣された。このときの予備大隊の構成は第一〇五警察予備大隊や、ウクライナにおける第四五警察予備大隊や東ガリツィアにおける第一三三大隊のように、一九四一年にソビエト領内で血まみれとなった他の予備大隊とほとんど同じであった。しかし一九四一年に第一〇一警察予備大隊がハンブルクに戻ってくると、今や熟練した警察予備官となった第一世代は配置転換となり、兵士たちの召集年齢は最高四五歳（すなわち一八九六年生まれ）にまで押し上げられ、その結果平均年齢も以前の三〇代初めからほぼ四〇歳にまで上昇した。もはや選別などと悠長なことは言っていられなかったのである。シュナイダーは、ブレーメン警察署長が戦争の進展で逼迫したマンパワー不足について、市の人力はもう「完全に汲みつくされてしまった」と述べたことを引用している。[16] ハンブルクも事情は似たり寄ったりであった。そしてこの段階では、訓練や教化もまた、よりおざなりなものになっていった。まとめていえば、警察大隊の殺害記録を、極度にナチ化された年齢グループや人員補充の際の特別選別、激しい訓練と教化、ソビエト領内へ侵攻する以前にポーランドで数か月の間ナチ人種政策に従事した際の有害な影響――これらはすべてほとんどの警察大隊に関わりのある要因である――などの結果として説明しようとする者は、こうした要因が第一〇一警察予備大隊には欠けているという事実と向き合わねばならない。そうした要因は、第一〇一警察予備大隊の殺戮記録を説明するのに必要でもなければ十分でもないのである。

第一〇一警察予備大隊の殺戮記録は、どうしたら他の大隊と比較できるであろうか？ヴォルフガング・クリラの網羅的な研究によって、われわれは今や大隊の殺人記録のランキング一覧を作成できる。[17] 上位一二の大隊は次の通りである。

	殺害	絶滅収容所への強制移送
第六一警察予備大隊	一、一〇〇人	三〇〇、〇〇〇人
第九警察予備大隊	一八七、六〇〇人	
第一三三警察予備大隊	三一、九〇〇人	七四、〇〇〇人
第一〇一警察予備大隊	三八、〇〇〇人	四五、二〇〇人
第五三警察予備大隊	一三、二〇〇人	六五、〇〇〇人
第三二〇警察大隊	六六、七〇〇人	
第四五警察予備大隊	六五、〇〇〇人	
第三警察予備大隊	六二、五〇〇人	
第四一警察予備大隊	三六、八〇〇人	一八、五〇〇人
第一三一警察予備大隊	一四、九〇〇人	三五、五〇〇人
第三〇四警察大隊	四四、三〇〇人	
第三〇三警察大隊	四一、六〇〇人	

第六一と第五三の警察予備大隊はワルシャワ・ゲットーでの大規模な移送に関与し、第九と第三の警察予備大隊は〔親衛隊〕特別行動隊に配属されていたことを考慮すると、第

一〇一警察予備大隊の殺害記録はさらに傑出したものとなり、注意深く選抜され、極度にナチ化され、徹底的な訓練と教化を受けた若者から構成された、「エリート」というべき三〇〇番台のどの大隊の記録をも超えている。要するに、第一〇一警察予備大隊を問題解明の事例研究とすることの重要性は、それが典型的で代表的な警察大隊であったことではなく、まさにその正反対だったことにある。この予備大隊は年齢、選抜、ナチ化、訓練と教化、そのいずれにおいても典型的な警察〔予備〕大隊ではなかった。しかしそれにもかかわらず、第一〇一警察予備大隊はすべての警察大隊のなかで四番目の高い殺害記録を保持しているのである。

動機の研究

警察大隊に関する研究は、まずそれがホロコーストに関与したことを証拠資料で示し、次いで戦後の司法判断がいかに不十分なものであったかを暴こうとしてきたとすれば、別の一群の研究は今なお継続中の、殺戮の動機づけをめぐる論争に焦点を当ててきた[18]。歴史家はどうすれば警官たちの振る舞いを最もよく説明できるのであろうか？ もし警官たちが意志に反して行動することを強いられたのでないとすれば、なぜ彼らは殺害行為を選んだのであろうか？ どのようにして彼らは自分の行動を、一方で不愉快だがやむを得ないものとして、あるいは他方で正当で称賛に値するものとして理解したのであろうか?『普通の人びと』においてわたしは、権威への服従ないし敬意に関してスタンリー・ミルグラムの、役割への適応に関してフィリップ・ジンバルドーの、それぞれ古典的な研究に言及した。それに加えてわたしは、第一〇一警察大隊の隊員の行動を理解し、また大隊の集団的ダイナミックスを説明するために不可欠の要因として、順応（conformity）にかなりの重きを置いた。同様にわたしはソロモン・アッシュの研究にも触れるべきであった。社会心理学の援用はダニエル・ゴールドハーゲンによって、一方で些末な意味しか持たないとされ、また他方で警官たちの道徳的責任の弁明にしかならないと見なされた。この論争の結果、幾人かの社会心理学者の有用な研究が出された。わたしはそれらの研究を、ジェノサイド殺戮者の行動をよりよく説明することに資する、いたって重要なものであると思う。『悪の生成――いかにして普通の人びとがジェノサイドや大量殺戮に関与するのか』において、ジェームズ・ウォラーはいかにして「普通の人びと」が「並はずれた悪」に関与したのかを、「四叉〔四分岐〕モデル」によって説明しようとした。[19] 第一の要因は進化過程を通じて出現した人間性に固有の、一般的な側面である。ウォラーはそれをエスノセントリズム〔自民族中心主義〕、外人嫌い、そして社会的支配欲と呼んでいる。第二は犯行者の習性を形作る要因である文化的信念体系、道徳的解放度、さらに合理的な自己利益である。第三に挙げられるのは、直接的な社会的繋がりを生み出す要因である職業的社会化、集団的結束、そして役割と人格の吸収である。そして第四に、犯行者が彼らの犠牲者をいかに定義し理解していたかを形成する要因、すなわち我々 - 奴ら的思考、非人間化、犠牲者への譴責である。明らかにこれは広範な一般的なアプローチであるが、歴史学的専門性にも応えうるものである。単一原因的なアプローチによれば、説明の重心が置かれるのは、一方で犯行者の国民的文化信念体系（反ユダヤ主義のような）か、他方で犯行者の社会的繋がり（集団結束への順応のような）か、どちらかである。しかしウォラーの方法はこうした単一原因的アプローチを全面的に拒絶している。そしてこのモデルは、人間行動を二項対立させるか相互排除的にさせる説明よりも、文化的な要因と状況的な要因をより相補的で相互強化しあうものと捉えているのである。

　社会心理学者による第二の重要な貢献は、私見ではレオナード・S・ニューマンによってなされたものである。[20] 彼は社会心理学に対するゴールドハーゲンの軽蔑的な扱いを特に検討するとともに、社会心理学が犯行者の行動を説明するのに、より広範囲に寄与できると明快に述べた。ウォラーと同様、ニューマンは認知的か状況的か、あるいは人間の習性か社会関係かという説明上の「間違った二分法」を拒否した。ゴールドハーゲンの言う認知的説明は、単なる「態度 - 行動の一貫性」（理論）であって、確かに人間行動のいくらかの部分を説明するが、決してすべてを説明するものではなく、ましてホロコースト犯行者の行動のように複雑な事態を十分に説明することはできない。ニューマンによれば、人格・習性と状況の間にはダイナミックな関係がある。態度が行動を形作るのだというなら、逆もまた事実である。認知的不調和の理論によれば、人びとは自らの信念や態度と矛盾する活動に参加すると不快感が現われる。特に行動を変えることが困難な立場に置かれると、人びとは行動と信念の間に生まれた亀裂を、自らの行為を正当化し合理化する道を辿って、信念の方を変更することで克服しようとしがちになる。人びとはあからさまに強制されるよりも、「誘導された追従」(順応や仲間意識のような隠微な圧力を通して)の境遇にいる方が、なおのことそうしやすいのである。

特に問題となる行動が他者に危害を加えることを伴う場合、加害者は犠牲者を罰するに値するものだと理解しがちである――この心理的反応は「公正世界現象」(公正世界仮説ともいう。人間の行動は本来善に向かう傾向があり、何であれ罰を受ける人にはそれなりの悪があるはずだと考える認知的偏見)として知られている。この心理的反応はさらに、加害行為における残忍さと野蛮さ、さらに犠牲者の非人間化・価値剝奪のエスカレーションという悪循環を生み出す。「(偏見による)誤解という基本的属性」を通じて、人びとは自分の行動が他者に与える打撃を無視しがちになり、さらに侮蔑され悲惨な犠牲者の状態は彼らに固有の劣性、あるいは下位にある人間の証拠であるとされてしまう。

行動が態度を変えうるという事実に加えて、人間の性質と人間が置かれた状況のダイナミックな関係が示すもう一つの局面がある。それは状況それ自体が決して固定的、客観的なものではなく、むしろ主観的なものだという点である。というのも状況とはそもそも、その中にいる人びとによって知覚され推論され解釈されるものであるから。特にニューマンによれば、彼が「複数性の無知」〔多元的無知：皆が内心賛成できない意見でも、だれも異議を唱えないと正しい意見という権威を帯びてしまう現象〕と名づけた現象を通じて、大多数の人びとは、大隊の誰もがユダヤ人の殺戮を是認したときのように、「幻想の規範」に順応することができたのである。たとえ彼らが自らの意志ではユダヤ人を決して殺害しようとしなかったであろうとも。ある集団の集合行動は単に個々人の特性を合計したものではなく、その集団メンバーが集団を全体として、また相互に、そして彼らを取り巻く状況をどのように知覚しているかによって決定されるのである。

警官たちは通常警察の組織規範と、彼らが東部戦線で占領者であり、ナチ人種政策の執行者の立場であった当時の状況をどのように認知していたのか。これは、とりわけエドワード・ウェスターマンとユルゲン・マテウスという二人の研究者によって論じられてきた。彼らは通常警察の「組織文化」と教化活動を調査した。ウェスターマンによれば、「組織文化は認められる行動の境界を定め、組織目標を確立し、隊員の道徳規範を規定している。」[21] 一九三六年ドイツ警察がヒムラーの下に集約されると、ヒムラーと通常警察の首領クルト・ダリューゲは、通常警察と親衛隊の組織的吸収合併とともに、軍事化とナチ化の二重のプロセスを通じてその組織文化の転換を図った。ナチ化の中心は反ユダヤ主義、反ボルシェヴィズムを組織規範として確立することであり、他方軍事化は義務、戦友愛、絶対的服従のエートスを生み出した。ナチ化と軍事化はともに、是認でき望ましいとされる行動の境界線を拡大し、イデオロギー的な敵の大量殺戮を「許容できるし熱望される」ものとすることによって、警官たちを「イデオロギー戦士」へと変容させたのである。[22] 要するにゴールドハーゲンが、「自発的死刑執行人」を生み出した原因は、ドイツ文化に固有の抹殺主義的反ユダヤ主義が数世紀にわたって組織的に強化された結果であると考えたのに対し、ウェスターマンはこうした「イデオロギー戦士」を、ナチ化され軍事化されたドイツ警察の組織文化が計画的かつ短期的に生み出したものと考えたのである。

ユルゲン・マテウスも、通常警察の教化の結果がこれまでよく調査されておらず、警官の行動を説明する要因としてあまりに早急に放棄されてしまっていたと論じている。[23] しかしながら使用されていた教化資料を実際に調査した結果、マテウスは、イデオロギー戦士は組織的に吹き込まれたイデオロギー的信念を実践したのだとする、ウェスターマンの基本的な「態度‐行動の一貫性」（理論）よりも、教化の効果についてより複雑な結論に到達した。マテウスによれば、そもそも警察と一九三三年のナチ新体制の間には「イデオロギー的親近性」があって、警察は一般に、ナチ党活動による様々な襲撃からユダヤ人を保護しようとはしてこなかったのである。一九三六年のドイツ警察の集権化に伴って、通常警察は親衛隊内部で用意された教化資料によって教育を受けた。その資料はユダヤ人をドイツ民族の最も危険な敵として描き、この敵イメージ（Feindbild）に、自由主義、マルクス主義・ボルシェヴィズム、搾取資本主義、フリーメーソン、平和主義、「政治色のある」教会に対するすべての責任を押し付けている。感情ではなく「冷静な人種原則」から見れば、ナチのユダヤ人政策は「自己防衛」であると規定されていた。一九三八年末から一九三九年初頭になると、親衛隊発行文書は移住（Umsiedlung）か絶滅（Vernichtung）によるユダヤ人問題の「全面的解決」を強調した。一九四一年頃になるとその種の刊行物は、戦争が終わるまでには、ヨーロッパはユダヤ人から解放されているだろうと予言した。同時に別の訓練資料は、正しさ、プロフェッショナリズム、清廉潔白、理想主義、礼儀といった警官の自己イメージを擁護しようとしていた。

マテウスの研究によれば、第三〇九警察大隊がビャウィストクで初期に示した残虐性のような悪名高いケースを除けば、歴史家が教化と大量殺戮への関与の間に「直接的な因果関係」を立証することは困難である。しかし彼は、教化活動が様々な形で警官たちの参加を「促進した」ことは確かであると考えている。教化活動は隊員たちの「心理的抑制」を弱め、残忍な大量殺戮を是認ないし合理化したいと望む隊員に、「正当性」を供給したのであった。それによれば、隊員の活動は「困難な義務」であり「歴史的使命」であるとともに、客観的な人種原則からみて不可欠の自己防衛であるとされたのである。これだけでは満足しない隊員に対して、ユダヤ人の殺害は、例えば対パルチザン戦の遂行や共産主義の打倒といった他の正当な使命とリンクされた。さらに教化資料は、隊員たち自身が隠しておきたかった他の動機——貪欲、サディズム、罰を受ける心配なく他人を苦しめ殺害できるチャンス——に「表面装飾」あるいは隠れ蓑を提供した。要するに、こうした教化資料は反ユダヤ主義のスローガンや主張を載せたビュッフェを提供したのであって、そこから多くの警官は大量殺戮の開始とともに現われた心理的葛藤を和らげ、それに対抗するために役立つものを選び取ることができたのであった。

通常警察を東部における最終的解決の「歩兵」であったとする、重要な研究も出されている。クラウス-ミヒャエル・マールマンも、警官たちがソビエト領内で置かれていた状況と、ナチ人種イデオロギー規則の間の密接な関係を論じた[24]。マールマンによれば通常警察の教化活動は「過大」評価されてきた。その影響はイデオロギー的狂信あるいは彼の言葉でいえば「イデオロギー的ファンダメンタリズム」の育成にはほとんど役立たず、それよりもキリスト教的価値を人間主義的たわごととし、伝統的な軍人精神を軟弱で臆病だと決めつけることを通じて、隊員の精神と態度を瀰漫的に変化させたのである。それは警官たちが「支配人種」と「亜人間」、ドイツ人の優秀性と土着民の劣等性というカテゴリーでものを考えることを容易にした。そこには、嫌悪や侮蔑から憎悪や絶滅欲に至る反ユダヤ的態度のスペクトルが含まれていたが、しかし同時に、それは警官たちが東部で非ユダヤ人犠牲者を大量殺戮することも容易にしたのであった。

マールマンは警官たちの生活の場となった集団のダイナミックスも強調した。タフでなければならない男らしさの概念、そして何より最優先された虚弱で臆病だと思われることへの恐怖は、彼らの共有する精神世界の一部であって、ナチズム以前にその起源を持つものであった。隊員たちの社会的世界そのものであった部隊あるいは基本集団のメンバーとして、彼らは孤立を恐れ、同志愛や共同体を渇望したが、そのことの代償は野蛮性への順応であり、より正確に言えば他の隊員と並んで射殺に参加することであった。「道徳的免責」は集団的アイデンティティのなかで獲得されたのである。マールマンによれば、「認知的要因と状況的要因」、補充的強化と相互強化の「複雑な組み合わせ」だけが、ホロコースト犯行者としての警官の行動を説明することができるのである。しかし最後はマテウスと同様、彼は次のように結論づけた。「イデオロギー要因は……根源的推進力ではなく後から与えられた鎮静剤であり、現実の衝動ではなく事後の麻酔薬であった。[25]」

ウェスターマンは通常警察の組織文化と、それが警官の行動に与えたと推定される影響を精査し、マテウスとマールマンは、バルバロッサ作戦の遂行中という状況のなかで、反ユダヤ・イデオロギーがどのように機能したのかに焦点を当てた。これに対してハラルト・ヴェルツァーとトーマス・キューネは、警官たちが彼らの行ないを評価し喜んで受け入れることを可能にさせた、より広範な社会全般の構成枠組みを明らかにしようとした。実際彼らの議論によれば、ゴールドハーゲンは正しい問いを設定したが、なぜドイツ人が最終的解決への社会全体の関与（まさしく教化活動や特殊な状況的要因に影響を受けた通常警察部隊ではなく）を了解したのかという点について、間違った解答を与えたのである。

ハラルト・ヴェルツァーは、第四五警察予備大隊の事例研究を社会心理学や歴史的背景と組み合わせながら、二つの重要な問題を提起した。第一にドイツ社会の「規範的準拠枠」は、どのようにして、またなぜかくもすばやく、そして一九三三年の後には全面的に変化したのか、第二に第四五警察予備大隊のような部隊のほぼすべての「普通の人びと」は、たとえ各人の態度が熱狂から無関心、嫌悪に至るまで様々であったにしろ、なぜ自発的に殺害に関与したのか。[26]ヴェルツァーによれば、ナチ革命の中心は人間的義務の共同体を再評価することであった。それは人間性についての啓蒙的概念に基づく包摂の共同体から、人種差別主義と反ユダヤ主義に基づいた排除の共同体をめざしたのである。このドイツ共同体の根底的な再編が可能であったのは、部分的には、ユダヤ人を排除し中傷することが、民族共同体に属する者にとって、最下層の者にとってさえ、社会的地位の上昇からくる心理的満足感や、物質的利益の獲得チャンスを提供したからである。ヴェルツァーによれば、一九三九年や一九四一年ではなく、一九三三年がこうした新しい社会規範を確立する重大な転換点であった。毎日の日常生活（ナチ・イデオロギーやプロパガンダのいかなる意識的受容以上に）がユダヤ人を人間的義務の共同体から排除するようになるにつれて、新しい「ナチ道徳」は幅広く受容されていったのである。この「ナチ道徳」の基本原理によれば、たとえ急進的な手段によってであれ、ユダヤ人問題を解決することは「善で意義あること」であり、それをめざす「仕事」は困難ではあるが有益であり、究極的な目標はユダヤ人のいない共同体を創造することであった。当初は思いもよらぬことであったかもしれないが、最後には、こうした日常的排除の拡大によって、普通のドイツ人はユダヤ人の追放や殺害を、犯罪や悪徳から切り離して考えることができるようになったのである。

ヴェルツァーはさらに、第四五警察予備大隊の「普通の人びと」がどのようにして自発的処刑人になったのかを検討した。ゴールドハーゲンと同様、ヴェルツァーの主張によれば、犯行者となった隊員は殺戮任務に直面したとき、道徳的疚しさあるいは心理的抑制を克服する必要はなかった、なぜなら彼らは、ユダヤ人の殺害を犯罪行為とは分離する、新しい道徳的「準拠枠組み」をすでに内面化していたからである。彼らの殺戮行動は本質的に、彼らがそれに先行する数年の間に受け入れた信念を反映したものだったのである。にもかかわらず、彼らは実際の行動に慣れなければならなかった。ここでヴェルツァーは状況とプロセスをともに引き合いに出している。これら隊員はユダヤ人大量殺戮の任務に直面したときには、大量殺戮を「仕事」へと変換する専門職訓練と業務標準化を終了していた。彼らの多くはその「仕事」を不愉快なことと考えたが、しかし間違いなく不可欠の歴史的任務と考えており、それについて彼らは当時もその後も犯罪行為であるとは感じていなかったのである。

トーマス・キューネは、ドイツ兵士や警官がホロコーストを広く受け入れたことを説明するために、人類学的‐社会的そしてイデオロギー的諸要因の統合を主張した[27]。彼は反ユダヤ主義、反ボルシェヴィズムさらに反スラヴ主義が重要な要因であったことを否定はしなかったが、しかしそれらは説明としては不十分であると考えた。彼によれば、制服を着た普通のドイツ人の行動を理解するために決定的に重要なのは、戦友精神（Kamerad-schaft）と民族共同体（Volksgemeinschaft）の「神話」であった。こうした強力な「神話」は、当時のドイツ人が考えていたままに理解されねばならない。というのも、そうした神話はいわばドイツ人が掛けていた眼鏡のレンズであって、彼らはそれを通して世界を見ており、現実を構成し、彼らの行動を形作った道徳的規準を見出したのであるから。

民族共同体の神話は、階級、党派、宗派を超えた国民統一を求める多幸症的感覚と集合的記憶から派生したもので、一九一四年八月、皇帝〔ヴィルヘルム二世〕はこれを公然と称賛している。ドイツにとってトラウマとなった一九一八年の敗北、さらに世界大恐慌とともに、ナチはこの神話の情緒的影響力を盗用することができた。ただし彼らはその本質を、〔これまでの〕政治的、社会的、宗教的包摂から人種的排他主義へと転換したのであった。ユダヤ人や異邦人種が排除されただけではなく、その行動が国内の脅威あるいはドイツ人種に対する潜在的な反逆にあたるとされた者もまた排除された。要するに順応は帰属（belonging）に不可欠な構成要素であった。さらにナチは戦友精神の神話も盗用した。それは塹壕体験からくるドイツ国民統一の理念に基づいていたが、E・M・レマルクが『西部戦線異状なし』で表現したような、戦争の犠牲となったすべての兵士の国境を越えた兄弟愛ではなかった。こうした二つの神話に体現された情緒的影響力と帰属への欲求を利用することによって、ナチは「道徳革命」の主催者となることができた。この革命において、普遍主義、ヒューマニズム、個人の責任といった罪の文化（guilt culture）に基づいた西洋の伝統は、忠誠や集団内の名声をドイツ社会の新道徳の支柱に位置づける恥の文化（shame culture）に置き換えられてしまったのである。民族共同体全体であれ、ドイツ人がそこに所属して戦闘に従事している小部隊であれ、「集団は道徳上の主権を要求した」[28]のである。

恥の文化は順応を最優先の徳とするが、そのことによって制服を着た普通のドイツ人は、仲間から臆病で女々しいという不名誉を被ったり、仲間から孤立したり疎外されたりする「社会的死」を選ぶよりも、恐るべき犯罪へと駆り立てられたのである。隊員たちを動かした力は他のいくつかの要因によって強められた。第一に、そこに帰属しているという高揚感から派生した戦友精神の「楽しさ」と「共にいることの喜び」は、当該集団以外のメンバーの規範を侵犯することによって、さらに強化されたのである。キューネによれば、「共に犯罪に手を染めるくらい、人びとを団結させるものはない。」[29]第二に、キューネが「不道徳の道徳」と名づけたナチの有害な発明が挙げられる。[30]ヒトラーも様々な軍司令官たちも、威圧的なゼロサム論〔あれかこれか〕を採用した。彼らによれば、敵に哀れみをかけたり寛容であったりすること、また個人的良心の疚しさを克服できないことは、当人の戦友や将来の世代に対する「罪業」なのであった。こうしたすべての要因が結びついて、部隊の内部で「無慈悲さ比べ」や「野蛮の文化」が生み出されていったのである。[31] ドイツ人全体にとって、「そこから出現したのは大量殺戮で結ばれた国民的同胞愛――ヒトラーの共同体であった。[32]」

キューネは、画一性、順応性、そして犯罪性がもつれ合ったぞっとさせるようなドイツ国民の肖像を重要な点でいくらか緩和している。彼は、誰にとっても「倫理観がわずか数年で変わることはない」とも述べた。「ためらいと異なった信念が無慈悲さの文化のなかでも渦巻いて」おり、したがって「良心の苦悩」が消えることはなかったのである。[33] キューネは犯行者の態度と参加の分布とスペクトルに関して、ワルシャワに駐屯した〔ハイドリヒ指揮下の〕保安警察（Sicherheitspolizei）と親衛隊保安部（SD）メンバーの証言に言及した。「無条件の処刑執行者が約三〇パーセント、拒否グループが約二〇パーセント、そして両者の間に飲酒を利用した者たちの集団があった。[34]」「二つの異なった価値体系」が並びあって存在し続けたのであるから、制服を着たドイツ人の何人かは疑念や恥辱、困惑を感じていた。それにもかかわらず、多数のドイツ人は大量殺戮に参加し、非順応であると取られることを避けるために、彼らの感情を隠蔽したのであった。参加しなかったドイツ人は、臆病で女々しいという汚名を甘受したが、それによって逆に戦友たちの強靭な倫理を正しいと承認することになったのである。ほとんど誰もが、部隊に与えられた「汚れ仕事」に愚痴をこぼすことはできても、あえて犠牲者への連帯感など示すことはなかったし、彼らの同僚を非難したり、体制を批判したりもしなかったのである。[35]

いくつかの点で違いはあるが、事実上これまで紹介したすべての研究者たちは、殺戮者の動機を〔抹殺主義的反ユダヤ主義のような〕単一原因で説明することはできず、複雑で多面的に説明するしかないとする点で意見の一致をみている。これらの研究者たちは、状況的要因や習性的要因を文化的、イデオロギー的要因と組み合わせ、また総合しており、これらの要因を間違った二分法に追い込むことはしていない。人為的に二元化された「意図派と機能派」論争が、ナチの政策決定、政策作成に関して、実り豊かな専門的知識と様々な形の「コンセンサス・モデル」の形成に通じたように、いわゆるゴールドハーゲン論争における立場の不毛な双極化も、〔この二五年間の間に〕総合的理解をめざすより複合的な研究によって置き換えられてきたのである。

大隊のルクセンブルク人

一九九六年四月八日、ダニエル・ゴールドハーゲンは合衆国ホロコースト記念館（US

HMM)で開催されたシンポジウムで、彼の著書『ヒトラーの自発的死刑執行人たち』について発表し、わたしは四人の討論者の一人として参加した。[36] わたしはコメントのなかで、第一〇一警察予備大隊にいた一四人のルクセンブルク人警官——二〇代前半の若者からなり、ルクセンブルク大公国が第三帝国に併合された後にドイツ警察に編入された——の存在は、同じ状況的要因が異なった文化や国民的背景を持つ人びとにどのような影響を与えたのかを測定するチャンスを提供していることに言及した。あいにく、ルクセンブルク人が大隊活動へどのように参加したのかを詳細に述べたドイツ人証人は、たった一人しかいなかった。ブッフマン少尉指揮下の第一中隊のメンバーとして、ルクセンブルク人警官はユゼフフの現場に居合わせたが、彼らはユダヤ人を強制労働のために選別の場にも臨場していたが、業務についた。トラップのスピーチ、ユダヤ人の駆り集め、ルブリンへ移送する彼らはこのときは射殺者にはならなかった。しかしその後は、このドイツ人証人によれば、ルクセンブルク人は射殺行為を免除されなかったのみならず、彼らの年齢が若かったこと、職業警官の訓練を経ていることに鑑み、意図的に射殺任務のために選抜されたのである。「一般的に言えば、年配者は背後に留まりました」が、「ルクセンブルク人は実際のところすべての活動に臨場しました。ルクセンブルク人については、彼らが二〇代の若者で、ルクセンブルク国家から派遣された職業警察官だったことが重要でした。」[37]

わたしの注意を惹いたのは、ルクセンブルクの歴史家パウル・ドスターが一九八六年に公開した、一四人の第一〇一警察予備大隊所属ルクセンブルク人のうち二人の戦後証言であった。彼らの証言のいくつかは特に注目に値する。第一に彼らは自分たちを、ドイツ徴兵制度と戦争の恐怖の犠牲者であると供述した。第二に彼らはルクセンブルク人たちの行動が、ドイツ側の大義を一貫して支持するものでなかったと申し立てた。そのうちの一人ロジャー・フィートァーは、自分がポーランド・レジスタンスに差し迫った探索や逮捕の情報を、さらに銃と弾薬さえ大いなる危険を冒して提供したと主張した。[38] もう一人のジャン・ハイネンは、ルクセンブルク人は機関銃担当となったが、戦闘では撃たなかったし、故障中のふりを装ったと主張した。一九四四年六月初めに、五人のルクセンブルク人はうまく脱走し、他の二人はロシア側に身を投じようとして殺害された。[39] きわめて重大なことだが、両者の証言はユダヤ人がいたことに一言も触れていないし、まして大隊が大量殺戮に関与したことなどまったく言及していない。こうした二人の証言に対して、わたしは彼らの沈黙から二つの疑問点を提示した。すなわち、彼らが言わなかったことから推測を引き出したのである。第一に、フィートァーとハイネンは彼ら自身をドイツ人の協力者ではなく犠牲者として描くために、彼らの様々な反体制的行動の側面を詳細に述べた。しかしもし彼らが射殺に参加しなかった隊員たちのなかにいたのなら、彼らは戦後の証言において、どうしてそのことを同じように彼らの名誉にかけて主張しなかったのであろうか？〔第二に、〕多くのドイツ人証言者は二〇年後になっても、大隊において射殺に参加しなかった者を記憶していたにもかかわらず、その点についてルクセンブルク人のことはなにも述べていなかった。とすれば、それは一九四二年においてルクセンブルク人がほとんどのドイツ人同僚と同じように振る舞っていたからではないだろうか? 〔ユダヤ人大量殺戮に対するルクセンブルク人の〕沈黙の解釈から引き出される推論は、何かを示唆するものであっても明白なものではない。そうした推論は蓋然性にかかわる状況証拠を構成するが、確実な証拠とはならない。それゆえ、第一〇一警察予備大隊におけるルクセンブルク人の役割は、興味をそそるものの、いまだに解決されていないままであった。

第一〇一警察予備大隊のルクセンブルク人に関するわたしの推測的コメントが、一九九八年に発表されると、[40] それはルクセンブルクのいくつかの新聞で報道された。すると今度はジャン・ハイネンが『ルクセンブルガー・ボルト』紙上で激しく反応した。[41] 彼は第一〇一警察予備大隊の第一中隊がユダヤ人を射殺したことを認めたが、しかし「ルクセンブルク人が射殺に参加したかどうかは分からない」と述べた。彼は以前の証言では、所属部隊が大量殺戮に関与したことについて何も述べなかった。なぜなら彼は「歴史家ではない」し、「ルクセンブルク人グループの運命を気にかけていたのであって、ユダヤ人の不幸な運命を気にかけていたわけではない」からである。

ハイネンは自らが二回の移送作戦に参加したこと、つまりユダヤ人をゲットーから車両停車駅まで護送したことを認めた。しかし彼は、こうしたゲットー一掃作戦に付きものだった日常的な残虐行為や射殺については何一つ述べなかった。一回だけ彼は移送列車に随行した。どこへ向かったのか彼には分からなかったが、「到着地はトレブリンカであったかもしれない。」第一中隊はトレブリンカへの移送に六回関与し、ラジニからミェンジジェツ、コックからウークフへと、大規模な移住に二回関与したのだから、ハイネンは二回以上強制移送に参加したのかもしれない。

ハイネンは、一九四三年一一月に大量射殺の現場に二度居合わせたことを認め、さらにマイダネクやポニアトヴァで行なわれた収穫感謝祭の大虐殺についても記述しているが、これは他の証言と一致している。ハイネンは二日目に、非常線の歩哨を短時間離れて、巨大な墓穴を前にした大量射殺と山積みとなった死体をじかに目にしたことも認めた。彼の言葉を借りると、「私はそこで目撃した恐怖を表現することなどできません。なぜならそれにふさわしい言葉が私には思いつかないからです。」第一中隊はセロコムラ、タルシン、コック、ウークフで射殺を実行したが、ハイネンは何であれ他の射殺行動に関与したことを否定した。また彼は一九四二年後半にパルチェフで森林捜索に参加したことも認めた。そこではゲットーから逃げ出した数百人のユダヤ人が殺害されたが、彼はその森林捜索も他のどのパトロールも、対パルチザン行動であって「ユダヤ人狩り」ではなかったと主張したのである。

要するに多くのドイツ人と同様、ハイネンは所属部隊がユダヤ人殺害に何かしら関与したことを認めたが、一方で彼自身やルクセンブルク人同僚が個人的に殺害に関与したことを否定し、他方で所属部隊の関与のレベルをおそらく極小化し無害化しようとしたのである。編集者に宛てたハイネンの手紙は、彼や他のルクセンブルク人が以前に行なった証言よりはるかに多くのことを認めた。にもかかわらずハイネンは、わたしが彼らの以前の証言には沈黙という共謀があったのではないかと邪推しており、これは「私の愚かさを露呈したものである」と主張したのである。これに続く研究は、第一〇一警察予備大隊におけるルクセンブルク人と彼らのかつての沈黙について、その後何を付け加えてくれたのであろうか?

パウル・ドスターは、ヴォーラウフ、ホフマン、その他に対するハンブルク裁判での評決に続いて、大隊の他の幾人かの調査が続行されており、そのなかに第一中隊のハンス・ケラー軍曹が含まれていたことを発見した。一九六四年の長時間の尋問において、彼は一九四二年八月以前の出来事(ユゼフフのような)の記憶を一切否認した。しかし彼は、彼の部隊がパルチェフやミエンジジェツでゲットー一掃作戦に参加したこと、そして後者では数百人のユダヤ人が射殺されたことは認めた。彼はセロコムラやタルシン-コックでの殺戮の間は非常線任務に就いており、後者の殺戮についてきわめて詳細に述べた。またケラーは、一九四二年末のパルチェフ森林における最初の二回の捜索が逃亡ユダヤ人を対象にしていたこと、さらに一九四三年の春になって、パトロールが非ユダヤ人パルチザンを標的としたということも認めた。彼はそれ以外にも三回「ユダヤ人狩り」に参加したが、それはすべてのユダヤ人は発見し次第射殺という明確な命令の下で実施されたのである。[42]しかし後になって、彼はこれまで認めたすべてを否認するに至った。

一九七三年二月、ケラーはルクセンブルクに飛び、同じ部隊にいた三人のルクセンブルク人を説得して、彼自身（そしてこれらのルクセンブルク人）がポーランドにおける残虐行為に参加したという容疑を晴らすために、彼が注意深く下書きした供述書にうまくサインさせることに成功した。その供述書によれば、ポーランドについてから数週間、彼らは製材所の警護に当たっており、ユゼフフのことなど何も知らなかった。再び離れた警備任務についていたので、彼らは大規模な強制移送作戦（パルチェフかもしれない）については伝聞しただけである。同様にタルシンあるいはセロコムラではパトロールを命じられ、現場に居合わせていなかった。また彼らはコックからの移送についても何も知らなかった（彼らはそこに駐屯していたのだが）。パルチェフの一掃作戦はパルチザンを標的としていたが何の成果もあげなかった、というのである。[43]

同年一二月に三人のルクセンブルク人は、ドイツの司法当局からの問い合わせを受けたが、彼らはみな何らかの射殺行動や強制移送に参加したということを繰り返し否定した。二人の証言では、彼らはミェンジジェツに行かされたが、それは国防軍御用達の皮革工場へ派遣されたのである。そこで彼らはユダヤ人支配人が彼のユダヤ人労働者を駆り集めから救出するのを助け、それに対する感謝としてそれぞれ皮の切れ端を贈られたのである。「我々はユダヤ人とはまったく関係を持ちませんでした。我々はユダヤ人を駆り集めたり、彼らをそこからどこかへと連行したりしたことはありません。我々は常に自転車に乗って、パルチザンを探索して野原や森林を動き回っていただけです。……パトロールしている間、我々はユダヤ人に出くわしたことはまったくありません。[44]」ドイツの調査者はルクセンブルク人と同じ部隊にいた五人のドイツ人証言者と面談した。彼らの見解はみな同じで、ルクセンブルク人は対ユダヤ人作戦も含めて、いかなる任務からも免除されたりしなかったと述べた。[45] 特記すべきは一人の証言者の記憶である。それによれば、ケラーは彼に証言を変えるようにとあまりに執拗にせがんだことがあったので、ついに彼はケラーが家に立ち入るのを拒否したとのことであった。[46] 他の証人は、中隊のある将校がルクセンブルク人の「特に親しい友人」であったこと、そして彼らがしばしば灯火管制下の娯楽を求めてコックの村に入り込み、家のなかから漏れる明かりめがけて発砲していたことを憶えていた。[47] そして三番目の証人は、小隊長のブラントの命令で、一人のルクセンブルク人がユダヤ人を匿って逮捕された妊婦を射殺したと断言したのである。[48]

三人のルクセンブルク人が見え透いた虚偽の証言をしようと申し合わせ、それに続いてフィートァーやハイネンが書面でともかくユダヤ人について語るという失策を犯したわけだが、それがルクセンブルク人たちの無言の「沈黙の共謀」に該当しないのであれば、共謀という用語は意味を失う。明らかにルクセンブルク人は一つのグループであり、彼らが確実に沈黙を共謀したという証拠がなかったとしても、ハイネンが後になって認めたように、対ユダヤ人作戦を含む大隊の活動に参加したのであった。ドスターはルクセンブルク人がドイツ警察に編入された際の歴史的背景を探究したが、それによると、彼らが第一〇一警察予備大隊に配属された経緯はドイツ人側と比べてまったく異なっており、何であれ両者の比較は困難である。(49)

四五五人の兵士から成るルクセンブルク義勇軍（Freiwellegekompanie）は、一九四〇年五月に同国がナチによって占領される以前には、ルクセンブルクの持つ小さな軍事力であった。多くの若者が定員を上回って義勇軍に志願した。なぜなら三年の勤務が終わると、警察で次のキャリアを積むのに有利だったからである。こうして勤務にふさわしい志願者でも、しばしば採用を延期されたのである。一九四〇年九月、ハインリヒ・ヒムラーはルクセンブルクを訪問し、義勇軍も視察した。その結果彼は、ふさわしいと思われる若者を親衛隊かドイツ通常警察に編入すべしとの決定を下した。かなりの数のルクセンブルク人が審査過程（これは人種的背景と政治的信頼性を審査した）で除外されたに違いない。というのも、多くの採用を据え置かれた志願者の方は、まだ勤務に関心があるかを聞かれ、参加するように求められたからである。

第一〇一警察予備大隊に在籍していた一四人のルクセンブルク人のうち一一人の個人調

書が、ハンブルクの国立公文書館（Hamburg Staatsarchiv）に保存されていたが、一人分は不完全なものである。[50] 残りの一〇人についていえば、五人はドイツ占領以前にすでに義勇軍のメンバーであって、他の五人は一九四〇年九月に参加を求められた待機志願者であった。要するにこれらルクセンブルク人は、自動的にあるいは彼らの意に反してドイツ勤務に転任したわけではなかった。彼らは占領者が提供した雇用機会を利用して、ドイツ占領者の補助警察軍に参加することを知った上で決断したのである。

ルクセンブルク人の態度と反応は明らかにきわめて多様であった。幾人かは一九四〇年九月に積極的に参加することを選んだが、拒否する代償が高かったのに、かつての義勇軍メンバーの間では人員の脱落率も高かった。ドスターの計算によれば、四五五人の元義勇軍メンバーのうち、二六四人は拒否してドイツの捕虜になるか強制収容所で戦後を迎え、そのうち四八人は、戦争が終わる前に命を落とした。一九四〇年一二月から一九四一年五月にかけて、ルクセンブルク人は部隊として、訓練とナチズム教化のためにドイツへ送られた。彼らは訓練後ルクセンブルクに勤務するという約束にもかかわらず、その約束が果たされたのはわずか五五人だけであった。一一六人からなる一グループは（そのなかにはやがて第一〇一警察予備大隊へ派遣される隊員が含まれていた）、まずケルンに送られ、その後スロヴェニアで対パルチザン勤務に就いた。多くのルクセンブルク人が警察勤務からの解除を願い出たが拒絶された。ルクセンブルク人からなる大部隊が、対パルチザン戦で頼りにならないことが明らかとなったとき、彼らはスロヴェニアから撤退を命じられ、少人数のグループに分散され他のドイツ軍諸部隊へ配属された。これで、一四人のルクセンブルク人が、どのようにして一九四二年六月になって第一〇一警察予備大隊にやって来たのかがわかる。しかしながら、四四人は再配置や追加的なヒトラーへの宣誓を拒否し、ブーヘンヴァルト、ザクセンハウゼン、ノイエンガメそしてダッハウの強制収容所に送られた。第一〇一警察予備大隊の一四人のうち、五人は最後の二年間の戦闘で殺され、三人は一九四四年、休暇から帰任せず脱走しルクセンブルクで地下に潜った。そして一人は一九四五年一月、自傷行為によって軍務を終わらせた。ナチ・ドイツに占領された他の国の住民同様、個々のルクセンブルク人は異なったときに異なった選択を行ない、その結果異なった代償を払うことになった。しかし第一〇一警察予備大隊のドイツ人兵士とは違って、一四人のルクセンブルク人は無作為に選ばれたわけではなかったし、戦争半ばで母国に仕えるために集められた中年の召集兵というわけでもなかった。

証拠写真——眼識と限界

わたしが一九八〇年代後半から九〇年代初めにかけて『普通の人びと』を研究、執筆していたとき、いくつかの文書館に重要な写真について問い合わせをした。イェルサレムのヤド・ヴァシェム文書館、ニューヨークのイーヴォ・ユダヤ研究所（YIVO）、そしてワルシャワのユダヤ史研究所は、親切にその所有する幾枚かの写真（しばしば複写コピー）を利用させてくれたので、それらの写真はわたしの短いキャプションを付けて『普通の人びと』の初版に収められた。しかしこれには詳しい解説や分析がなされていなかった。そうなった原因の一端は、これら文書館自体がその写真についてほとんど情報を持たなかったためである。

二五年たって状況は三つの点で著しく変わった。文書館は以前よりも大いなる注意を払って所蔵写真を研究し、それら文書館がそれまで与えていた幾つかの誤ったキャプションを訂正した。合衆国ホロコースト記念館（USHMM）は、プライベートな家族写真アルバムのコレクションを入手したが、そのうちの一つは第一〇一警察予備大隊のメンバーによって、一九四〇年から一九四一年に大隊がポーランドで二度目の軍務に就いていたときに集められたものであった。そして第一〇一警察予備大隊の訴訟のなかでハンブルク検察によって収集され、証拠に関する法的基準からみて本物であると鑑定された写真が、今や利用可能になった。結果として、数多くの写真がこの増補版に加えられ、追加的な注釈が以前掲載された何枚かの写真に与えられ、さらに重大な間違いが一つ訂正された。

残念なことに、肖像的な写真はしばしば最も軽率に使用されることがある。[51] 最も重大な事例はわたしが『普通の人びと』の表紙に選んだ写真である。この写真は一連の三枚の写真【写真1〜3】から採られたものだが、それは三つの別の文書館に複写コピーとして保存され、場所から曖昧に確認——すなわちポーランドのウークフ——されたものであった。三つの文書館とは、ワルシャワのユダヤ史研究所、イェルサレムのヤド・ヴァシェム文書館、ニューヨークのイーヴォ・ユダヤ研究所である（そのコピーは今では、当時開館されていなかった合衆国ホロコースト記念館の写真コレクションにもある）。これらの写真の日付は不明であったし、写っているドイツ人も誰であるか確認できなかった。イーヴォ・ユダヤ研究所によれば、一連の写真の最初のものは一九四〇年代後半にブロンクスに住むある人物によって寄贈された。その人の主張するところでは、写真の中央左に立っている白い顎髭を生やした男はウークフに住む彼の親戚、すなわちモトル・ハーシュベルグであった。ヤド・ヴァシェム文書館によれば、三枚目の写真でひざまずいているユダヤ人はウークフのラビ〔ユダヤ教の聖職者〕、イゼク・ヴエローベルであって、この写真は戦後ウークフで発見され、帰還するユダヤ人に与えられたものであるという。しかしながら、ヤド・ヴァシエム文書館の写真担当によれば、これらの写真にはタルヌフで撮られたものだとする、同じ程度に説得力のある対立する主張もあり、写真の場所がどちらであるか決定するには十分な証拠がないとしている。(52)

『普通の人びと』〔初版〕の図版部分では、この一連の写真の二枚【写真2・3】には注意深く次のように短く解説されていた。「ウークフで。おそらく一九四二年秋と思われる。」

【写真１】

【写真２】

【写真3】

しかしこの一連の三枚の写真は、さらに分析されるべきであったにもかかわらず、そうされてはいなかった。[53] これらの写真は、第一〇一警察予備大隊に対するハンブルクの裁判事例では使用されなかった。また写真では、大隊の隊員の誰も本人と確認できなかった。以下これらの写真を一続きのものとして吟味してみよう。最初の写真[54]は特に興味深い。なぜなら大きなコートを着た男たちに加えて、はっきりとドイツ国防軍の制服を着た男が二人立っている（右端と左から三人目）。幾人かはまだカメラの方を見ていないし微笑んでもいない。また一人のドイツ人は彼の手を——ピストルを持っているかのように——跪いている一人のユダヤ人に向けて、処刑するふりをしているように見える。二番目の写真[55]では、明らかに国防軍の兵士と見える二人は消えており、大きなコートを着た男たちだけが写真に残っている。撮影者は、明らかにこれから写真を撮ることを隊員に告げたに違いない。なぜなら全員が直接カメラの方を見ており、一人は微笑んでいるのだから。左端のドイツ人の下品に歯を広くむき出した笑顔が注意を惹いたので、わたしはこの写真を初版のブックカバーに選んだ。これがシャーデンフロイデ（Schadenfreude）、すなわちユダヤ人に屈辱感を与えて残忍な喜びを表わす笑みか、それとも単にカメラの前で反射的に浮かべる笑みなのか、わたしにはわからないが、カバー写真を選んでいた当時は、軽率に前者の笑みであろうと思っていた。三番目の写真[56]はポーズをとって撮影されたもので、われわれの心を乱すものだ。ほとんどのユダヤ人と幾人かのドイツ人は去り、一人の盛装したユダヤ人が跪いたままである。そして一人のドイツ人だけがまだカメラマンの方を見ている。われわれは二番目と三番目の写真の間に何が起こったのか知ることはできない。知ることができるのは、跪いているユダヤ人がもはや帽子をかぶっていないことで、このことは彼が虐待を受けたのではないかと推測させる。この写真の六枚の異なったコピーがヤド・ヴァシェム文書館に寄贈されており、イーヴォ・ユダヤ研究所も複数のコピーを所蔵している。もっともおぞましいのはイーヴォ・ユダヤ研究所の所蔵するもので、郵便はがきとして住所、消印のスペースが空けられ、裏は文言を書けるようになっている。明らかに三番目の写真は〝図像的な〟重要性を持たされており、戦後ポーランドで広く出回っていた。

これらの写真の場所がウークフではなくタルヌフであるという対立する主張の唯一の根拠は、なぜこの写真のなかの誰も第一〇一警察予備大隊の警官だと確定されないのか、という点にある。画像の質を高める技術によって男たちの軍帽を研究した結果、これまで写真の人物たちは通常警察の隊員であると推定されていたが、ヤド・ヴァシェム文書館の研究員たちは今や、彼らがそうではなくドイツ国防軍の兵士であったと結論づけた。[57] 要約すると、日時（特定できない）、場所（ウークフよりタルヌフ）、参加部隊（通常警察ではなく国防軍）からみて、おそらくこれらの写真は第一〇一警察予備大隊とはまったく関係がないと言える。これらの写真はわれわれが既に知っていることを例証するものだ。すなわち、ドイツ人はポーランドでしばしばユダヤ人を侮辱する儀式を行なっており、彼らの偉業を記念するためにポーズをとった写真を撮っていたということである。しかし写真は第一〇一警察予備大隊の個々人の関与を証拠立てるものではないし、まして隊員の世界観や反ユダヤ主義的信念を教えてくれるものでもない。さらにこれらの写真は、不注意と何気ない誤解について教訓を与えてくれる。こうした不注意とちょっとした誤解は、二五年前には、文書館のファイリングや研究者による証拠写真の使用にしばしば特徴的なものであった。

ここで合衆国ホロコースト記念館が入手した三冊の写真アルバムに目を向けてみよう。それらはハンブルクのベルンハルト・コールベルクの家族によって集められたものであった。コールベルクは一九〇〇年生まれで、第一〇一警察予備大隊が一九四〇—四一年にポーランドで二度目の軍務に就いている間、大隊のメンバーであった。最初の二冊のアルバムは家族写真で占められている。しかし三冊目のアルバムにある多くの写真は、ベルンハルトによってポーランドでの軍務の間に撮られたもので、彼が熱心なカメラマンであったことが推認される。[58] 一九三三年以前に撮られた数枚の写真は、帝国国旗団すなわちヴァイマール体制を支持する社会民主党傘下団体のデモンストレーションを写したものである。一九三〇年代半ばに、彼の息子はドイツ少年団（一〇歳から一四歳の少年によるヒトラー青年団）に参加している。それが示唆するのは、コールベルクの家族は他の多くのドイツ人と同様、社会民主党支持からナチとの和解へと転換したのかもしれない、ということである。

コールベルクは一九四〇年一〇月一日から一九四一年四月七日まで、第一〇一警察予備大隊とともにポーランドに送られた。多くのポーズを決めた写真のなかで、彼は自分の制服姿を誇示している[59]【写真4・5】。

あるとき一度だけ、彼はドイツ側の弾圧行動を写真に撮っていた。一枚の写真では、多くの傍観者に囲まれるなかで公開処刑が執行されており、次いで傍観者が立ち去った後で死体だけぶら下がった写真が続く【写真6・7】——ナチに占領されたヨーロッパでは珍しい光景ではない。[60]

彼は戦禍を受けた建物の姿に興味をそそられたようだ。これらの写真【写真8・9】は、

【写真 5】

【写真 4】

【写真 7】

【写真 6】

【写真 8】

【写真 9】

破壊された建物の片づけをしているユダヤ人労働者の姿を、偶然に遠くから捉えることになったようだ。[61]

ユダヤ人をクローズ・アップしたわずかな写真は、ナチの宣伝に出てくる東方ユダヤ人のステレオタイプと違って、彼らをさも醜いように写してはいない。一枚は力強くハンサムな一人のユダヤ人労働者を写しており、もう一枚は、路傍で休憩しているユダヤ人家族を捉えている[62]【写真10・11】。

おそらく最も興味深いコールベルクの写真は、ウッチ・ゲットーのものである。そこで第一〇一警察予備大隊は外側の警護任務に就いていた。ナチのステレオタイプに従って飢えと不潔さのなかで生活するさえないユダヤ人を記録し、「ゲットー観光」にするよりも、コールベルクはユダヤ人の登場しないゲットーを好んで写した。彼はゲットーの生活を記録することに興味を覚えたのではなく、写真の効果を上げ構図を決めようと、夜間照明やゲットーの柵を使うことに興味を示したのであった[63]【写真12・13】。

ゲットーの柵を写した彼の写真にユダヤ人が写っている一枚がある【写真14】。これはポーズを決めて撮ったまれなケースであり、制服を着たユダヤ人のゲットー警察官が、ドイツ警官から見てフェンスの向こうで雪の上に跪いている。[64]皮肉なことに、コールベルクのアルバムの最後の写真は、もう一度制服を着た彼自身の写真である【写真15】。ただし今度は、彼は戦後イギリス占領下の北ドイツで警官として勤務している。一九三三年の後にナ

【写真10】

【写真11】

【写真12】

【写真13】

【写真14】

【写真15】

【写真16】

【写真17】

【写真18】

チに順応したこの男は、同じように一九四五年の後では連合国の占領に順応したことがわかる。

さてわれわれは次に、ハンブルクにおける第一〇一警察予備大隊の訴訟で検察側資料のなかにあった写真コレクションないしファイルに目を向けてみよう。これらの写真の幾枚かは、尋問に召喚された大隊メンバーによって提供されたものである。それ以外の写真は、写真資料館、特にポーランドの写真資料館に保存されていたものであり、司法尋問のなかで信頼できるものであると認定された。これらの写真は四つのカテゴリーに分けることができる。(1)士官や下士官の公式顔写真、(2)大隊メンバーの非公式な「仲間」写真、(3)大隊の見たところは無害で、「日常的な通常の」活動を記録したスナップ写真、(4)ユダヤ人に対する破壊的な任務へ参加している大隊の諸側面を記録した――単独のものと一連のものがある――スナップ写真。

三二人の公式顔写真のうち、代表的で最も重要なのは大隊の三人の古参士官である。すなわち、ヴィルヘルム・トラップ少佐、ユリウス・ヴォーラウフ大尉、ハルトヴィッヒ・グナーデ少尉[65]【写真16〜18】。

様々な「仲間」集団の写真のうち、七人からなるベケマイアーのグループについてはかなりの枚数のコレクションがある。彼らはグナーデ少尉指揮下の第二中隊所属で、一九四二年八月当時にはウォマジーに駐屯していた[66]。ここに掲載した二枚の写真【写真19・20】のうち二番目のものは、地域住民との親しい交際を写していてまれなものである。四人の隊員のうち二人は二人の子供を抱いており、後ろに立つ男女はその両親と思われる——二人のうち一人は他の写真から部隊のポーランド人料理人と認定されている。これは、大隊が一九四二年八月一八日、その最も残忍な地域ユダヤ人の大虐殺に出動するところか、あるいはすでに処刑執行した後であるか、いずれかの現場である。顔写真からは、このベケマイアー・グループの連続写真のカメラマンが誰であったかは確認できないが、写真中の多くのメンバーの身元は判明している。

他のグループ写真のなかには、ラジニでトラップ少佐とその幹部をよりフォーマルに構図をとって写した一枚がある[67]【写真21】。

大隊の「日常の活動」を写した写真のなかで、最も注意を引く一枚は士官たちの野外ディナーを写したものである【写真22】。そこにはヴォーラウフ大尉とブラント少尉の妻、すなわちヴェラとルシアが同席している[68]。ルブリン管区の後方で士官の妻たちはそれぞれの夫を訪ねることができた。一九四二年八月二五、二六日、大隊がミェンジジェツ-ポドラ

【写真19】

【写真20】

【写真21】

【写真22】

スキで最初の大規模で徹底したゲットー一掃作戦（その過程で一〇〇〇人近いユダヤ人がその場で殺害され、数万人はトレブリンカに移送された）を実施した際、ヴェラ・ヴォーラウフが現場の市場に姿を見せて、多くの隊員の心を動揺させたことがあった。[69]そしてルシア・ブラントは、彼女が夫を訪ねたころ大隊中に蔓延してきた残虐なメンタリティについて、暴露的な証言を行なった一人であった。[70]

「日常の活動」を写した写真のうちに、隊員たちが屋外コンサートに集まっている一連の四枚の写真（ここに掲載した二枚）【写真23・24】があり、制服を着た演奏者が低い建物の屋根をステージに利用している。奇妙な楽器編成——二つのアコーディオン、ベースとバイオリンとギターがそれぞれ一つ——からして、この演奏会は即席の大隊メンバーによるもので、職業的な巡回慰問楽団によるものではないようである。[71]日付も場所も判明しない。もう一枚では、大隊のトラック運転手たちが指揮者に合わせて歌っている[72]【写真25】。歴史的にみると、これらの写真は他の証拠から明らかなように、いかなる意味でも「日常」とは言えない行動に参加している隊員に、ある種の「日常性」を演出しようとする企てであったことがわかる。一九四一年一二月一二日の驚くべきメモのなかで、親衛隊帝国指導者ヒムラー自身、大量殺戮のストレスへの鎮静解毒剤として、また泥酔に代わる望ましい選択肢として、文化活動によるくつろいだ夕べを明確に推奨していたのであった。ヒムラーのメモによれば、「この困難な任務を達成しなければならなかった誰もが、粗暴化したり、

【写真23】

【写真24】

心と性格を病むこと」のないように保障することは、将校の「神聖な義務」であった。その目的を達成するために、そうした困難な任務のあった夕べには「戦友懇親会」などが催されるべきであり、それは決して「アルコール乱用」に陥ってはならず、部下を「ドイツの精神的、内面的生活の美的世界」へと連れ戻してくれるような音楽や上演に向けられるべきであった。[73]これらの写真を見ると、第一〇一警察予備大隊においてもヒムラーの勧告が考慮され、影響を与えていたことが分かる。

そうはいってももちろん、ヒムラーの切望に反して、アルコールの痛飲を伴う騒々しい夕べの宴会がより頻繁に開催された。第三中隊の第一小隊がチェミルニキに滞在していたとき、こうした宴会の姿が写真に残されている[74]【写真26】。

〔戦争犯罪の〕訴追者にとっても歴史家にとっても大いなる関心を呼ぶのは、大隊が行動中で、しかも破壊的な死の任務を遂行している写真である。この点で最も人目を引く一組の写真は、一九四二年八月一八日のウォマジーにおける作戦行動を写した五枚のシリーズ【写真27〜31】である。そこに写されているのは、一万七〇〇〇人のユダヤ人が町の野外運動場へ集められ、森まで行進させられ、巨大な墓穴のなかで殺害された状景であった。[75]

五枚の写真のうち最初の二枚は、ユダヤ人たちが野外運動場に座り込んでいる姿を、遠景と近景で写している。三枚目はさらなるユダヤ人が、部分的に木陰のある野原に集められ座り込んでいる姿を捉えている。四番目の写真は、九人の半裸の屈強な若者が巨大な長

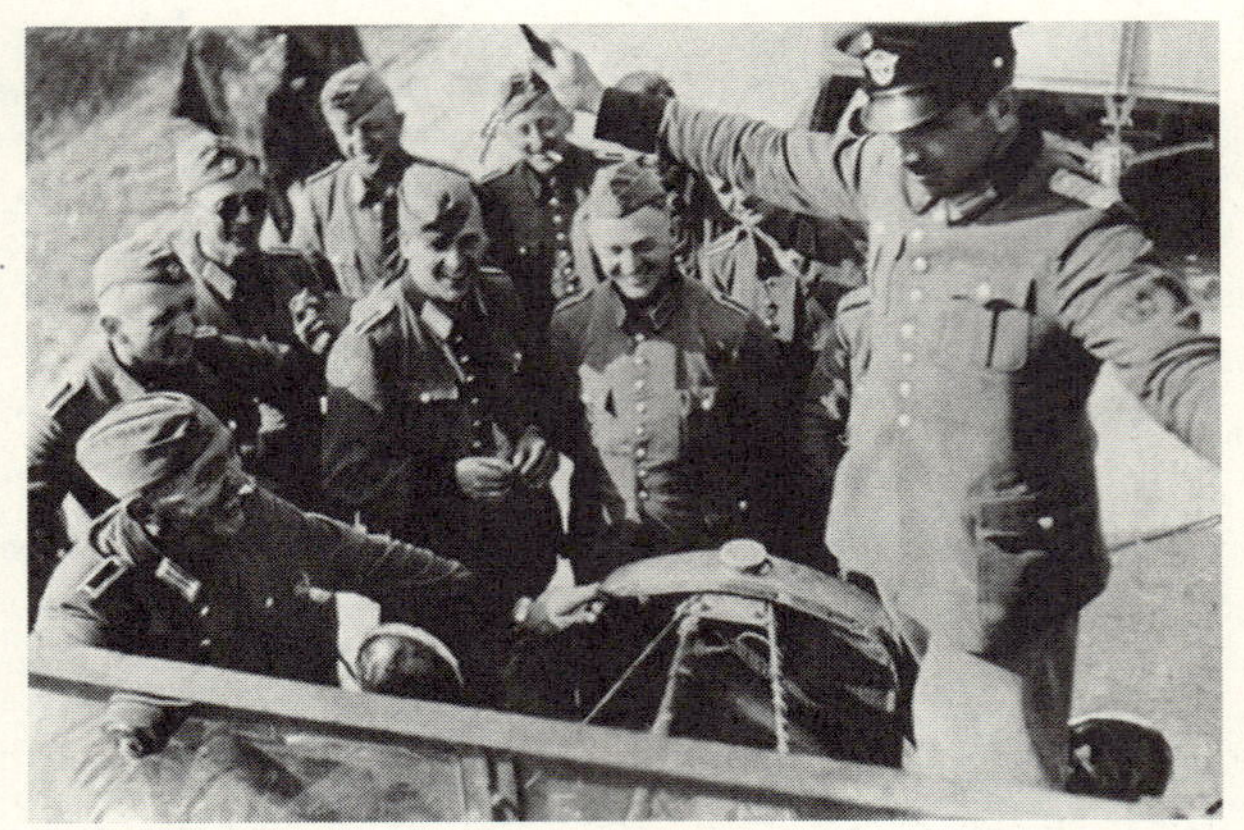

【写真25】

【写真26】

【写真27】

【写真28】

【写真29】

【写真30】

【写真31】

方形の穴を掘っているところである。五番目のものは、まだ衣服を身に着けた一七人の女性が前方カメラマンの方へ殺到してくるところで、その後ろには制帽をかぶった一人のドイツ人警官の顔がわずかに覗いている。先頭の女性の腕にはダビデの星の腕章がよく確認できる。女性たちの緊張した顔からは、野外運動場から殺害用墓穴への強制行進が猛烈な速度であったことが分かる。すべての写真において、フォーカスは明瞭に犠牲者と作戦行動に向けられており、個々のドイツ人は最初と三番目、そして五番目の写真に、ただ付随的かつ遠くから写されていた。(76)

ウォマジーのこれら写真が大量射殺につながる一連の出来事を写しているとすれば、ミェンジジェツ-ポドラスキ――ここには「集合ゲットー」があり、繰り返し一掃され、再補充される大量射殺の説明を裏づけるものである。[77] この日、数千人のユダヤ人がトレブリンカへ移送された。懸命な努力にもかかわらず、ドイツ人は予定されたすべての犠牲者を不十分な数の列車に詰め込むことができなかった。するとグナーデ少尉は、残った一五〇人のユダヤ人——ほとんどが女性か子供——を近くの共同墓地に連行し、墓地の壁際で射殺するように命じた。[78] この写真——大隊のすべての写真のうち殺害された犠牲者の死体を写した唯一のもの——は、即席の処刑を示す身の毛もよだつ証拠である【写真32】。そこでは巨大な墓穴を掘るとか、犠牲者の衣服を集めるというような事前の準備はまったくなされていなかった。

一九四二年秋にルブリン管区北部で実施されたゲットー一掃作戦に続いて、第一〇一警察予備大隊の隊員は、逃亡したか隠れているユダヤ人に対する「ユダヤ人狩り」に繰り返し従事した。[79] 次に再び登場するのはグナーデと第二中隊の面々で、二枚の写真が残されており、彼らがミエンジジェッツ郊外の森や野原でパトロールしている姿を記録している[80]【写真33・34】。

一九四二年から翌年の冬の長い中断の後で、ミエンジジェッツ–ポドラスキのゲットーは一九四三年五月一日から二六日にかけて、「五番目」、「六番目の作戦行動」にさらされた。「六番目の作戦行動」によって、一〇〇〇人ほどのユダヤ人がトレブリンカではなくルブリンの外れにあるマイダネクの収容所に送られた。この頃までにグナーデは町外れに幾つ

【写真32】

【写真33】

【写真34】

かの脱衣小屋を建てた。移送される者たちは、停車中の列車に押し込まれる前に貴重品やほとんどの衣類をそこで奪われた。[81]多くの写真が、ミエンジジェッからの移送作戦行動の異なった局面を記録している。すなわち、町の広場への集合、町からの行進、グナーデの脱衣バラックでの裸体検査、そして列車への乗車である。二枚の連続写真【写真35・36】――写真を撮った者が一人か二人かは不明だが――は、五月二六日の「六番目の行動」のものであると日付を推定できる。それらの写真は大隊メンバーの私物から発見されたのではなく、ポーランドのユダヤ史研究所から検察当局に届けられたものであり、それに続く尋問のなかで本物と確認された。他の写真はやはり同じ日時の作戦行動であるかもしれないが、しかしまったく別のときに撮られたものであるようにも見える【写真37・38】。

同じシリーズの四枚の写真は、一九四三年五月二六日にユダヤ人が集められ行進させられたときに、ミエンジジェツの町の広場で撮られたものである。[82]

次の追加した一枚は映っている長い影からみて早朝であろうと思われる【写真39】。そこにはひどく厚着をしたユダヤ人女性たちが、町の広場に座っている姿が写されているが、ドイツ人は見当たらない。これが撮られた日付は前年の秋かもしれない。[83]

追加された四枚の写真は町からの行進を記録している。二枚は同じ人によって撮られたものと思われる[84]【写真40・41】。ドイツ人が同じような服を着ている三番目の写真【写真42】は、おそらく同じ日に撮られたもののようだ。[85]四番目の写真【写真43】では、幾人かのユ

【写真35】

【写真36】

【写真37】

【写真38】

【写真39】

ダヤ人が農家の荷車に載せられて町の外に連れ出されているところで、一人だけ写ったドイツ人護衛がかなり厚着をしているところからして、やはり前年の秋の移送作戦のときのものかもしれない[86]。

六枚に及ぶ一組の写真はグナーデの脱衣所での場面を捉えている【写真44〜48】。これら六枚の写真はすべて同じ撮り手によって、同じときに、すなわち一九四三年五月のいずれかの作戦行動の際に撮影された可能性が高い。これらの写真のうち五枚は、ドイツ人警官とユダヤ人犠牲者の間の最も直接的で密接な交流を記録している[87]。明らかに写真の撮り手はユダヤ人男性ではなく女性の方に焦点を当てている。ここに含まれているのは、(1)服を身に着けた一人の女性が脱衣小屋の前で三人のドイツ人に囲まれている、(2)二枚の写真には、

【写真40】

【写真41】

【写真42】

【写真43】

【写真44】

【写真45】

【写真46】

【写真47】

【写真48】

白い肌着だけ身に着けた女性たちが直接ドイツ人士官（グナーデとバイエルン憲兵隊士官と確認できる）と話をしている姿が写されている、(3)もう一枚は、背の低いどこか猫背気味のユダヤ人女性が一人だけ、脱衣小屋の脇で彼女より上背の高いドイツ人警官（グナーデは横顔で、バイエルン人はカメラに顔を向けている）に囲まれている。写真の撮り手はユダヤ人男性を撮ることにまったく興味がなかったようだ。(88)

強制移送プロセスの最終局面は列車車両への乗車であった。次の三枚の写真【写真49〜51】は、第一〇一警察予備大隊に対するハンブルクの裁判で訴追のために集められたコレクションに含まれていなかったもので、ポーランドのナチ犯罪調査中央委員会から合衆国ホロコースト記念館に後日送られたものである。合衆国ホロコースト記念館の文書室が与えたキャプションによれば、これらの写真は一九四三年五月二六日にミェンジジェツ－ポドラスキで執行された「六番目の作戦行動」を写したもの「らしい」(89)。わたしはこの日付はまったく疑わしいと思う。写っているユダヤ人はほとんど女性と数人の子供であるが、この日付の他の写真は大多数が男で子供は写っていない。それにユダヤ人はかなり厚着をしており、グナーデの裸体検査小屋に続く五月下旬の強制移送らしくない。さらに、これらのどの写真もハンブルク裁判で証拠として使用されてはおらず、このことは写真のドイツ人の誰もが第一〇一警察予備大隊に属していると明確に確認できなかったことを示唆している。

【写真49】

これらの写真は構図を決めて写されたものではなく、最初の一枚は焦点もぼけており、また誰も写真の撮影者の方を見ていない。このことが示唆しているのは、一連の写真は多分こっそりと、おそらくはポーランド人鉄道員、あるいは何か他の非ドイツ人目撃者によって撮られた可能性が高いということである。それゆえにウークフの写真についてもそうだが、われわれは、正確な時間、場所、写されている事件の周辺状況——写真の撮影者の確認は言うまでもなく——が確認できない写真の前で行き詰まってしまう。

第一〇一警察予備大隊が関与した最後の主要な殺戮行動は、一九四三年一一月に行なわれたルブリン労働収容所での大規模な収穫感謝祭作戦による大量殺戮であった。第一〇一警察予備大隊は、一一月三日にマイダネクで、

【写真50】

【写真51】

一一月四日にポニアトヴァで収容されていたユダヤ人の根絶に参加した。ポニアトヴァで写された一連の一〇枚の写真がある。そこには一人のドイツ人も殺戮場面も写されていないが、またもや不吉なことに対ユダヤ人行動の準備局面を記録している。(90) これらの写真は連続しており、ユダヤ人が働いていた工場、彼らの宿所である木製バラックの外に立っているユダヤ人、両側を高いフェンスに囲まれ背後に監視塔のそびえる道を、荷物を担ぎながら行進しているユダヤ人、そして最後に鉄線の高いフェンスに囲まれ監視塔で見張られた空き地に、立ったり座ったりしているユダヤ人の姿を写している【写真52〜55】。これらの写真を写した者は、自由に動き回ることができ、さらに警護している人びとを公然と写せる立場にいたように思われる。ポニアトヴァは「強制労働キャンプ」であって公式の強制収容所ではなかったから、ユダヤ人たちは普通の衣服を着用しており、収容所用の服を着ていない。そして最後の三枚の写真——鉄線と監視塔の見える——だけが、キャンプの内部で撮られたことを示している。一連の写真は不吉な筋書きを告げているのだが、それが分かるのはただわれわれが前後関係やその結末を他の資料から知っているからなのである。

ダン・ポラートによれば、「写真に写されている歴史的な事件を理解するためには、それを解説するナレーションが不可欠である。(91)」司法手続きのために集められた写真の一つの積極的な利点は、それらが写真のイメージと語られている歴史的な背景、さらに目撃者

【写真52】

【写真53】

【写真54】

【写真55】

による細部の確認を結び付けてくれることである。歴史的な写真に関しては、ジュディス・レヴィンとダニエル・ウージルが示唆するように、それが撮られた時と場所に加えて、撮影者、写真のなかの人びとが誰か、その写真の出所を知ることが望ましい。これはそれが単独の一枚であってもコレクションないしアルバムの一部であっても同じである。[92] ホロコーストを伝える写真の多くには詳細な記録が欠けているが、少なくともここに集められている写真の幾枚かはいずれ答えを得られよう。司法プロセスにおいては、相関的に、また相互に補強し合って、歴史は写真に光を当て写真は歴史に光を当てるのである。歴史家はほとんど常に不完全で疑わしい証拠と格闘しているが、証拠写真もその例外ではない。

またレヴィンとウージルは次のように論じている。「我々はナチ・イデオロギーに染まった撮影者が、「普通の」ドイツ人とは違うやり方でレンズの焦点を合わせるだろうと期待してしまう……。」しかし占領下の東方で写真を撮った「普通のドイツ人」であっても、レヴィンとウージルの「出発点となる推定によれば、反ユダヤ的風土とプロパガンダがすべての人びとに巨大な影響を及ぼしている」のだから、「シャッターを押した者の当時のイデオロギーはおのずと彼らの写し集めた写真のなかに現われるのである。[93]」しかし全体として見ると、コールベルクのアルバムや司法コレクションにある写真は、浸透性のある反ユダヤ的風土や、さらに犯罪者の側に立った無意識のイデオロギー的フレーミングを広範に反映していると言えるのであろうか？

われわれが最初に議論したウークフあるいはタルヌフの場合のように、ユダヤ人に屈辱感を与える演出がなされた多くの写真があるのは疑いえないことである。それらの写真は、反ユダヤ的態度や写真を写した者の人種的優越感覚を反映している。しかしそうしたポーズを撮った写真のうち、明らかにナチ的態度を反映したものは、第一〇一警察予備大隊に関連すると明確に認定された写真コレクションのなかには、見出すことができない。[94] 実際、こうした写真の幾枚かは、ナチの偉業を記念するものとしてドイツ人によって撮られたものではなく、ポーランドにおけるナチ犯罪の証拠として、ポーランド人によって撮られた可能性がある。ミェンジジェツで共同墓地の壁際のユダヤ人女性の死体を写した写真にはドイツ人が一人も登場しておらず、わたしはこの写真がドイツ人殺害者が去った後に撮られたものではないかという疑念を抱く。わたしはまた、ミェンジジェツでの列車への乗車シーンが、ポーランド人によってこっそりと撮られたものではないかとも疑っている。さらに一見したところ軍人生活の「日常性」を写しているように見える写真もある。しかしわれわれは鑑定人として、追加的な知識をそこに持ち込むことによってのみ、それが正常とはいえないと分かるのである。

しかしウォマジーやミェンジジェツの写真はどうなのであろうか？　ウォマジーでの注目すべき連続写真においては、ドイツ人殺害者ではなくユダヤ人犠牲者が中心に置かれている。これらの写真はあわただしく撮られたスナップショットであって、ポーズを決めたものではない。一つのキャプションが対象をただ「死刑宣告を受けたユダヤ人」とだけ記しており、それ以上の侮蔑的なコメントは付されていない。ミェンジジェツの町広場でのユダヤ人の集合と町から出てゆく行進には大勢のドイツ人が写っている。しかしまたしてもこれらの写真は、事態を急いで写したスナップショットである。これらの写真は構図を決めたものでもタイトルを付けたものでもない。また特に勝ち誇ったような、賛美的な、あるいはイデオロギー的なフレーミングも示してはいない。撮影者が、容易に辺りを動き回って写真を撮っていることからすると、彼はドイツ人であったのではないかと思われる。これらの写真は人びとの演出された祝賀の場面ではなく、ただ業務をこなしている姿を記録している。撮影者が記録したウォマジーにおける大量射殺の準備段階や、ミェンジジェツからの強制移送などは、写真の写り方によってではなく事実問題としてわれわれの心を強くかき乱すのである。

またグナーデの脱衣バラックで撮られた一連の写真は、驚くべきことに、ドイツ人士官グループと個々のユダヤ人女性たちが普通はあり得ないほど接近して会話を交わしている場面を記録している。これらの写真はドイツ人とユダヤ人との間にある権力の非対称性を捉えている。またそこには、個々の小柄なユダヤ人女性が体の大きい威嚇的な男たちに取り巻かれており、性差に基づく特徴も明瞭に捉えられている。これらの写真は、ミェンジジェツでドイツ人がどのようにユダヤ人女性を扱ったのかをうかがわせるものだ。誰かがこれらの写真を大隊活動の適切な記録を保存するために写したとすれば、それは写し手の強度に歪んだ感受性を示すものである。

第一〇一警察予備大隊をめぐる論争の一つは、大隊内の強烈にイデオロギーに駆り立てられた反ユダヤ的殺戮者が熱狂的な少数派だったのか、それとも圧倒的な多数派だったのかという点であった。そしてレヴィンとウージルは、「普通の」ドイツ人の撮った写真であっても、それは浸透性のある反ユダヤ主義やナチ体制のプロパガンダを反映しているであろうと論じた。もちろんわれわれは、秘匿されていたか破棄された写真のうち、彼らの有罪性を証明する可能性のきわめて高いものがどれほど撮られていたのか分からない。しかし、発掘された大隊の写真のコレクションは何を表わしているのであろうか？　一九四〇年から一九四一年にかけて撮られたコールベルクのもろもろの写真は、ナチ化された観点が全体として欠けているという点で、注目に値する。ポーランドで三回目の軍務に就いていた大隊の破壊的な作戦行動を記録した写真には、ウークフで撮られた国防軍の演出された記念写真に見られるような明確なイデオロギー的、プロパガンダ的フレーミングが欠如しているようにみえる。しかしそれらの写真は、彼らの道徳感情の麻痺や破壊活動が日々の作業として日常化していたことを確かに反映しており、警官の殺戮の動機を伝えるというよりも、彼らの殺戮行動が彼ら自身に与えたインパクトを伝えている。

付　表

表1　第101警察予備大隊によって射殺されたユダヤ人の数

場所	年／月	犠牲者推定数（ミニマム）
ユゼフフ	42／7	1,500
ウォマジー	42／8	1,700
ミェンジジェツ	42／8	960
セロコムラ	42／9	200
コツク	42／9	200
パルチェフ	42／10	100
コニスコヴォーラ	42／10	1,100
ミェンジジェツ	42／10	150
ウークフ	42／11	290
ルブリン管区(駆り集め、その他)	42／7から	300
ルブリン管区(「ユダヤ人狩り」)	42／10から	1,000
マイダネク	43／11	16,500
ポニアトヴァ	42／11	14,000
総計		38,000

表2　第101警察予備大隊によりトレブリンカへ強制移送されたユダヤ人の数

場所	年／月	移送推定数（ミニマム）
パルチェフ	42／8	5,000
ミェンジジェツ	42／8	10,000
ラジニ	42／10	2,000
ウークフ	42／10	7,000
ミェンジジェツ	42／10-11	
ビャワ		4,800
ビャワ・ポドラスカ郡		6,000
コマルフカ		600
ヴォン		800
チェミルニキ		1,000
ラジニ		2,000
ウークフ	42／11	3,000
ミェンジジェツ	43／5	3,000
総計		45,200

註

序文

（1）ラウル・ヒルバーグは、ホロコースト犠牲者の二五パーセント以上が銃殺によって死んだと推定している。五〇パーセント以上がガス殺戮設備のある六か所の主要な絶滅収容所で死んだ。残りの者は、ゲットーや労働収容所、強制収容所、死の行進等の恐ろしい状況のもとで倒れた。*The Destruction of the European Jews*（New York, 1985）, p. 1219 望田幸男・原田一美・井上茂子訳『ヨーロッパ・ユダヤ人の絶滅（上・下）』（柏書房、一九九七）を見よ。

（2）個々の殺人部隊についての他の研究としては、Helmut Krausnick と Hans-Heinrich Wilhelm の *Die Truppe des Weltanschauungskrieges: Die Einsatzgruppen der Sicherheitspolizei und des SD 1938-42*（Stuttgart, 1981）の第二部、Hans-Heinrich Wilhelm, "Die Einsatzgruppe A der Sicherheitspolizei und des SD 1941-1942: Ein exemplarische Studie" があるだけである。ヴィルヘルムの研究は、第一〇一警察予備大隊の場合よりも恵まれた資料に基づいている。しかし、ヴィルヘルムはこの部隊の名簿を利用できなかった。したがって、部隊員に対する彼の研究は将校たちに限られている。

（3）Marc Block, *The Historian's Craft*（New York, 1964）, p. 143. 松村剛訳『新版 歴史のための弁明』（岩波書店、二〇〇四）。

（4）Raul Hilberg, "The Bureaucracy of Annihilation", in *Unanswered Questions: Nazi Germany and the Genocide of the Jews*, ed. François Furet（New York, 1989）, pp. 124-26.

1 ユゼフフのある朝

（1） Adolf B., HW 440.

（2） Erwin G., HW 2502-03; Johannes R., HW 1808; Karl F., HW 1868.

（3） スピーチの間のトラップの行動については次を見よ。Georg A., HW 421; Alfred L., HW 1351; Bruno P., HW 1915; Walter N., HW 3927; Heinz B., HW 4415; August Z., G 275. スピーチの内容については次を見よ。Georg A., HW 421; Adolf B., HW 439; Martin D., HW 1596; Walter N., HW 1685; Bruno D., HW 1874; Otto-Julius S., HW 1952; Bruno G., HW 2019; August W., HW 2039-40; Wilhelm Gb., HW 2146; Franz K., HW 2482; Anton B., HW 2655, 4346; Ernst Hn., G 505. 思いがけない提案については次を見よ。Otto-Julius S., HW 1953, 4577; August W., HW 2041-42, 3298, 4589.

2 通常警察

（1） 通常警察の制度の歴史について唯一の研究は次のものである。*Zur Geschichte der Ordnungspolizei 1936-1945*（Koblenz, 1957）: part 1, Hans-Joachim Neufeldt, "Entstehung und Organisation des Hauptamtes Ordnungspolizei," さらに、part 2, Georg Tessin, "Die Stäbe und Truppeneinheiten der Ordnungspolizei." 次の研究は最近のもので、参照することができなかった。Heiner Lichtenstein, *Himmlers grüne Helfer: Die Schutzpolizei und Ordnungspolizei im "Dritten Reich"*（Köln, 1990）.

（2） Tessin, pp. 7-8.

（3） Tessin, pp. 13-15, 24, 27, 49.

（4） Tessin, pp. 32-34.

（5） Tessin, pp. 15, 34.

（6） NO-2861（ダリューゲによる一九四二年の年次報告、一九四三年の一月に通常警察高級将校に提示された。次のものとはわずかに数字が異なっている。*Das Diensttagebuch des deutschen Generalgouverneurs in Polen 1939–1945*, ed. Werner Präg und Wolfgang Jacobmeyer (Stuttgart, 1975), p. 574. 一九四二年一一月二一日、ポーランドの総督府の通常警察指揮官はその兵力を、一万二〇〇〇人のドイツ警察、一万二〇〇〇人のポーランド警察、一五〇〇人から一八〇〇人のウクライナ警察（おそらくこれはガリツィア配備）、と報告している。保安警察指揮官は、二〇〇〇人のドイツ人兵力、三〇〇〇人のポーランド人の従業員と報告している。

3　通常警察と最終的解決——ソ連一九四一年

（1）Krausnick and Wilhelm, p. 146; Tessin, p. 96.

（2）*IMT* 38：86-94（221-L：一九四一年七月一六日のヒトラーと、ゲーリンク、ラーマース、ローゼンベルク、カイテルとの協議）。

（3）Yohoshua Büchler, "Kommandostab Reichsführer-SS: Himmler's Personal Murder Brigades in 1941," *Holocaust and Genocide Studies* 1, no. 1（1986）: pp. 13-17.

（4）たとえば〝大隊の差し迫った任務のために〟、第三二二警察大隊はバッハ-ツェレウスキーのＨＳＳＰＦに直属することになったが、これは一九四一年七月二三日に実行された。YVA, 0-53/127/53（第三二二警察大隊の戦争日誌、一九四一年七月二三日記載。以後は War diary)。

（5）NOKW-1076（一九四一年六月六日の政治人民委員命令）。

（6）一九四一年五月一三日、カイテルによって署名されたバルバロッサ作戦での裁判免除命令。Hans-Adolf Jacobsen, "Kommissarbefehl und Massenexekutionen sowjetischer Kriegsgefangener," in, *Anatomie des SS-States*（Freiburg, 1965), 2：216-18（doc. 8).

（7）YVA, TR-10/823（Landgericht Wuppertal, judgment 12 Ks 1/67）: 29-30.

（8） YVA, TR-10/823（Landgericht Wuppertal, judgment 12 Ks 1/67）: 40–65.
（9） War diary, 15, entry of June 10, 1941.
（10） War diary, 28, entry of July 2, 1941.
（11） War diary, 35–41, entries of July 5, 7, and 8, 1941.
（12） War diary, 40–42, entries of July 8 and 9, 1941.
（13） YVA, 0-53/128/219（モントゥア大佐の秘密命令、一九四一年七月一一日）。
（14） 第三二二警察大隊については、*JNSV* 19, no. 555（Landgericht Freiburg, judgment 1 AK 1/63）を見よ。第三一六警察大隊については、YVA, TR-10/721（Landgericht Bochum, judgment 15 Ks 1/66）: 142–77.
（15） War diary, 53, entry of July 23, 1941.
（16） War diary, 64, entry of August 2, 1941.
（17） YVA, 0-53/128/80（Riebel, 3d Company, to PB 322, August 10, 1941）.
（18） YVA, 0-53/128/81（Riebel, 3d Company, to PB 322, August 15, 1941）.
（19） War diary, 79, entry of August 29, 1941.
（20） War diary, 82, entry of August 30, 1941.
（21） War diary, 83-85, entries of August 31およびSeptember 1, 1941.
（22） YVA, 0-53/128/87（Riebel, 9th Company, to 3rd Pol. Batl. Reg. "Mitte," September 1, 1941）.
（23） War diary, 116, 118, entries of October 2 and 3, 1941. リーベルの報告は、彼の第九中隊が実際には五五五人を射殺したとしている。YVA, 0-53/86/150（Riebel, "Report on the Jewish action of October 2-3, 1941," to 3d Pol. Batl. Reg. "Mitte"）.
（24） YVA, 0-53/128/242–75, 0-53/86/14–62（南部ＨＳｓＰＦのフリードリヒ・イェッケルンからＲＦ－Ｓ

Sヒムラー宛てにだされた日誌の不揃いなコレクション。August 19–Octorbre 5, 1941)。
(25) ZStL, II 204 AR-Z 1251–65 (Landgericht Regensburg, judgment Ks 6/70):9–35; さらに204 AR-Z 1251/65, 2:370–77 (report of Bavarian State Criminal Office, Munich, September 10, 1968).
(26) ZStL, 204 AR-Z 1251/65, 1:53–54, 58–60, 94–96 (Johann L., Franz P., さらに Karl G. の尋問調書):3: 591–95 (notes from Balek diary).
(27) 第一一警察大隊の活動に対して有益な背景説明を含んでいるが、きわめて混乱した判決については、次を見よ。*JNSV* 18, no. 546a (Landgericht Kassel, judgment 3a Ks 1/61):786–835.
(28) *IMT* 27:4–8 (1104-PS. スルックの地域文民委員カールからミンスクの文民委員長クーベへ、October 30, 1941)。
(29) *JNSV* 18, no. 546a (Landgericht Kassel, judgment 3a Ks 1/61):786–87, 835.
(30) 一九四二年に為されたロシア・ユダヤ人の抹殺に対する通常警察の関与を示している唯一の記録は、私の発見したところでは、一〇月二九日から一一月一日の間に行なわれた、ピンスクのゲットーでの一万五〇〇〇人のユダヤ人の最終的抹殺に参加した二つの大隊の役割についての中隊報告である (YVA. 0-53/129/257–58, USSR 199A)。この資料によるドイツ司法尋問は、処刑のより豊富なパターンを明らかにした。第三一〇、第三二〇警察大隊からそれぞれ一個中隊および騎馬警察一個中隊とともに、第三〇六警察大隊はピンスクでの行動に参加した。また一九四二年九月いっぱい、騎馬警察中隊と第六九、第三〇六警察大隊は以下のゲットーの一掃に参加していた。ラハヴァ (二〇〇―五〇〇人)、ルニネツ (一〇〇〇―一五〇〇人)、ストリン (五〇〇〇人)、ヤヌフ (二〇〇〇人)、ドロホチン (一五〇〇人)。フランクフルト検察庁、4 Js 90/62, クール、ペッチュ等の起訴状、pp. 66–107 を見よ。
(31) NO-2861 (一九四二年の通常警察の活動についてのダリューゲの報告)。
(32) NO-600 (グラヴィッツからヒムラーへ、一九四二年三月四日)。

4　通常警察と最終的解決——強制移送

（1）ドイツからの強制移送についての最も最近の分析としては次のものを見よ。Henry Friedlander, "The Deportations of the German Jews: Post-War Trials of Nazi Criminals," *Leo Baeck Institute Yearbook* (1984): pp. 201–26.

（2）*IMT* 22：543-36（3921-PS. ダリューゲから通常警察警部へ、October 27, 1941）; YVA, 0-51/63/4, 6（ウィーンの防衛警察指揮官ブーテノップから地方通常警察部隊へ、October 27, 1941; ユダヤ人の立ち退きについてのボムハルトのメモ、October 4, 1941）。

（3）この数字は、一〇〇人以下のユダヤ人を対象とする小規模の移送を含んでいない。当時それはかなり多かった。ドイツ帝国からの移送列車の包括的なリストはまだ編集されていない。

（4）YVA, TR-10/835（デュッセルドルフ検察庁、ガンツェンミュラーの起訴状、8 Js 430/67）：177–78. ブルガリアからトレブリンカへの移送がウィーンの通常警察によって引き継がれた状況については次を見よ。YVA, 0-51/63/109（防衛警察指揮官ブーテノップのノート、March 26, 1943）。このファイルは、一九四二年春から一九四三年夏に至るまでに行なわれた、ミンスクやテレージエンシュタットなどポーランドの様々な地域へのユダヤ人の移送警護に関する、ウィーンの通常警察の通信を含んでいる。

（5）Gertrude Schneider, *Journey into Terror: Story of the Riga Ghetto* (New York, 1979), pp. 195–211; Krausnick and Wilhelm, pp. 591–95.

（6）YVA, 0-51/63/42-43（フィッシュマンの報告、June 20, 1942）。

（7）この資料はドイツ語で出版された。Adalbert Rückerl, *NS-Vernichtungslager im Spiegel deutscher Strafprozesse* (Munich, 1977), pp. 56–60. ソビエト文書館からの、この報告のコピーは次にある。ZStL, USSR Ord. No.116, Bild 508–10.

5 第一〇一警察予備大隊

(1) ZStL, 3 AR-Z 52/61, in HW 1-6; Kurt A., HW 11; Ernst Hr., HW 2712.

(2) BA, R 20/51/3-7（第一〇一警察予備大隊の活動報告、May 5, 1940-April 7, 1941）。

(3) Bruno P., HW 1912-13.

(4) Alfred H., HW 43-44; Georg L., HW 1425; Heinrich S., HW 1561; Walter Z., HW 2683; Ernst Hr., HW 2712; Ernst R., G 607.

(5) Paul H., HW 1647.

(6) BA, R 20/51/3-7（大隊活動報告）。

(7) Bruno G., HW 2017.

(8) YVA, TR-10/462（Landesgericht Dortmund, judgment 10 Ks 1/53）: 3-4.

(9) Bruno P., HW 1913-14.

(10) Hans K., HW 2246; Ernst Hr., HW 2713.

(11) Anton B., HW 2684; Wolfgang Hoffmann, HW 4319.

(12) YVA, 0-53/141/4378-86（Jäger report of EK 3, Kovno, December 1, 1941）; Schneider, pp. 23-30.

(13) 参照。YVA, BD 23/4（International Tracing Service Lists）, *Dokumenty i Materiały Do Dziejów Okupacji W Polsce*, vol.3, *Ghetto Łódzkie*（Warsaw, 1946）: 203-05（*Erfahrungsbericht*, November 13, 1941）. ウッチの移送については次を見よ。*JSNV* 19, no. 552（Landgericht Koblenz, judgment 9 Ks 2/61）: 190, ミンスクへの移送について、さらにリガへの移送について、Schneider, 155.

(14) Heinrich Ht., HW 1173; Wilhelm J., HW 1320; Hans K., HW 2246; Franz K., HW 2475; Anton B., HW 2689.

(15) Otto G., HW 955.

(16) ウッチについては、Arthur K., HW 1180; ミンスクについては、Bruno P., HW 1930-32; リガについては、Hans K., HW 2246, さらに Max F., HW 1529 を見よ。

(17) Hans K., HW 2246.

(18) Bruno P., HW 1930-31.

(19) Salitter report, December 26, 1941, Krausnick and Wilhelm, p. 594 から引用。

(20) Staatsanwaltschaft Hamburg, 141 Js 1957/62（ホフマンとヴォーラウフの起訴状）: 206（今後は Hoffmann/Wohlauf indictment）。

(21) Ernst G., HW 1835.

(22) BDC, Wilhelm Trapp party card. Julius Wohlauf, HW 2882, 4326; Wolfgang Hoffmann, HW 2930, 4318-19, 4322.

(23) Hoffmann/Wohlauf indictment, 47-49.

(24) Hoffmann/Wohlauf indictment, 49-51.

(25) Staatsanwaltschaft Hamburg, 141 Js 1457/62. Sonderband: DC-Unterlagen.

(26) 第一〇一警察予備大隊についてのこの統計分析は、一九六〇年代にハンブルク検察庁によって行なわれた二一〇人の尋問調書から得られた情報に基づいている。将校や行政官、下士官を除くと、尋問調書は一七四人の兵士のデータを提供している。尋問調書には全員の年齢のデータが含まれているが、職業については全員の情報が含まれていない。幾人かの兵士の場合、戦後の職業的地位のみが記載されている。またかなりの兵士は――高齢グループの場合――たんに年金生活者とされている。かくして、職業のサンプルは一五五人のデータからだけ構成されている。

(27) この党員統計は、ＢＤＣにある党員カードによる。

6 ポーランド到着

（1） アウシュヴィッツの主要収容所（基幹収容所ないしアウシュヴィッツⅠ）において、チクロン－Bによるガス殺が実験的に行なわれたのは一九四一年の九月と一〇月であった。近接のビルケナウ（アウシュヴィッツⅡ）で新しいガス室（改造された農場家屋）が組織的に使用されるようになるのは、一九四二年二月一五日からであった。Danuta Czech, *Kalendarium der Ereignisse im Konzentrationslager Auschwitz-Birkenau 1939–1945*（Reinbeck bei Hamburg, 1989）, pp. 116, 174–75.

（2） 総督府全体で三〇〇〇人が特別任務についた。その多くは明らかに、民族ドイツ人というもっともらしい資格をもったポーランド人協力者であった。このことは、彼らのうちドイツ語を話せたのはたった二五パーセントだったことから明らかに見て取れる。*Diensttagebuch*, p. 574.

（3） ルブリン管区で殺害されたユダヤ人の数と日付について、私は次のものに依拠した。Yitzhak Arad, *Bełzec, Sobibór, Treblinka: The Operation Reinhard Death Camps*（Bloomington, Ind., 1987）, pp. 383–91; Tatiana Brustin-Berenstein, "Martyrologia, Opór I Zagłada Lundności Żydowskiej W Distrykcie Lubelskim," *BZIH* 21（1957）: 56–83; さらにドイツでの様々な裁判。

（4） *Diensttagebuch*, 511（Polizeisitzung, June 16, 1942）.

（5） Hoffmann/Wohlauf indictment, 205–06.

（6） Johannes R., HW 1807.

（7） 第一〇一警察予備大隊が一九四二年中に駐留したところについては次を見よ。Hoffmann/Wohlauf indictment, 208–12.

（8） Alfred S., HW 294–95; Albert D., HW 471; Arthur S., HW 1161; Friedrich B., HW 1581–82; Martin D., HW 1598–99; Wilhelm K., HW 1770; Bruno G., HW 3300; Ernst N., HW 1648; August W., HW 2039.

7　大量殺戮への通過儀礼――ユゼフフの大虐殺

（1）トラップも彼の副官ハーゲンも、さらにグナーデ少尉も、一九六〇年代の尋問まで生き延びていなかったので、この会議の唯一の生き証人はヴォーラウフ大尉であった。ヴォーラウフの証言には様々なバージョンがあってどれも彼に都合よく脚色されていた。また彼の証言のその他の重要な点も、他の証人の証言とまったく矛盾していたので、彼の証言には信をおけない。

（2）Heinz B., HW 819-20, 2437, 3355, 4414.

（3）Julius Wohlauf, HW 4329-30.

（4）Friedrich Bm., HW 2091.

（5）Hans S., G 328.

（6）Bruno D., HW 1874.

（7）Alfred B., HW 440.

（8）Rudolf B., HW 3692.

（9）Otto-Julius S., HW 1953-54, 4576-79; August W., HW 2041-42, 3298, 4589. 彼らSとWは、トラップの提案を正確にこのように思い出した、たった二人の証人であった。他の幾人かの者は、銃殺部隊への志願の呼び掛けがあったことを記憶していた（Alfred B., HW 439-40; Franz G., HW 1189-90; Bruno G., HW 2020）。このことを尋問された他の者たちは、トラップがそうした提案をした〝可能性〟を渋々認めるか（Anton B., HW 2693; Heinz B., HW 3356-57, 4415）、あるいは少なくとも、そうした提案があったという ことに異議を申し立てたり否定したりするつもりはないと述べた。〝年配の〟隊員についてのトラップの要請は、Sの証言に見られる（HW 1953, 4578）。Wは他の点ではSの証言を最も明確に承認したのであるが、この年齢の資格については何も述べず、比較的若年の隊員が列から離れたと主張した。しかしWは、トラップが年長の警察予備隊員に対して提案したのだということを理解していたと思われる。というのは、なぜ列から一歩前に出なかったのかときかれて、彼は、自分が比較的若い志願兵であったこと、すなわち徴兵された予備兵ではなく、〝現役の〟警官であったことを示唆しているからである（HW 2041-42, 4592）。SとWの証言がかなり正確で細部まで明確であること、そして大隊の将校や下士官がトラップの提案にしたがってその後行動したこと（すなわち、後になって辞めたいと申し出た者も、銃殺部隊の任務を解除された。――たしかに将校や下士官は常に一貫してそうしたわけでなく、指揮官将校による制裁を伴うこともあったけれど）、こうしたことによって、私は他の者の説明よりもSとWの説明により確実性があると確信したのである。

（10） 第三中隊の第一、第二小隊は、トラップの演説より以前にすでに村を取り囲む非常線警備についていた可能性が高い。これら二つの小隊の隊員はだれもトラップの演説を記憶していなかった。一人の目撃者（Bruno G., HW 2020）は、二つの小隊がその場にいなかったと証言した。

（11） Heinrich S., HW 1563; Martin D., HW 1596; Paul H., HW 1648; Ernst N., HW 1685; Wilhelm K., HW 1767, 2300; Bruno G., HW 2019; August W., HW 2039; Wilhelm Gb., HW 2147; Heinrich B., HW 2596; Walter Z., HW 2618; Anton B., HW 2656; Ernst Hr., HW 2716; Joseph P., HW 2742; Kurt D., HW 2888; Otto I., HW 3521; Wolfgang H., HW 3565; August Z., G 275; Eduard S., G 639; Hellmut S., G 646; Karl S., G 657.

（12） Georg G., HW 2182.

（13） Hellmut S., G 647.

（14） Friedrich E., HW 1356.

（15） Bruno R., HW 1852.

（16） Harry L., G 223.

（17） Ernst G., G 383.

（18） Hans Kl., G 363.
（19） Oskar P., HW 1743.
（20） Erwin G., HW 2503.
（21） Georg K., HW 2633; Karl S., G 657.
（22） Wilhelm K., HW 1769; Friedrich Bm., HW 2091; Ernst Hn., G 506. 捜索にたいする他の者の説明は次を見よ。Max D., HW 1345-46; Alfred L., HW 1351; Friederick V., HW 1539; Friedrich B., HW 1579; Bruno D., HW 1875; Hermann W., HW 1947-48; Otto-Julius S., HW 1954; Bruno G., HW 2019; August W., HW 2040; Bruno R., HW 2084; Hans Kl., HW 2270; Walter Z., HW 2168-69; Anton B., HW 2687; Ernst Hr., HW 2716; Joseph P., HW 2742; August Z., G 275; Karl Z., G 318; Eduard S., G 640.
（23） Friedrich B., HW 1579; Bruno G., HW 2019; August W., HW 2041.
（24） Ernst Hr., HW 2716-17.
（25） Walter Z., HW 2618. 証言の確認については次を見よ。Anton B., HW 2688; Joseph P., HW 2742.
（26） Hermann W., HW 1948.
（27） Ernst Hn., G 507. 二人の目撃者（Eduard S., G 642; Hellmut S., G 647）は上級曹長を記憶していたが、医師は記憶していなかった。
（28） August W., HW 2042.
（29） Martin D., HW 1597.
（30） Anton B., HW 2658-59.
（31） Heinz B., HW 821-22. ハンブルクで尋問された警官は一人として護送を担当しなかった。そこでブッフマンの説明は労働ユダヤ人の運命についての唯一の説明である。護送部隊を構成していたルクセンブルク出身者については、Heinrich E., HW 2167を見よ。労働者の区分けについて、また彼らがブッフマンによってユゼフフの外に行進させられていったことについての説明は次を見よ。Wilhelm K., HW 1768; Hermann W., HW 1948; Friedrich Bm., HW 2092-93; Ernst Hn., G 507.

(32) 第一中隊の射撃者についての証言はとくに次を見よ。Friedrich B., HW 1580-81; Friedrich Bm., HW 2091-93; Ernst Hn., G 507-08; Heinrich R., G 623; Hellmut S., G 646-47; Karl S., G 658-59.

(33) Paul H., HW 1648-49.

(34) Heinrich H., G 453.

(35) Wilhelm I., HW 2237.

(36) Friedrich Bm., HW 2092.

(37) Hellmut S., G 647.

(38) Heinrich Bl., HW 462.

(39) Hermann W., HW 1948.

(40) Alfred L., HW 1351.

(41) Bruno R., HW 1852.

(42) Erwin N., HW 1686.

(43) Bruno D., HW 1870; Anton B., HW 4347; Wilhelm Gb., HW 4363; Paul M., G 202.

(44) Ernst Hr., HW 2717.

(45) Erwin G., HW 1640, 2505.

(46) Friedrich Bm., HW 2092.

(47) Wilhelm G., HW 2149.

(48) Ernst Hr., HW 2718.

(49) Wilhelm Gb., HW 2538.

(50) Ernst Hr., HW 2719.
(51) Ernst Hr., HW 2720.
(52) Wilhelm Gb., HW 2539, 2149.
(53) Erwin G., HW 1639-40, 2504; Alfred B., HW 2518.
(54) Anton B., HW 4348. Max D., HW 2536 も見よ。
(55) Walter Z., HW 2619-20; Erwin G., HW 4345.
(56) Heinrich S., HW 1567, 4364; Georg K., HW 2634.
(57) Joseph P., HW 2743-45.
(58) Paul M., G 206-07.
(59) Gustav M., G 168.
(60) Hans D., HW 1336, 3542.
(61) Walter N., HW 3926, G 230.
(62) August Z., G 277.
(63) Georg K., HW 2634.
(64) Otto-Julius S., HW 4579; Friederick V., HW 1540.
(65) Rudolf B., HW 2434, 2951, 4357.
(66) Franz K., HW 2483-86.
(67) 先に述べたケースに加えて、数回射殺した後で神経が参ってしまい任務解除を申し出たもう一人の警官は、Bruno D., HW 1876, 2535, 4361 であった。
(68) Erwin G., HW 2505; Rudolf K., HW 2646-47 によって確認された。
(69) Anton B., HW 2691-93, 4348.

(70) Willy R., HW 2085.
(71) Alfred B., HW 440; Walter Z., HW 2621; Georg K., HW 2635; August Z., G 278.
(72) Friedrich B., HW 1581.
(73) Julius Wohlauf, HW 75.
(74) Heinrich B., HW 2984.
(75) Alfred B., HW 441.
(76) August W., HW 2042.
(77) Otto-Julius S., HW 1955.
(78) 証人たちは次々に、その晩の気持ちを叙述するのに次のような言葉を用いた。「ショックを受けた」「意気消沈した」「辛い」「打ちひしがれた」「重苦しい」「取り乱した」「憤慨した」「重荷を背負わされた」。
(79) Friedrich Bm., HW 2093; Hellmut S., G 647.
(80) Heinrich Br., HW 3050.
(81) Wilhelm J., HW 1322.
(82) Willy S., HW 2053. 次も見よ。Wolfgang Hoffmann, HW 774-75; Johannes R., HW 1809; Bruno R., HW 2086.
(83) Karl M., HW 2546, 2657.
(84) Friedrich Bm., HW 2093-94. 次も見よ。Karl G., HW 2194.

8 大虐殺の考察

(1) Heinz B., HW 4413; Kurt D., HW 4339.
(2) ポーランド人救援者もまたその分析のなかで、ユダヤ人を救おうという最初の決断は衝動的かつ本能的なもので、決して熟考したり計算してからのことではなかったと記している。Nachama Tec, *When Light Pierced the Darkness: Christian Rescue of Jews in Nazi-Occupied Poland* (New York, 1986), p. 188.

（3）Anton B., HW 2693.

（4）Bruno D., HW 2535, 2992.

（5）August W., HW 4592.

（6）Erwin G., HW 1640, 2505, 4344.

（7）Friedrich M., HW 1708.

（8）*IMT* 29: 151 (1919-PS).

（9）Karl G., HW 2194.

（10）Hans Pz., HW 3938.

（11）Hero B., HW 890.

（12）Arthur S., HW 1165.

（13）Hermann W., HW 1947.

（14）Gustav M., G 169–70.

（15）Heinz B., HW 2439–40.

（16）Heinrich Br., HW 3050.

（17）Heinrich R., G 624; August W., HW 3303.

（18）Heinz B., HW 647, 822, 2438, 3940–41.

9　ウォマジー――第二中隊の急襲

（1）YVA, 0-53/121/27–31（ルブリンのKdO、キントロップの命令、July 9, 1942）。

(2) Brustin-Berenstein, table 2.
(3) Kurt D., HW 1230, 4368; Anton B., HW 4371.
(4) Heinrich B., HW 2600, 2985.
(5) Kurt D., HW 1230, 1232, 2892, 4368; Ernst Hr., HW 2732.
(6) Paul M., G 207.
(7) Max F., HW 1387; Ernst Hr., HW 2722; Walter L., G 184; Fritz S., G 303.
(8) Anton B., HW 2698–99, 4371; Ernst Hr., HW 2722; Wolfgang H., HW 2211; Kurt D., HW 4368; August Z., G 273.
(9) Fritz S., G 303–04. また次も見よ。Bernhart S., HW 1717; Ernst Hr., HW 2723; Heinrich B., HW 2985; Friedrich P., G 240.
(10) Ernst Hr., HW 2723; Joseph P., HW 2749–50; Walter L., G 185; Paul M., G 208.
(11) Gustav M., HW 1709.
(12) 表現については、Max F., HW 1386; 距離については、Heinrich B., HW 2601; Walter L., G 185.
(13) Max F., HW 1386; Paul M., G 207.
(14) Walter Z., HW 2624; Georg K., HW 2638; Anton B., HW 4372.
(15) Anton B., HW 2700–01.
(16) Wilhelm Gb., HW 2150; Karl G., HW 2197; Heinrich B., HW 2600; Georg K., HW 2638; Joseph P., HW 2750; Hermann Bg., G 98; Walter L., G 185; Paul M., G 207; August Z., G 282; Fritz S., G 313.
(17) Kurt D., HW 4335, 4368–70; Anton B., HW 2703, 3960, 4348; Joseph P., HW 2750; Henry D., HW 3071; Walter N., HW 3927; Ernst Hr., HW 3928; Heinz B., HW 3943; Walter Z., HW 3954; そして Wolfgang Hoffmann, HW 4318.

(18) Wilhelm I., HW 2239.
(19) Friedrich P., G 241-42. この話は August Z. によって完全に認められている。HW 3519.
(20) Hermann Bg., G 98; Joseph P., HW 2750.
(21) Walter Z., HW 2625; Georg K., HW 2638.
(22) Friedrich P., G 241-42.
(23) Ernst H., HW 2725.
(24) Johannes R., HW 1810; Rudolf K., HW 2650; Joseph P., HW 2750-51; Kurt D., HW 4368; Paul M., G 209.
(25) Ernst Hr., HW 2725-26.
(26) Ernst Hr., HW 2256.
(27) Ernst Hr., HW 2256-57; Kurt D., HW 4368; August Z., G 282; Joseph P., HW 2750-51; Walter L., G 186-87; Max F., HW 1388.
(28) Bernhart S., HW 1717.
(29) Rudolf B., HW 405; Bruno D., HW 2535; Heinrich B., HW 2613-14; August Z., HW 3365-66, G 284.
(30) Fritz S., G 303-04; Paul M., G 209; Bernhart S., HW 1717.
(31) Anton B., HW 4374.
(32) August Z., G 282.
(33) Ernst Hr., HW 2727-28; August Z., G 284.
(34) Ernst Hr., HW 2727.
(35) Georg K., HW 2638.
(36) Paul M., G 206, 209.

(37) Adolf B., HW 441.
(38) Anton B., HW 2703-04.

10 トレブリンカへの八月の強制移送

(1) Heinrich S., HW 1569.
(2) Georg K., HW 2637; Joseph P., HW 2747.
(3) Erwin G., HW 1642, 2507.
(4) Hans K., HW 2251; Georg K., HW 2636.
(5) 「探索部隊」としての第一中隊の役割については次を見よ。Paul H., HW 1652; Hans K., HW 2251.
(6) パルチェフの強制移送一般については次を見よ。Heinrich S., HW 1569-73, 4383; Erwin G., HW 1641-42, 2507; Paul H., HW 1652; Bruno D., HW 1876-77; Heinrich E., HW 2170; Otto H., HW 2220; Hans K., HW 2251-52; Max D., HW 2536; Heinrich B., HW 2608; Georg K., HW 2636; August Z., HW 3366, G 278-79; Alfred K., G 575-76.
(7) Heinrich S., HW 1572. シュタインメッツの告白は例外であった。当然のことながら警官たちは尋問においては、移送されたユダヤ人を待ち受ける運命については自分たちは何も知らなかったとするのがはるかに一般的であった。
(8) Heinrich B., HW 2608; August Z., G 279.
(9) ほとんどの警官たちの記憶のなかで、ミェンジジェツからの八月の強制移送はただ一日の出来事として圧縮されていた。しかし、警官の一人(Heinrich R., G 626)とすべてのユダヤ人証人(Tauba T., HW 1066-67; Berl C., HW 1092; Rywka G., HW 1112; ZS tL, 8 AR-Z 236/60 [KdSラジニ支部の尋問]、1: 3-4 [Feigenbaum からの抜粋])は、二日間にわたる行動を記憶していた。移送されたユダヤ人の数からすると、確実に二日は必要だったと思われる。

(10) YVA, TR-10/70 (Landgericht Dortmund, 8 Ks 1/70, Josef Bürger に対する判決)、16.

(11) 第一、第三両中隊の警官たちは第二中隊も参加したと証言した。しかしながら、第三小隊を除くと、第二中隊の隊員は誰一人として——ウォマジーやユゼフフについてまったく隠さずに証言した者たちでさえ——八月のミェンジジェツの強制移送を憶えていなかった。したがって私は、第二中隊の第一、第二小隊がそのとき現場にいなかったというのはありそうなことだと思う。

(12) Ernst Hn., G 512; Heinrich R., G 625.

(13) Heinrich H., HW 976, 3215. 次も見よ。Friedrich B., HW 1582, 3529; Hans K., 2252, 3220.

(14) H. evaluation of December 6, 1940, さらに March 31, 1941, in HW 565–67.

(15) R. evaluation of April 10, 1941, in HW 569.

(16) Trapp evaluation of July 21, 1941, in HW 574–80.

(17) Hans Pg., HW 1945; Ernst Hr., HW 2713.

(18) Heinrich E., HW 3351, 3354.

(19) Heinz B., HW 4414.

(20) Julius Wohlauf, HW 750-51, 760.

(21) Friedrich B., HW 1582; Friedrich Bm., HW 2099; Heinz B. さらに、Arther K., HW 3357; Ernst R., G 610; Heinrich R., G 627.

(22) ミェンジジェツの強制移送の最も詳細な説明は次のものである。Heinrich H., HW 976–78; Friedrich B., HW 1582–83; Hans K., HW 2253–54; Ernst Hn., G 512–13; Ernst R., G 610–12; Karl S., G 659–60.

(23) Hans K., HW 2253.

(24) Karl S., G 659.

(25) Heinrich R., G 610.

(26) Friedrich B., HW 3529.

(27) Friedrich B., HW 1583; Ernst Hn., G 512.

(28) Heinrich H., HW 978, 3219; Hans K., HW 3220; Ernst R., G 611.

(29) Heinrich H., HW 977; Friedrich B., HW 1584; Hans K., HW 2254; Ernst Hn., G 513; Ernst R., G 612.

(30) Heinrich H., HW 977–78.

(31) Ilse de L., HW 1293.

(32) Heinrich H., HW 978; Hans K., HW 2254.

(33) Berl C., HW 1091.

(34) YVA 0-53/105/Ⅲ（ワルシャワ・ユダヤ人評議会の報告）。

(35) ZStL, 8 AR-Z 236/60（ＫｄＳラジニ支部の尋問）3: 464（一九四二年八月二五日の東部鉄道旅行計画）。トレブリンカについてのより多くの分析は次を見よ。Gitta Sereny, *Into That Darkness* (London, 1974), pp. 156–64 小俣和一郎訳『人間の暗闇』（岩波書店、二〇〇五）; Arad, pp. 89–96, 119–23.

11 九月下旬の射殺

(1) Ferdinand H., HW 3257–58.

(2) Hans K., HW 2256.

(3) セロコムラの射殺について最も重要な証言は次のものである。Friedrich B., HW 1586–89, 3534; Hans K., HW 2256–60; Ernst R., G 612a–b; Karl S., G 661–62.

(4) Friedrich P., HW 3534.

(5) Hans K., HW 2258.

(6) Albert D., HW 3539; Arthur S., HW 3540.
(7) Heinrich Bl. HW 464; Hans K., HW 2255; Friedrich Bm., HW 2096.
(8) Heinrich E., HW 2173.
(9) Hans K., HW 2256.
(10) Ernst Hn., G 509.
(11) Ernst Hn., G 509; Friedrich B., HW 1590.
(12) Heinz B., HW 826.
(13) Georg W., HW 1733.
(14) Gerhard H., G 541.
(15) Hans K., HW 2255; Friedrich Bm., HW 2097; Hellmut S., G 648.
(16) Alfred H., HW 286.
(17) Heinrich Bl., HW 464-65.
(18) Friedrich Bm., HW 2097-98; Hans K., HW 2255-56; Hellmut S., G 648-49; Karl S., G 662.
(19) 第二五警察連隊へのトラップの報告。September 26, 1942, HW 2548-50.
(20) Heinz B., HW 648, 822, 824, 2438, 2440-41, 3941, 4415.
(21) Heinrich E., HW 2172.
(22) Hans K., HW 2242; Kurt D., HW 2678; Arthur S., HW 3539; Alfred K., G 582; Ernst R., G 612d.
(23) Heinrich E., HW 2174.
(24) Heinz B., HW 648, 2438.
(25) Heinz B., HW 2441.
(26) Heinrich E., HW 2174.

12　強制移送の再開

（1）Brustin-Berenstein, pp. 21-92.

（2）YVA, 0-53/121 WI/124-25（キントルップの命令、August 27, 1942, 実施は September 2, 1942）。

（3）Jozef B., HW 1122 や Sara K., HW 3250 といった生存者の証言。Brustin-Berenstein の表2によれば、九月二三―二四日に、ビャワ・ポドラスカ郡のより小さな村々から約六〇〇〇人のユダヤ人がミェンジジェツへ移送された。彼女は、九月二六日と一〇月六日に行なわれた、ビャワ・ポドラスカの町（四八〇〇人のユダヤ人）から直接トレブリンカへ送られた移送をリストに載せている。しかし生存者の証言は、少なくともビャワからの九月の移送はまずミェンジジェツへ向かったことを明らかにしている。

（4）Brustin-Berenstein の表1は次のようにユダヤ人の数を記載している。コマルフカから六一〇人、ヴォンから八〇〇人、チェルミニキから一〇一九人。

（5）Johannes R., HW 1810-11; Kurt D., HW 1621; Anton B., HW 2705-06.

（6）Paul M., HW 2659.

（7）Brustin-Berenstein の表10によれば、アダモフから一七二四人、スタニグミナから四六〇人、ウラングミナから四四六人、ヴォシニツクフから二一三人である。

（8）YVA, TR-10/710（Landgericht Dortmund, 8 Ks 1/70, Josef Bürger に対する判決）、10, 16（今後は Bürger judgment）。

（9）ラジニ管区における保安警察、警備隊の人員の見積もりについては次を見よ。ZStL, 8 AR-Z 236/60（KdSラジニ支部の尋問）、1: 28（ブラウミュラー）、113（ビュルガー）、120（ケーザー）、2：176-79（ライマー）、209-10（ブレーマー）、408（ベーレンス）、420（カムバッハ）、4: 550（シュメーア）、715（アヴリハム）、さらに別冊（ルミンガー、シェヤ、ヴァルドナーの証言）、ページ数なし。

(10) Brunstin-Berenstein, 表10。

(11) Helmuth H., HW 317–20, 991; Heinz B., HW 823; Heinrich E., HW 2176; Richard G., G 389.

(12) Heinrich S., HW 1573–74; Max D., HW 2536.

(13) Alfred H., HW 45, 279–80.

(14) Kurt D., HW 1266, 2966–67, 4391; Paul M., HW 2663.

(15) Alfred H., HW 45, 280–82.

(16) Peter Ö., HW 1790; Walter L., G 189–90; Friedrich P., G 244.

(17) Kurt D., HW 1268, 2968, 4390.

(18) Friedrich P., G 244.

(19) August Z., HW 3367–68, G 288.

(20) Alfred H.（HW 45, 282）は、当初六〇〇〇人から一万人の移送を証言していたが、後に一〇〇〇人と低く見積もる証言をした。Kurt D.（HW 1621）も同様に一〇〇〇人という数を挙げた。しかし、証人はすべて、一〇月初旬の行動を実行するにあたって対独協力者部隊が、通常警察を手助けするために派遣された点では同意した。通常警察の全中隊が投入可能であったことを考えると、かなりの規模の対独協力者部隊が、かくも小さな対ユダヤ人作戦に派遣されたということはありそうにない。それ以前の数週間に数千人のユダヤ人がミェンジジェツに集められたことに照らしてみると、移送された者たちの数がこれほど少なかったということもありそうにない。

(21) Helmuth H., HW 991; Stephan J., HW 1041–43; Tauba T., HW 1069; Friedrich B., HW 1585.

(22) Kurt D., HW 1270–71, 2790, 4391; Max F., HW 1389–90; Johannes R., HW 1012; Franz K., HW 2479.

(23) Lucia B., G 595–96; Hoffmann letter of May 5, 1943, HW 512.

(24) Julius Wohlauf, HW 752, 762–64.

(25) Heinrich H., HW 972; Rudolf B., HW 406-07; Max D., HW 1347.
(26) August Z., G 286; Konrad H., G 404-05; Wilhelm K., G 568.
(27) Wilhelm Gs., HW 2466.
(28) Bürger judgment, 18.
(29) Alfred K., G 579.
(30) Bürger judgment, 20; Aviram J., HW 1059-60; Gedali G., HW 1080; Friedrich Bm., HW 2100; Hans K., HW 2262-63. Hans K. によれば、ユーリッヒはミシンについての口論の最中、ユダヤ人評議会の長を射殺した。
(31) Bürger judgment, 20.
(32) Georg W., HW 1731-32.
(33) Brustin-Berenstein, 表10は、ウークフで二〇〇人のユダヤ人を殺した一一月の射殺を一回とリストに記している。警官たちの証言はそれが二回であったことを示唆している。Bürger judgment, 20-21は、一一月一一日と一四日、それぞれ五〇〇人ずつ二回の射殺を確認した。――これは、ドイツ法廷が犠牲者の数を他の資料より多く見積もった、稀な判決である。
(34) ただ一人の重要な例外はブッフマンであった。彼は一九六〇年代に（Heinz B., HW 822, 824, 3942, 4417）、次のように主張したのである。すなわち彼は、自分の指揮のもとでは部隊はユダヤ人を射殺しなかったし、ユゼフフの後では、自分はラジニのゲットー一掃行動を除いては対ユダヤ人行動に立ち合わなかったというのである。ラジニで彼はそこに駐屯していたけれど、何の任務も与えられなかったのだ、と。そして彼の主張によれば、ウークフでの最初の射殺の一週間前の一一月四日に、実際ハンブルクへ戻ってしまったのであった。ラジニやウークフで幾度も彼と一緒で、彼をよく知っていた様々な隊員の証言や明確な記憶に照らしてみると、ブッフマンは出来事を無意識のうちに抑圧したか、意図的に尋問者から隠そうとしたかのどちらかであるように思われる。

(35) Heinrich H., G 456.

(36) Heinrich H., G 455–56; Hans Pz., HW 3525.

(37) Hans S., G 328; Ernst S., G 330; Paul F., HW 2242.

(38) Heinrich H., G 456–57; Hans Pz., HW 3525; Henry J., G 411–12.

(39) Hans S., G 330; Ernst S., G 334–35; Paul F., HW 2243.

(40) Henry J., G 413–14.

(41) Heinz B., HW 648, 824–25, 2438, 2441, 4417.

13　ホフマン大尉の奇妙な健康状態

(1) Hoffmann's "complaint" of May 3, 1943, HW 509.

(2) Bruno G., HW 2026.

(3) Erwin H., HW 1168; Martin D., HW 1602; August W., HW 2043.

(4) Alfred S., HW 298; Erwin H., HW 1169; Martin D., HW 1602; Peter C., HW 1865; August W., HW 2043–44.

(5) Martin D., HW 1602; August W., HW 2043–44.

(6) August W., HW 2045.

(7) Erwin H., HW 1169; Wilhelm J., HW 1323; Georg L., HW 1427; Friederick V., HW 1542; Martin D., HW 1603; Peter C., HW 1865; Bruno G., HW 2025; August W., HW 2044–45.

(8) Martin D., HW 1605.

(9) Friederick V., HW 1542.

（10） Martin D., HW 1605–06.

（11） Alfred S., HW 299; Georg L., HW 1428; Martin D., HW 1603; Bruno G., HW 2025–26; August W., HW 2045, 3305–06.

（12） Amandus M., HW 1631–32.

（13） Friederick V., HW 1592.

（14） August W., HW 2045.

（15） Hoffmann's "complaint" of May 3, 1943, HW 513: Wolfgang Hoffmann, HW 2304, 2925.

（16） Friederick V., HW 1541; Martin D., HW 1605–06, 3212–13, 3319; Erwin N., HW 1693–94, 3319–20; Wilhelm K., HW 1776, 3345–49; Bruno G., HW 2030–31, 3301, 3347; Bruno R., HW 2086; Erwin H., HW 1167.

（17） Hoffmann letter of January 30, 1943, HW 523–24.

（18） Trapp letter of February 23, 1943, HW 509–10.

（19） Hoffmann "complaint" of May 3, 1943, HW 509–15.

（20） ラインドルフからハンブルク警察長官へ、July 2, 1943, HW 538–39.

（21） Wolfgang Hoffmann, HW 788–89.

14 「ユダヤ人狩り」

（1） YVA, TR-10/970（Staatsanwaltschaft Hamburg, 147 Js 8/75, アラパッド・ヴィグァントの起訴状）: 81–92. また次も見よ。Christopher R., Browning, "Genocide and Public Health: German Doctors and Polish Jews, 1939–41," *Holocaust and Genocide Studies* 3, no. 1（1988）: pp. 21–36.

（2） YVA, TR-10/970（Staatsanwaltschaft Hamburg, 147 Js 8/75, アラパッド・ヴィグァントの起訴状）:

92–99; Ferdinand H., HW 3257–58; *Diensttagebuch*, p. 456.

（3） YVA, TR-10/542（Staatsanwaltschaft Augsburg, 7 Js 653/53, ギュンター・ヴァルツの起訴状）。

（4） Heinrich S., HW 1573.

（5） Kurt D., HW 1623.

（6） Arthur S., HW 1164.

（7） Georg L., HW 1429; Friedrich B., HW 1552; Paul H., HW 1653; Johannes R., HW 1812; Bruno G., HW 2030; August W., HW 2048; Heinrich E., HW 2177; Heinrich B., HW 2206; Hans K., HW 2261–62; Wilhelm K., HW 2379; Anton B., HW 2708; Ernst Hr., HW 2731; Martin D., HW 3213; Walter L., G 192; Friedrich P., G 247; Hugo S., G 474; Alfred K., G 580.

（8） Erwin G., HW 4400.

（9） Paul H., HW 1653.

（10） Georg L., HW 1428–30.

（11） Peter Ö., HW 1794; Otto H., HW 2227; Hans K., HW 2261.

（12） Alfred S., HW 302.

（13） Heinrich H., HW 975–76; Rudolf B., HW 408; Heinrich E., HW 2178; Hans K., HW 2261; Karl S., G 664.

（14） Rudolf B., HW 403; Franz G., HW 1192.

（15） Wilhelm K., HW 1774, 2379; Bruno G., HW 2033–34.

（16） Alfred S., HW 300–01.

（17） Martin D., HW 1600; Erwin N., HW 3321–22.

（18） Friedrich Bm., HW 2101; Hans K., HW 2263–64.

（19） Friedrich Bm., HW 2102.

(20) 第一中隊については次を見よ。Arthur S, HW 1164; Max F., HW 1531; Friedrich Bm., HW 2101; Heinrich E., HW 2175; Hans K., HW 2262-66; Hans Pz., HW 3256; Friedrich B., HW 3531; Alfred K., G 580; Ernst R., G 612; Karl S., G 663. 第二中隊については次を見よ。Rudolf B., HW 403, 407-08; Adolf B., HW 442-43; Max D., HW 1346; Heinrich S., HW 1573; Erwin G., HW 1641-42; Peter Ö., HW 1743-44; Wilhelm G., HW 2153-56; Helmuth H., HW 2207; Otto H., HW 2206-07; Walter Z., HW 2267-68; Georg K., HW 2639-40, 3344-45; Anton B., HW 2708-11; Ernst Hr., HW 2731; August Z., HW 3066-67, G 286; Richard Gm., HW 3545; Walter N., HW 3553; Wolfgang H., HW 3563-64; Paul M., HW 3935; Hermann Bg., G 100-11; Gustav M., G 169; Walter L., G 192; Friedrich P., G 248. 第三中隊については次を見よ。Karl E., HW 897; Walter F., HW 903; Martin D., HW 1600-01, 1609, 3321; Erwin N., HW 1689, 1693-95; Richard M., HW 1890; Bruno P., HW 1916, 1924-25; Arthur R., HW 1938-39; Bruno G., HW 2030-34; August W., HW 2046-48, 3304; Alfred S., HW 2067; Friedrich S., HW 2072-73; Herbert R., HW 2111-12.

(21) Erwin N., HW 1693.

(22) Bruno P., HW 1917.

(23) Hans Kl., HW 3565.

(24) Wolfgang H., HW 3564.

(25) Lucia B., G 598.

(26) Ernst Hn., G 511.

(27) Adolf B., HW 2532.

(28) Heinrich B., HW 3615.

(29) Walter Z., HW 2629.

(30) Otto-Julius S., HW 4577-78.

（31） Adolf B., HW 442-43.

（32） Gustav M., G 169. もう一人の警官（Hero B., HW 890）は、彼が対ユダヤ人行動にただ一回しか選ばれなかったのは、政治的に信頼できず気が短いというその評判のせいだとしている。

（33） Heinrich F., G 445-46.

（34） Hugo S., G 474.

（35） Bruno P., HW 1925.

（36） Arthur R., HW 1938-39.

（37） Martin D., HW 3213.

（38） Henry J., G 415.

（39） Friedrich P., G 148.

（40） YVA, 0-53/121 II w（May 1943）; 0-53/122X I（June 1943）; 0-53/122X II（July and August 1943）; 0-53/123 Y I（September and October 1943）.

（41） YVA, 0-53/115/2-170, 673-725. YVA, TR-10/970（Staatsanwaltschaft Hamburg, 147 Js 8/75, アラパッド・ヴィグァントの起訴状）: 103-07を見よ。

（42） ZStL, Ord. 410, 994-96, 498, 500-01（第二四警察連隊、第一三三警察予備大隊第五中隊の週報、November 7-December 12, 1942）。

15 最後の大虐殺——「収穫感謝祭」作戦

（1） クリューガーは、一九四三年一〇月二八日と明言している。Faschismus-Ghetto-Massenmord（Berlin, 1960）, pp. 342-44.

（2） Karl E., HW 896.

(3) Jakob A., HW 1064.

(4) ファイガ・シトリンとJ・シュタインの回想からの抜粋。ZStL, 8 AR-Z 236/60(今後は KdS Radzyń case)。

(5) レア・シャルツイの証言、KdS Radzyń case, volume of miscellaneous testimony, 30.

(6) Johannes R., HW 1811; Karl M., HW 2660; Wilhelm K., G 106–08.

(7) リュワ・カッツの証言、KdS Radzyń case, volume of miscellaneous testimony, 18.

(8) さらにドイツ人の説明については次を見よ。Herbert F., HW 1389; August Z., G 287–89. ユダヤ人の説明については次を見よ。Berl C., HW 1094; Rywka G., HW 1113–14; KdS Radzyń case, Moshe Feigenbaum, 1: 4–5; Liowa Friedmann, 1: 10; volume of miscellaneous testimony, Feigenbaum, 6: Rywka G., 24; Moshe Brezniak, 18; Mortka Lazar, 28. トラヴニキ隊員の参加については次を見よ。ZStL, II 208 AR 643/71(Staatsanwaltschaft Hamburg, 147 Js 43/69, カール・シュトライベルの起訴状、今後は Trawniki indictment):104.

(9) 五月初旬と下旬の強制移送の行く先について、証言には混乱がある。私は、Brustin-Berenstein の表10に従った。

(10) Trawniki indictment, 104; Jakob A., HW 1063.

(11) Memo of May 21, 1963, HW 1348; Arthur S., HW 1165; Otto-Julius S., HW 1955; Friedrich Bm., HW 2105; Heinrich E., HW 2161; Joseph P., HW 2756; Otto I., HW 3522; Ernst Hn., G 505.

(12) Herbert R., HW 2112; Karl G., HW 2201; Ernst Hr., HW 2715.

(13) Georg L., HW 1430; Erwin G., HW 1644; Friedrich B., HW 3143. BDC, files of Friedrich B., Hermann F., Erwin G., Ernst Hr., Erwin N., Ernst R., and Waiter Z.

(14) Heinrich H., HW 973; Bruno D., HW 1880.

(15) Rudolf B., HW 409.

(16) Himmler Aktenvermerk, October 2, 1942, Hoffmann/Wohlauf indictment, 320–22.

(17) Trawniki indictment, 104–06.

(18) 収穫感謝祭については次を見よ。Helga Grabitz and Wolfgang Scheffler, *Letzte Spuren: Ghetto Warschau—SS-Arbeitslager Trawniki—Aktion Erntefest*（Berlin, 1988）, pp. 262–72, 328–34; Jozef Marszalek: *The Concentration Camp in Lublin*（Warsaw, 1986）, pp. 130–34; ZStL, 208 AR-Z 268/59（Staatsanwaltschaft Wiesbaden, 8 Js 1145/60, indictment of Lothar Hoffmann and Hermann Worthoff, KdS Lublin case）: 316–31, 617–35, 645–51; Trawniki indictment, 159–97; YVA, TR-10/1172（Landgericht Düsseldorf, judgment against Hachmann et al.; 今後は、Majdanek judgment）: 456–87.

(19) Werner W.（KdOからルブリンSSPFへの連絡）、HW 600–01.

(20) Majdanek judgment, 459; Marszalek, 130; Grabitz and Scheffler, pp. 328–29.

(21) Majdanek judgment, 459; Werner W., HW 601–02.

(22) Helmuth H., HW 2206.

(23) Rudolf B., HW 409–10; Herbert F., HW 1392; Martin D., HW 1610.

(24) 一九四三年一一月三日にマイダネクで射殺されたユダヤ人の数については次を見よ。ZStL, II 208 AR-Z 74/60（Staatsanwaltschaft Hamburg, 141 Js 573, indictment of August Birmes）: 126–29; Majdanek judgment, 456–57, 471.

(25) Rudolf B., HW 410; Herbert F., HW 1392; Martin D., HW 1610; Paul H., HW 1655; Bruno R., HW 1856; Bruno P., HW 1928; Otto H., HW 2229; Wilhelm Kl., G 109.

(26) Fritz B., HW 804–05; Otto H., HW 2228–29.

(27) Heinrich Bl., HW 467–78.

(28) ZStL, 208 AR-Z 268/59 (Staatsanwaltschaft Wiesbaden, 8 Js 1145/60, ローター・ホフマン、ヘルマン・ヴォルトホッフの起訴状、KdS Lublin case) : 633-35.
(29) Heinrich Bl., HW 468; Alfred L., HW 1354; Martin D., HW 1610; Bruno R., HW 1856; Wilhelm Kl., G 109.
(30) Alfred L., HW 1354; Johannes L., HW 1444; Bruno R., HW 1856; Bruno P., HW 1928.
(31) Martin D., HW 1611-13.
(32) Wilhelm Gb., HW 2155.
(33) Karl E., HW 900.
(34) Johannes L., HW 1445; Eduard D., HW 433-34.
(35) Wilhelm K., HW 1777-78.

16 その後

(1) Wolfgang Hoffmann, HW 768; Kurt D., HW 1224.
(2) Heinrich Bl., HW 469.
(3) Wolfgang Hoffmann, HW 790, 2922-24.
(4) Heinz B., HW 649, 825; Arthur K., HW 61.

17 ドイツ人、ポーランド人、ユダヤ人

(1) Wolfgang Hoffmann, HW 780.
(2) Heinz B., HW 826.
(3) Bruno P., HW 1919.

(4) Lucia B., G 597.
(5) Wolfgang Hoffmann, HW 2299.
(6) Walter H., G 602.
(7) Bruno P., HW 1925–26.
(8) Wolfgang Hoffmann, HW 2921.
(9) Kurt D., HW 2886–87.
(10) Alfred K., G 582; Ernst R., G 608, 612d; Georg S., G 635.
(11) Hermann Bn., HW 3067, 3214–15, 3512, 3515; Rudolf B. and Alfred B., HW 3514.
(12) Erwin G., HW 2503; Alfred B., HW 2520.
(13) August Z., HW 3368.
(14) Erwin G., HW 1640, 2504; Conrad M., HW 2682; Anton B., HW 2710; Kurt D., HW 4338; Hermann Bg., G 101.
(15) Bruno D., HW 1876; Anton B., HW 4347; Kurt D., HW 4337; Wilhelm Gb., HW 2149.
(16) Rudolf G., HW 2491.
(17) Ernst Hd., HW 3088–89.
(18) Georg W., HW 1733.
(19) Gerhard K., HW 3083.
(20) Friedrich Bm., HW 2097.
(21) Karl G., HW 2200.
(22) Erwin N., HW 1690.
(23) Friedrich Bm., HW 2103; Hellmut S., G 652.

（24） Hans K., HW 2265.
（25） Friedrich P., G 247; Wilhelm K., G 517–18; Walter N., HW 3354.
（26） Oskar P., HW 1742.
（27） Wilhelm J., HW 1322; Friederick V., HW 1540; Emil S., HW 1737; Ernst Hr., HW 2717.
（28） Wolfgang Hoffmann, HW 2294.
（29） Rudolf B., HW 407; Friedrich B., HW 1592; Martin D., HW 1609; Heinrich E., HW 2171; Georg K., HW 2640; August Z., G 286; Karl S., G 663.
（30） Gustav M., G 169.
（31） Bruno P., HW 1924.
（32） Bruno P., HW 1918–19.
（33） Wilhelm J., HW 1324.
（34） Friedrich Bm., HW 2104; Anton B., HW 2709–10; August Z., HW 3367, G 286.
（35） Bruno G., HW 3301; Hans K., HW 2265.
（36） August Z., HW 3365, 3367.
（37） Anton B., HW 2710–11.

18　普通の人びと

（1） John Dower, *War Without Mercy: Race and Power in the Pacific War* (New York, 1986), とくに pp. 3-15（「人種戦争の諸類型」）と pp. 33-73（「戦争憎悪と戦争犯罪」）。猿谷要監修、斎藤元一訳『容赦なき戦争』（平凡社ライブラリー、二〇〇一）。
（2） その町の名はポーランド語でビドゴシチである。同地に住んでいた民族ドイツ人は戦争開始とともに殺害された。そして月が変わると、占領したドイツ軍は特に過酷な処刑と追放を実施した。次を見よ。Krausnick and Wilhelm, pp. 55-65; Tadeuz Esman and Wlodjimierz Jastrzebski, *Pierwsje Miesiac Okupacji Hitlerowkiej w Bydgoszcz* (Bydgoszcz, 1967).

（3）あからさまな激励については、海中の日本兵に一時間以上にわたって機銃掃射を浴びせた結果、潜水艦の艦長は海軍十字勲章と軍特別十字勲章をともに与えられ、讃えられた。Dower, p. 330, n. 94.

（4）Dower, p. 11.

（5）Richard Rubenstein, *The Cunning of History* (New York, 1978) と Zygmunt Bauman, *Modernity and Holocaust* (Ithaca, 1989) 森田典正訳『近代とホロコースト』（大月書店、二〇〇六）はともに、この点では、ヒルバーグの暗に意図していたことを入念に完成したのである。*Eichmann in Jerusalem: A Report on the Banality of Evil* (New York, 1965) 大久保和郎訳『イェルサレムのアイヒマン』（みすず書店、一九六九）において、ハンナ・アレントはアイヒマンを「平凡な官僚」、官僚機構の小さな歯車として描きだした。アイヒマンは実際のところ「平凡な官僚」というには、さほどいい実例ではないけれど、この考えは多くのホロコースト実行者を理解するために有効である。ヒルバーグや他の研究者たちは、普通の官僚が、専門的な他の任務を遂行するのとまったく同じ日常的な仕方で大量虐殺計画に重要な役割を果たしたことによって、ホロコーストを可能にしたという点を証拠をもって立証してきた。悪は平凡ではなかったが、実行者は確実に平凡であった。「言語を絶する行動の恐ろしさと、それを実行した者たちの否定しがたき滑稽なほどの愚かさとの間」(p. 54) には亀裂があり、アレントはまさしくその亀裂を、「悪の平凡さ」という彼女の概念によって架橋しようとしたのである。

（6）Hans-Heinrich Wilhelm, 未刊の草稿。

（7）Bettina Birn, *Die Höheren SS- und Polizeiführer* (Düsseldorf, 1986), pp. 363-64; ZStL, II 208 AR-Z 74/60 (Staatsanwaltschaft Hamburg, 141 Js 573/60, ビルメスの起訴状)：62-65.

(8) Sereny, pp. 83-88.

(9) T.W. Adorno et al., *The Authoritarian Personality* (New York, 1950), pp. 1-10. 田中義久・矢沢修次郎・小林修一訳『権威主義的パーソナリティ』（青木書店、一九八〇）。

(10) Adorno et al., pp. 222-79.

(11) Bauman, p. 153.

(12) John M. Steiner, "The SS Yesterday and Today: A Sociopsychological View," in *Survivors, Victims, and Perpetrators: Essays on the Nazi Holocaust*, ed. Joel E. Dimsdale (Washington, 1980), pp. 431-34, 443.

(13) Ervin Staub, *The Roots of Evil: The Origins of Genocide and Other Group Violence* (Cambridge, 1989), pp. 18, 128-41.

(14) Staub, pp. 26, 126. ストーブはヴェトナム戦争でのベテラン兵士の話を収録しているが、それは第一〇一警察予備大隊の警官の体験とよく似ている。警官たちは最初はユゼフフの経験に苦しんだが、すぐに殺人に慣れていってしまったのであった。「現地の一群の住民たちの上をヘリコプターで飛んでいたとき、彼は住民たちに機銃掃射を浴びせるように命令された。彼はその命令に従うことはできなかった。ヘリコプターはそのまわりを旋回し、彼は再び機銃掃射をするように命じられた。だが彼は今度も命令に従わなかった。すると指揮官将校は、軍法会議にかけるぞといって彼を威嚇したので、彼はやむなく住民に銃火を浴びせたのであった。彼は激しく嘔吐し、心理的にひどく落ち込んでしまった。しかしそのベテラン兵士の話によると、彼はその後かなり短期間で、住民を撃つことが射撃練習場での経験と変わらなくなってしまった。それどころか、彼は住民に対する射撃に喜びを見出し始めたのであった。」(p. 134)

(15) Bauman, pp. 166-68.

(16) Craig Haney, Curtis Banks, and Philip Zimbardo, "Interpersonal Dynamics in Simulated Prison,"

International Journal of Criminology and Penology I(1983) : pp. 69–97.

(17) Haney, Banks, and Zimbardo, "The Stanford Prison Experiment: Slide show and audio cassette."

(18) Gustav M., pp. 169–70; Heinz B., HW 2439–40.

(19) Herbert Jäger, *Verbrechen unter totalitärer Herrschaft* (Frankfurt, 1982), pp. 81–82, 95–122, 158–60.

(20) Stanley Milgram, *Obedience to Authority: An Experimental View* (New York, 1974), p. 1 山形浩生訳『服従の心理』（河出文庫、二〇一二）。ミルグラムの実験に対する反響については次を見よ。Arthur G. Miller, *The Obedience Experiments: A Case Study of Controversy in the Social Sciences* (New York, 1986).

(21) Milgram, pp. 13–26.

(22) Milgram, pp. 32–43, 55–72, 93–97, 113–22.

(23) Milgram, pp. 135–47.

(24) Milgram, pp. 148–52.

(25) Milgram, pp. 7, 177.

(26) Milgram, pp. 9, 176–77.

(27) Milgram, pp. 113–15.

(28) Stanley Milgram, "Group Pressure and Action Against a Person," *Journal of Abnormal and Social Psychology* 9 (1964): pp. 137–43.

(29) Milgram, *Obedience to Authority*, p. 142.

(30) Milgram, *Obedience to Authority*, p. 177.

(31) Bernd Wegner, *Hitlers Politische Soldaten: Die Waffen-SS 1939–1945* (Paderborn, 1982); Krausnick and Wilhelm.

(32) BA, R 19/467 (RFSS and chief of German police directives of October 27, 1942, and April 6, 1943, signed by Winkelmann).
(33) BA, R 19/308（警察大隊訓練要綱、January 23, 1940)。
(34) BA, R 19/308（ライヒや自治体の防衛警察に任用された警察予備官の訓練要綱、March 6, 1940)。
(35) BA, R 19/308（所轄管区の任務についた通常警察の編隊や警察予備隊の訓練要綱、December 20, 1940)。
(36) BA, R 19/308（六日間の将校教育計画)。
(37) BA, R 19/308（ナチズム教育のためのスタッフ計画)。
(38) BA, R 19/308（戦時における通常警察のイデオロギー訓練実施要綱、June 2, 1940)。
(39) YVA, 0-53/121 W I (KdO, Police Regiment 25, December 17, 1942, Christmas/New Year's greetings and recognitions, signed Peter).
(40) BA, RD 18/15-1, Gruppe A, and 2, Gruppe B: *Politischer Informationsdienst, Mitteilungsblätter für die weltanschauliche Schulung der Orpo.*
(41) BA, RD 18/15-1, Gruppe A, Folge 16, June 10, 1941.
(42) BA, RD 18/15-1, Gruppe A, Folge 27, December 1, 1941.
(43) BA, RD 18/15-2, Gruppe B, Folge 22, September 20, 1942.
(44) BA, RD 18/42, *Schriftenreihe für die weltanschauliche Schulung der Ordnungspolizei*, 1941, Heft 5, 「ゲルマン民族の血の共同体」と「大ゲルマン帝国」。
(45) BA, RD 18/16, 1942, Heft 4,「ドイツはヨーロッパ新秩序を建設する」、RD 18/19, 1942, Sonderheft,「SS隊員と血の問題」。
(46) BA, RD 19/41, 1943, Heft 4-6,「人種政策」。

(47) BA, R 19/305（対パルチザン戦のための通常警察用要綱、November 17, 1941）。
(48) Bruno D., HW 2992.
(49) Gustav M., G 169.
(50) Primo Levi, *The Drowned and the Saved*, Vintage edition (New York, 1989), pp. 36-69 竹山博英訳『溺れるものと救われるもの』（朝日新聞出版、二〇一四）。

あとがき

（1） Daniel Jonah Goldhagen, "The Evil of Banality," *New Republic* (July 13 & 20, 1992), 49-52; Daniel Jonah Goldhagen, *Hitler's Willing Executioners: Ordinary Germans and Holocaust* (New York, 1996) 望田幸男監訳、北村浩・土井浩・高橋博子・本田稔訳『普通のドイツ人とホロコースト――ヒトラーの自発的死刑執行人たち』（ミネルヴァ書房、二〇〇七）（以下『ヒトラーの自発的死刑執行人たち』と表記し、翻訳書は頁数のみ記す。ただし訳文は文脈上、谷の訳になっている）。ここには私の著書を取り上げた三〇以上の脚注が含まれている。Daniel Jonah Goldhagen, "A Reply to My Critics: Motives, Causes, and Alibis," *New Republic* (Dec. 23, 1996), 37-45; "Letter to the Editor," *New Republic* (Feb. 10, 1997), 4-5.
ダニエル・ジョナ・ゴールドハーゲンは、ハンブルク検察庁の記録を、私がそこで一九八九年五月に調査を完了させた数か月後に研究し始めた。彼は少なくとも一九八九年秋に、第一〇一警察予備大隊に関する私の仕事に気が付いた。

次に私がゴールドハーゲンの著書を批判した。Christopher R. Browning, "Daniel Goldhagen's *Willing Executioners*," *History & Memory* 8/no. 1 (1996), 88-108; and "Human Nature, Culture, and the Holocaust," *Chronicle of Higher Education* (Oct. 18, 1996), A72. 私たちは、一九九三年一一月に合衆国ホロコースト記念博物館で開催されたシンポジウムの開幕時に、お互いの意見を交換した。しかしそこでの報

告は公刊されていない。

（2）『ヒトラーの自発的死刑人たち』に反応して、少なくともこれに対する二冊のアンソロジーがすでに出された。Julius H. Schoeps, ed., *Ein Volk von Mördern?* (Hamburg, 1996) および Franklin H. Little, ed., *Hyping the Holocaust: Scholars Answer the Holocaust* (Merion Station, Pa., 1997). さらに今後も出版が予定されている。次の二つは『ヒトラーの自発的死刑執行人たち』に対する最も詳細で力強い批判である。Ruth Bettina Birn, "Revising the Holocaust," *Historical Journal* 40/no. 1 (1997), 195-215 そして Norman Finkelstein, "Daniel Goldhagen's 'Crazy' Thesis: A Critique of *Hitler's Willing Executioners*," *New Left Review* 224 (1997), 39-87. 次のものはきわめて詳細な評価である。Dieter Pohl, "Holocaust—Forschung und Goldhagen's Thesen," *Vierteljahrsheft Für Zeitgeschichte* 45/1 (1997), 1-48.

（3）Raul Hilberg, *The Destruction of the European Jews*, cited from the revised and expanded edition (New York, 1985), 1011, 994 望田幸男・原田一美・井上茂子訳『ヨーロッパ・ユダヤ人の絶滅（上・下）』（柏書房、一九九七）。

（4）Herbert Jäger, *Verbrechen unter totalitärer Herrschaft* (Frankfurt/M., 1982), 81-82, 95-122, 158-60.

（5）Goldhagen, *Willing Executioners*, 106. 一二六頁。

（6）Goldhagen, *Willing Executioners*, 85. 一〇六頁。

（7）Goldhagen, *Willing Executioners*, 399, 443. 五〇五、五六〇頁。

（8）Goldhagen, *Willing Executioners*, 39, 43. 四七、五二頁。

（9）Goldhagen, *Willing Executioners*, 582 [594?], fn. 38; 593-94, fn. 53. 五二五—五二六、五七七—五七九頁。

（10）Goldhagen, *Willing Executioners*, 35-36. 四三—四四頁。

（11）Goldhagen, *Willing Executioners*, 444. 五六二頁。

(12) Hans-Ulrich Wehler, *The German Empire* (Leamington Spa, 1985) 大野英二・肥前榮一訳『ドイツ帝国 1871－1918年』(未來社、一九八三)。James Retallack, "Social History with a Vengeance? Some Reactions to H-U Wehler's 'Das Kaiserreich,'" *German Studies Review* 7/no. 3 (1984), 423-50. Roger Fletcher, "Recent Developments in West German Historiography: The Bielefeld School and Its Critics," *German Studies Review* 7/no. 3 (1984), 451-80.

(13) George Mosse, *The Crisis of German Ideology* (New York, 1964) 植村和秀・大川清丈・城達也・野村耕一訳『フェルキッシュ革命』(柏書房、一九九八); Fritz Stern, *The Politics of Cultural Despair* (Berkeley, 1961) 中道寿一訳『文化的絶望の政治』(三嶺書房、一九八八); Jeffrey Herf, *Reactionary Modernism: Culture, and Politics in Weimar and the Third Reich* (Cambridge, 1984) 中村幹雄・谷口健治・姫岡とし子訳『保守革命とモダニズム』(岩波書店、一九九一), and "Reactionary Modernism Reconsidered: Modernity, the West and the Nazis," forthcoming.

(14) John Weiss, *Ideology of Death: Why the Holocaust Happened in Germany* (Chicago, 1996).

(15) Shulamit Volkov, "Anti-Semitism as a Cultural Code," *Leo Baeck Institute Yearbook*, 23 (1978), 25-46. Peter Pulzer, *The Rise of Political Anti-Semitism in Germany and Austria* (London, 1964) も参照。

(16) History of Anti-Semitism List, 5.15.96.

(17) Gavin Langmuir, "Prolegomena to Any Present Analysis of Hostility Against the Jews," reprinted in *The New Holocaust*, vol. 2, ed. by Michael Marrus (Westpoint, Conn., 1989), 133-171, esp. 150-154; and "From Anti-Judaism to Anti-Semitism," *History, Religion, and Antisemitism* (Berkeley, 1990), 275-305, esp. 289-97.

(18) Saul Friedländer, *Nazi Germany and the Jews* (New York, 1997), 73-112.

(19) Goldhagen, "Reply to My Critics," 41.

(20) Goldhagen, *Willing Executioners*, 399, 85. 五〇五、一〇六頁。

(21) William Sheridan Allen, *The Nazi Seizure of Power* (Revised Edition: New York, 1984) 84.

(22) Goldhagen, "Reply to My Critics," 41.

(23) Ulrich Herbert, *Best: Biographische Studien über Radikalismus, Weltanschauung und Vernunft 1903-1989* (Bonn, 1996).

(24) Ian Kershaw, "The Persecution of the Jews and German Public Opinion in the Third Reich," *Leo Baeck Institute Yearbook* 26 (1981), 261-89; *Popular Opinion and Political Dissent in the Third Reich: Bavaria 1933-1945* (Oxford, 1983); *The Hitler "Myth": Image and Reality in the Third Reich* (Oxford, 1987) 柴田敬二訳『ヒトラー神話』(刀水書房、一九九三); "German Popular Opinion and the 'Jewish Question,' 1933-1943: Some Further Reflections," *Die Juden im Nationalsozialistischen Deutschland: 1933-1943* (Tübingen, 1986), 365-85. Otto Dov Kulka, " 'Public Opinion' in Nazi Germany and the 'Jewish Question,' " *Jerusalem Quarterly* 25 (1982), 121-44 and 26 (Winter 1982), 34-45; and Otto Dov Kulka and Aaron Rodrigue, "The German Population and the Jews in the Third Reich: Recent Publication and Trends in Research on German Society and the 'Jewish Question,' " *Yad Vashem Studies* 16 (1984), 421-35. David Bankier, "The Germans and the Holocaust: What Did They Know," *Yad Vashem Studies* 20 (1990), 69-98; and *The Germans and the Final Solution: Public Opinion Under Nazism* (Oxford, 1992). See also: Marlis Steinert, *Hitler's War and the Germans* (Athens, Ohio, 1977); Walter Laqueur, "The German People and the Destruction of the European Jews," *Central European History* 6, no.2 (1973), 167-91; Sarah Gordon, *Hitler, Germans, and the "Jewish Question"* (Princeton, 1984); Robert Gellately, *The Gestapo and German Society: Enforcing Racial Policy, 1933-1945* (Oxford, 1990). In contrast, see: Michael Kater, "Everyday Anti-Semitism in Prewar Germany," *Yad Vashem Studies*

(1984), 129-59.

(25) Friedländer, *Nazi Germany and the Jews*, 298, 327-28.

(26) Bankier, *Germans and the Final Solution*, 151-20.

(27) Kulka and Rodrigue, "German Population and the Jews," 435.

(28) Kershaw, "Persecution of the Jews," 288.

(29) Kulka and Rodrigue, "German Population and the Jews," 430-435.

(30) Goldhagen, *Willing Executioners*, 439-440, 592. 五五六—五五七、五一三頁。

(31) Goldhagen, *Willing Executioners*, 279, 185. 三五六、二三七頁。

(32) Goldhagen, "Reply to My Critics," 40.

(33) Goldhagen, *Willing Executioners*, 279. 三五六頁。

(34) Goldhagen, *Willing Executioners*, 241, 231, 451. 三一一、二八七—二八八、五六八—五六九頁。

(35) Goldhagen, *Willing Executioners*, 386, 414. 四九二、五一八頁。

(36) Goldhagen, *Willing Executioners*, 416, 392. 五三三—五三四、四九九頁。

(37) 彼の "Reply to My Critics" and "Letter to the Editors" in the *New Republic* に加えて、彼の以下のものも見よ。"Letter to the Editors," *New York Review of Books*, Feb. 6, 1997, 40.

(38) 多くの批評者が指摘したように、ゴールドハーゲンは、ドイツの反ユダヤ主義と非ドイツ人の反ユダヤ主義の比較を行なっていない。しかし彼は次のように断言することをためらわない。「反ユダヤ主義が急速に文化的原理になってしまうほど広く普及した国は他にない……ドイツ反ユダヤ主義は唯一無二のものであった。」 *Willing Executioners*, 419. 五三六頁。

(39) Goldhagen, *Willing Executioners*, 348-351. 四四四—四四八頁。ほとんどの説明で、ゴールドハーゲンは看守を区別なく一枚岩的にただ「ドイツ人」と呼んでいる。しかし彼自身、重要な状況的、制度的、世代的な違いを示す印象的な事実を詳論している。八人から一〇人の若い民族ドイツ人と比べて、一八人から二〇人のより年上の男性看守は（一人の生存者によれば）、「ほとんど温厚で、私たちを殴ったり痛めつけたりしませんでした。」帝国の外に住んでいた民族ドイツ人の補充兵徴募は、もちろん親衛隊の掌握しているところであった。若い女性の看守——そろって残虐であった（六人は途中ですばやく脱走したが）——は、みな護送の任務を全うしようとした。（*Willing Executioners*, 335, 360. 四三一—四三二、四六二頁。）

（40）統計は以下のものから採られた。Danuta Czech, *Kalendarium der Ereignisse im Konzentrationslager Auschwitz-Birkenau 1939–1945* (Hamburg, 1989), especially 126–132, 179; Steven Paskuly, ed., *Death Dealer: The Memoirs of the SS Kommandant at Auschwitz Rudolph Höss* (New York, 1996), 132-34.

（41）Michael Thad Allen, "Engineers and Modern Managers in the SS: The Business Administration Main Office (Wirtschaftsverwaltungshauptamt)," Ph.D. Dissertation, University of Pennsylvania, 1995.

（42）Yehoshua Büchler, "First in the Vale of Affliction: Slovakian Jewish Women in Auschwitz, 1942," *Holocaust and Genocide Studies* 10, no.3 (1996), 309.

（43）Goldhagen, *Willing Executioners*, 410–11. 五一六—五一七頁。

（44）Goldhagen, *Willing Executioners*, 398, 410. 五〇三、五一六頁。

（45）Henry Friedlander, *The Origins of Nazi Genocide: From Euthanasia to the Final Solution* (Chapel Hill, 1995), 110 にはこう述べられている。「ハダマールのスタッフは、そこで殺害された患者の数が一万人に達したとき祝賀会を計画した。医師たちの命令によって、スタッフの全員は地下室にある火葬場に集まった。そこで彼らは一万人目の犠牲者の焼却に立ち会ったのである。花で覆われた裸の死体が担架で運ばれてきた。管理官のビュンガーが挨拶し、スタッフの一人が聖職者の衣装をまとい、儀式を執り行なった。スタッフ全員がビールを受け取った。」

(46) Friedlander, *Origins of Nazi Genocide*, 389.

(47) Primo Levi, *The Drowned and the Saved* (Vintage edition: New York, 1989), 125-26 竹山博英訳『溺れるものと救われるもの』(朝日新聞出版、二〇一四); Gita Sereny, *Into That Darkness* (London, 1974), 101 小俣和一郎訳『人間の暗闇』(岩波書店、二〇〇五)。

(48) Fred E. Katz, *Ordinary People and Extraordinary Evil: A Report on the Beguilings of Evil* (Albany, 1993), 29-31, 83-98.

(49) Goldhagen, *Willing Executioners*, 408. 五一三—五一四頁。

(50) Goldhagen, *Willing Executioners*, 409. 五一四—五一五頁。

(51) Subsequently published as "Daniel Goldhagen's *Willing Executioners*," esp. 94-96.

(52) Goldhagen, *Willing Executioners*, 463. 五九五頁。

(53) Goldhagen, *Willing Executioners*, 467. 六〇〇頁。

(54) Goldhagen, *Willing Executioners*, 464. 五九六頁。

(55) Goldhagen, *Willing Executioners*, 601 [613?], fn. 11. 六〇三頁。

(56) Goldhagen, *Willing Executioners*, 467. 五九九頁。

(57) Goldhagen, *Willing Executioners*, 221. 二七八頁。

(58) p. 537 [549?] (二九八頁) の脚注で、彼はErnst G., G383の証言に言及している。彼はこの点について、以下の証言には触れていない。George A., HW421; Alfred L., HW1351; Bruno P., HW1915; Heinz B., HW4415; Henry L., G225; August Z., G275; and Hans K., G363.

(59) Georg A., HW439; and Erwin N., HW1685.

(60) Friedrich B., HW439; Bruno R., HW1852; Bruno D., HW1874; Bruno P., HW1915; and Bruno G.,

HW2019.

(61) Oskar P., HW1743.

(62) Goldhagen, *Willing Executioners*, 240. 三一〇頁。

(63) Goldhagen, *Willing Executioners*, 241. 三一〇―三一一頁。

(64) Bruno P., HW1925-26. 注目すべきは、この事件の証人が多くの有罪となるような証言を自由に述べていること、また他の点でゴールドハーゲンによってもしばしば引用されていることである。したがって彼の証言は信頼するに足る。

(65) 言うまでもなくゴールドハーゲンは、私の証拠の選択や利用を偏向しており誤解を招きやすいとみなしてきた。彼の指摘はしばしば重箱の隅をつつくようなものに思えるが、しかし時としてそれらの指摘は考慮に値する。例えば彼は正当にも次のように指摘している。トラップ少佐は「ユダヤ人への虐待」を確認した後で、我々は「ユダヤ人を射殺する任務を負っているが、それは彼らを鞭打ったり苦しめたりする任務ではない」との警告を述べたとされているが、私はこの発言の一部でなく全体を引用すべきだったし、その正確な内容に言及すべきであった。Goldhagen, "Evil of Banality," 52.

(66) Heinz Buchmann, HW2439-50.

(67) Goldhagen, *Willing Executioners*, 249-50. 三一八―三一九頁。

(68) Heinz Buchmann, HW2441.

(69) Heinz Buchmann, HW4416.

(70) Goldhagen, *Willing Executioners*, 248. 三一七頁。

(71) Goldhagen, *Willing Executioners*, 235-36. 二九二頁。Hermann B., HW3066-67, 3214, 3515.

(72) Bruno D., HW1874.

(73) Wilhelm E., HW2239.

(74) Goldhagen, "Reply to My Critics," 38.

(75) Goldhagen, *Willing Executioners*, 381-82. 四八七―四八八頁。

(76) これらは、ゴールドハーゲンが戦後ドイツ文化において反ユダヤ主義を除去しているとする諸要因である。Goldhagen, *Willing Executioners*, 582, 593-4. 五二五―五二六、五七二頁。

(77) Goldhagen, "Reply to My Critics," 40.

(78) Herbert C. Kelman and V. Lee Hamilton, *Crimes of Obedience: Toward a Social Psychology of Authority and Responsibility* (New Haven, 1989).

(79) ナチは折にふれて、犯行者の多数派の態度として、こうした区別が持続することを避けがたいものと理解していた。ユダヤ人の射殺を拒否した者に対して裁判が開かれたことはなかったが、ユダヤ人を「独断で」殺戮した場合には、ホロコーストの最も血塗られた年――一九四二年――においてさえ、尋問が行なわれた（そしてある事例では殺人の裁判も）。例えば次を見よ。Military Archiv Prague, Varia SS, 124: Feldurteil in der Strafsache gegen Johann Meisslein, Gericht der kdtr. Des Bereiches Proskurow (FK183), March 12, 1943.

(80) James Waller, "Perpetrators of the Holocaust: Divided and Unitary Self-Conceptions of Evildoing," *Holocaust and Genocide Studies* 10, no. 1 (Spring 1996), 11-33.

(81) Goldhagen, *Willing Executioners*, 13. 一二頁。

(82) Goldhagen, *Willing Executioners*, 383. 四八九頁。

(83) ゴールドハーゲンによるごく最近のいわゆる反論テクニック（"Letter to the Editor," 5）は、まったく奇抜で例を見ないものである。彼は同僚の圧力に関して、仮説的で事実に反する逐語的な証言を発明ないし空想している。そのうえで彼は、まさしくこうした特別な逐語的な証言が存在しないことが、同僚の圧力が要因としてまったくなかったことの証拠であると公言しているのである。

(84) Goldhagen, "Reply to My Critics," 38-40. 彼の本のなかで、ゴールドハーゲンは同じ主張をしていた。「従来の説明は、……犯行者たちの人間性を、すなわち犯行者たちも道徳的主体であり、道徳的選択をなしうる道徳的存在であることを否定している。」(*Willing Executioners*, 389-92. 四九八頁。)

(85) スタンリー・ミルグラムは、「権威への服従」が文化横断的な現象であることを仮定したというより、テストしたのである。そして彼は犠牲者に対する偏見や洗脳が、犠牲者に苦痛を与える被験者の意欲を間違いなく強化することを明確に認めた。ジンバルドーは、偏見を持った被験者たちを意図的に排除した。なぜなら彼らが参加すると、実験結果を明らかに歪めるであろうと考えたからである。ケルマンとハミルトンは、文化的諸要因——犠牲者に対するネガティブな態度のようなもの——が、大量殺戮政策を実施する正当な権威に対して、人びとの服従を助長するであろうと主張している。

(86) Goldhagen, *Willing Executioners*, 389. 四九八頁。

(87) Goldhagen, *Willing Executioners*, 27, 269. 三六、三四七頁。

(88) Goldhagen, *Willing Executioners*, 34. 四二頁。

(89) Goldhagen, *Willing Executioners*, 106. 一二六頁。

(90) Goldhagen, *Willing Executioners*, 399, 85. 五〇五、一〇六頁。

(91) Goldhagen, *Willing Executioners*, 443. 五六〇頁。

二五年の後で

(1) Heiner Lichtenstein, *Himmlers grüne Helfer: Die Schutz- und Ordnungspolizei im "Dritten Reich"* (Köln: Bund-Verlag, 1999).

(2) Konrad Kwiet, "From the Diary of a Killing Unit," *Why Germany?*, ed. by John Milfull (Oxford: Berg, 1991), pp. 92-110, and "Auftakt zum Holocaust. Ein Polizeibataillon im Osteinsatz," *Der National-*

sozialismus. Studien zur Ideologie und Herrschaft, ed. by Wolfgang Benz, Hans Buchheim, and Hans Mommsen (Frankfurt am Main: Fischer, 1993), pp. 191-208. Andrej Angrick, Martina Voigt, Silke Ammerschubert, and Peter Klein, "Da hätte man schon ein Tagebuch führen müssen. Das Polizeibataillon 322 und die Judenmorde im Bereich der Heeresgruppe Mitte während des Sommers und Herbstes 1941," *Die Normalität des Verbrechens: Bilanz und Perspektiven der Forschung zu den nationalsozialistischen Gewaltverbrechen*, ed. by Helge Grabitz, Klaus Bästlein, and Johannes Tuchel (Berlin: Edition Hentrich, 1994), pp. 325-386.

(3) Winfred Nachtwei, " 'Ganz normale Männer.' Die Verwicklung von Polizeibataillon aus dem Rheinland und Westfalen in den nationalsozialistischen Vernichtungskrieg," *Ville Ten Hompel: Sitz der Ordnungspolizei im Dritten Reich*, ed. by Alfons Kenkmann (Münster: Agenda Verlag, 1996), pp. 54-77.

(4) Richard Breitman, *Official Secrets: What the Nazis Planned, What the British and Americans Knew* (New York: Hill and Wang, 1998), pp. 45-53, 63-66, 79-80 川上洸訳『封印されたホロコースト』(大月書店、二〇〇〇)。

(5) Edward B. Westermann, " 'Ordinary Men' or 'Ideological Soldiers'? Police Batalion 310 in Russia, 1942," *German Studies Review* 21, no. 1 (1998), pp. 41-68.

(6) Klaus-Michael Mallmann, "Der Einstieg in den Genozid. Das Lübecker Polizeibataillon 307 und das Massaker in Brest-Litovsk Anfang July 1941," *Archiv für Polizeigeschichte 1999*, pp. 82-88.

(7) *Wessen Freund und wessen Helfer? Die Kölner Polizei im Nationalsozialismus*, ed. by Harald Buhlan and Werner Jung (Köln: Emons Verlag, 2000). *Im Auftrag: Polizei, Verwaltung, und Verantwortung*, ed. by Alfons Kenkmann and Christoph Spieker (Essen: Klartext Verlag, 2001).

(8) Stefan Klemp, " 'Ab nach Sibirien?' Zur Sanktionierungspraxis gegenüber Polizeibeamten des Drit-

ten Reiches: Der Fall des Polizeibataillons 9," *Im Auftrag*, pp. 278-300.

（9） Stefan Klemp, "Ermittlungen gegen ehemalige Kölner Polizeibeamte in der Nachkriegszeit: Die Verfahren gegen Angehorige des Reservepolizeibataillons 69 und der Polizeireservekompanie Köln," *Wessen Freund und wessen Helfer?*, pp. 602-618.

（10） Harald Welzer, *Täter: Wie aus ganz normalen Menschen Massenmörder werden*（Frankfurt am Main: Fischer, 2005）.

（11） Edward B. Westermann, *Hitler's Police Battalions: Enforcing Racial War in the East*（Lawrence: University of Kansas Press, 2005）.

（12） Karl Schneider, *Auswärts eingesetzt: Bremer Polizeibataillone und der Holocaust*（Essen: Klartext, 2011）.

（13） Wolfgang Curilla, *Die deutsche Ordnungspolizei und der Holocaust im Baltikum und in Weissrussland 1941-1944*（Paderborn: Ferdinand Schöningh, 2006）and *Die Judenmord in Polen und die deutsche Ordnungspolizei 1939-1945*（Paderborn: Ferdinand Schöningh, 2011）.

（14） Schneider, *Auswärts eingesetzt*, pp. 118-177.

（15） Ibid., pp. 413-417.

（16） Ibid., p. 137.

（17） Curilla, *Die deutsche Ordnungspolizei und der Holocaust im Baltikum und in Weissrussland*, pp. 823-833; Curilla. *Der Judenmord in Polen und die deutsche Ordnungspolizei*, pp. 838-845. 私はクリラの統計をほぼ百単位で切り上げた。

（18） 犯行者全般の研究について、文献をより広く概観するには以下を見よ。Thomas Kühne, "Der nationalsozialistische Vernichtungskrieg und die 'ganz normalen' Deutschen: Forschungsprobleme und Forschungstendenzen der Gesellschaftsgeschichte des Zweiten Weltkrieges," *Archiv für Sozialgeschichte* 39 (1999), pp. 580-662; Gerhard Paul, "Von Psychopathen, Technokraten des Terrors und 'ganz gewöhnlichen' Deutschen: Die Täter der Shoah im Spiegel der Forschung," *Die Täter der Shoah: Fanatische Nationalsozialistischen oder ganz normale Deutsche?*, ed. by Gerhard Paul (Göttingen: Wallstein Verlag, 2002), pp. 13-90; Donald Bloxham, "Perpetrators and Perpetration," *The Holocaust: Critical Historical Approaches*, ed. by Donald Bloxham and Tony Kusher (Manchester: Manchester University Press, 2005), pp. 61-175; Claus-Christian W. Szejnmann, "Perpetrators of the Holocaust: A Historiography," *Ordinary People as Mass Murderers: Perpetrators in Comparative Perspectives*, ed. by Olaf Jensen and Clauss-Christian W. Szejnmann (Basingstoke: Palgrave Macmillan, 2008), pp. 25-47.

(19) James Waller, *Becoming Evil: How Ordinary People Commit Genocide and Mass Killing* (Oxford: Oxford University Press, 2002), p. xiv. ウォラーはこのモデルの簡潔な要約を提示している。"Becoming Evil: A Model of How Ordinary People Commit Genocide and Mass Killing," *Lessons and Legacies*, vol. VII: *The Holocaust in International Perspective*, ed. by Dagmar Herzog (Evanston: Northwestern University Press, 2006), pp. 142-155.

(20) Leonard S. Newman, "What Is a 'Social-Psychological' Account of Perpetrator Behavior? The Person versus the Situation in Goldhagen's *Hitler's Willing Executioners*," *Understanding Genocide: The Social Psychology of the Holocaust*, ed. by Leonard S. Newman and Ralph Erber (Oxford: Oxford University Press, 2002), pp. 43-67.

(21) Edward B. Westermann, *Hitler's Police Battalions: Enforcing Racial War in the East* (Lawrence: University of Kansas Press, 2005), p. 7.

(22) Ibid., pp. 237-239.

(23) Jürgen Matthäus: "Ausbildung Juden Mord? Zum Stellenwert der 'weltanschaulichen Erziehung' um SS und Polizei im Rahmen der 'Endlösung,' " *Zeitschrift für Geschichtswissenschaft* 47, no. 8 (1999), pp. 673–699; " 'Warum wird über das Judentum geschult?' Die ideologische Vorbereitung der detuschen Polizei auf den Holocaust," *Die Gestapo im Zwitenweltkrieg: 'Heimat' und besetzten Europa* (Darmstadt: Primus Verlag, 2000), pp. 100–124; "An vorderst Front: Voraussetzungen für die Beteiligung der Ordnungspolizei an der Shoah," *Die Täter der Shoah: Fanatische Nationalsozialistischen oder ganz normale Deutsche?*, ed. by Gerhard Paul (Göttingen: Wallstein Verlag, 2001), pp. 137–166; "Die 'Judenfrage' als Schlungsthema von SS und Polizei: 'Inneres Erlebnis' und Handlungslegitimation," *Ausbildungsziel Judenmord? "Weltanschauliche Erziehung" von SS, Polizei und Waffen-SS im Rahmen der 'Endlösung,'* ed. by Jürgen Matthäus, Konrad Kweit, Jürgen Förster, and Richard Breitman (Frankfurt am Main: Fischer Taschenbuch Verlag, 2003), pp. 35–86.

(24) Klaus-Michael Mallmann, "Von Fussvolk der 'Endlösung' Ordnungspolizei, Ostkrieg, und Judenmord," *Jahrbuch für deutsche Geschichte* 26 (1997), pp. 355–391.

(25) Ibid., pp. 386–391.

(26) Harald Welzer, *Täter: Wie aus ganz normalen Menschen Massenmörder werden* (Frankfurt am Main: S. Fischer Verlag, 2005). 以下も参照。Harald Welzer, "Wer waren Täter? Anmerkungen zur Täterforschung aus sozialpsychologischer Sicht," *Die Täter der Shoah*, pp. 237–253; and "On Killing and Morality: How Normal People Become Mass Murderers," *Ordinary People as Mass Murderers: Perpetrators in Comparative Perspectives*, ed. by Olaf Jensen and Claus-Christian W. Szejnmann (Basingstoke: Palgrave Macmillan, 2008), pp. 165–181.

(27) Thomas Kühne: *Kameradenschaft. Die Soldaten des nationalsozialistischen Krieges und das 20.*

Jahrhundert (Göttingen: Vandenhoeck & Ruprecht, 2006); "Male Bonding and Shame Culture: Hitler's Soldiers and the Moral Basis of Genocidal Warfare," *Ordinary People as Mass Murderers: Perpetrators in Comparative Perspective*, ed. by Olaf Jensen and Claus-Christian W. Szejnmann (Basingstoke: Palgrave Macmillan, 2008), pp. 55–77; and *Belonging and Genocide: Hitler's Community, 1918–1945* (New Haven: Yale University Press, 2010).

(28) Kühne, *Belonging and Genocide*, p. 64.

(29) Ibid., pp. 6–7, 73.

(30) Ibid., p. 63.

(31) Ibid., pp. 67 and 71.

(32) Ibid., p. 171.

(33) Ibid., p. 83.

(34) Ibid., p. 87 (Kühne's translation, cited from *Deutscher Osten 1939–1945*, ed. by Klaus-Michael Mallmann, Volker Riess, and Wolfram Pyta (Darmstadt: Wissenschaftliche Buchgesellschaft, 2003), p. 120).

(35) Kühne, *Belonging and Genocide*, pp. 83-7, 112–117.

(36) "The 'Willing Executioners'/'Ordinary Men' Debate," Occasional Paper of the United States Holocaust Research Institute, USHMM〔合衆国ホロコースト記念館〕, 1966.

(37) Testimony of Heinrich E. Landgericht Hamburg 141 Js 1957/62, pp. 2167, 2169, 2172, 3351.

(38) Roger Vietor, "Ich hatte eine Beschützer," *Freiwellegekompanie 1940–1945*, ed. by L. Jacoby and R. Trauffler (Luxembourg: St. Paul, 1986), pp. 220–221.

(39) Jean Heinen, "Das Schicksal einer Gruppe," *Freiwellegenkompanie 1940–1945*, pp. 207–219.

(40) Christopher R. Browning, "Goldhagen's willige Vollstrecker," *Der Weg zur "Endlösung": Entschei-*

dungen und Täter (Bonn: Dietz, 1998), pp. 161–181, esp. 169–171.

(41) Jean Heinen, "Die Luxemburger im Reserve-Polizeibataillon 101," *Luxemburger Wort*, August 3, 7, and 10, 1996.

(42) Landgericht Hamburg 141 Js 1957/62, pp. 2245–67 (testimony of Hans K.)

(43) Staatsarchiv Hamburg, Bestand 213–12, A 81/95D, Verfarhungssignatur 0022/003, pp. 1955–1956 (signed statements of Johann Weber, Marcel Jean Speller, and Emil Konsbrueck, February 22–23, 1972).

(44) Staatsarchiv Hamburg, Bestand 213–12, A 81/95D, Verfahrungssignatur 0022/003, pp. 1948–1954, 1956–1969 (interviews of Weber, Speller, and Konsbrueck, December 1973).

(45) Staatsarchiv Hamburg, Bestand 213–12, A 81/95D, Verfahrungssignatur 0022/003, pp. 1986–2006, 2040–2044 (interrogations of Heinrich H., Heinrich F., Hans Karl P., Helmut S., and Friedrich B., January/February 1974).

(46) Testimony of Frederick B., pp. 2040–2044.

(47) Testimony of Heinrich H., pp. 1986–1989.

(48) Testimony of Helmut S., pp. 2000–2006.

(49) Paul Dostert, "Die Luxemburger im Reserve-Polizei-Bataillon 101 und der Judenmord in Polen," *Hémecht: Zeitschrift für Luxemburger Geschichte* 52 (2000), pp. 81–99, esp. pp. 84–89.

(50) Staatsarchiv Hamburg: Bestand 331–8, Polizeiverwaltung—Personlakten, Nr. 792–802.

(51) ホロコースト写真のうち最も「肖像的」なものの一枚をめぐる論争については以下を見よ。Dan Porat, *The Boy. A Holocaust Story* (New York: Hill and Wang, 2010).

(52) Emails from Daniel Uziel, Photo Archives, Yad Vashem, May 12 and 15, 2011. これはウークフとタルヌフについての対立する主張に関して。ヤド・ヴァシェム文書館は二枚目と三枚目の写真を所蔵しているが、最初のものは所蔵していない。

(53) ダニエル・ゴールドハーゲンの『ヒトラーの自発的死刑執行人たち』をめぐる他の論争が何であれ、彼の著書は第一〇一警察予備大隊に関わる写真を詳細に分析したというメリットを確かに持っている。しかしながらこのケースではゴールドハーゲンはやや不注意に、連続写真の二枚目と三枚目にキャプションを付けている。「ウークフのユダヤ人をトレブリンカの絶滅収容所へ移送する直前、第一〇一警察予備大隊の隊員は、ユダヤ人グループに記念写真のポーズをとらせた。」(p. 260. 三二八頁。)

(54) USHMM 49189/YIVO Łuków 1.

(55) USHMM 49198/Yad Vashem 117FO3a.

(56) USHMM 18604/YIVO Łuków 2/Yad Vashem 117EO6, 74CO7, 4613/523, 2746/13, 68091/39, 8030/16.

(57) Email from Daniel Uziel, May 15, 2011.

(58) USHMM, Acc. 1999.99. 1-3 O'Hara Collection. 私はこれらのアルバムの分析と調査に関して、ユルゲン・マテウスに大いに感謝している。Jürgen Matthäus and Christopher R. Browning, "Evidenz, Erinnerung, Trugbild. Fotoalben zum Polizeibatallion 101 im 'Osteinsatz,'" *Naziverbrechen: Täter, Taten, Bewältigungsversuch*, ed. by Martin Cüppers, Jürgen Matthäus, and Andrej Angrick (Darmstadt: Wissenschaftliche Buchgesellschaft, 2013), pp. 135–190, esp. 163–181.

(59) USHMM 47432 and 47430.

(60) USHMM 47441 and 47442.

(61) USHMM 47438 and 47439.

(62) USHMM 47453 and 47454.

(63) USHMM 47447 and 47444.

(64) USHMM 47436.

(65) USHMM 57619/Lichtbildmappe 1; Lichtbildmappe 2; USHMM 57619/Lichtbildmappe 4.
(66) Lichtbildmappe 18-22; as examples here, 21 and 24.
(67) Lichtbildmappe 15.
(68) Lichtbildmappe 16.
(69) Christopher R. Browning, *Ordinary Men*, pp. 92-95.〔本書、一五八―一六二頁。〕
(70) Ibid., pp. 127, 149.〔本書、二一〇―二一一、二四二頁。〕
(71) USHMM 57629-32/Lichtbildmappe 85-88.
(72) USHMM 57701/Lichtbildmappe 90.
(73) Himmler Order, December 12, 1941, printed in: *Einsatz im "Reichskommisariat Ostland": Dokumente zum Völkermord im Baltikum ind in Weissrussland 1941-1944*, ed. by Wolfgang Benz, Konrad Kweit, and Jürgen Matthäus (Berlin: Metropol, 1998), pp. 28-29.
(74) Lichtbildmappe 17.
(75) USHMM 57620-4/Lichtbildmappe 26-30. これらの写真は訴追にあたってグナーデの第二中隊の隊員、Herbert Kurt F. によって本物と確認された。しかしそれは最初の尋問のときではなく、当初彼が確認したのは第二中隊がミェンジジェツに駐屯していたときの、もっと後の写真だけであった。LG Hamburg 141 Js 1957/62, pp. 1383-1393 (interrogation of Herbert Kurt F., July 1, 1963). これら一連の写真は、一九六五年半ばまで尋問で使用されなかったようである (p. 2061, interrogation of Heinrich B., June 1, 1965)。
(76) ダニエル・ゴールドハーゲンは『ヒトラーの自発的死刑執行人たち』(pp. 224-225. 二八一頁) で、最初の写真に遠くで写っているドイツ人警備兵は、背後に座っているユダヤ人に背を向け、カメラの方を向いているのだから、このことは、彼が「ジェノサイドへの関与を誇りとしており、その姿を隠したいとは思っておらず、むしろそれを後世に残したいと望んでいる」ことを示している、と示唆している。私が思うに、その見解は証拠写真をかなり拡大解釈しているのではないか。この遠距離では、警備兵は自分が写真に撮られたことさえ知らなかったのではないか。

(77) USHMM Photo Archive 89352/Landgericht Hamburg 141 Js 1957/62, Lichtbildmappe 39 and 69.
(78) Browning, *Ordinary Men*, pp. 108-109.〔本書、一八〇―一八一頁。〕
(79) Ibid., pp. 121-132.〔本書、二〇〇―二一八頁。〕
(80) USHMM 57627/Lichtbildmappe 91-92.
(81) Browning, *Ordinary Men*, p. 134.〔本書、二二一頁。〕
(82) USHMM 57625/Lichtbildmappe 33 and 59; USHMM 89237/Lichtbildmappe 58; Lichtbildmappe 36 and 60; USHMM 89328; Lichtbildmappe 37.
(83) Lichtbildmappe 78.
(84) USHMM 89329 and 8329A/Lichtbildmappe 62 and 63.
(85) USHMM 89330.
(86) Lichtbildmappe 79.
(87) USHMM 89347/Lichtbildmappe 40 and 66; USHMM 61538 and 79067/Lichtbildmappe 41 and 64; USHMM 89349/Lichtbildmappe 38, 67, and 74; USHMM 89351/Lichtbildmappe 68 and 76.
(88) USHMM 89346/Lichtbildmappe 32 and 70. バラックの正面にいるドライヤー少尉の一枚の写真（Lichtbildmappe 75）は、ここでは掲載されていない。
(89) USHMM 51233-5.
(90) USHMM 57702-11. ここに含まれているのは、57704, 57708, 57709, and 57711 である。
(91) Porat, *The Boy. A Holocaust Story*, p. 11.

(92) Judith Levin and Daniel Uziel, "Ordinary Men, Extraordinary Photographs," *Yad Vashem Studies* XXXVI (1998), pp. 267-268.

(93) Ibid., pp. 266, 289-290.

(94) ゴールドハーゲンの『ヒトラーの自発的死刑執行人たち』(p. 245. 三一四頁) には、司法庁本部に登録された、ドイツ人がユダヤ人の伝統的なあごひげを切断している儀式の写真が掲載されている。彼はこの写真に、ひげを切断している犯行者は第一〇一警察予備大隊の隊員であるとキャプションを付けている。しかしながら、ウークフの写真と同様、この写真は訴追者のコレクションのなかにはなかったし、犯行者が誰であるか確認されてもいない。我々がウークフの写真について得られた知識から考えると、このケースにおいても、明らかに用心深さが必要であろう。

訳者あとがき

I

本書は、Christopher R. Browning, *Ordinary Men: Reserve Police Battalion 101 and the Final Solution in Poland*, revised edition, 2017の全訳である（原著初版は一九九二年刊）。著者のブラウニングは、合衆国でパシフィック・ルター大学、ノース・カロライナ大学の教授を務めた。著書は本書以外に次のものがある。

The Final Solution and the German Foreign Office, 1978.
Fateful Months: Essays on the Emergence of the Final Solution, 1985.
The Path to Genocide: Essays on Launching the Final Solution, 1992.
Nazi Policy, Jewish Workers, German Killers, 2000.
Collected Memories: Holocaust History and Postwar Testimony, 2003.

The Origins of the Final Solution: The Evolution of Nazi Jewish Policy, September 1939–March 1942, 2004.

Remembering Survival: Inside a Nazi Slave-Labor Camp, 2011.

ブラウニングはドイツ現代史ならびにホロコーストの研究者であるが、研究分野でその名を一躍高めたのは何といっても本書によってであろう。そしてこれまでの研究を集大成したのが、浩瀚な *The Origins of the Final Solution* である。

ナチがヨーロッパ・ユダヤ人絶滅政策をユダヤ人問題の「最終的解決」としてめざすようになったのは、対ソ開戦(一九四一年六月)の前後である。それまでは、ナチのユダヤ人政策は、暴力や掠奪をともなったとはいえ、基本的にユダヤ人の国家生活からの排除、国外追放を主としていた。パレスチナ移住計画とともに、ポーランド東部のルブリン居住区構想やマダガスカル島への追放計画が、真剣に検討されていたのである。ところがそれが、ヒトラーが対ソ戦をボルシェヴィキ＝ユダヤ人の撲滅戦争と宣言するあたりから、大きく転換してゆくことになった。国外追放から物理的抹殺へのこの方向転換は、いつ、だれの命令によって、どのように生じてきたのであろうか。ヒトラーやナチ指導部のユダヤ人絶滅政策に対する欧米の研究では、これまで「意図派」と「機能派」の対立が話題になってきた。

この論争は、ナチによるホロコーストの遂行が、ヒトラーの一貫した絶滅意志、意図から十分に説明できるのか、それとも、戦争の経過、現地の指揮官のイニシアティヴ、戦時労働力、食料や疫病などの状況的因子の組み合わせによって理解されるべきなのかをめぐって争われてきた。また最近ではG・アリーのように（『最終解決』山本・三島訳、法政大学出版局、一九九八年）、東部ゲルマン大帝国建設構想とその挫折、すなわち原住民の追放および民族ドイツ人の移住政策との関連を重視する研究も出されている。わが国のホロコースト研究としては、栗原優『ナチズムとユダヤ人絶滅政策』（ミネルヴァ書房、一九九七年）、永岑三千輝『ホロコーストの力学』（青木書店、二〇〇三年）、芝健介『ホロコースト』（中公新書、二〇〇八年）などが代表的なものである。

論争の背景には、第三帝国におけるヒトラーの政治指導力をめぐる議論がある。概していえば、「意図派」がヒトラーの指導力を強力なものと理解しているのに対して、「機能派」は国家内部の諸勢力のせめぎあいや国際関係を重視し、ヒトラーの指導力は状況の関数であったことを強調した。

ブラウニングは自らの立場を「穏健的機能派」と呼んでいるが、それはホロコーストのプロセスが紆余曲折のある道で、基本的に状況の関数（機能）であることを認めながら、ヒトラー自身の決断がやはり決定的な影響力を発揮したとする立場である。つまり二項対立を強調するのでなく、両者の複雑な絡み合いを解きほぐそうとするもので、今日の研究はこうした方向へ進んでいると言えるであろう。

2

原書が上梓されたとき、ヴァルター・ライヒは『ニューヨークタイムズ・ブックレビュー』の第一面で次のように述べている。「細部を照らし出し、しかもわれわれを圧倒する力を持ったこの書物、『普通の人びと』で、クリストファー・R・ブラウニングは普通のドイツ人を対象に、彼らがホロコースト遂行にあたってなにを為したのかだけではなく、心理学的にみて、いかにして彼らが普通のドイツ人から人類史上極悪非道な犯罪への熱心な参加者に変わっていったのかを、これまでわれわれが理解していた以上に、よく明らかにしてくれている。こうした研究によって、ブラウニングは、比類なき邪悪さも受け入れてしまう人間の能力に探索の光をあてようとしているのだ。本書は知的衝撃と、さらに自己認識に潜む恐怖を、われわれの心に残してゆく。」本書の意義については、ライヒがこのように的確に表現しており、また本書は歴史の専門家にだけ向けられたものではないので、特別な「解説」を必要としないように書かれている。あえて蛇足ながら、本書の意義として次の二点について若干述べておきたい。

第一に、本書は、射殺によるナチ・ホロコーストの実際を、加害者の証言を豊富に引用しながら、具体的かつ鮮明に描きだしている。それはあまりにもリアルで思わず目を背けたくなるほどである。ユダヤ人絶滅政策といえば、すぐにアウシュヴィッツ―ビルケナウに代表される絶滅収容所のガス殺戮が念頭に浮かぶが、現実にはホロコースト全犠牲者（およそ六〇〇万人）のうちおよそ二〇パーセントから二五パーセントが射殺によるものである。絶滅収容所の実態については、それを生き延びたユダヤ人によって、フランクル『夜と霧』（霜山徳爾訳、みすず書房）、ヴィーゼル『夜』（村上光彦訳、みすず書房）、レーヴィ『アウシュヴィッツは終わらない』（竹山博英訳、朝日新聞社）などが書かれ、わが国にも紹介されてきた。しかしユダヤ人射殺作戦はそうではない。一九四一年六月の対ソ戦（バルバロッサ作戦）開始とともにソ連領土内に侵入した、「特別行動隊（Einsatzgruppen）」についてはH・クラウスニクの有名な研究があるものの、ポーランドにおける警察大隊の血なまぐさい射殺作戦の有様については、これまで踏み込んだ研究はなされてこなかったのである。第一〇一警察予備大隊はルブリン管区において「特別行動隊」と同様な作戦に動員されたのであり、その経験は、東部におけるユダヤ人射殺作戦がどれほど凄惨なものであったのかを教えてくれる。

さらに本書の第二の意義は、著者が事実の解明ばかりでなく、殺戮者の内面の理解をめざしたという点である。ヒトラー、ヒムラーのようなナチ指導者であれば、殺戮の動機は狂信的反ユダヤ主義であるとすぐ推察できる。しかし、動員されて殺戮者となった普通のドイツ人の場合、話はそう単純ではない。良き夫、父であったと思われる平均的な中年男——彼らは確かに社会の平均的な偏見に囚われている——は、ヒトラーの「世界観」戦争に巻き込まれた結果、いかにして身の毛もよだつ大量殺戮の専門家に変身していったのか。これは、過去に南京やマニラなどでの大虐殺の加害者であったわれわれ日本人にとっても、他人事とは思えない問題である。警察予備大隊に召集された兵士たちは、年齢からして前線投入は無理だと考えられたから、後方警察業務要員として集められたのであった。にもかかわらず一九四二年から一九四三年にかけて、第一〇一警察予備大隊はルブリン管区で、ユダヤ人射殺および強制移送作戦を命じられ、これを遂行した。

隊員の多くは狂信的反ユダヤ主義者ではなく、もともと社会民主党などの支持者が多かった。ハンブルクの中流から下層階層出身の男たちであった。しかも、大隊指揮官のトラップ少佐は、いかに最高権威筋からの命令であったとしても、このユダヤ人大量処刑作戦の異常さに戦慄し、隊員たちに、参加するかしないかを選ぶ選択の余地を認めたのであった。このとき、大隊内でいかなるドラマが演じられたのであろうか。ブラウニングは、多くの証言を注意深く分析し、ジンバルドーやミルグラムの心理実験、さらにレーヴィの「グレイ・ゾーン」の概念を参照しながら、ことの真相に、つまりは史上最悪の犯罪をも受け入れてしまう人間集団の心理に迫ってゆくのである。

3

一九九六年、ハーバード大学の若き助教授ダニエル・J・ゴールドハーゲンの *Hitler's Willing Executioners* が上梓された（『普通のドイツ人とホロコースト――ヒトラーの自発的死刑執行人たち』望田幸男監訳、北村・土井・高橋・本田訳、ミネルヴァ書房、二〇〇七年）。これは同年中にドイツ語に訳され出版されたが（*Hitlers willige Vollstrecker*, Berlin 1996）、この書物はドイツ歴史学会で論争を巻きおこした。それだけではない。この書物は一般の読者も獲得し、七〇〇ページを超える大著にもかかわらず、ドイツでベストセラーとなったのである。またゴールドハーゲンは同年夏、ドイツ各地（ハンブルク、ベルリン、フランクフルト、ミュンヘン）でドイツの歴史学者とのシンポジウムに招かれ、かなりの聴衆を集めた（この時の模様については、V. Ullrich, Goldhagen und die Deutschen, in: DIE ZEIT, 13. 9. 1996. さらに佐藤健生「ホロコーストと「普通の」ドイツ人」、『思想』一九九七年第七号所収、を参照されたい）。この論争は「ゴールドハーゲン論争」と名付けられ、一九九六年春までの主な批評文がまとめられて出版されている（J. H. Schoeps [Hg.], *Ein Volk von Mördern?*, Hamburg 1996）。

当時訳者は『普通の人びと』旧版の訳に取り掛かっていたので、さっそくこの書物を入手し、読んでみて驚いた。訳者が驚いたのは、当時のドイツ国民の精神にユダヤ人の絶滅をめざす「抹殺主義的反ユダヤ主義（Eliminationist Antisemitism）」が骨の髄まで浸透していたから、ホロコーストは可能になったのであり、絶滅政策の直接執行者も、自ら進んで、時には「喜び」を感じながらそうしたのだとするテーゼ（D. Goldhagen, ibid., p. 14）に対してではない。これに類似した議論（例えばルターからヒトラーまでといった議論）は、すでに一九五〇年代に出されており、研究史上ではあまりに単純な議論として整理済みだったからである。実際、社会史学の碩学ヴェーラーは、ゴールドハーゲンがこれまでのホロコースト研究成果を五〇年代の「ドイツ特有の道」論へと後退させるものであると批判している（H.-U. Wehler, Wie ein Stachel im Fleisch, in: *Ein Volk von Mördern?*, S.200）。

訳者がゴールドハーゲンの書物に驚いたのは、三つの事例研究の一つが、まさしくブラウニングが対象とした第一〇一警察予備大隊の対ユダヤ人行動に関するものであったからである（後の二つは、強制労働収容所と、敗北直前の「死の行進」である）。

その際ゴールドハーゲンが利用した資料は、ルートヴィヒスブルクのナチ犯罪追及センターやハンブルク検察庁にある尋問調書や公判記録であり、ブラウニングの利用したものとまったく同じである。引用された証言も、しばしばブラウニングの本書のものと同一の箇所であったりする。しかしそこからゴールドハーゲンは、ブラウニングとはまったく異なる結論を導き出した。ブラウニングがともすれば殺戮拒否者の心理、その立場に注目しがちなのに対して、ゴールドハーゲンは八〇パーセント以上を占めた執行者の心理と行動にこだわり続けた。そしてこれらの処刑執行者たちの多くは、嫌々ながらどころか、自発的にユダヤ人を射殺し続けたのだ、なぜなら、彼らの心の底には、「抹殺主義的反ユダヤ主義」が遺伝情報のごとく書き込まれていたからだ——これがゴールドハーゲンの説明である。たとえば彼は警察大隊の隊員についてこう述べている。「これらのドイツ人は反ユダヤ主義の幻想に捉えられていたので、明らかに無抵抗、無防備なこれらユダヤ人がドイツと戦争状態にあると考えていた。彼らは極貧のうちに打ち拉がれ、ドイツ人の要求におとなしく従っていただけなのだが。ユダヤ人を射殺しながら、これらのイデオロギー戦士たちは、自分たちが英雄的な行為をしているのだと信じていたのである。」(D. Goldhagen, ibid., p. 248.)

どうしてゴールドハーゲンはこうした結論に辿り着いたのであろうか。ゴールドハーゲンによれば、ブラウニングは第一〇一警察予備大隊の元隊員たちの証言をしばしば無批判に受け入れ、射殺の実行者たちが、少数の例外を除いて、嫌々ながら銃殺を執行したかのような印象を与えている。ブラウニングは、「射殺部隊への志願が一般的であったことや、ジェノサイド的な行動に対する大隊員たちの支持を示唆する証拠」を欠如させたり、誤解しているとされる(D. Goldhagen, ibid., p. 534)。例を挙げてみよう。ゴールドハーゲンによれば、ブラウニングは、自分たちは幼児を殺さなかったというような元隊員の証言をそのまま信用し（p. 538）、ウォマジーでほぼ全員が射殺者になれたのは、選択の余地のない命令だったからだという解釈をしているが（p. 543）、これらは証拠の薄弱な好意的解釈にすぎない。隊員たちは幼児も射殺したし、ウォマジーではもう全員射殺に慣れていたから、仕事が充分にできたのだと解釈したほうが理にかなっている。また何よりの証拠は、隊員たちが撮影した写真である。彼らは自分たちが偉大な事業に参加しているという意識で記念写真を撮ったのであり、どの写真をみても、隊員たちは楽しそうで、犯罪に関与しているのではないかというような暗い態度はまったくみられない（pp. 245-247）。ゴールドハーゲンによれば、警官たちのルブリン駐屯は、「楽しくも記念すべき旅」だと考えられていたのである。

これに対して、ブラウニングは「悪魔化は何も説明しない」を書いて反論した（C. R. Browning, Dämonisierung erklärt nichts. in: DIE ZEIT, 19. 4. 1996. これは、J. H. Schoeps〔Hg.〕, ibid. にも再録されている）。ブラウニングは、警官たちの大多数がユダヤ人射殺に決して積極的だったわけではないことを再度主張している。そのためにブラウニングは、ポーランド人だと偽って、八か月にわたって通訳として、こうしたユダヤ人射殺活動を目撃した男（ユダヤ人）の証言を挙げている。彼が警官に好意的な証言をする必要はまったくないはずである。しかしこの証言からも、警官たちがユダヤ人射殺行動を、ゴールドハーゲンの言うように栄光の仕事だとみなすどころか、汚れ仕事として忌み嫌い、話題にすることさえ避けていたことが分かるというのである。ブラウニングによれば、ホロコーストの原因を理解するために反ユダヤ主義を欠かすことはできないが、それだけではまったく不充分なのである。ゴールドハーゲンは、研究の方法論として「イデオロギー的要因と状況に規定された要因の組み合わせ」を追究するといいながら、その約束を裏切り、反ユダヤ主義という単一原因論的説明に落ち込んでしまっているのである。ブラウニングの「あとがき」の表現を借りていえば、隊員が事実として大量殺戮者になったということ（この点ではブラウニングはゴールドハーゲンと同じ）と、大量殺戮者になりたがったということ（動機）は全く別なのである。

第一〇一警察予備大隊の普通の中年ドイツ人は、ゴールドハーゲンの言うように、ヒトラーと心を一つにした骨の髄からの「抹殺主義的反ユダヤ主義者」であったのだろうか。それともブラウニングが言うように、隊員がナチ政権以前の教育と職業経験を経ていたことなども考えると、とても絶滅まで望んでいたとはいえない人びとであったのだろうか。それは読者の判断にゆだねたいが、訳者自身は、ホロコーストをドイツの国民的プロジェクトだとし、ドイツ人の反ユダヤ的集合意識からすべてを説明するゴールドハーゲンのやり方は、あまりに単純すぎるのではないかと思う。ブラウニングは、グナーデ少尉のようなサディストがいたこと、隊員たちが殺戮に対して徐々に無感覚になっていったこと、さらに戦時下で人種イデオロギーが加熱しやすかったことを決して否定しているわけではない。またゴールドハーゲンは、かつてハンナ・アレントやラウル・ヒルバーグが明らかにしたような、ホロコーストに係わった人びとの官僚制的な冷酷さ、「机上の殺人者」たちの「悪の凡庸さ」の問題もまったく視野に入れていない。そもそも『ツァイト』紙のマリオン・デンホフ伯爵夫人が言うように、ヒトラーが国民から支持を受けたのはその反ユダヤ主義によってではなく、もろもろの成功（経済、軍事、外交）と暴力支配（テロル）の「絶妙な組み合わせ」によると考えたほうが事実に即しているのではないか（M. Gräfin Dönhoff, Mit fragwürdiger Methode, in: DIE ZEIT, 6. 9. 1996）。

ドイツの歴史学者たちはゴールドハーゲンをどう評価しているのであろうか。「意図派」の代表的論客であったE・イエッケルはゴールドハーゲンの書物を「ただもうレベルの低い書物」とし（E. Jäckel, Einfach ein schlechtes Buch, in: DIE ZEIT, 17. 5. 1996. これは、J. H. Schoeps〔Hg.〕, ibid. に再録）、「機能派」の代表であるH・モムゼンも、長大な書評を書き、ゴールドハーゲンは今日の研究水準に達しておらず、何の新しい洞察もないと手厳しく批判している（H. Mommsen, Die dünne Patina der Zivilisation, in: DIE ZEIT, 30. 8. 1996）。全体としていえば、かつてブラウニングの書物が出版されたときの高い評価と反対に、ゴールドハーゲンに対しては、歴史学者の評価は低いのである。にもかかわらずゴールドハーゲンの書物が評判になったのは、そこで「普通のドイツ人」の集団的罪と責任が改めて問われたからであろう。さらに「普通のドイツ人」がかつて東欧で犯したあまりの残虐さに関心が集まったからであろう。実際、ゴールドハーゲンに好意的な論者は、学問的業績としてよりも、ドイツの政治文化と歴史意識の活性化という点で評価しているのである。その代表として、ゴールドハーゲンがデモクラシー賞を受けた時のJ・ハーバーマスの記念講演を挙げることができる（J. Habermas, Geschichte ist ein Teil von uns, in: DIE ZEIT, 14. 3. 1997）。そこでハーバーマスは、論争の真偽問題には立ち入らず、「歴史の公共的利用」という視角からゴールドハーゲンを評価しているのである。

ゴールドハーゲンの書物がベストセラーになったので、ブラウニングの書物を紹介するのに、訳者もやむなく「論争」を紹介することになった。いうまでもなく、第一〇一警察予備大隊の記録を発掘、再現し、ホロコースト研究を一歩前進させたのはブラウニングのオリジナルな業績であり、ゴールドハーゲンが本書を道案内としながら研究を進めたことは間違いない。訳者の考えでは、ゴールドハーゲンの批判にもかかわらず、本書の意義にはいささかの変化もない。警官たちの行動の説明としては、ゴールドハーゲンの単線的な説明よりも、いくつもの仮説を設定しながら分析を進めるブラウニングの複合的な説明の方が、より優れているのではないかと思う。本書は、極悪さえ受け入れてしまう「普通の人びと」のキャパシティを、様々な仮説を検討しながら、歴史家として冷静に描きだしたもので、われわれのヒューマニティ概念にも深刻な反省を迫るものといえよう。

4

この増補版には、「あとがき」（一九九八年）と「二五年の後で」（二〇一七年）が付け加えられている。

「あとがき」はゴールドハーゲンによる著者への批判に総括的に反論したものである（なお小見出しは訳者が付したもの）。そのテーマは、①近代ドイツ史と反ユダヤ主義の役割、②ナチ体制と戦争が引き起こしたドイツ社会と反ユダヤ主義の変質、③大量虐殺の主要舞台となった東部戦線、④ゴールドハーゲンの主張は有効に立証されているのか、⑤ゴールドハーゲンによる証言の恣意的な選択と抜粋、⑥ドイツ政治文化と社会心理学の有効性、⑦歴史の一元的説明（ゴールドハーゲン）か多元的説明（ブラウニング）か、などである。読者はどちらの説明が真実により接近したものと考えるであろうか。

「二五年の後で」は、ブラウニングが初版で提起した論点が、その後他の研究者によっていかに掘り下げられてきたのかを、四つのテーマに絞って概観したものである。ここでは「ゴールドハーゲン論争」の後に発表された多くの研究が紹介されており、研究者にとっても有益な文献案内となっている。

「他の大隊との比較」は新しい研究によりながら、第一〇一以外のもろもろの警察大隊が殺戮活動にどのように従事したのかを紹介している。とりわけ注目に値するのは、あまたの警察大隊が実施したユダヤ人殺戮、強制移送を数量的にみた場合、第一〇一警察予備大隊が占める高いランキング（第四位）である。それは警察大隊の「エリート」というべき、徹底した訓練とナチ教育を受けた若い世代の大隊、すなわち三〇〇番台の大隊をはるかに凌いでいるのである。だからブラウニングによれば、「第一〇一警察予備大隊を〔動機〕問題解明の事例研究とすることの重要性は、それが典型的で代表的な警察大隊であったことではなく、まさにその正反対〔すなわち普通の中年ドイツ人〕だったことにある。」

殺戮者の「動機」についても研究が進められてきた。イデオロギー的にみても、例えばキューネは殺戮の動機を反ユダヤ主義に限定せず、ナチ期以前から普及していた「民族共同体」や「戦友精神」の神話、「罪の文化」の衰退と「恥の文化」の蔓延といった広い観点を提示している。またウェスターマンは、警官は確かに「イデオロギー戦士」となったが、それは長期にわたる反ユダヤ主義の影響によるのでなく、警官の組織文化が「計画的かつ短期的」に変化したことによっていると指摘している。ブラウニングによれば、すべての研究者たちは、その見解に相違はあるものの、「殺戮者の動機を単一原因で説明することはできず、複雑で多面的に説明するしかない」とそろって結論づけているのである。

第一〇一警察予備大隊に一四人のルクセンブルク人が招集されていたことは、事実として確認されていたが、詳しいことは何もわかっていなかった。「大隊のルクセンブルク人」は、ルクセンブルクの研究者パウル・ドスターが明らかにした研究を紹介している。これまでドイツとは異なった社会文化、教育の下で育ったルクセンブルク人は、ユダヤ人殺戮にあたって、はたしてドイツ人警官と同様に行動したのであろうか。ゴールドハーゲンの言うように「抹殺主義的反ユダヤ主義」がユダヤ人虐殺の唯一の原因であるなら、ルクセンブルク人は殺戮命令を拒否したはずである。ブラウニングはルクセンブルク人研究の現段階を紹介している。

「証拠写真」でブラウニングは新たに発見された多数の写真を掲載するとともに、重大な訂正をしている。初版『普通の人びと』の表紙（筑摩書房旧版も同じ）を飾った集合写真（ゴールドハーゲンもこれを警察予備大隊の記念写真としていた）が、実は第一〇一警察予備大隊とは全く関係がなく、場所もウークフではなくタルヌフだったのではないかというのである。なぜかと言えば、参集者は国防軍の兵士で、誰も第一〇一警察予備大隊の警官だと確認できなかったからである。この間ホロコースト関連の写真収集も進み、資料館での研究も充実してきてはいる。しかし特定のイデオロギーに染まった者の撮った写真には、必然的にそのイデオロギーがしみだしているというわけではない。ブラウニングによれば、写真の判定にはその写真が撮られた時の状況がよく理解されていることが不可欠である。一見したところたわいないスナップ写真（例えば飲み会や食事会）でも、撮影時の状況を理解すると、実に不吉な写真ともなりうるのである。

5

文庫増補版の出版は、筑摩書房編集局の田所健太郎氏の発案によるものである。氏からは、訳文を読みやすくするために貴重なアドヴァイスをいただいた。また索引の作成も氏のご努力によるものである。もちろんや訳文や索引の責任は訳者に帰せられるが、ここで心からお礼申し上げたい。

二〇一九年春

マ 行

ヤ 行

ラ 行

タ　行

ナ　行

ハ　行

人名索引

（仮名には＊を付した）

本書は、一九九七年一二月、小社より刊行された。文庫化にあたり、二〇一七年刊行の原著改訂版より、「あとがき」「二五年の後で」を新たに訳出し、「人名索引」を追加した。

近代ヨーロッパ史　福井憲彦
ヨーロッパの近代は、その後の世界を決定づけた。現代をさまざまな面で規定しているヨーロッパ近代の歴史と意味を、平明かつ総合的に考える。

イタリア・ルネサンスの文化（上）　ヤーコプ・ブルクハルト　新井靖一訳
中央集権化がすすみ緻密に構成されていく国家あってこそ、イタリア・ルネサンスは可能となった。ブルクハルト若き日の着想に発した畢生の大著。

イタリア・ルネサンスの文化（下）　ヤーコプ・ブルクハルト　新井靖一訳
緊張の続く国家間情勢の下にあって、類稀な文化と個性的な人物達は生みだされた。近代的な社会に向かう時代の、人間の生活文化様式を描ききる。

増補　普通の人びと　クリストファー・R・ブラウニング　谷喬夫訳
ごく平凡な市民が無抵抗なユダヤ人を並べ立たせ、ひたすら銃殺する――なぜ彼らは八万人もの大虐殺に荷担したのか。その実態と心理に迫る戦慄の書。

叙任権闘争　オーギュスタン・フリシュ　野口洋二訳
十一世紀から十二世紀にかけ、西欧では聖職者の任命をめぐり教俗両権の間に巨大な争いが起きた。この出来事を広い視野から捉えた中世史の基本文献。

大航海時代　ボイス・ペンローズ　荒尾克己訳
人類がはじめて世界の全体像を識っていく大航海時代。その二百年の膨大な史料を、一般読者むけに俯瞰図としてまとめ上げた決定版通史。（伊高浩昭）

衣服のアルケオロジー　フィリップ・ペロー　大矢タカヤス訳
下着から外套、帽子から靴まで。19世紀ブルジョワジーを中心に、あらゆる衣類が記号として機能してきた実態を、体系的に描くモードの歴史社会学。

20世紀の歴史（上）　エリック・ホブズボーム　大井由紀訳
第一次世界大戦の勃発が20世紀の始まりとなった。この「短い世紀」の諸相を英国を代表する歴史家が渾身の力で描く。全二巻、文庫オリジナル新訳。

20世紀の歴史（下）　エリック・ホブズボーム　大井由紀訳
一九七〇年代を過ぎ、世界に再び危機が訪れる。不確実性がいやますなか、ソ連崩壊が20世紀の終焉を印した。歴史家の考察は我々に何を伝えるのか。

アラブが見た十字軍
アミン・マアルーフ
牟田口義郎／新川雅子訳

十字軍とはアラブにとって何だったのか？ 豊富な史料を渉猟し、激動の12、13世紀をあざやかに、しかも手際よくまとめた反十字軍史。

バクトリア王国の興亡
前田耕作

ゾロアスター教が生まれ、のちにヘレニズムが開花したバクトリア。様々な民族・宗教が交わるこの地に栄えた王国の歴史を描く唯一無二の概説書。

ディスコルシ
ニッコロ・マキァヴェッリ
永井三明訳

ローマ帝国はなぜあれほどまでに繁栄しえたのか。その鍵は〝ヴィルトゥ〟。パワー・ポリティクスの教祖が、したたかに歴史を解読する。

戦争の技術
ニッコロ・マキァヴェッリ
服部文彦訳

出版されるや否や各国語に翻訳された最強にして安全な軍隊の作り方。この理念により創設された新生フィレンツェ軍は一五〇九年、ピサを奪回する。

マクニール世界史講義
ウィリアム・H・マクニール
北川知子訳

ベストセラー『世界史』の著者が人類の歴史を読み解くための三つの視点を易しく語る白熱の入門講義。本物の歴史感覚を学べます。文庫オリジナル。

古代ローマ旅行ガイド
フィリップ・マティザック
安原和見訳

タイムスリップして古代ローマを訪れるなら？ そんな想定で作られた前代未聞のトラベル・ガイド。必見の名所・娯楽ほか情報満載。カラー頁多数。

古代アテネ旅行ガイド
フィリップ・マティザック
安原和見訳

古代ギリシャに旅行できるなら何を観て何を食べる？ そうだソクラテスにも会ってみよう！ 神殿等の名所・娯楽ほか現地情報満載。カラー図版多数。

古代ローマ帝国軍非公式マニュアル
フィリップ・マティザック
安原和見訳

帝国は諸君を必要としている！ ローマ軍兵士として必要な武器、戦闘訓練、敵の攻略法等々、超実践的な詳細ガイド。血沸き肉躍るカラー図版多数。

世界市場の形成
松井透

世界システム論のウォーラーステイン、グローバルヒストリーのポメランツに先んじて、各世界が接続される過程を描いた歴史的名著を文庫化。（秋田茂）

ちくま学芸文庫

増補 普通の人びと

ホロコーストと第101警察予備大隊

二〇一九年五月十日 第一刷発行
二〇二四年八月三十日 第七刷発行

著者 クリストファー・R・ブラウニング
訳者 谷喬夫（たに・たかお）
発行者 増田健史
発行所 株式会社 筑摩書房
東京都台東区蔵前二―五―三 〒一一一―八七五五
電話番号 〇三―五六八七―二六〇一（代表）
装幀者 安野光雅
印刷所 三松堂印刷株式会社
製本所 三松堂印刷株式会社

ISBN978-4-480-09920-4 C0122